本书为北京高校中国特色社会主义理论研究协同创新中心（首都师范大学）成果

高校小学教育专业
卓越教师培养系列教材

少年儿童组织与思想意识教育概论

李宏伟◎编著

首都师范大学出版社
CAPITAL NORMAL UNIVERSITY PRESS

图书在版编目（CIP）数据

少年儿童组织与思想意识教育概论/李宏伟编著. —北京：首都师范大学出版社，2019.5(2021.2重印)

ISBN 978-7-5656-5026-0

Ⅰ.①少… Ⅱ.①李… Ⅲ.①少年儿童组织－研究－中国 ②少年儿童－思想政治教育－研究－中国 Ⅳ.①D432.5 ②D432.62

中国版本图书馆 CIP 数据核字（2019）第 064022 号

SHAONIAN ERTONG ZUZHI YU SIXIANG YISHI JIAOYU GAILUN

少年儿童组织与思想意识教育概论

李宏伟 编著

责任编辑 钱 浩

首都师范大学出版社出版发行

地　　址　北京西三环北路 105 号

邮　　编　100048

电　　话　68418523（总编室）　68982468（发行部）

网　　址　http://cnupn.cnu.edu.cn

印　　刷　新乡市龙泉印务有限公司

经　　销　全国新华书店

版　　次　2019年5月第1版

印　　次　2021年2月第2次印刷

开　　本　787mm×1092mm　1/16

印　　张　20.25

字　　数　336千

定　　价　48.00 元

前　言

　　马克思曾说过，人类始终只提出自己能够解决的任务，因为只要仔细考察就可以发现，任务本身，只有在解决它的物质条件已经存在或者至少是在生成过程中的时候，才会产生。而本书的筹划、写作过程，正是天时地利人和的结果。2012 年 7 月 27 日共青团中央办公厅、全国少工委办公室《关于认真做好少先队学科建设近期重点工作的通知》指出，各省市至少在一所主要的师范类高校和开设教育学一级学科的综合性高校，在硕士研究生阶段开设"少年儿童组织与思想意识教育"二级学科，在本科阶段开设"少年儿童组织与思想意识教育"专业，提倡各省市"结合高校教育教学资源实际"来编写、出版对口教材。首都师范大学初等教育学院小学教育专业在全国首屈一指，小学教育专业的理论教学和教育实习为本书写作提供了丰厚滋养。分科教学独具特色，2010 年以来少先队方向一直是本科专业的兼教方向之一，丰富的少先队活动为本书写作提供了鲜活资料。从 2013 年开始招收"少年儿童组织与思想意识教育"专业的硕士研究生，研究生的专业课教学与研究为本书写作提供了众多理论启迪。

　　在写作过程中，本书从跨学科的角度，综合心理学、政治学、社会学、教育学、哲学等学科的相关文献，基于哲学本体论、认识论、过程论、价值论的视角，展现了少年儿童的思想意识形态面貌，探索了少年儿童思想意识教育的内在特性与发展规律。具体而言，本书整体介绍了有关少年儿童组织的架构、特点，及活动方法、功效；系统阐释了少年儿童思想意识的内在逻辑，揭示出少年儿童思想意识的发生机制；讨论了少年儿童思想意识的特性，探索了构成少年儿童思想意识的核心要素；介绍了少年儿童思想意识教育的具体价值，提出了少年儿童正确思想意识教育的方法原则。

　　本书旨在呼吁成人能真正进入少年儿童的意识、思想世界，去认识少年儿童生动多彩的精神生活，以建立一种科学的儿童观。只有按照少年儿童的本性实施儿童喜爱的并能有效促使儿童健康成长的教育，才能切实增强儿童

1

对社会价值观念的认同度，引导他们树立正确的思想意识观念，进而健康地成长为社会主义事业接班人。

本书的主要目标人群为"少年儿童组织与思想意识教育"二级学科下的硕士研究生。此外，共青团与少先队干部、大队辅导员、少先队活动课程专任辅导员、社会教育机构专业人员、从事学术研究人员等人群也是本书的读者来源。本书以理论探索、逻辑推演为旨趣，力争给从事少年儿童思想意识教育的研究者以启迪，提升开展少年儿童思想意识教育的理性自觉；帮助教育实践工作者掌握少年儿童思想意识及其教育的内在规律，提升教育的科学性。

本书为北京高校中国特色社会主义理论研究协同创新中心（首都师范大学）"马克思主义与当代中国文化建设"的成果之一，对相关领导老师的支持表示感谢。本书的写作得到哲学、教育学、心理学等相关学科专家的指导，在此一并表示感谢。尤其要感谢首都师范大学马克思主义学院、初等教育学院的领导及老师，他们为本书的写作提供了众多宝贵意见。

本书写作过程中参考了大量的文献资料，感谢所有列出的和因我的疏忽而漏掉的作者的贡献和劳动。同时，参考和借鉴了理论界同行的诸多研究成果，谨此一并致以由衷的感谢与敬意。

本书为作者独立研究与撰写的成果。由于作者水平有限，书中的不足乃至错误在所难免，恳请同行和读者批评指正。

李宏伟

2018 年 12 月 20 日

目　　录

第一章　绪　论

启发与引导

- 概念是人类理性思维中最基本的构筑单位，是理论学习、学术研究的起点。那么如何理解"少年儿童组织与思想意识教育"这一概念呢？
- 如何理解"少年儿童组织与思想意识教育"的学科属性？
- 从概念内涵的角度分析，"思想意识教育"和"思想政治教育"有什么异同点？

少年儿童组织与思想意识教育是大学本科教育中的一门新兴专业，也是教育学一级学科下的一门新兴二级学科。作为一门新兴的专业与学科，深入挖掘与科学界定少年儿童组织与思想意识教育的概念内涵、研究对象、学科性质、学科内容、研究方法等问题，对于本专业与学科的发展显得尤为重要。绪论部分首先从"少年儿童组织与思想意识教育"这一概念的内涵入手，着重分析一些子概念，如"少年儿童""少年儿童组织""思想意识""思想意识教育"等。同时，"少年儿童组织与思想意识教育"作为教育学一级学科下的新兴二级学科，有必要对这一学科的性质、内容等做出一定说明，以利于在教学、研究、实践中做到有的放矢。

第一节　少年儿童组织与思想意识教育的概念分析

一、少年儿童组织与组织少年儿童

从词语的构成方式上讲，"少年儿童组织"属于偏正短语，"组织"（名词）是中心词，"少年儿童"是修饰语，是"有关少年儿童的组织"的简称。少年儿童组织的最大特色是组织成员的主体是少年儿童，成人也会参与其中，但只能是组织成员的极少数。与之相对，"组织少年儿童"属于动宾短语，"组织"是动词，"少年儿童"（名词）是受动词，是"组织少年儿童活动"的简称。在组

1

织少年儿童的活动中，活动主体仍为少年儿童，但组织者可能是少年儿童，也可能不是。换言之，并不是所有的少年儿童的活动都是由具体的少年儿童组织来组织实施的，社会中的其他团体组织、单一个人都可以组织一定数量的少年儿童参与到某项活动中去。在此，我们采用"少年儿童组织"的称谓旨在强调少年儿童组织是组织少年儿童活动的最有效载体、工具，少年儿童组织以其自身特点能够促进少年儿童融入团队，提升活动效果。

当然，无论是"少年儿童组织"还是"组织少年儿童"，主体、主角都应该是"少年儿童"。而如何界定"少年儿童""少年""儿童"，也有不同说法。按照"种加属差"的方法来定义的话，需要挖掘少年儿童的内在特质，但这远非一句话、一个定义能涵盖的。于是，通过年龄段的划分来界定儿童、少年、青年、成年成为较为普遍的做法。

联合国《儿童权利公约》把儿童的年龄段界定为0—18岁，中国的《未成年人保护法》亦界定为0—18岁。医学界一般以0—14岁的儿童为儿科的研究对象，北京儿童医院已把儿童患者的年龄增大到18岁，且增加青春期门诊。就儿童的身份演变而言，中国少先队的队员年龄在6—14岁，而共青团员的入团年龄为14岁以上。从儿童的入学年龄来看，1902年8月15日，当时的清政府颁布了第一个全国性的学制系统，又于1904年1月13日颁布了重新拟订的学制文件。该学制将儿童的成长期划分为乳婴期（0—3岁）、幼儿期（3—6岁）、童年前期（6—9岁）、童年后期（9—12岁）、少年期（13—16岁）。自此，我国有了现代意义上的儿童教育分期。之后，出现的数次变更与这一划分相差无几。言及少年的时间段划分，各学科之间也不尽相同。大体而言，11、12岁至14、15岁的初中阶段相当于少年期，14、15岁至17、18岁的高中阶段相当于青年初期。两者合在一起，即11、12岁至17、18岁阶段，就成为青少年期。

综上所述，本书中少年儿童的年龄阶段是少年和儿童的交集，可谓是"儿童中的少年"或"少年中的儿童"，年龄段上以10—14岁左右为主要辐射对象。现在诸多教材专著以"儿童心理学""儿童哲学"来命名，但题名中儿童的年龄跨度多为6—18岁，甚至0—18岁。这一大跨度的归纳与演绎势必掩盖诸多儿童成长中的阶段性特征。而10—14岁正是一个人少年时期的开始，是儿童叛逆的高峰期，明确此阶段少年儿童思想意识的过渡特性无疑会极大促进儿童的健康成长。从就读的年级上看，主要涵盖小学四年级到初中二年级的年级段。当然，这一年龄界限不是绝对的，况且由儿童到少年、由少年到青年、由未成年人到成年人的转化界限并不是泾渭分明的，每个孩子由于成长环境的差异也会出现"早熟"与"晚熟"等情况。

二、少年儿童的思想意识与少年儿童的思想意识教育

在"少年儿童的思想意识"中，意识是基础、前提，思想是升华、核心。一切生物所具有的感知性都可以叫作意识，而思想更具有属人的特性，人类思想中蕴含的价值追求、目标远景等社会化因素是其他生物不可比拟的。于是，从时间先后、比例轻重的角度分析，少年儿童的思想意识也可称为少年儿童的意识思想。而作为一个约定俗成的概念，按照檀传宝教授的分析[①]，"思想意识"包含了内容和程度的两层含义："思想"主要指向内容，而"意识"则是对"思想"这一内容所达到的水平的程度限定。换言之，"意识"是一种觉悟、觉察程度的限定。相对于少年儿童的身体、心理、智力发展水平，其"思想意识"有一定的缺陷，还没有形成成熟的、坚定的思想或价值观，只能产生一些初步的、不稳定的观念、思维和意识，但这些对他们成熟思想——世界观、人生观、价值观——的形成会起到重要的，甚至决定性的影响。我们称这些初步的，不成熟、不稳定的观念、思维、意识为"思想意识"。

作为一种学术化的研究对象，少年儿童的思想意识具有多样性、复杂性。按照檀传宝教授的分析，少年儿童思想意识的主要内容包括四个方面：萌芽性的信仰、初步的政治社会化意识、规范性的道德体验以及情感性的社会性发展[②]。若从培养目标的角度反推"思想"的主要内容，大体可以分为两方面。一方面，从培养社会公民的角度看，需要教育、引导少年儿童有爱心，引导少年儿童形成良好的道德品格和行为习惯，养成积极向上的人生态度；增强国家意识、科学意识、劳动意识、心理素质、审美意识。另一方面，从培养社会主义建设者、接班人的角度看，要特别注重培养少年儿童对党和国家的认同与热爱，注重党、团、队组织意识和教育内容的衔接。就后者而言，"思想"教育的内容集中体现为理想信念、政治觉悟、道德修养和社会性发展等方面的内容。要引导少年儿童对真善美的本质追求，对其进行理想、信念、信仰、价值方面的引导，坚定跟党走中国特色社会主义道路的信念，为民族复兴提供强大的精神力量的支撑。要引导少年儿童对国家、民族、社会等有正确的认识和初步的了解、初步的感情，引导少年儿童逐步理解我国的国体、政体。

---

① 檀传宝：《少年儿童组织与思想意识教育基本理论》，教育科学出版社，2014 年版，第 8 页。
② 同上。

人的本质，在其现实性上，是一切社会关系的总和。少年儿童融入社会时的思想建构过程，也就是与各种社会关系交融的过程。上述"思想"内容的四个方面，就是少年儿童围绕个人与自我、个人与集体、个人与国家、个人与自然在现实层面的具体展开。不同范畴的内容与不同类型的关系相互交叉，生成了具体的、更具有现实意义的内容要求。例如，在中国当前的社会环境下，理想信念和个人与国家关系的结合所产生的具体内容就是共产主义信念，道德修养和个人与社会（集体）的结合所形成的则是集体主义的具体内容。

除此之外，我们还需要探讨少年儿童思想意识有哪些具体特征，不能仅仅以潜在的成人标准为依据，简单把少年儿童的思想意识特征界定为"不成熟""不完善"，必须要深入挖掘少年儿童思想意识的内在特性；还需要探讨少年儿童思想意识有哪些表现要素，即少年儿童的思想意识通过哪些载体呈现出来，以此我们好"对症下药"；还需要探讨少年儿童思想意识有哪些价值功能；等等。

少年儿童的思想意识教育，主要是指遵循儿童心理、意识的发展规律，通过特定的教育主体和教育手段，对少年儿童进行的有目的、有计划的教育实践活动，把一定的理想观、政治观、价值观、道德观转化为受教育者思想意识的过程。在少年儿童的思想意识教育中，少年儿童仍为主体，但成人教育者往往占据了主导。于是，在少年儿童的思想意识和少年儿童的思想意识教育中，前者是揭示规律，后者是教育引导；前者是原生态的发现、旁观者的洞察，后者是社会化的教育、参与者的主导。

有比较才有鉴别。探究少年儿童的思想意识教育，不能不提另一个名词"思想政治教育"。虽然二者的根本目标是一致的——培养社会主义事业的合格人才，但在具体呈现上，区别也很大。第一，从学科属性来看，"思想政治教育"是"马克思主义理论"一级学科下的二级学科，"少年儿童组织与思想意识教育"是"教育学"一级学科下的二级学科[①]。第二，从教育对象上看，前者主要是青年和成人，后者主要是少年儿童。第三，从教育内容和原则方法上看，思想政治教育以成人为对象教育，以自上而下的"灌输"最为典型。而少年儿童尚未形成稳定、成熟的思想，对其进行的思想意识教育毋宁说是政治启蒙。在具体的教育方法选择上，多采用体验教育、劳动教育、集体教育、自我教育等方式，更多的是在潜移默化中影响少年儿童思想意识的

---

① 关于"少年儿童组织与思想意识教育"的学科属性，本章第二节还会详细论述。

形成。

三、少年儿童组织及其活动中的思想意识教育

在"少年儿童组织与思想意识教育"这一词组中，直观的理解就是依托各种少年儿童的组织，并在组织活动中进行思想意识教育。当前社会基本上是一个组织化的社会，组织既是社会结构的重要特征，也是人际互动的基本模式，构成了人们生活的重要范畴。组织教育是少年儿童思想意识教育的重要载体。第一，组织可以依托学校系统，成为制度化的、与学校教育相配合的教育形式；第二，组织也是社会教育的重要方式，或通过社会机制在家庭、社区、传媒等领域中发挥作用；第三，组织内部、组织成员之间的教育，也丰富了制度化教育的形态；第四，在信息社会，文化产品的丰富和传播方式的发展，为组织教育不断进行修正和重构从而适应社会变迁创造了条件。

组织生活在本质上是一种有别于私人生活的公共生活，强调的是人与人之间非血缘、非地缘的身份地位关系。无规矩不成方圆，任何组织都会有自己的远景目标、规章制度、机构设置。组织中的儿童会经历服从、认同的蜕变过程，对组织章程的学习践行过程也是思想改造过程。可以说，任何组织活动都会对少年儿童的思想意识带来一定的冲击与塑造[1]。经过组织生活的锻炼，个体将会以一种潜移默化的方式习得、内化与公共生活相适应的思想意识、行为操守。对于儿童而言，组织生活一方面可以克服缺少伙伴的局限而形成更加丰富的人际交往关系，可以克服儿童的自私任性、个人主义等弊病；另一方面，也可以克服儿童私人生活的不足，使儿童在组织这一新的公共空间中发展其社会性，学会过公共生活。

而从广义上讲，对于少年儿童的思想意识教育又不仅仅局限于各种少年儿童的组织中，尤其是社会大环境、社会风气对于少年儿童思想意识的教育、引导力度非常大。本书的研究中，少年儿童组织中的思想意识教育会集中论述，但也对少年儿童思想意识教育的环境进行了分析，例如家庭环境、学校环境、社会环境等。毕竟在人类历史的发展长河中，少年儿童思想意识教育呈现非制度化、非组织化的特征，家庭承担了大多数的教育任务。随着学校制度的建立以及相应的专业教育机构、专职教师、专门课程、专业学业评价的设立，制度化的教育成为思想意识教育的主体形态，但非制度化教育仍在家庭教育、社会教育以及日常生活中广泛存在并发挥着重要作用。

---

① 本书第二章还会对该内容展开详细论述。

第二节　作为一门学科的少年儿童组织与思想意识教育

一、少年儿童组织与思想意识教育的学科性质

2012 年 7 月 27 日《共青团中央办公厅、全国少工委办公室关于认真做好少先队学科建设近期重点工作的通知》指出，各省市至少在 1 所主要的师范类高校和开设教育学一级学科的综合性高校，在硕士研究生阶段开设"少年儿童组织与思想意识教育"二级学科，在本科阶段开设"少年儿童组织与思想意识教育"专业。同是"少年儿童组织与思想意识教育"，为什么在本科阶段为专业，而在硕士研究生阶段为学科？这就涉及了专业和学科的关系问题。

就"专业"而言，其英文为 major，《辞海》中将教育中的专业定义为："高等学校或中等专业学校根据社会专业分工的需要设立的学业门类"，并指出"各专业的教学计划，体现本专业的培养目标和要求"①。高等学校中的专业是课程的一种组织形式，课程的不同组合形成不同的专业，构成高校专业的核心要素是专业培养目标、课程体系和专业中的人（教育者和受教育者）。高校的专业设置需要考虑三方面要素——社会分工、学科知识和教育结构。其中，社会分工是专业人才培养的导向，学科知识是专业人才培养的内容，教育结构是专业人才培养的方式。从本质上讲，大学的专业设置以社会需求、学生就业为导向，按照社会对不同领域和岗位的专门人才的需求来设置。不同领域的专业技能决定了不同人才的知识结构，就需要不同专业来组织相关的学科。在本科阶段把"少年儿童组织与思想意识教育"界定为专业，这与本科教学的目标任务紧密联系，大学本科的专业设置以培养专业技术人才为根本目标，以为社会培养各级各类专业人才为己任。

就"学科"而言，其英文为 discipline，《辞海》中对学科的界定为："（1）学术的分类。指一定科学领域或一门科学的分支，如自然科学中的物理学、生物学，社会科学中的史学、教育学等。（2）'教学科目'的简称。"②2011 年国务院学位委员会、教育部颁布了新的《学位授予和人才培养学科目

---

① 夏征农、陈至立主编：《辞海》第六版普及本（下），上海辞书出版社，2010 年版，第 5262 页。
② 同上书，第 4505 页。

录(2011年)》，中国当今普通高校的研究生教育和本科教育的学科划分均为13大门类(哲学、经济学、法学、教育学、文学、历史学、理学、工学、农学、医学、军事学、管理学、艺术学)，13个一级学科下面又设置多个二级学科。尽管学科的内涵与使用范围有所差异，但构成学科的核心要素是知识单元，知识单元的系统化构成了知识体系，进而形成学科。学科及其分支是相对稳定的知识体系，即使是在一些学科分化与综合的演变中形成的新的交叉学科、边缘学科和综合性学科，也都有自身相对稳定的研究领域。在硕士研究生阶段把"少年儿童组织与思想意识教育"界定为学科，这与研究生的学习特点休戚相关，研究生以探索新知识为根本目标。而学科发展的核心正是知识的发现和创新，这与研究生的学习目标、任务不谋而合。

这种既把少年儿童组织与思想意识教育作为专业，又把它作为学科的现象并不少见。其实，学科与专业并存在高校中是一种常见现象，两者相互依存、相互发展。专业是学科实现育人功能的载体，学科则为专业的发展提供知识保障。专业以学科为依托，有时某个专业需要若干学科支撑，有时某个学科又下设若干个专业，有时一个学科往往就是一个专业。目前倡导的"跨学科专业"以培养复合型人才为目标，就是不同学科在教学功能上的交叉，而不仅仅是学科在自身发展意义上的交叉。

大学设置专业，既要考虑学科基础又要适应社会用人的需要。专业设置要明确培养目标，再按培养目标在相关的学科门类中选择一至三个学科作为专业的主干学科。在确立主干学科后，专业的教学是通过教师及教学管理人员组织课程、学生按指导性计划选择学科课程来实现。在组织教学的过程中，教师要从学科知识中选择适应专业要求的专业学科知识，教学管理人员要遵照学科发展的规律，并结合学科的认识心理与规律，对学科进行选择并确定学科课程、编制主要课程结构、安排学科实践训练与学科研究方法、确定授予学科和相近相关专业等。因此，作为一门新兴的学科、专业，儿童组织与思想意识教育也要做到专业与学科齐抓共管、齐头并进，以专业发展忽视学科建设、以学科建设代替专业发展都是不可取的。可以先在师范院校试点开设辅修专业，并把少年儿童组织与思想意识教育列入师范院校必修课或选修课。随后可推动师范院校教育硕士专业学位中设立培养方向，逐步在全国建立起从本科到研究生，从课程、方向到专业多层次、多类型的培养体系。

二、少年儿童组织与思想意识教育的学科价值

从研究的现实意义上看，2018年6月26日，共青团中央书记处第一书记贺军科在中国共产主义青年团第十八次全国代表大会上的报告中指出："在青少年中大力弘扬社会主义核心价值观。要深化宣传引导，加强仪式教育、文化熏陶，大力开展爱国主义教育、中华优秀传统文化教育，传承红色基因，帮助青少年树立正确的世界观、人生观、价值观……要强化实践育人，广泛开展青少年群众性精神文明创建工作，完善深化军地团组织共建共育长效机制，引导青少年从自身做起、从小事做起，弘扬共筑美好生活梦想的时代新风。"随后，习近平总书记在同团中央新一届领导班子成员集体谈话时指出："要坚持把培养社会主义建设者和接班人作为根本任务，引导广大青年自觉为共产主义远大理想和中国特色社会主义共同理想而奋斗。"

2014年5月30日习近平总书记视察北京市海淀区民族小学时指出，少年儿童教育要"适应自身年龄和特点，培育和践行社会主义核心价值观，做到记住要求、心有榜样、从小做起、接受帮助。要把社会主义核心价值观的基本内容熟记熟背，融化在心灵里，铭刻在脑子中，结合学习和生活等实践不断加深理解。"

2014年3月30日，教育部印发的《关于全面深化课程改革落实立德树人根本任务的意见》指出，要根据学生的成长规律和社会对人才的需求，把对学生德智体美全面发展总体要求和社会主义核心价值观的有关内容具体化、细化，深入回答"培养什么人、怎样培养人"的问题。教育部研究提出各学段学生发展核心素养体系，明确学生应具备的适应终身发展和社会发展需要的必备品格和关键能力，突出强调个人修养、社会关爱、家国情怀，更加注重自主发展、合作参与、创新实践。

2012年2月10日，教育部下发《小学教师专业标准（试行）》。从小学教师的培育指向上看，少先队活动课程已成为国家规定的必修课程。新颁布的《小学教师专业标准》中明确指出，小学教师要做到"师德为先"，做小学生健康成长的指导者和引路人；要注意"鉴别小学生行为和思想动向，用科学的方法防止和有效矫正不良行为"。而做好这些的前提都需要了解和掌握少年儿童思想意识的养成规律。

从学术研究的角度分析，本学科的研究意义有以下几个方面：

第一，有利于应对时代变化的新挑战。少年儿童思想意识的产生、变化与现实生活、时代特征休戚相关。便捷的交通和即时的互联网络推进着全球

化进程，不同社会制度、价值观念在意识形态领域的冲突日益剧烈。身处其中，少年儿童的成长成才也打上了时代的烙印。总体上看，我国少年儿童认知水平、思想意识、道德品质的主流是良好的、是积极向上的。胸怀远大理想，乐于接受新生事物，热爱祖国、积极向上、团结友爱、文明礼貌是当代少年儿童精神世界的主流。开放、自由、多元的成长环境下，众多少年儿童逐步树立自强意识、竞争意识、法制意识、开拓创新意识、平等自由意识。

然而，在看到成绩之时，我们也要正视问题。由于城乡差异、地域差异、文化差异、教育差异、家庭差异等原因的存在，部分少年儿童在面对多元化的世界时尚缺乏价值判断和选择能力。文化与价值的多元化带来了社会价值观念的混乱和人生信仰的缺失，并随着现代媒介的渲染和传播，动摇了少年儿童思想意识教育的价值基础。在信息发达的今天，电视、电影、网络、音乐、报纸、刊物等日渐数字化的学习环境带来现实世界、理想世界、虚拟世界的碰撞和冲突。少年儿童缺乏对媒体信息清晰而理性的认知、判断、分析和使用，缺乏足够的辨识水平和自控能力，导致部分少年儿童无所适从，陷入虚拟世界不能自拔。尤其是市场经济条件下不正当的利益分配和价值取向的功利化，正在冲击着少年儿童尚未定型的人生观和价值观，导致部分少年儿童的行为越发受到利益驱动。重视商业价值，拜金主义、金钱至上、享乐主义、追求享受在学生的价值观、生活方式、道德规范中潜移默化地蔓延。学生的自我利益观增强，而对社会价值的实现关注不够。对个人和社会前途缺乏信仰，对人际关系缺乏应有的信任，对个人的职责缺乏应有的信守。少年儿童思想道德建设也出现了一些令人担忧的问题，如部分少年儿童理想信念模糊、心理素质脆弱、自理能力较差、法纪观念淡薄，少数少年儿童精神空虚、行为失范，有的甚至走上违法犯罪的歧途。

第二，有助于少年德育的新探索。重视德育工作，加强对少年儿童思想意识的引导力度已成为全社会共识。但是问题仍然存在，如存在"重智力轻德育"的现象，认为"智育"是硬指标，"德育"是软任务，把"德育"放了"鸡肋"位置上。强行灌输，把教育看作是被动接受过程；在教育内容与导向上，历来强调用最高理想和最优道德理念教育少年儿童。然而理想化德育在内容与导向上的"高大全"容易流逝为"假大空"，"不仅标准的高深不能回应市场经济现实，内容的抽象无法指导人们的社会行为，而且标准的单一也不适应社会多样化发展要求，道德教育与人格塑造的分离更成为引发大量心理疾患的重要原因。"①有些教师照本宣科，讲授的内容未能很好地回答现实问题，如"小悦悦事件""孔融让梨我不让"等事件。以灌输为主导的权威主义教育模式，造成学生主体性发挥不够，对思想品德教育内容不感兴趣。学习目的只是应付考试，不能创造性地学习和"内化"，不能用所学知识实质性地改变自己的思想和行为，造成了"学归学，做归做"的"知行脱节"状况。

要知道，德育的"理解"过程不等于智育的"认识"过程，德育过程不仅仅是传授知识、形成概念、反复练习的过程。"德育只能是人理解人的教育，而这种理解必须通过人与人交往而实现，最后，它还要经由人的自我意识建构才得以凝聚形成个体的德性。"②一切伦理道德、风俗良习都是出自对人性的追求和需要，它所规定的只能是人与人之间的合乎道德的关系，对于这种关系的把握只能建立在人与人的相互理解之上。当思想道德的授予脱离或背离这一理解基础时，任何道德规范都会成为一个"空壳"，受教育者无法从这种空壳化的规范中领悟到道德的根本，也诱发不出对于人的理解、关怀等基本的道德意识。

更为遗憾的是，现代道德教育以理性主义、认知主义为主要特征，试图从精神和肉体上对人进行统一性的规训和改造，认为通过对学生实施理性的和行为上的训练就可以造就新人。从后现代的视角来看，现代道德教育的方式仍然是对待物的方式，仍然是把"世界是如此这般"的看法硬性灌输给学生，仍然是粗暴的权威主义做法。成人世界中的知识中心主义、成人中心主义、成绩中心主义、未来中心主义等，强行占据了少年儿童自身对于德性与德行的探索。因此，后现代道德教育更主张"对话式"的教育方式，力求关注和尊重学生的具体道德情景与道德体验，以理解、关怀的态度来对待每个学生的个体差异。"对话的本质并非用一种观点来反对另一种观点，也不是将一种观点强加于另一种观点之上，而是改变双方的观点达到一种新的视界。"③

后现代道德教育主张给当前的思想政治教育工作敲响了警钟、指明了方向。惯例中，我们常把教育活动需要处理的各种矛盾，如教与学之间的矛盾、知与行之间的矛盾、成年与未成年之间的代际矛盾，集中归结为"主动

---

① 陆士桢：《未成年人思想道德建设的反思和改革》，载《当代青年研究》，2008 年第 11 期。
② 鲁洁：《人对人的理解：道德教育的基础》，载《教育研究》，2000 年第 7 期。
③ ［美］大卫·雷·格里芬著，王成兵译：《后现代精神》，中央编译出版社，1997 年版，第 7—8 页。

与被动"的关系矛盾。"现代道德教育体现出的是'主体—客体'的关系模式，这种关系模式不仅蕴含专制的危险，而且它解决不了师生之间沟通的难题，换句话说，它不是真正的人性化的模式。"①教育者在学生思想品德养成中起决定作用，受教育者只能处于接受者被塑造者的客体地位。主动与被动的错位导致了思想品德教育的效果不佳，"当代德育实效性低迷的原因，从根本上作哲学分析，是知德分离、智德分离。在这种分离状态下，德育变成被割裂的教育的一部分，而不再是生命、灵魂的统领性的东西了。德育本来该贯彻在德、智、体、美等教育实践的各个方面，但却把它抽离出来，并使之独立运行。这样一来，整个德育便丧失了其发挥功能和作用的土壤和氛围。"②为此，后现代道德教育提倡主体间性，认为师生之间应该能够构建起一种民主、协商、理解的伙伴关系，师生应该通过对话使自己的观点和行为均有所改善和共同提高。

实事求是的分析，"教化德性"模式仍是我国少年儿童思想道德建设的主导模式。这种模式将加强和改进少年儿童思想道德建设视为由国家倡导的、社会注入的，来自学校的"道德教育"。这种"教化德性"实质上也可以说是一种"国家伦理意志"的体现，即以国家倡导的社会道德要求教育、引导和型塑少年儿童③。从少年儿童思想道德建设社会化角度说，这种方式具有一定可行性。但是，"教化德性"不同于智性发展的人的德性养成规律，将"意会性"的"道德知识"等同于数学定理、化学方程式等"可编码化"的"科学知识"；采用理性的讲解、说教与灌输等形式；让少年儿童只是接收而非接受、只是记住而非感悟关于某种道德观念、道德原则和道德规范的知识……"这些做法既会偏离少年儿童思想道德建设的应然目标，也会使处在成长中的少年儿童陷入或担负某种道德危机。"④实践已证明，当前我国思想政治教育已陷入了"官方"重视与"民间"冷漠的矛盾之中。一方面"那种似乎完美的道德"离自己很远，难以体悟这种道德之于自己成长的意义；另一方面对不能感动自己的"德育"心生厌烦抑或逆反。少年儿童思想道德建设的这种"危机"在本质上表现为德育远离了生活、丧失了生活意义。而远离、丧失生活基座、生活意义的德育必定会失去其存在的理由和价值，其应有的魅力和生命力将日渐萎

---

① 戚万学：《唐汉卫·后现代视野中的道德教育》，载《教育研究》，2004 年第 7 期。
② 朱小蔓：《育德是教育的灵魂，动情是德育的关键》，载《教育研究》，2000 年第 4 期。
③ 李兰芬：《论未成年人的生活德性》，载《道德与文明》，2008 年第 5 期。
④ 同上。

缩。"从存在论的角度看，道德原本就是作为一种生活元素存在于生活世界，道德活动就是一种在生活中准备生活的活动，道德的意义也只能在人的生活世界中得到彰显。因此，只有回归生活、回归生活世界才能缓解少年儿童乃至整个当代人的道德危机问题。"①

第三，保证少年儿童身心健康成长。据国家统计局网站信息显示，截至2017年，我国0—14岁少年儿童的人数为2.3353亿人，占国家人口总数的16.8%。少年智则国智，少年强则国强，少年有希望则国家有希望。少年儿童能否健康成长，牵动亿万父母的心，涉及亿万家庭的幸福，关乎全社会的安定。少年儿童是祖国的未来、民族的希望，其思想道德状况直接关系到中华民族的整体素质，关系到国家的前途和命运，关系到民族的兴旺发达，关系到中国特色社会主义事业的兴衰成败。加强和改进少年儿童思想道德建设，是提高全民族素质、促进人的全面发展的必然要求，是增强我国发展后劲和国际竞争力的必然要求，是实现中华民族伟大复兴的中国梦的必然要求。

少年儿童时期是个体长身体、长知识的重要时期，也是个人一生道德情操、心理品质和行为习惯养成教育的最佳时期。少年儿童时期在人的一生中起着承上启下的过渡阶段，毛主席曾形容其为"早晨八九点钟的太阳"，并意味深长地寄托希望："世界是我们的，也是你们的，但归根结底是你们的。"毋庸置疑，少年儿童具有鲜明的群体特征：勇于创造、乐于进取、富有理想，充满生机和活力；视角独特，情感丰富，追求独立，渴望得到成人世界的尊重和认可。尤其是当处于一种道德冲突和两难境地或用既定的主流价值取向难以予以合理解释与妥善处理时，强烈渴望自己拥有良好的道德思维能力去明辨是非、理性抉择。只有树立起科学的世界观、人生观和道德观，才能正确引导和支配自身行为；相反，如果放松或忽视对少年儿童的道德教育，就会给社会主义改革开放的事业带来严重的危害。

新中国成立以来，我们党从社会主义事业后继有人的战略高度出发，始终重视少年儿童思想道德教育工作。毛泽东同志提出"使受教育者在德育、智育、体育几方面都得到发展，成为有社会主义觉悟的有文化的劳动者"。改革开放伊始，邓小平反复强调培养有理想、有道德、有文化、有纪律的社会主义新人。江泽民倡导以德治国，突出了少年儿童的德育。胡锦涛就加强和改进少年儿童思想道德建设和大学生思想政治教育做出了重要决策部署。

---

① 李兰芬：《论未成年人的生活德性》，载《道德与文明》，2008年第5期。

十八大以来，习近平殷切勉励少年儿童要"立志向、有梦想，爱学习、爱劳动、爱祖国，德智体美全面发展"。少年儿童只有形成了优秀的思想道德素质，才能树立勤奋刻苦的好学精神，养成健康的身心，并随着思想觉悟的逐步提高，促进各方面能力的不断发展。

第四，开拓学科研究的新领域。前文的"学科性质"部分已阐明，少年儿童组织与思想意识教育属于心理学、教育学、社会学、组织行为学、哲学、马克思主义理论等学科的交叉学科。新的学科、新的研究领域需要明确研究对象、探索合适的研究方法，探索出新的研究成果。总体而言，认识少年儿童的认知规律和意识特性能更好地"启智"，把握少年儿童的理想信念和思想导向能更好地"养德"。更为甚者，要看到少年儿童的思想意识建设是一种过程，既是少年儿童自身思想、观念、道德、品质、意识等的形成过程，也是少年儿童对外在思想、观念、道德、品质的识别、选择、模仿过程。

从最近几年少年儿童道德建设成为社会广泛关注的热点问题来看，各种报纸和杂志发表了大量有关少年儿童道德建设的报道和论文，但绝大多数报道与论文基本上都停留在事实描述和实践对策的层面，很少有对少年儿童思想意识问题作理性的、学理化的深入思考和研究。如果从德育方面说起，那么少年儿童道德认识是如何激发的？构成少年儿童道德认知的要素有哪些？从以儿童为本的原则出发，我们在进行少年儿童思想意识教育时还要进一步回答少年儿童的特质是什么？而成年人的特质又是什么？少年儿童需要什么？而成年人又想给什么？少年儿童想要什么？而成年人又能提供什么？这些问题都是思想意识教育者需要解决的本质性的、前提性的工作。否则只能是隔山喊话、自说自话。

研究少年儿童思想意识可以给少年儿童提供进行正确选择的思想意识和行为模式的基本方法。不论是思想意识的形成，还是行为选择的实现，都必须以思想意识的认识为前提。对少年儿童思想意识教育的研究要充分考虑少年儿童的需要和特点，从成年人与少年儿童的良性互动的关系中，开展少年儿童思想意识教育。在此，儿童和成人既是平等的，也是有差异性的。承认平等的，就是杜绝用成人化的思维、态度、观念来灌输、修正儿童；承认差异化，就是在求同存异中实现儿童和成人的有效衔接。这种研究路径与从成年人角度研究少年儿童思想意识教育的路径之实质性不同在于：成年人与少年儿童的平等互动。

第五，是对少年儿童组织与思想意识教育专业的有力支撑。本学科的建设发展与大学本科教育中少年儿童组织与思想意识教育专业的设置密切相关，少年儿童组织与思想意识教育专业直接对接于中小学的大队辅导员，而辅导员是少先队工作最为重要的力量，基本决定着少先队工作的成效。我国有少先队辅导员队伍近 370 万人，其中有 30 多万人相当于专职的大队辅导员。他们是中小学教师队伍的重要组成部分，但基本上没有系统学习过相关基本理论，不能很好地满足新的历史条件下少先队组织根本任务的需要。通过设置该二级学科，可以帮助少先队工作者更好地掌握少年儿童组织教育的规律性，提高工作的自觉性、科学性，克服盲目性和片面性，提高辅导员专业素质。

三、少年儿童组织与思想意识教育的学科基础

少年儿童组织与思想意识教育作为一门新兴的学科，一方面需要围绕学科自身的基本议题以及研究目的开展扎实的理论与实践研究，另一方面也必须从其他相关学科吸收各种已有研究成果，丰富和夯实自身的理论基础。

1. 教育学基础

在"少年儿童组织与思想意识教育"一词中，"教育"的压轴出场，决定了少年儿童组织与思想意识教育的学科基础是教育学。教育学中的相关知识、理论、原则、方法、视角都可以"为我所用"。古今中外的众多教育流派为本学科的研究与发展提供了理论借鉴。如精神科学教育学中，倡导"教育的目的就是要促使社会历史的客观文化向个体的主观文化的转变，并将个体的主观世界引导向博大的客观文化世界，培养完整的人格"；"实用主义"教育学中，倡导"教育即学生个体经验的不断增长，教学过程中重视学生自己的独立发现、表现和体验"；马克思主义教育学中，倡导"教育起源于社会性生产劳动，劳动方式和性质的变化必然引起教育形式和内容的改变"，"现代教育的根本目的是促使学生的全面发展"，等等。当前，教育学研究中的最新理论成果，如隐性教育、情感教育、欣赏型教育、公民教育、价值教育、制度德育、生活德育等，都有利于推动少年儿童组织与思想意识教育的发展。

2. 心理学基础

心理学是一门研究人类的心理现象、精神功能和行为的科学，既是一门理论学科，也是一门应用学科。心理学研究涉及知觉、认知、情绪、人格、行为、人际关系、社会关系等许多领域，也与日常生活的许多领域——家庭、教育、健康、社会等发生关联。学科分支中，发展心理学、学习心理学、人格心理学、生理心理学、认知心理学等，都能为本学科提供理论支撑和知识借鉴。对少年儿童进行思想意识教育，需要遵循少年儿童特殊的认

知、情感、信念、意识等形成的一般规律和教育心理规律。少年儿童期是个体的心理定型敏感期、道德质变关键期、政治印象优先期、基本人格决定期。了解和掌握少年儿童认知、意识、信念、情感等一般的心理发展规律，是做好思想意识教育的前提和基础。这一部分与儿童心理学、发展心理学、品德心理学有着密切关系。少年儿童的道德和政治心理发展规律，是少年儿童组织与思想意识教育学的重要研究内容。

3. 管理学基础

管理是一种有意识、有目的的活动，它服务并服从于组织目标。少年儿童组织的管理、运行和组织中教育活动的开展，离不开管理学中相关理论和方法的支持。管理学派中的人际关系学说，能为少年儿童在组织活动中形成良好的人际互动提供有益借鉴；企业文化理论把人视为文化人，主张通过充分发挥人的主观能动性来提高组织效率，那么我们对少年儿童进行思想意识教育时也应该视其为"文化人"；综合管理学派则认为管理是一个系统工程，是人财物地时的统筹规划，单一强调某一方面的重要性都会导致结果的顾此失彼。那么，我们对少年儿童进行思想意识教育时，既要注重"思想"的教育，也要注意智力、情感等其他方面的教育。在研究方法上，管理学中的职能主义范式研究、诠释型范式研究、人本主义范式研究、结构主义范式研究则为本学科的深入研究提供众多方法论启示。

4. 政治学基础

亚里士多德曾说过，人是政治性动物。政治是牵动社会全体成员的利益并支配其行为的社会力量，少年儿童的成长发展与各种政治因素有着千丝万缕的联系。从本学科设置的牵头单位——中国共产主义青年团、中国少年先锋队全国工作委员会来看，也注定了本学科浓厚的政治色彩。对于少年儿童组织与思想意识教育而言，教育的主要目标就是培养现代政治公民。现代政治学理论认为，政治的本质就是规范化的社会管理。少年儿童的组织教育实际上是为少年儿童日后长大成人独立走向社会奠定基础，有关政治社会化的理论，如社会教化论、个体学习论、文化传承论等，对于我们更好帮助少年儿童的社会化成长，具有很好的指导意义。

5. 社会学基础

社会学是系统地研究社会行为与人类群体的学科，通过社会关系和社会行为来研究社会的结构、功能、发生、发展规律的综合性学科。其基本理论范式有结构功能论、社会冲突论、符号互动论和后现代理论。人是社会性动物，少年儿童终究要踏入成人社会去工作、生活。社会组织是社会学研究的重点领域，少年儿童组织作为未成年人社会组织，需要研究组织中儿童的发展、定位，组织的结构、功能等问题，这些在社会学中，已形成了成熟的理论框架。此外社会学中对群体中个体行为、角色、层次的研究，也可为组织中少年儿童个体特征的研究提供参考。

6. 传播学基础

传播学是研究人类一切传播行为和传播过程发生、发展的规律以及传播与人和社会的关系的学问，是研究社会信息系统及其运行规律的科学。传播学的核心是研究人，研究人与人，人与其他的团体、组织和社会之间的关系；研究人怎样受影响，怎样互相受影响。少年儿童组织与思想意识教育正是人与人之间互相影响的生动实践。借鉴传播学的理论主要目的是提高少年儿童组织中信息传递的效果，以及提高少年儿童对思想意识的接受度。可以运用艺术、时尚、情感元素和新媒体，从传播者、传播内容、传播渠道、传播对象和传播效果等五个环节和要素出发，加强对少年儿童的教育引导，培育少年儿童的思想意识。可以借鉴传播学中人际传播、群体传播、组织传播等相关理论和方法，为本学科的深化研究提供理论基础。

7. 少年儿童组织教育实践基础

人类组织是伴随着人类劳动而产生的，少年儿童组织是其中特殊的一支，当今世界各国的各类少年儿童组织在蓬勃发展。如童子军(scout，又译为童军)和少先队组织，都是适应不同时期少年儿童生存发展需要的产物，也是适应社会经济、政治、文化发展的产物，服务于不同社会政治的目标需要，有着大量的理论和实践积淀。中国少年先锋队(简称"少先队")成立于1949年10月13日，60多年的发展历程积累了丰富的实践经验和规范的对内活动，迄今全国已有401万校内辅导员和80万校外辅导员。这为少年儿童组织与思想意识教育的发展提供了鲜活的实践资料。

我国部分高校开展少年儿童组织与思想意识教育相关专业设置和人才培养的探索已经有一定的历史。早在20世纪80年代中期，中国青年政治学院曾经开设少年工作系，专门培养从事少年儿童思想教育工作的人才。2011年以来，首都师范大学、上海师范大学和一批高校开设与少先队相关的兼教方向、辅修专业，或设置必修、选修课程。从2013年起，湖南大学、华东师范大学、华中师范大学等，一批设有教育学专业的综合性大学和重点师范院校开始招收学术学位研究生。

四、少年儿童组织与思想意识教育的学科内容

一门独立学科的构成要素主要有三个：（1）研究的对象或研究的领域，即独特的、不可替代的研究对象；（2）理论体系，即特有的概念、原理、命题、规律等所构成的严密的逻辑化的知识系统；（3）方法论，即学科知识的生产方式。

对号入座。少年儿童组织与思想意识教育的学科内容主要包括以下三个方面：

第一，以儿童、组织、意识、教育为研究基点，明确这些领域的一般性知识和规律。同时，以少年儿童、少年儿童组织、少年儿童的思想意识、少年儿童思想意识的教育为"特殊性"研究对象，把握其各自的"特殊"性质。

第二，少年儿童组织与思想意识教育学科是教育学下的一门综合交叉学科，其研究的核心问题是少年儿童思想意识形成、发展和教育的规律，解决引导少年儿童形成什么样的思想意识，以及如何通过少年儿童组织有效地培养这些思想意识等问题。对此，要研究少年儿童组织与思想意识教育的原理、内容、方法、历史、发展趋势，以及改革创新等。着重研究少年儿童思想意识形成的心理规律、影响因素；研究随着社会分工的发展，少年儿童思想教育的专门组织如何运用各种手段对少年儿童进行思想教育。

第三，采用科学的研究方法。就研究方法而言，研究方法是由所研究的内容决定的，"研究儿童的精神成长，需要面对儿童生命的整体，历史地考察其发展变化过程，即采用复杂系统思维方式，采取彻底的发生学态度，从种系进化与个体发展的连续性进程中理解儿童的精神成长"[①]。

（1）科学的方法。对于专业从事儿童研究的人来说，科学的方法体现为一种方法论原则，即积极吸收相关学科科学研究的成果进行相关思考，由此来理解脑和精神的种系进化之于个体发生的意义，认识由遗传所得的种系的本能体系对于个体在文化环境中生存的重要性。

（2）哲学的方法。对儿童精神成长的研究是精神对精神的认识，因此哲学思维是研究儿童精神成长的基本思维方式。研究中必须要面对最为基本的问题：个体意义世界是怎样不断建构出来的？对此，当代现象学进行了大量的有益探索。现象学致力于研究人类的经验以及事物如何在这样的经验中并

---

① 苗雪红：《儿童精神成长研究：意义、取向与多学科视野》，载《华东师范大学学报（教育科学版）》，2012 年第 1 期。

通过这样的经验向我们呈现，也就是研究意识显现与构成的哲学。"儿童精神成长研究的研究对象和研究过程都是现象学的过程。儿童精神成长过程就是儿童意义世界的建构过程，是世界在儿童意识之光中'显现'出来的过程。"①

（3）正反对比研究。少年儿童思想意识在其现实的表现形态上，既有结构合理、运行协调的积极方面；也有结构错位，运行失调的消极方面。客观地分析和把握少年儿童思想意识存在和运行状态的表现和机制，揭示少年儿童思想意识的本质，是正向研究②。它要求研究者准确地把握少年儿童思想意识的内涵、特征、形态、评价的基本标准和实现的基本规律。与之相对，客观地分析和把握少年儿童思想意识中存在的不良倾向和违法乱纪行为是负向研究，要求以理性的批判态度否定那种背离思想政治教育健康发展的支流和趋向。只有客观地分析和把握这两种状态及其相互联系，才能真正把握少年儿童思想意识的全面性，避免认识上的片面性、简单化和实践上的"一刀切""一锅端"等极端行为。

（4）系统论方法。系统论方法是把少年儿童的思想意识作为系统，用系统论的一般原则指导具体对象的研究。从系统论的观点看，少年儿童思想意识需要纳入到更大的系统中加以考察，以确定其边界、外延和周边关系，又必须充分而详尽地考察构成该系统的各种要素及其相互关系和这种关系在相互作用中可能发生的演化及过程。"在复杂系统中，不仅系统的每个态，而且把系统作为模型化的定义本身，一般说来都是不稳定的，或至少是亚稳定的。"③一方面，研究少年儿童思想意识要做具体微观的分析和研究，确切地把握其内涵和特征。另一方面，又要把少年儿童思想意识放在整个人类历史和社会发展的全景中进行系统考虑，把这一问题纳入社会政治、经济、文化、历史等复杂网络中进行总体的把握和理解。

同时，在研究过程中，还需要秉持以下原则。

（1）客观性原则。客观性原则是指少年儿童思想意识研究要贯彻实事求是的精神，即根据心理现象、思想状态的本来面貌来研究少年儿童思想意识的本质、规律与机制。在思想政治教育中，要避免宏大叙事，一味"高大全"

---

① 苗雪红：《儿童精神成长研究：意义、取向与多学科视野》，载《华东师范大学学报（教育科学版）》，2012 年第 1 期。

② 项久雨：《思想政治教育价值论》，中国社会科学出版社，2010 年版，第 4 页。

③ ［比］伊·普里戈金、［法］伊·斯唐热著，沈小峰译：《从混沌到有序》，上海译文出版社，1987 年版，第 253 页。

的煽动反而适得其反。尤其是在研究少年儿童的意识源流、意识特性时，更要一丝不苟，如实反映真实情况。"对资料的处理和对结果的分析与整理，应根据客观的事实和材料来进行，特别是在对待与自己的假设、理论不一致的数据资料时，应谨慎处理。"①在做结论时，应根据所收集的资料，在其允许的范围内做出判断，而不应该作过分的推论，切忌主观偏见(如研究者个人的主观体验、动机与预期)，实事求是地研究现象、描述事实、做出解释。

(2)发展性原则。发展性原则是指坚持用发展变化的观点来研究少年儿童思想意识所涉及的问题。少年儿童思想意识从形态上看，既有静态结构又有动态结构，相对的静止结构是保证其价值正常发挥的必要条件。少年儿童的思想意识作为一个开放的、动态的、整体的系统，只有加以综合考虑才有可能把握各种心理、意识、思想现象之间的本质及它们的必然联系。"少年儿童"本身就是一个大致的年龄分段，这一时间段中少年儿童表现出来的行为习惯、意识特点不是孑然孤立的，杜绝用静止的观点来看待少年儿童思想意识发展状况，也不能用孤立的眼光来衡量和评价少年儿童思想意识的发展水平。

(3)教育性原则。教育性原则是指对少年儿童思想意识的研究要符合正确的引导方向，要有利于少年儿童的身心健康成长。在具体的研究中，如实验、访谈、抽样、问卷、观察等研究方法手段的选择应引起少年儿童的兴趣，时间不宜过长，不能侵犯少年儿童的个人权利、妨碍少年儿童当前以及长期的身心健康，特别要注意控制研究中的意外事件对少年儿童心理造成的不良影响。"任何可能对儿童和青少年身心健康造成危害的研究都是不被允许的，也不允许为达成研究目的而向儿童和青少年出示与教育目标相违背的问题、作业或图片。"②

(4)理论联系实际。少年儿童思想意识的研究既需要理论演绎也需要实践归纳。研究少年儿童思想意识就是要从本质上探索少年儿童的意识特性和思想本质，形成理性认识。同时，积极把研究成果用于指导实践。少年儿童思想意识的研究问题来源于教育实践，研究成果也应服务于中小学教育实践。在研究中，理论要与实践相结合，需要在少年儿童的实践活动与中小学教育的实践中去发现问题，结合理性认识开展探讨和研究。把科学抽象概括出来的理性认识应用于少年儿童的实际生活，在实践中检验少年儿童心理发

---

① 冯维：《小学心理学》，西南师范大学出版社，2013年版，第7页。
② 张明：《小学生心理学》，东北师范大学出版社，2002年版，第7页。

展规律。

（5）特殊性原则，即少年儿童思想意识的研究要注意一般与个别相结合的原则。儿童的心理发展既具有一般规律性，同时又具有个别差异性（特殊性）；在研究中既要考虑儿童心理发展的一般事实与规律，又要考虑儿童心理发展的特殊规律和个别差异。同时还要注意发展的不平衡性，如青少年在心理上有了独立的要求，在行动上可能还没做好准备，因此要注意全面地分析心理发展的问题，不要流于表面现象。

第三节　本书的主要特色与内容

一、本书的主要特色

在"少年儿童组织与思想意识教育"的研究中，核心是少年儿童的思想意识。思想意识是少年儿童成长的总开关，是其心理、愿望、喜好、情绪、知识、思考、信念，还包括怀疑、猜测、假装以及人格等的总阀门。研究10—14岁左右少年儿童的思想意识，要以认识少年儿童的思维特性和认知规律、情感意志变化为前提，以加强少年儿童的思想道德、理想信念引导为重任。本书的研究主体思路是基于对少年儿童的意识特性分析（更多是从心理学、生理学角度分析），着重对少年儿童的思想认识和观念养成加以引导（更多需要从价值观、品德教育、意识形态方面来阐述）。强调二者的结合旨在以少年儿童思想品德教育为主要任务，提高少年儿童的道德品质，养成健康的心理素质，以此增强社会责任感和社会适应性。引导少年儿童在养成健全人格的基础上，践行社会主义核心价值观，全面成长为有理想、有道德、有文化、有纪律的好公民。

就研究领域而言，主要跨越心理学与思想政治教育两大学科领域。心理与思想政治教育既有联系，但又不能等同。心理学侧重于一般意义上的人的心理活动规律，即研究人的感觉、知觉、记忆、想象、思维、注意、兴趣、动机、情感、意志等心理活动和实践活动的关系；研究人的个性心理特征的形成和发展等问题。思想政治教育则侧重于研究成人个体思想的教育转化，尤其是要与执政者的意识形态相一致。当然，两者具有一致性。如少年儿童的人格培养，既需要提高心理素质，也需要端正其思想道德品质。少年儿童的思想意识与对少年儿童的思想意识进行教育分别揭示着少年儿童思想道德养成的不同方面的本质的必然联系。前者侧重于研究少年儿童的意识、思想的来源、变化及其特性，后者侧重于研究对少年儿童的思想意识进行教育转化。少年儿童思想意识教育是在主体活动的需要和思想意识活动规律基础上形成的，它必须符合少年儿童的思想意识的活动规律。同时，不能简单的、粗暴的用思想政治教育工作来代替心理健康教育，也不能用心理健康教育来取代思想政治教育工作。因为学生的心理问题不能简单地归为思想道德问题。例如，人际关系的紧张、学习过程中产生的压力、注意力涣散等问题绝非用思想道德规范能够解释。同样，少年儿童在政治、思想、道德上的问题也绝对不能当成心理问题来解决。更为甚者，要看到少年儿童的思想道德建设是一种过程，既是少年儿童自身思想、观念、道德、品质、意识等的形成过程，也是少年儿童对外在思想、观念、道德、品质的识别、选择、模仿过程。

同时，一般发展心理学、思维发展心理学等方面教材、专著侧重于从儿童心理的生理、神经机制方面加以阐释，研究的重点是少年儿童思想意识的具体呈现，即研究儿童心理"是什么"。思想政治教育与意识形态方面的教材则侧重政治性与说教性，旨在引导少年儿童思想意识应该"怎么样"。二者理应是统一的，不明白"是什么"就会"对牛弹琴"，不知道"怎么样"就会"无的放矢"。而连接"是什么"与"怎么样"还需要厘清、落实"如何做"。于是，"少年儿童组织与思想意识教育"便以少年儿童心理、生理等方面的意识状态为基础，以社会发展的政治品质为目标，着重在教育上探索一些规律和方法。

还有一点需要对"少年儿童思想意识教育"中的"教育"一词做一说明。"教育"既表明了引导者的责任与义务，也表明了行动者的主体地位。与"控制"一词相对，在儿童的道德教育中，有时教育者会无形假定儿童天生是个人主义的或自我中心的，控制旨在表示使少年儿童的本能冲动服从社会目的。就实际过程而言，少年儿童的本性有悖于社会化过程，控制就具有压制或强迫的意味。通常的意识形态管控就是建立在这个观念上的，但这种观念却严重影响了教育的思想和实践。事实上，控制只是一种武断的权力行使方式，"真正的社会控制就是要养成一定的心理倾向，就是理解事物、事件和动作的一种方法，使我们有效地参与联合的活动。只有为对付别人的抵抗而产生的冲突才会得出这样的看法：只有强行与自然倾向相反的动作，才会出现社会控制的方法。只有因为不考虑人们互相关心的情境（或彼此反应的动作都有兴趣的情境），才把模仿看作促进社会控制的主要力量。"①

---

① ［美］约翰·杜威著，王承绪译：《民主主义与教育》，人民教育出版社，1990年版，第30页。

要知道，儿童天然的或天赋的本性与其要融入的社会群体的生活习惯是不一致的。所以，必须对他们进行有的放矢的教育引导。"这种控制和身体上的强迫不同；它把在任何一个时间起作用的冲动集中到某一特殊的目的上，并使一连串的动作有前后一贯的顺序。"①最有意识地控制别人的行动，很可能过分夸大这种控制的重要性，而牺牲比较永久的和有效的方法。适宜的引导方式存在于儿童参与的情境性质。在社会情境中，儿童必须把他的行动方法，参照别人正在做的事情，使他所用的方法适合。这样就能引导他们的行动，达到共同的结果，并使教育实施者有共同的理解语境。

二、本书的主要内容

本书共有八章，各个章节的主要内容如下：

第一章为绪论。总体介绍"少年儿童组织与思想意识教育"这一概念的主要内涵，介绍了少年儿童组织与思想意识教育的学科性质、学科价值、学科基础、学科内容。

第二章为少年儿童组织概述。总体介绍了少年儿童组织的整体架构、要素及类型、特点及功能；介绍了少年儿童组织的管理，集中体现为自我管理和外部管理；介绍了少年儿童组织的认同，为少年儿童在组织中进行思想意识教育打下了基础。

第三章介绍少年儿童思想意识的理论基础，集中分为两大块——思想意识的内涵分析和中外哲学史及心理学中对于意识起源的各种理论。

第四章为一般意义上的思想意识的本质探索，包括思想意识的心理分析、思想意识的社会基础、思想意识的诱发因素、思想意识的特性分析、自我意识与对象意识的关联等内容。

第五章以特殊人群为切入点，集中对少年儿童的思想意识进行特性梳理。内容主要有个体意识与人类意识的耦合、儿童思想意识发展的阶段特性、由诗性逻辑到专注自觉、由形象思维到抽象思维、自我中心意识的演变、由他律到自律的转变。

第六章对少年儿童思想意识的呈现要素进行了分析，包括思想意识中知情意的统一、少年儿童的注意力、少年儿童的语言、少年儿童的道德。

第七章对少年儿童思想意识教育的价值进行了介绍。从思想意识教育的一般价值谈起，论述了少年儿童思想意识教育的个体价值和社会价值。

---

① ［美］约翰·杜威著，王承绪译：《民主主义与教育》，人民教育出版社，1990年版，第47页。

第八章主要谈少年儿童思想意识的教育引导。主要包括少年儿童思想意识的社会化建构、少年儿童思想意识教育的基本原则、少年儿童思想意识教育的环境分析、少年儿童思想意识教育的内容导向。

小结

众所周知，概念是反映事物的本质属性的思维形式，也是人类理解复杂过程或事物的基础。表达概念的语言形式一般是词或词组，在"少年儿童组织与思想意识教育"一词中，可以分解出若干词语，如"少年儿童""少年儿童组织""思想意识""思想意识教育"等。本书的研究起点正是这些概念、词组。同时，本章还对"少年儿童组织与思想意识教育"的专业与学科属性进行了区分，着重分析了少年儿童组织与思想意识教育的学科价值和学科内容，以便在本学科的学习、研究中做到有的放矢。

思考与练习

1. 如何全面、辩证地理解"少年儿童组织与思想意识教育"这一概念的内涵？

2. 少年儿童组织与思想意识教育的学科价值体现在哪些方面？

3. 研究少年儿童组织与思想意识教育的主要方法和原则有哪些？

阅读导航(学习拓展)

1. 檀传宝：《少年儿童组织与思想意识教育基本理论》，教育科学出版社，2014年版。

2. 陆士桢：《少年儿童组织与思想意识教育活动方法》，教育科学出版社，2014年版。

3. [美]约翰·杜威著，王承绪译：《民主主义与教育》，人民教育出版社，1990年版。

第二章　少年儿童组织概要

启发与引导

- 你认为成立组织的核心要素是什么？你身边有哪些社会组织？他们有什么差异？
- 从小到大，你都加入过什么样的儿童组织？你心目中的儿童组织是什么样的？
- 少先队活动中有哪些时刻让你终生难忘？在少先队中学到的哪些知识让你受益匪浅？

个体由儿童到少年，再到青年与成年，是一个逐渐脱离家庭走向社会的过程，也是一个由不独立逐渐变得独立的过程。而各种融入其中的组织，正是少年儿童身份地位、社会关系、思想意识发生转变的桥梁纽带。从教育学角度分析，少年儿童组织作为一种特定的教育载体、手段、形式，有必要认清少年儿童组织的性质特点，明确少年儿童组织的功能，深入理解把握其本质规律。只有如此才能科学有效地运用少年儿童组织系统，更好地为少年儿童思想意识教育服务。

第一节　组织概述

一、组织的内涵及特性

人类的社会本性决定了任何一个人都要隶属于一定的组织之中，从原始社会起，人类就开始联合群体力量和集体行动来向大自然挑战，以实现个人所不能完成的各项活动，实现不同于个人目标的组织目标。"只有通过人与人之间的相互协作，才能实现组织的目标，而人与人之间的协调，需要管理来维持，管理是协作劳动的产物，是随着组织的出现而产生的，二者是不可分割的。"①

从词性上分析，组织可以分为动词和名词。作为动词的组织，就是有目的、有系统地集合、召集与协调，如组织学生、组织观众。在此，组织行使了一种管理职能。作为名词的组织，是指按照一定的宗旨目标和职责分工，基于一定的物质基础相互协作而形成的人群集合体，如工厂、学校、医院等。这是一种狭义上的组织内涵，从广义上说，组织是指由诸多要素按照一定方式相互联系起来的系统。系统论、控制论、信息论、耗散结构论和协同论等，都是从不同的侧面研究有组织化的系统的。

狭义的组织专门指人群而言，运用于社会管理之中。在管理学中，"组织"一词有两种主要的用法：第一种是指管理功能，此时"组织"与计划、指挥、协调、控制等职能相同；第二种指代"组织化"的结构，即建立起一定的管理系统的结构。社会组织的类型划分中，从组织的规模程度去分类，可分为小型组织、中型组织和大型组织；按组织的社会职能分类，可分为文化性组织、经济性组织和政治性组织；从组织结构上看，有直线职能结构、事业部职能结构、模拟分权结构、矩阵结构、委员会组织；按组织内部是否有正式分工关系分类，可分为正式组织和非正式组织。系统组织理论创始人，现代管理理论之父切斯特·巴纳德认为，组织不论大小，其存在和发展都必须具备3个条件，即明确的目标、协作的意愿和良好的沟通。

（1）明确的目标。目标是指根据组织的使命而提出的组织在一定时期内所要达到的预期成果。目标是使命的具体化，是一个组织在一定的时间内奋力争取达到的、所希望的未来状况。组织目标有等级层次，各种目标的具体程度、时间幅度等都是各不相同的，它们显示了不同的抽象程度。就目标的抽象性而言，通常可分为三类，它们分别是：宗旨、使命、目标，抽象程度由高到低。第一，组织的宗旨。可视为是最基本的目标，它是由该组织运营所在的社会环境所限定的。企业的宗旨可以是为股东盈利；大学的宗旨是发展和传播知识；医院的宗旨是提供医疗保健。组织的宗旨实际上表达了组织在社会上存在的理由。第二，组织的使命。抽象性处中间状态，这类目标把一些类似的组织做了最好的区分。虽然社会限定了组织的总的宗旨，管理人员还需选择最佳途径来实现它的宗旨，他们选择的途径便是组织的使命。使命表达了组织的业务是什么。由于宗旨与使命之间的区别很细微，因此，许多管理学研究者及实务管理人员并不严格区分这两者。第三，组织的目标。

① 许激：《效率管理：现代管理理论的统一》，经济管理出版社，2004年版，第57页。

是组织准备如何完成使命的具体表述，所以抽象性最低。目标一般表达得较为具体，其时间幅度更明确，因此也称为一定时期的目标或具体目标。

组织目标的作用具体表现在以下四个方面：第一，指明方向。目标的订立为管理者提供了协调集体行动的方向，从而有助于引导组织成员形成统一的行动。第二，激励作用。目标是一种激励组织成员的力量源泉。只有在组织成员明确了行动目标后，才能调动其潜在努力，使其尽力而为，创造最佳成绩。成员也只有在达到了目标后，才会产生成就感和满足感。第三，凝聚作用。凝聚力是使组织成为一个多成员的联合体，而不是一盘散沙的重要因素。当组织目标充分体现组织成员的共同利益，并与组织成员的个人目标保持和谐一致时，它能够极大地激发组织成员的工作热情、献身精神和创造性。第四，决策标准和考核依据。目标不仅是管理人员制定决策方案的出发点，而且是考核管理决策的制定和执行工作好坏的依据。组织制定了明确的目标，有关人员的思考和行动才有客观的准绳，而不至于凭主观意志做决定，凭主观印象做考核。

（2）协作的意愿。协作意愿是指组织成员对组织目标做出贡献的意愿。所有的组织都有某种精细的结构和协调过程，以便其中的人员能够从事他们的工作。搞好协作是一个组织完成总体目标的必要条件。第一，从管理组织系统的严密性上看，各层次之间、部门之间、岗位之间，有着严谨的结构和密切的联系，互相制约、互相影响。这种结构的本身，要求层次之间、部门之间及岗位之间必须有良好的协作和紧密的配合，才能是组织正常的运行，各项工作同步的进行。第二，从目标体系的完整性上看，总目标与分目标之间、分目标与分目标之间有些连锁关系，形成环环相扣的链条和网络。其中任何一环脱节，都会影响整个网络和链条，从而影响总目标的实现。第三，从实现目标的复杂性上看，由于现代科学技术的发展，专业化、综合化程度越来越高，实现一项目标需要多个部门、多个岗位的共同努力、互相支援，不是只靠哪一个人不靠外界的帮助就能实现的。这也要求部门之间、岗位之间有很好的合作、有力的协作配合。

（3）良好的沟通。组织的共同目标和个人的协作意愿只有通过意见交流将两者联系和统一起来才具有意义和效果。通过良好沟通，能满足人们彼此交流的需要；使人们达成共识、更多的合作；降低工作的代理成本，提高办事效率；能获得有价值的信息，并使个人办事更加井井有条；使人进行清晰的思考，有效把握所做的事。

沟通是不同的行为主体，通过各种载体实现信息的双向流动，形成行为主体的感知，以达到特定目标的行为过程。在沟通的过程中，行为主体、信息载体和沟通环境都会影响沟通目标的达成。通常情况下，行为主体的状态，知识和经验结构，准备的充分性等因素会影响沟通的效果；信息载体的稳定性，识别度等因素会影响沟通的效果；沟通环境的噪音、氛围等因素也会影响沟通的效果。尤其是在管理主体和管理客体之间要实现良好的沟通，管理主体与管理客体之间的相互联系和相互作用构成了组织系统及其运动，管理主体相当于组织的施控系统，管理客体相当于组织的受控系统。组织是管理主体与管理客体依据一定规律相互结合，具有特定功能和统一目标的有序系统。在管理的过程中，管理主体领导管理客体，管理客体实现组织的目的，而管理客体对管理主体又有反作用，管理主体根据管理客体的对组织目的的完成情况，从而调整管理主体的行为。它们通过这样的相互作用，形成了耦合系统，从而更好地实现组织的目的。

组织要想持续存在，有效性和效率是必不可少的，"组织的生命取决于它获得和维持为实现其目的所必需的个人贡献（包括力量、物资和货币等价物）的能力，这种能力可能是许多狭义的效率和非效率的复合物。"[1]以巴纳德为代表的管理学家认为，组织效率取决于成员个人做出贡献的意愿，而意愿的持续性取决于成员个人在实现目标的过程中所获得的满足程度。于是，组织效率是它能够向组织成员提供足够数量的有效诱因以维持系统均衡的能力，在不损害标准化的合作生产作业的情况下，使个人具有职业和成就的自豪感，是组织效率需要聚焦的核心问题。为此，巴纳德指出："组织效率是它能够提供足够数量的有效诱因以维持系统均衡的能力。正是这种意义上的效率，而不是物质生产率上的效率，维持着组织的生命力。"[2]

有学者指出，高效率组织的特征有以下四点[3]：

第一，战略导向。卓越的组织一般都具有如下特点：（1）顾客第一：把服务对象当作最重要的利益相关者，努力工作去满足各种需求。（2）反应快速：成功的公司对机会和问题能够以最快的速度采取对策，从而做到应变自如。（3）重点明确：最佳的组织都把重点放在它们最具竞争力的业务上，只做自己最擅长的。

第二，高层管理。有效的组织通常：（1）领导有方：领导者能为员工指

---

[1] ［美］巴纳德著，王永贵译：《经理人员的职能》，机械工业出版社，2007年版，第63页。

[2] 同上。

[3] 李剑锋：《组织行为管理》，中国人民大学出版社，2006年版，第20—21页。

明未来的方向，并鼓舞大家一致追求。（2）行动至上：管理者不夸夸其谈，而是身体力行，努力解决问题。（3）强调核心价值观：高层经理决策时一贯遵循组织的核心理念，并让员工共同奉行。

第三，组织设计。成功组织的结构有如下特点：（1）形式简单、人员精干：组织中很少有人浮于事的现象。（2）分权：目的是鼓励创新与变革。部门人数少，技术人员靠近管理人员以共同解决难题。（3）绩效测量注意财务与非财务指标(如顾客满意、创新能力等)的平衡。

第四，组织文化。有效组织的文化有如下特征：（1）信任气氛：信任能使员工之间坦诚沟通，部门之间合作愉快。（2）参与：员工是质量与生产率的基石，他们常被激励参与工作的各个环节。（3）目光长远：非常关注员工的培训，经常采用多种措施增强对员工的组织承诺。

二、组织的属人特性

第一，人与组织是共生的。人、组织二者是密不可分、辩证统一的。人是社会人，任何个人都隶属于或大或小的组织之中；而任何一个组织都是由两个或两个以上的人组成的集体。唯有组织起来的人群才能超越个体能力的有限性、优化个人能力的特长性、综合人物时的复杂性、协调内外因的一致性，进而不断创造社会资源以满足个人的利益追求。这一点在两位管理学大师对于组织的定义中体现得尤为明显，其中，美国管理学家、现代管理理论之父巴纳德将组织定义为"有意识地协调两个以上的人的活动或力量的体系"；卡斯特则定义为："组织是结构性和整体性的活动，即在相互依存的关系中人们共同工作或者协作……组织是：（1）有目标的，即怀有某种目的的人群；（2）心理系统，即群体中相互作用的人；（3）技术系统，即运用知识和技能的人群；（4）有结构的活动的整体，即在特定关系模式中一起工作的人群。"[①]

现代意义的组织是随着生产力的发展特别是西方工业社会的产生而产生的，延续至今，实体性组织包括公共组织、私人组织在内的所有组织集合体。尽管组织与人类同命运，但直到20世纪人们才有意识地把组织当作研究对象。泰勒在20世纪初提出了科学管理原理，力图通过制定严格的管理标准，建设一个高效、规范的"企业组织"。韦伯在《经济与社会》一书中认

---

① ［美］卡斯特、罗森茨韦克著，傅严等译：《组织与管理：系统方法与权变方法》，中国社会科学出版社，2000年版，第5页。

为，组织是组织成员在追逐共同目标和从事特定活动时，成员之间法定的相互作用的方式。政治哲学家、管理学家福利特认为："我们只有在团体组织之中才能发现真正的人……人只有通过团体才能发现自己的真正品性，得到自己的真正自由。"①以 20 世纪 30 年代为界，1937 年厄威克与古利克在《管理科学论文集》中第一次正式提出"组织理论"这一概念。此后各种对组织的研究统一归并到"组织理论"的名下，管理理论与组织理论逐渐融汇成相通的研究领域。而随着巴纳德、西蒙等管理学大师组织理论的问世，组织理论开始成为一切管理学的基础。管理学就是不断地解决人与组织之间的矛盾，在"不平衡—平衡—不平衡"的过程中展现管理的发生、发展和变化的全部规律。

第二，人与组织是共建的。就"人的组织化"而言，组织结构设计很大程度上是一个分权、分责的过程，正式组织是运用权力、责任和目标来连接人群的集合。实现人的组织化就是要求个人与组织需求、组织认同、理念目标上达成一致，个人必须具备专业能力、专业素养和岗位的适应能力。从管理学发展史上看，泰勒通过观察试验，把"第一流工人"的操作作为样板，将其作业工具、作业环境标准化、完善化，其他工人由此开始了近代管理"组织化"的历程。韦伯的"官僚制"认为，组织职位具有合理合法的、客观必然的权力特性，雇员对这种理性权力的服从是一种不容置疑的义务。从古典管理理论开始，寻求管理定量化、标准化、最优化的努力一直没有停止过。如西蒙的决策理论吸纳了查尔斯·巴比奇及巴克·夏尔·迪潘的思想，主张在组织行为决策过程中应用几何和机械学的方法研究工人的活动，主张"量化"，建立数学模型，应用计算机技术来做出决策，并一直试图建立程序化决策理论。"控制限度、命令的统一、权威等级的清晰界定、劳动分工以及其他一些正式的和成文的观念，对这些早期的组织学家来说是很有意义的。"②随着计算机和信息技术的发展，各种科学方法的引进，现代管理科学学派可以说把这种追求发挥到了极致，譬如哈默和钱皮的流程再造理论就是基于计算机技术的推广而诞生的。

就"组织的人化"而言，组织既是人类为了实现一定目的的手段，也是人类存在的载体、人类存在本身的一种表达方式，这从根本上决定了"组织人性化"的必然性。从现代管理学的历程来看，"组织的人化"发端于泰勒的"情

---

① ［美］雷恩著，赵睿等译：《管理思想的演变》，中国社会科学出版社，2004 年版，第 335 页。
② 同上。

感革命"，壮大于梅奥"霍桑试验"的非正式组织研究。纵览 20 世纪林林总总的管理学说，无论是早期的人际关系理论，还是后继的行为科学学说，以及其延长线上的新人群关系理论，都是围绕人尤其是组织的人性化这根轴心展开研究的。群体研究的领军人物、德裔美国心理学家卢因，把行为看成是人及其环境的一个函数，而组织是处于均衡状态的各种力的一种"力场"，这些力涉及团体在其中活动的环境，还涉及团体成员的个性、感情及其相互之间的看法。而一旦把人放在环境中去考量，就应该看到"人是一种文化存在物"这一本质特征。于是以威廉·大内《Z 理论》为代表，异军突起的组织文化研究以系统哲学为内核，既综合古典管理论与行为科学，又顺应"战略制胜"时代的需求，极力研究管理的价值、伦理功能。鉴于此，托马斯·彼得斯曾大声疾呼："企业文化学派的兴起，实际上是一场'恢复基本原则'的革命。"①"满意的工人才是有效率的工人"，组织就是合乎目的的人相互作用的行为系统，在"组织的人化"过程中逐渐形成了人性理论、需求层次理论、个体行为理论、群体行为理论、组织行为理论以及领导行为理论等分支理论。它们从不同的角度、层次研究管理中人的行为规律，以求通过理解、预测、引导人的行为以实现组织的预期目标。

第三，人与组织是共赢的。人的自身发展与组织的形式、结构经历着大体一致性的变革。20 世纪以来，进入管理学研究领域的组织形式主要经历了手工工场、机械化大工厂、集团公司、跨国组织、区域合作组织等阶段，各种政府非政府组织、营利非营利型组织、公共私人型组织、实体虚拟型组织统统成为理论的研究对象。就组织结构而言，20 世纪初各类组织基本上是一个以等级为基础、以命令控制为特征的金字塔结构，横向分工始终处在以直线组织为支柱、纵向分工为基调的框架内。而随着员工素质提高、自动化程度增强、知识经济的深化，对组织结构的弹性和动态性提出更高要求，需要组织内部有敏锐、灵活、变通的创新氛围和冒险求变精神。于是，跳出封闭的组织设计理念，西蒙—马奇—塞尔特等学者的一系列研究结果，开始将组织定义为一个有机的社会集成体，"组织是互动人群的集合体，是社会中任何类似于集中合作体系中最庞大的集合体……与组织之间和无组织的个体之间的分散变化关系形成对比，在组织中，高度专门化的结构与协作使得单个组织单元成为社会学上的个体，可以和生物学意义上的个体有机体相

---

① ［美］彼得斯著，管维立等译：《赢得优势》，企业管理出版社，1989 年版，第 3 页。

比。"①卡斯特和罗森茨韦克则提出系统和权变理论，认为任何一个组织都必须接受足够的资源投入，以维持其正常运转，也同时产出足量的经转换的资源供给外部环境，以继续这种循环。应对动荡不居的外部环境，钱德勒也以"结构决定战略"激发了 20 世纪战略管理研究的历程，寻求组织与组织、组织与社会、组织与国家之间的最佳契合点。以普利高津的耗散结构理论、哈肯的协同学、雷内托姆的突变论为核心的自组织理论，着重研究组织由无序走向有序、由低级有序走向高级有序的发展过程。巴纳德的组织平衡理论、西蒙的决策过程理论、本尼斯的组织发展理论、里格斯的行政生态理论、沙因的组织文化理论，都旨在保持组织持续的成长能力。20 世纪 90 年代以来，又涌现出众多组织管理理论。如在行政管理领域，戴维·奥斯本和特德·盖布勒在《改革政府》里面提出了"企业化政府理论"，把竞争、结果导向、顾客就是上帝、分权等理念引入政府管理之中；拉塞尔在《无缝隙政府》中通过政府机构的流程再造，追求"流动、灵活、完整、透明、连贯"的政府服务模式。在企业管理领域，巴纳德约翰·马修斯围绕提高组织学习能力而进行了组织设计，查尔斯·M. 萨维奇在《第五代管理》中对虚拟组织结构提出构想，保罗·S. 麦耶斯等人围绕知识管理而提出了组织创新的观点，彼得·圣吉在《第五项修炼》中对学习型组织做了通俗的解释……在企业并购、兼并、联盟、流程再造等内外因素交织推动下，组织变革成为令人注目的动向，扁平化、矩阵型、网络型的组织结构纷纷出现。如今，人们不再囿于固定的组织形式、结构，而更加关注组织预期取得的未来领域。

第二节　少年儿童组织简介

一、少年儿童组织的内涵及特点

少年儿童组织是以少年儿童为主体，有特定目标、共同活动和组织规范的社会团体。少年儿童组织的特点是与成人组织相比较而言的，主要是基于组织成员的特殊性而形成的。总体而言，少年儿童组织具有以下几个方面的特点：

第一，少年儿童组织具有半自主性。总体而言，成人因具备完全民事行

---

① ［美］马奇、西蒙著，邵冲译：《组织》，机械工业出版社，2008 年版，第 4 页。

为能力,在组织中具有较高的自主性。对于少年儿童而言,还尚未具备完全民事行为能力,所以组织中的少年儿童的自主性相对较低。少年儿童仍为未成年人,生理、心理机能的发展尚未达到成熟阶段,虽然能独立思考,同时又由于思维逻辑能力发展不够,不能全面、深刻看问题;既有一定的独立性、较强的自我管理意识,但又由于对外界事物分辨能力不足,有明显的依赖性,自我控制能力不强;思想意识发展具有感性取向、外在权威性、同辈群体导向和易受暗示等特点。总而言之,身心发育尚未完全成熟的少年儿童没有足够的能力自主地管理自己的组织。于是,成年人便在组织中充当管理者、教育者和指导者的角色。这就直接导致了少年儿童组织的半自主性。当然,成人管理者更多是引导员而不是主演,毕竟少年儿童才是少年儿童组织的真正主人。成人引导者的辅助与少年儿童的积极主动参与相结合,形成了民主、平等、和谐、互动的组织成员关系,使少年儿童在组织中更大程度上自主活动、管理、教育、成长。

第二,少年儿童组织结构的半科层化。科层制又称理性官僚制或官僚制,是由德国社会学家马克斯·韦伯提出的。科层制的主要特点有:内部分工,且每一成员的权力和责任都有明确规定;职位分等,下级接受上级指挥;组织成员都具备各专业技术资格而被选中;组织内部有严格的规定、纪律,并毫无例外地普遍适用;组织内部排除私人感情,成员间关系只是工作关系,等等。通常情况下,科层制指的是一种权力依职能和职位进行分工和分层,以规则为管理主体的组织体系和管理方式,也就是说,它既是一种组织结构,又是一种管理方式。然而,在少年儿童组织系统中,如少先队的大队、中队和小队,制度化和规范化程度相对弱化,组织内部没有明确的分工和严格的职责,没有等级森严的上下级关系,组织工作和活动有较大的弹性空间。同时,少年儿童组织中的组织成员之间情感互动交流频繁、细腻,组织人际关系融洽。在半科层化的组织结构中,少年儿童的组织活动既遵循了一定的理性原则,又融入了情感的力量,以切实保障少年儿童的权利行使和身心健康发展。

第三,少年儿童组织活动的生活化。一般而言,成人参与各种组织活动首先是考虑谋生的需要、工作相关的需要、经济利益的需要,其次才是精神文化、休闲娱乐的需要。置身于各种组织之中的成人化的组织成员以工作为第一要务,组织具有规范化和正式化的特征。但是,少年儿童组织活动的生活化、人性化色彩更重,不以营利和功利为主要目的。少年儿童组织是在富有生活化特点的组织生活、工作和活动中运行的,是在组织创设的各种社会生活场景中实现的。"少年儿童参加一个组织不是为了工作或谋生，他们的学习、工作与生活之间总体而言还是未分化的，日常生活的直观性、自在性以及经验性是少年儿童生活意义的主要来源。因此，少年儿童的组织生活不可能脱离日常生活而存在。换句话说，组织生活是少年儿童日常生活的组成部分或延伸。"①少年儿童组织虽然是对少年儿童日常生活的一种人为建构，但是这种建构必须保留其基本的生活底色，以此让少年儿童在日常生活和组织生活的自然融合中，获得思想意识教育的启蒙。这一点与美国教育学家杜威的"教育即生活"不谋而合，少年儿童组织的思想意识教育需要与少年儿童的生活相结合，把教育过程融入少年儿童的生活、成长过程，与教育情境发生有机联系。

二、少年儿童组织的功能

少年儿童组织的功能，一方面是指少年儿童组织的对外功能（社会影响），另一方面是指对内功能（对于它的组织成员所能起的影响作用），本文主要论及后者。组织生活是儿童的天性，也是儿童社会化的重要机制。此外，相较于成人社会的组织生活，儿童组织对于儿童自身来说，既是实现特定目标的手段，又是获得本体安全的重要保障，而后者往往成为儿童组织生活重要的情感体验。

第一，教育功能。教育功能是少年儿童组织作为一个社会组织所具有的核心功能，是其适应少年儿童身心发展需要所承担的根本任务。前文已述，任何组织都有明确的组织目标、都有自己的价值理念，而价值理念向成员传递的过程就是自然的教化过程。在少年儿童组织中，掌握社会规范、处理人际关系能力、社会适应能力是其教育目的的核心指向。在教育内容上，除了教给少年儿童科学文化知识、学习生活技能外，更多是能积极引导少年儿童的思想意识启蒙、品德培育，进而促进少年儿童全面发展。在教育方法上，主要是强调通过实践体验教育、课外文体活动、社会实践活动等方式，积极对少年儿童个体的社会性发展、思想意识的形成、综合素质的发展起到熏陶、感染、塑造作用，最终实现组织育人的功能。在组织实践活动之时，更多是激励引导少年儿童在管理、教育、服务，活动中的自主性，培养他们的创新精神和实践能力。

第二，凝聚功能。众人拾柴火焰高。组织管理的核心目的就是凝聚人

---

① 檀传宝：《少年儿童组织与思想意识教育基本理论》，教育科学出版社，2014年版，第125页。

心、凝聚力量，统一组织成员的意志，使组织效能最大化。少年儿童组织也要聚合、团结、组织少年儿童，形成自己的力量和特色。少年儿童组织需要最大化的引导内部成员达成协作意愿和良好沟通，这样才能更好地凝聚组织内的少年儿童。少年儿童组织一般通过特有的、符合少年儿童身心发展规律的活动、标志、名称等因素吸引少年儿童加入组织，如少年儿童组织的标志、歌曲、活动都体现了少年儿童的心理需求，尤其对低年龄段的少年儿童具有很强的吸引力。如青年基督教协会凝聚了 130 多个国家和地区的千万青少年；童子军已经有 216 个国家和地区拥有童子军组织，其成员达到 2500 万人，大约有 3 亿人曾经参加过童子军，其中包括许多当今的国家领导、商业领袖以及各行各业的人才；中国少年先锋队凝聚了 1.3 亿少先队员，成为世界上最大的少年儿童群众团体。

第三，社会交往功能。每个少年儿童都有建立友好亲密人际关系的欲望，被他人喜欢和接受的愿望。少年儿童组织能为少年儿童的社会交往提供平台，创造社会交往机会，提高少年儿童社会交往能力，满足少年儿童社会交往的需求。少年儿童组织的建立和存在适应了少年儿童的社会交往需要，"少年儿童组织为少年儿童创设了跨越年龄界限、班级界限甚至地域界限，进行广泛交往的条件，让少年儿童的人际交往变得有趣、丰富和开阔起来，为他们在组织中获得友谊、认可、自信创造了更多机会。"①除了少年儿童组织的内部交往外，也可以通过社会参与活动，把少年儿童的社会交往扩展到与成人社会团体、各类社会组织和机构间的交往；通过少年儿童组织与组织间的各种联谊、交流和竞赛活动，建立与校外、国内外的少年儿童之间的社会交往和国际交往；通过组织内外的各种活动，可以与各个民族的少年儿童交往。

在组织内外的人际交往中，要引导少年儿童学会换位思考，学习理解他人，教育他们乐于合作和善于合作，毕竟在儿童社会交往中过度地强调竞争会产生不良后果；引导少年儿童尊重差异，宽以待人，与其他少年儿童平等友爱、共同进步、共同发展；鼓励少年儿童发扬互助精神，学会激励他人，建立相互信任的人际关系；指导少年儿童学习化解冲突、解决矛盾的方法。尤其是对于众多独生子女来说，可以消除孤独感，有利于克服自我中心倾向，正如瑞士著名心理学家皮亚杰所说的那样，"社会交往"可以"帮助儿童摆脱自我中心状态"。

---

① 檀传宝：《少年儿童组织与思想意识教育基本理论》，教育科学出版社，2014 年版，第 131 页。

第四，促进自我发展功能。促进少年儿童自我发展的功能是指少年儿童组织有意识地为少年儿童提供各种自我发展的机会，使少年儿童通过自己管理自己的组织行为、自己治理少年儿童组织，自己组织和参与少年儿童组织的活动，参与社会活动和社会事务的管理，从而促进他们在自治和参与的过程中，认识自我，自我成长、自我超越和自我实现。

少年儿童是组织的主人，组织中的全部工作都由少年儿童当家做主，少年儿童参与少年儿童组织的工作，分享组织的权力，进行民主管理，承担组织和社会的责任。（1）少年儿童在自我管理、自治组织、参与社会的过程中，获得自我认识的发展，即对自己的品质、能力、外表、行为的社会意义等的认识；获得情感体验，增强自尊、自爱，克服自卑；学习进行自我评价，即个人对自己的能力、品质以及在群体当中的地位等进行评价，从而对自己的行为起重要的调节作用，并影响个人的活动效率和个性的进一步发展。（2）少年儿童在自我管理、自治组织、参与社会的过程中，获得广泛的社会交往和社会实践的机会，学习和理解公共道德规范，并把公共道德规范转化为个人道德品质，自觉接受正确的思想行为，克服错误思想和不良行为，从而实现自我教育和自我完善。（3）少年儿童在自我管理、自治组织、参与社会的过程中，得到了实现自我的机会，满足了自己的高层次需要，最大限度地实现个人的潜在能力。最重要的是，少年儿童通过自我价值实现和自我潜能发挥的过程会真切地感受到建立人与人之间的无条件的关怀和真诚的关系，是自我实现的关键。

第三节　少年儿童的组织认同及其实现

一、组织认同释义

沙莲香教授认为，"认同（identity）是心理学中用来解释人格（personality）统合机制的概念，即人格与社会及文化之间怎样互动而维系人格统一性和一贯性，认同是维系人格与社会及文化之间的互动的内在力量，从而是维持人格统一性和一贯性的内在力量。因此，这个概念又用来表示主体性、归属感"[①]。那么，何谓组织认同？主要含义是认同组织，即遵循组织的规章

---

① 沙莲香：《社会心理学》，中国人民大学出版社，2002年版，序言。

制度、认可组织的远景目标、接受组织的价值理念，是一个由思想认识到实践行动，再到心理自觉的过程。"组织认同一般是指组织成员在行为与观念诸多方面与其所加入的组织具有一致性，觉得自己在组织中既有理性的契约和责任感，也有非理性的归属和依赖感，以及在这种心理基础上表现出的对组织活动尽心尽力的行为结果。"[①]实际上，组织认同既是一个过程，也是一种结果，实质上是组织成员用组织身份来定义其自我身份的过程和结果。

组织认同的影响因素很多，综合学者们的研究成果，从个体层面看，满意度、能力、利益、个性等因素会对组织认同产生显著的影响。从组织外部方面看，组织外部声誉认知、组织外部形象的吸引力、组织差异性和组织间竞争与组织认同有关。从工作层面看，个人的发展、工作自主性、工作效能与基于职业形象的职业认同对组织认同产生最显著影响。从组织氛围和组织管理看，组织沟通氛围和沟通满意感对于组织认同的贡献更为显著，组织文化的"团队合作""道德""信息流""参与""监督"等维度与组织认同显著相关。创新型文化和支持型文化对员工组织认同产生正面影响，而官僚型文化则无显著影响，其中创新型文化的正面影响更大。上级支持、组织身份特征、员工知觉组织公平、组织资源、领导人魅力也是组织认同的重要影响因素。

二、少年儿童组织认同的特性及实践路径

少年儿童组织认同指少年儿童对于自己所在组织及其目标的认同，并且希望维持组织成员身份的一种状态。少年儿童组织认同是少年儿童组织成员共同拥有的信仰、价值和行动取向的集中体现，表现为一种组织或集体观念。少年儿童组织认同是少年儿童最现实的社会认同形式，社会认同是少年儿童对自己在社会中的某种地位、形象和角色以及与他人关系的性质的接受程度。一般测量组织认同的维度有四个：组织认知、情感归属、积极评价、自主行为。少年儿童的组织认同就是少年儿童通过对其组织的认知、情感和态度，达到在认知上赞同组织、在情感上归属组织、在行为上与组织保持一致的过程。

少年儿童的身心特点决定了少年儿童组织实现组织认同的途径、技术和方法有其自身的特点：理论灌输要简单易懂，便于少年儿童认知和理解；仪式活动要生动形象，便于吸引少年儿童的注意力，激发少年儿童的兴趣点。在组织活动中，积极引导少年儿童自我反思、自我评价、自我定位。通过思

---

① 王彦斌：《管理中的组织认同》，人民出版社，2004年版，第1页。

考与回答各种人生问题，例如"我是谁""我的价值和目标是什么""我的人生目的是什么""我与他人的区别是什么"等问题，以此树立正确的人生观和价值观。

针对少年儿童组织认同的特点，需要明确与细分少年儿童组织认同的实践路径。

第一，聚焦组织的共同愿景。组织认同最重要的部分是组织愿景，包括组织存在的根本目的、核心价值观和远大的目标。少年儿童组织的核心价值观和愿景实际上就是少年儿童组织的主张和信条，是有关组织成员和少年儿童组织美好未来的憧憬。组织愿景的规范性框架包括三个主要成分：（1）核心价值观是少年儿童组织的重要和永恒的信条；（2）核心目的是少年儿童组织存在的根本理由；（3）生动的未来前景，即对少年儿童或少年儿童组织提出经过一段时间努力后达到的理想和成就。尤其是对前两者而言，这也注定了少年儿童组织的组织性质和存在价值。例如，根据功能与目标分类来划分，少年儿童组织可以划分为教育型、娱乐型、维权型、公益型。

第二，发挥榜样示范作用。榜样的力量是无穷的。少年儿童不是机械地对环境做出反应；相反，他们会仔细观察他人，并且不断接纳周围的信息和线索，然后模仿其行为。在现实组织生活中，少年儿童可以通过学习组织向其传递的组织集体身份信息，观察和模仿其他组织成员的行为，以及借鉴自己的经验知识和当时的想象、尝试和即兴发挥等多种途径和手段来获得扮演组织成员身份的脚本，并参照脚本进行身份扮演。

少年儿童组织中的榜样是多面的、多元的。（1）要根据组织思想意识教育的目标来选择，即选择能够体现组织核心价值观的榜样。（2）从时间发展维度看，不仅要选历史的榜样人物，更要注重选择当代的榜样人物。（3）从榜样的来源看，榜样人物可以来自各行各业，让不同个性、兴趣、特长的少年儿童都能找到自己模仿的对象。（4）与少年儿童的成熟度、道德水平发展阶段和生活实际相联系、相适应，注意选择与少年儿童生活贴近的或身边的榜样。"真正的榜样是在少先队活动中涌现出来的、能够推动系统运动的力量，少先队员中很容易产生一些品德优、人缘好、热情高、号召力强的队员，培养这样的队员，并将他们选拔出来，引导其他少年儿童发现和学习他们的闪光点，推进少先队工作，是辅导员重要的职责。"①

---

① 洪明：《少先队的组织属性及其变革——自组织—他组织框架下的再认识》，载《教育理论与实践》，2011年第6期。

第三，开展各种体验活动。"儿童时期的政治社会化一般以政治认同、政治归附、政治忠诚、政治服从等带有情感性色彩的政治认知和感情培养为主要内容，认知矛盾和行为转换矛盾尤为突出。应该遵循科学规律，寻求更为切实的方式"①。教育实践表明，如果少年儿童仅有理性认识的提高而无情感上的共鸣、无行动上的不断历练，其结果往往会是"纸上谈兵""竹篮打水"。为此，我们应该根据少年儿童的成熟度状况，根据少年儿童的个性、心理特点和成长规律，让他们通过角色扮演和体验式活动行动起来。根据角色理论、组织认同理论和自我知觉理论，可以发现角色扮演和体验式活动不仅符合价值观教育的规律，而且特别适宜少年儿童的成熟度状况，符合少年儿童的个性、心理特点和成长规律。例如，2005 年，共青团中央、教育部等八部委曾发布《关于进一步加强少先队工作的意见》，指出"要发挥少年儿童的主体作用，以体验教育为基本途径，开展丰富多彩的实践活动，不断加强少先队自身建设，增强少先队组织的吸引力和凝聚力。"这正是在少年儿童组织中开展角色扮演和体验式活动的最好体现。

第四，注重组织形象建设。组织氛围、组织的形象和声望等与组织认同密切相关。常见的组织形象主要包括典礼、仪式、标识、歌曲和口号等符号因素，这些符号因素是组织价值理念和文化意义的载体和象征，能使组织里的少年儿童身临其境、感同身受。"那些由象征性符号加工成的组织仪式、组织口号、组织语汇和占统治地位的风格，作为组织的一部分，有助于组织中共有意义的发展，正是这种组织的共有意义赋予组织成员一致性。通过这些符号形式既形成和维持组织成员的世界观，又创造和维持他们自己在这个世界中的想象。"②口号、标语、一套特殊的词汇、特别的标记、仪式等符号象征，能够使一个组织保持某种特殊的精神气质和独特的组织身份特征。"团队的身份感，通过团队的名称、使命宣言和呼号进行强化身份"③，正是"完美的管理仪式提供了集体的内聚力和一致性，并在外界树立起稳固的形象"④。

---

① 雅言：《政治社会化——少先队组织教育的核心功能》，载《少年儿童研究·理论版》，2010年第 18 期。

② 朱国云：《斯默西奇对组织文化的研究》，载《国外社会科学》，1997 年第 1 期。

③ ［美］史蒂芬·E. 科恩、文森特·D. 奥康奈尔著，刘静译：《高效率团队的六条法则》，东方出版社，2008 年版，第 82 页。

④ ［美］特雷斯·E. 迪尔、阿伦·A. 肯尼迪著，唐铁军等译：《企业文化——现代企业的精神支柱》，上海科学技术文献出版社，1989 年版，第 68 页。

三、提升少年儿童组织管理者的行动效率

尽管少年儿童是少年儿童组织的主体，但由于半自主性的特点，确保少年儿童组织的行动效率、提升少年儿童的组织认同度，还要有赖于成人管理者发挥保障作用。从管理学视角分析，管理学大师德鲁克于1955年提出"管理者角色"（The role of the manager）的概念，认为管理是一种无形的力量，这种力量是通过各级管理者体现出来的。在管理活动中，管理者一般由拥有相应的权力和责任、具有一定管理能力从事现实管理活动的人或人群组成。作为一定权力的拥有者，管理者在管理活动中居于领导、指挥和支配别人的地位，通过协调和监视其他人的工作来完成组织活动中的目标。"对于管理者而言，一个重要的任务是不仅要创造真正的'整体'绩效，还要关心组织中各项业务的绩效。管理者必须充分认识为创造'整体'绩效而需要的各项业务及其资源构成，要为各项业务配置资源并使之取得更高绩效和更好地服务于组织目标的实现。"①在各种少年儿童组织中，为了协调少年儿童融入组织活动、完成组织目标，成人管理者不仅要密切与少年儿童沟通，还要学会激励和引导，使每一位少年儿童都能乐享其中。

明茨伯格在《管理工作的本质》②一书中，把管理者的工作角色分为10种：3种人际关系角色（名义领袖、联络官、领导者），3种信息传递角色（监控者、传播者、发言人），4种决策制定角色（创业者、故障排除者、资源调配者、谈判者）。管理者按照职位层次高低而言，又可分为高层管理者、中层管理者和基层管理者。高层管理者是对整个组织负有全面责任的管理人员，主要从事领导和决策等战略性工作，对内负责制定组织的总目标、总战略、总构架，负责人员的选拔和任用；对外代表组织整体，负责协调与外部的关系，并对组织所造成的社会影响负责。中层管理者处在高层管理者和基层管理者之间，是对某一部门或某一方面负有责任的管理人员。作为执行系统和监督系统的中坚力量，中层管理者的主要职责是落实上级的决策，监督和协调基层管理人员的工作，及时地反馈执行系统运行的信息。基层管理者是管辖作业人员的管理者，一般处于管理活动的最基层，具备一些专业的、操作性的管理知识和管理能力。主要职责是传达上级指示和计划，给下属作

---

① 尤建新、陈守明、林正平：《高级管理学》，高等教育出版社，2008年版，第6页。

② ［加］亨利·明茨伯格著，方海萍等译：《管理工作的本质》，中国人民大学出版社，2007年版，第68页。

业人员分派具体工作任务，指导和协调下属的活动，控制工作进度。

根据管理实践的要求，作为一个富有效率的少年儿童组织的管理者，必须具备下列素质：

（1）专业技术能力。专业技术能力是指对某一特殊活动——特别是包含方法、过程、程序或技术——的掌握和运用，包括专门知识、在专业范围内的分析能力以及灵活地运用该专业的工具和技巧的能力。列宁指出："任何管理工作都需要有特殊的本领。有的人可以当一个最有能力的革命家和鼓动家，但是完全不适合做一个管理人员。凡是熟悉实际生活、阅历丰富的人都知道：要管理就要懂行，就要精通生产的全部情况，就要懂得现代水平的生产技术，就要受过一定的科学教育。"①

（2）人事处理能力。管理实践中最重要的内容是对人与人之间行为的组织、协调和控制，实质上就是如何看待人、利用人，怎样处理组织内外的人际关系。为此，管理者要善于处理正式组织和非正式组织之间的平衡，兼顾"情感的逻辑"和"效率的逻辑"，理解和重视组织成员的需求和情感，做到知人善用，能够培育和激励协作精神与团队精神，进而提升整个团队的效率。

（3）综合协调能力。管理者所面对的管理对象是由人、财、物等各种因素构成的复杂的、动态的系统，为了实现管理的优化目标，管理者必须把重点放在整体效益上，对管理系统进行综合分析。从计划决策到组织实施，再到监督反馈，管理者都要围绕如何达到管理的优化目标，依据反馈而不断地调控系统组织各部门、各环节的活动，必须随时分析现状，及时调整。

（4）应变创新能力。任何一个少年儿童组织都会由于外来因素或内部要素的变化而发生意外的、没有预测到的突发事件。这就要求管理者应该具备应变能力，能够坦然面对突发事件，及时找出解决之法。同时，作为一个成功的管理者，必须能审时度势、敏锐洞察、沉稳决断，能够在运用知识对具体情形进行深刻分析的基础上做出理智与果断的抉择。

小结

总之，少年儿童组织是半自主性的组织，在组织资源上应该是在成人的指导下自主支配。组织内的所有成员要遵循统一的组织原则，合理配置和使用资源，从而形成和谐的组织氛围。少年儿童组织的组织管理、组织活动、组织符号和组织资源是少年儿童组织认同的物质保障。良好的组织管理需要

---

① 《列宁全集》第38卷，人民出版社，1986年版，第240页。

在组织管理者的设计和统筹下，制定有针对性的实时的组织目标、正确的组织决策和系统化、层级化的组织设计。组织的口号、仪式、旗帜、标语等象征符号能使一个组织保有一种独特的组织身份特征，使少年儿童容易产生归属感，有助于实现组织认同。

思考与练习

1. 如何理解组织的属人特性？
2. 少年儿童组织有哪些特点？
3. 少年儿童组织的功能有哪些？
4. 少年儿童组织认同的实践路径有哪些？

阅读导航（学习拓展）

1.［美］巴纳德著，王永贵译：《经理人员的职能》，机械工业出版社，2007 年版。

2.［美］马奇、西蒙著，邵冲译：《组织》，机械工业出版社，2008 年版。

3.［美］罗宾斯、贾奇著，李原、孙健敏译：《组织行为学》（第 12 版），中国人民大学出版社，2008 年版。

第三章 少年儿童思想意识的理论基础

启发与引导

- "思想意识"可以拆分为"思想""意识",那么,意识、思想、思想意识的具体内涵你了解多少呢?
- 思想意识和意识形态有哪些区别与联系?
- 意识现象并不是新问题,哲学中,意识与存在的关系是所有哲学流派都要面对的基本问题;心灵哲学中,意向性是学科的基础理论;心理学、神经学、教育学等学科中,都会涉及意识问题。请结合自己的专业及特长,谈谈对意识的理解。
- 古今中外对于意识的研究流派众多,尝试列举一二并说出他们的核心观点有哪些。

对于思想、意识的研究是个老话题,古今中外的学者、不同的学科流派中,都对意识现象进行过研究。在少年儿童组织与思想意识教育中,少年儿童的思想意识是核心内容,研究这一内容不能凭空论道,而需要梳理相关的概念内涵、理论流派,在了解前人已经说了什么、哪些还没说等问题后,才能更好地开展本主题的研究。本章内容主要分为两节,第一节侧重于概念内涵的梳理,力图在本质上对于思想意识等相关概念做一梳理;第二节侧重于学术史的提炼,力图在借鉴前人的基础上更进一步。

第一节 思想意识的内涵分析

一、思想与思维的内涵分析

第一,思想的内涵分析。

《现代汉语词典》对"思想"的释意如下:"(1)(名)客观存在反映在人的意识中经过思维活动而产生的结果。思想的内容为社会制度的性质和人们的物质生活条件所决定，在阶级社会中，思想具有明显的阶级性。（2）（名）念头；想法。（3）（动）思量。"①与英文单词相对照，思想的含义更为宽泛，（1）Thought：客观存在反映在人的意识中经过思维活动而产生的结果，是人类一切行为的基础。（2）Idea：想法；心里的打算。（3）Consider：考虑。（4）Think of：想念。（5）Ideological：意识形态的，如思想动向，思想工作。（6）Theory：理论体系，如毛泽东思想。

从意识与思想的关联角度分析，思想是意识的运动。就运动方向而言，思是意识的顺向运动，意识运动的引起是为思。在具体的思维活动中，原有的意识印记与新出现的事物呈现对比差异时，个体意识在差异中引起的意识运动即为思。意识以事物惯性为参照，事物的发展变化超出意识印象时，意识在印象里的留恋是意识的惯性，而在意识惯性的顺向运动中，思进行着变化的考量②。就功能而言，思主要是把握不可感、"不可经验"的事物内部属性、关系和那些只能靠理性分析、抽象概括去把握事物规律。对于想而言，想是意识的逆向运动，意识记忆与现实表现二者实现某种结合的意识运动即为想本身，是现实事物形态在记忆形态中为达成印象里的现实而进行的逆向化运动③。现实中的事物发展变化促成了意识形态的改变，在现实作用下意识主体进行意识改变以达成一定目的的形式就是想。就功能而言，想则是对那些可见可感可经验事物的具体形态、现象的心理掌握。它是依据相关的经验从形态、现象的方面去把握此类事物的，未有相关经验，则是"不可想象的"。在此，思与想的主要区别在于思是事物的记忆形态与现实形态的差异而引发的对比考量，是缺乏明显目的性的意识运动形式；而想在于使事物的现实形态契合于印象形态而进行的意识运动，是有目的性的意识行为。

第二，思维的内涵。

有比较才有鉴别，下面分析一下思想的近义词——"思维"的含义。"'思维，这个怪东西'——当我们思想的时候并不感到它怪。我们在思想的时候，也不感到思维是神秘的，但只有在我们说（似乎是回顾一样）'那怎么可能'时才感到神秘。"④"思维"同样有多种表达范式和广泛用法，如在相信、设想、想象、沉思、考虑、预测、推算、想要、假定、估计等过程中，均少不了思

---

① 中国社会科学院语言研究所词典编辑室：《现代汉语词典（第6版）》，商务印书馆，2012年版，第1230页。

② 百度百科："思想"词条。

③ 同上。

④ 转引自高新民、沈学君：《现代西方心灵哲学》，华中师范大学出版社，2010年版，第499页。

维的参与。《现代汉语词典》中把"思维"界定为："（1）（名）在表象、概念的基础上进行分析、综合、判断、推理等认识活动的过程。思维是人类特有的一种精神活动，是从社会实践中产生的。（2）（动）进行思维活动。"①在民间心理学、哲学和其他有关学科中，动词"思维"（think）的同源词即名词化的"思想"（thought）和"思想或思维"（thinking），且有广义和狭义两种用法。广义上的"思维"泛指一切心理现象，与"心理""精神"等词具有相同的内涵和外延。狭义上的"思维"一词，主要指一种不同于信念、情感、感知、意志等的高级心理现象，如形成概念、解决问题、做出决定等。狭义的思维主要指大脑对信息的加工活动，既包括客观外界的信息，也包括来自主体内部生理、心理需要方面的信息。"思维是在特定物质结构（脑）中以信息变化的方式对对象深层远区实现穿透性反映的、可派生出和可表现为高级意识活动的物质运动。"②概括而言，思维是人们对客观世界进行观察、分析、判断的综合认知运动过程，思想、意识和理念通常是思维结果的集中体现。

思维活动由思维客体、思维主体、思维工具三个要素构成。从信息处理的角度分析，思维过程主要包括 4 个环节：接收（从接收的信号中读取信息内容）、加工（进行感觉格式化的过程）、储备（储存情感信息资料，以作备用）、传递（使用信息内容）的过程。尤其是随着语言诞生，思维愈发成为内在的符号活动，变成大脑的一种内隐反应，并在任意组合中无限期地推演下去。"符号过程的特征是能把许多不相关联的印象组织成为被称作概念的全面体系。思维不仅利用经验的组织结构（概念），而且继续不断地梳理与环境客体有关的经验（概念化）。"③我国著名心理学家朱智贤认为，思维有六个主要特性，"从思维的特殊矛盾出发，我们认为它主要有概括性、间接性、逻辑性、目的性和问题性、层次性、生产性等六个主要特性。"④

人类大脑"思维"的过程也是对积累的经验进行梳理、加工过程，使之成为系统，借以发现新的关系。杜威认为，思维的意义也包含着对事物的"关心"和"冒险"，需要把自己的命运与事情的演变结果，以同理心将之视为一体。"思维是在事物还不确定或者可疑或者有问题时发生的。只有已经完毕

① 中国社会科学院语言研究所词典编辑室：《现代汉语词典（第 6 版）》，商务印书馆，2012 年版，第 1230 页。

② 田运：《思维是什么》，载《北京理工大学学报（社会科学版）》，2000 年第 2 期。

③ 转引自黄富峰：《德育思维论》，人民出版社，2006 年版，第 437 页。

④ 朱智贤、林崇德：《朱智贤全集（第 5 卷）：思维发展心理学》，北京师范大学出版社，2002 年版，第 10 页。

和完成的事，才是完全确定的。哪里有反思，哪里就有悬而未决的事。思维的目的就是帮助达到一个结论，根据已知的情况，设计一个可能的结局。在这个特点以外，思维还有一些事实。既然思维发生的情境是一个可疑的情境，所以，思维乃是一个探究的过程，一个观察事物的过程和一个调查研究的过程。"①

二、意识的内涵

相比"思想"的内涵而言，意识的内涵更为复杂、所涉及的学科更为广泛，心理学、神经科学、计算机科学、社会学、教育学、心灵哲学等均涉及意识研究。从古至今人们对它的理解也是层出不穷。意识无所不在，又难以捉摸，约翰·希尔勒通俗地将其解释为："从无梦的睡眠醒来之后，除非再次入睡或进入无意识状态，否则在白天持续进行的，知觉、感觉或觉察的状态。"②当前意识心理学研究也普遍存在庞杂的"多元结构"现象和混乱事实，其中充斥着一元论与二元论、还原论与整体论、物质论与精神论、功能定位与心脑同型论等传统"形而上"的争论和纠缠。新型的量子意识论、人工意识论、突创进化论以及取消主义的唯物论，也显现出在对意识本质理解上的根本性分野，以至有的学者竟然把人类的意识实质概括成"生物的""物理的""物质的""精神的""遗传的""文化的""进化的""突现的""计算的""自组织的""功能定位的""整体的""动态的""生态的""自我的""社会的"……这种所谓的"意识既是一切，又什么都不是"的多元化观点，在根本上无助于对意识实质这一重大理论问题的破解。

从词源上分析，英文"意识"或"有意识"一词（形容词为 conscious，名词为 consciousness，组成动词短语为 to be conscious of），来自拉丁文的复合词"comscious"（com＋scious）。前缀"com"意即"共同的"，词根"scious"意为"学识渊博、广闻博见"，合在一起即为"共知""共同的认识"。意识在《现代汉语词典》中有如下解释：（1）（动）觉察（常跟"到"连用）；（2）（名）人的头脑对于客观物质世界的反映，是感觉、思维等各种心理过程的总和，其中的思维是人类特有的反映现实的高级形式。存在决定意识，意识又反作用于存

---

① ［美］约翰·杜威著，王承绪译：《民主主义与教育》，人民教育出版社，1990 年版，第 162 页。

② J. R. Searle. Minding the Brain. New York Review of Books，2 Nov 2006，51.

在①。《哲学大辞典》中把"意识"释义为："哲学、心理学用语。源出希腊语syneidesis，拉丁文作consciuntia。高度发展的物质——人脑的特殊机能和属性。客观世界在人脑中的主观映象。意识和物质的关系是哲学的基本问题。"②在具体的语境中，意识有如下含义：（1）有意识心理现象的共同特征。意识贯穿在各种心理现象（如信念、感知等）之中，是心理现象被自己觉知到、亲身体验到的基础和途径。（2）意识等同于一切心理现象，某种程度上意识与思维、心理、精神等混用或互换。（3）指代人的"清醒"状态，如昏迷的人醒来即可视为"有意识了"。（4）指注视、注意，如一个人在回忆往事时，可以说"我意识到了某事某物"。（5）今日英美心灵哲学常见的一种用法，即用"意识"指人的生动的非理性的经验或"感受性质"。

意识在心理学研究中占有重要地位，有广义和狭义两种用法。从广义上看，意识泛指一切心理现象或有意识的心理现象。"意识（consciousness）是一个包括多种概念的集合名词，其含义系指个人运用感觉、知觉、思考、记忆等心理活动，对自己的身心状态（内在的）与环境中人、事、物变化（外在的）的综合觉察与认识。"③从狭义上讲，意识指代心理现象的形式之一，有别于情感、思维、相信、知觉等心理现象。从认知科学的角度分析，意识是观察者与现象之间关系的一种属性，即自身的感觉器官觉察到了某物（某事）。根据觉察对象的不同，它又分为下列一些亚类别：感觉觉察（sensory conscious）、概括性觉察（generalized awareness）、元认知觉察（metacognitive awareness）和有意识回忆（conscious recall）④。李恒威也从认知科学的角度指出，意识是（主体对发生在它内外的事件的）觉知，"意识是我于第一人称的、当下体验中的那份对某事物的觉知及自觉知。"⑤哲学研究中的"意识"一般作为名词使用，且与"物质"相对立，如"物质决定意识"。西方现代哲学中以胡塞尔的意识现象学研究最为著名，并在其名著《逻辑研究》中阐明意识的三种含义："1. 意识作为经验自我所具有的整个实项的现象学组成，作为在体验流的统一之中的心理体验。2. 意识作为对本己体验的内知觉。

---

① 中国社会科学院语言研究所词典编辑室：《现代汉语词典（第6版）》，商务印书馆，2012年版，第1546页。

② 金炳华等：《哲学大辞典》，上海辞书出版社，2001年版，第1816页。

③ ［美］理查德·格里格、菲利普·津巴多著，王垒译：《现代心理学》，南海出版公司，2005年版，第138页。

④ 乐国安、韩振华：《认知心理学》，南开大学出版社，2011年版，第73页。

⑤ 李恒威：《意识、觉知与反思》，载《哲学研究》，2011年第4期。

3. 意识作为任何一种'心理行为'或'意向体验'的总称。"①马克思主义认识论认为，意识是高度发展的物质——人脑的特殊机能和属性，是客观世界在人脑中的主观映象。意识是人脑对外部客观存在的反映，意识内容并不是人脑本身固有的而是客观的。意识反映不是客观对象直接进入人脑，而是客观对象在人脑中的观念映象，因而它的形式是主观的。从形式上讲，作为对客观存在的主观反应，人的意识不是单一的反映形式，而是各种反映形式的总和，例如感觉、知觉、表象等感性反映形式和概念、判断、推理等理性反映形式。意识不仅指向外界事物对象存在，也包括对人自己的心理活动的理解，人们往往使自己的意识成为意识活动的对象和评价的对象。

实际上，有关意识概念的混乱现象并不奇怪。人类意识的高度复杂性，很难形成统一、明确的结论。目前意识科学中的实验研究，正试图寻找出对意识"进行普遍而严格的定义"。巴尔斯总结认为，将意识作为一个变量来研究必然要求得出一个比较明确的狭义性定义，即从生物特性、功能特性中寻找意识的操作性定义。但是，这种定量性的意识概念出现的概率还很小，因为目前意识科学与意识心理学的研究水平还无法做到这一点。同时，目前许多意识概念和理论缺乏适当的形式化的和实证经验的满意性证实，这不利于进行很好的意识的实验设计，更不利于对实验数据科学诠释。"科学概念的发展、深化是有条件的。前科学概念要转化为科学概念，其前提条件是基本内涵受到观察事实或者数学化与可控制的实验的支持，从而使内容更深刻、更具体地反映客观实际。这不是单纯依靠重新定义来完成，而是需要以事实来支持。没有这个条件，前科学概念便难以转化为科学概念，只能被科学研究所遗弃。同样，意识作为一种常识性概念、前科学概念，要转化为真正的科学概念，则更需要在实验事实方面不断积累。"②

现代研究认为，意识具有层次性③。首先从非意识开始，非意识基于物质与意识的二元对立而得，即为物质。非意识是一种物质的状态，对于物质而言非意识就是没有意识。用"非"而不是"无"来描述物质没有意识的状态，是因为无意识已经被使用在意识的一种特定的状态中。非意识用英文 non-conscious 来表示，而无意识用 unconscious 来表示，non-表示"非、无、不（是）"之义。非意识不同于无意识，或者说非意识是与意识对立面物质的状

---

① ［德］胡塞尔著，倪梁康译：《逻辑研究》第 2 卷，上海译文出版社，1998 年版，第 381 页。

② 霍涌泉：《意识心理学》，上海教育出版社，2006 年版，第 168 页。

③ 俊薰：《意识之舞》，上海三联书店，2005 年版，第 296－298 页。

态；而无意识是意识的内在状态，尽管没有意识到，但仍为一种意识本能。

无意识与有意识相对立而存在，无意识的英文表达为 unconscious，而意识用 conscious 表示，且名词形式是 consciousness。其中，英文 conscious 由 con（带有）＋sci（知道）＋ous 组成，表示"有意识的、神志清醒的、了解的、察觉的"意思。无意识是一种有意识但没有被察觉的过程，它不是没有意识，是意识到之前的一种状态。主要的无意识情况有：（1）确实没有意识到，如视而不见，听而未闻；（2）曾有所意识但没有与别的意识片段联系起来，故逝去即为丧失；（3）对个别情况的意识被组织在一较大片段的意识活动中而没有特别显示出其存在。弗洛伊德在《精神分析引论》中提出，每一种心理行为在开始时都是无意识的，只是在拒绝进入意识的心理过程出现后，才把排斥在意识之外的称为无意识本身，把能被意识所接受的称为前意识。弗洛伊德认为无意识代表着人的欲望、冲动、动机和感情，是决定人的行为动机的真正内驱力。弗洛伊德认为生物本能表现为无意识的冲动，无意识是生物本能，（有）意识是人类的理智作用。无意识是人类行为的动力基础，无意识冲动总是力求得到满足而上升到意识领域。意识对无意识的关系表现为两个方面：（1）寻求满足无意识冲动的途径；（2）调节无意识冲动和社会规范之间的冲突，避免机体受到外部的伤害①。

"有意识"或"意识到"即为意识，是人为意识控制的基本状态。同无意识相比较，有意识指同外界接触直接感知到的稍纵即逝的心理现象。有意识或意识到一般可区分为意识的外在与内在两个部分。一方面，外在部分是对带有意识目的的外在现实的察觉，用 consciously（有意识地，自觉地）来表述。作为一个副词，consciously 通常起修饰或限制动词或形容词的作用，表征着意识的实现过程②。外在意识反映了人们在行为中大脑对外界事物觉察的清醒程度和反应灵敏程度，外在意识水平在睡眠时最低、注意力③高度集中时最高。另一方面，内在部分是对意识自身的认识，即通常所说的自我意识④，用 self-conscious 表示。自我意识察觉的是意识的内在动机，是对意识自我的察觉。

---

① 百度百科："无意识"词条。

② 俊薰：《意识之舞》，上海三联书店，2005 年版，第 297 页。

③ 一般而言，意识清晰度最高的状态称为注意，相当于意识的注视点或意识点。意识的注视点周围，被同时意识到的领域称为意识野。注意力或意识点愈集中，则意识点周围意识野的清晰度将愈降低。有关儿童注意力的特性分析，请参阅本书第六章第二节。

④ 关于自我意识的特性分析请参阅本书第四章第五节。

与意识相关联的另一概念为潜意识(latent-consciousness)①。就内涵而言，潜意识是潜伏在人的意识之下的、有活性但因受压抑而未进入意识的观念。潜意识并不是无意识，而是意识被压抑的状态、被压抑的结果。一旦压抑因素消退，潜意识即可转化为显意识。作为一种特殊的意识场，潜意识是信息存储、流交、融汇的无限场域。就内容的分类而言，潜意识既包括个体有意学习和识记的各种知识与信息，还包括各种无意记忆或意识的自我重组所形成的各种知识树和信息流。一般情况下，个体意识不到潜意识的内容，但潜意识动机左右着个体的心理及行为。换言之，个体的大多数行为动机是潜意识的，"在我们的心理活动和人际关系当中，有很大一部分是受一些我们没有意识到它们的原因和动机的态度和行为方式支配的。除了许多不随意的适当的反应之外，这些态度和行为方式还形成一些不是我们有意计划的、其后果也不是我们所希冀的过程。"②

相对于意识的自觉性，潜意识具有自发性，不具有选择性和人为干预性，是一种直觉的、非(形式)逻辑的、感性的主观性心理过程。通常状况下，潜意识更多的被认为是掌管着人的情感系统，具有受情境暗示性和非逻辑性。有如下特点：(1)能量巨大。潜意识是显意识力量的 3 万倍以上。(2)多伴有感情色彩。(3)不识真假，直来直去。(4)易受图像刺激。(5)记忆差，需强烈刺激或重复刺激。(6)放松时，最容易进入潜意识。

有关研究认为，潜意识具有模糊性、弥散性和自动性③。模糊性是指信息活动的方向和与之交合、重组、映射的信息及其过程的不确定性，这是潜意识思维的基本形式和本质特征。正是这种模糊性决定了潜意识活动的非逻辑性。所谓弥散性，是指信息活动的方式是以弥散的形式向四处扩散，它为信息的多维传播和选择重组提供了可能。自动性指潜意识活动的能动性，即潜意识活动中的各种信息能动地与其他多种信息交合、重组，从而产生新的信息。这些特性导致潜意识思维在创造性学习中可发挥显意识思维所发挥不了的作用。主体虽然不能直接控制潜意识领域的活动，但可以通过显意识的各种活动对它施加影响，从而间接地改变潜意识思维，使其向有利于创造性学习的方向发展。

---

① 部分著作、辞典把无意识、潜意识、下意识等同而论，本文认为不妥。

② ［德］N. 佩塞施基安著，白锡堃译：《积极心理治疗》，社会科学文献出版社，1998 年版，第 261 页。

③ 李小平：《潜意识思维的内部规律与调控初探》，载《湖北大学学报(哲学社会科学版)》，1994 年第 4 期。

如果把潜意识是基于空间的意识概念，那么还有一个基于时间的意识概念是下意识（subconscious），sub-表示"下、在下、次于、副、亚"之义①。从心理学角度分析，下意识是一种意识的反应状态，或者说是意识的条件反射，类似于神经性的膝跳反射。换言之，下意识可界定为某一时刻不处于意识之上或意识活动的中心，但影响着意识活动进行的心理过程。如个体在某一瞬间没有直接去想的东西，但他大体上却知道并与其所想的东西通过联想发生联系。下意识通常表现为一种意识习惯，是由于时间上的不断重复实践后形成的意识直觉。同样被感知的东西，虽不是直接意识到的，但对客观环境、自动行为发生的影响，也是一种下意识的知觉，参与意识行动之中。下意识类似于潜意识，但二者有本质上的不同，潜意识是被压抑的结果，下意识是被释放的结果。潜意识是基于空间上的压抑，它通常会表现在空间的行为中，或者梦这样的空间中；下意识是基于时间的惯性，它通常表现为一种习惯性的动作或者习惯。下意识对于我们具备熟练的技术，进而使意识从重复性的工作中解脱出来是非常有益的。

还有一个意识的相关概念需要提及，即前意识（preconscious），pre-表示"前、先、预先"之义。前意识是无意识与有意识的中间状态，潜意识、下意识都处于同种状态。前意识有两种不同解释：第一种来自精神分析，是指介于意识与潜意识之间的一种意识层面。前意识层面下所压抑的一些欲望或冲动，在浮现到意识层面之前先经过前意识。另一种来自现代认知心理学，指以前贮存在长时记忆中的信息，是曾经属于意识领域而又被遗忘的观念、思想、感觉、情感等，是"完全理智的"，是无意识达到意识层的中介。在不使用时，个人对其并无意识，只是在必要情形下检索使用时，才会对其产生意识。弗洛伊德把前意识看成是人的意识在精神（心理）领域中所占据的那部分空间，当某些无意识的冲动在一定条件下被允许挤进这个空间，并被意识所青睐时就转化为意识；若未受到意识青睐则不能转化为意识。按照弗洛伊德的分析，前意识指无意识中可召回的部分，人们能够回忆起来的经验。它是无意识和意识之间的中介环节。无意识很难或根本不能进入意识，前意识则可能进入意识，所以从前意识到意识尽管有界限，但没有不可逾越的鸿沟。

前意识具有无意识的内在动力因素，也具有有意识外在的控制因素，因此它有可能成为人的直觉的重要来源。而这意味着一种更具有活力的意识存

---

① 俊薰：《意识之舞》，上海三联书店，2005年版，第298页。

在，即超意识。超意识一般用 super-conscious 来表示，super 表示"在……
上，加之"之义。超意识是人们对整个意识或者是心灵的感知，是超越个体
存在的基础①。

张春兴将意识划分为八种类型②：（1）焦点意识（focal conscious），指人
们在集中注意某一事物时得到的清楚而明确的意识经验。（2）边意识（mar-
ginal conscious），指对注意范围边缘刺激物获得的模糊不清的意识、似知未
知的意识。（3）下意识（subconscious），指在不注意或略微注意的情况下得
到的意识。（4）无意识（nonconscious），个人对身心状态或外部环境中的变
化无所知和无所感的现象，如对个人生理反应状态没有产生意识知觉。
（5）潜意识（unconscious），隐藏在意识层面之下的情感、欲望等复杂经验，
其受意识的控制与压抑，造成了个人不能自己觉知的现象。（6）前意识水平
（preconscious level），在当前瞬间未被意识到却很容易被意识到的经验，处
于前意识水平。（7）非意识水平（nonconscious level），人体的有些活动是人
从来不可能意识到的，如人对于自己的脑电活动、内分泌和肝功能的变化，
就是完全不能觉知到的。这些活动处于非意识水平。（8）无意识水平（uncon-
scious level），处于无意识水平的经验比处于前意识水平的经验更难以被觉
知，但不同于非意识活动之处是，它会对我们的知觉、记忆、动机和情绪发
生影响。

综上所述，意识的层面可以简单排列如下：意识（consciousness）从物质
非意识（nonconscious）开始包含无意识（unconscious）、潜意识（latent-con-
sciousness）、前意识（preconscious）、下意识（subconscious）、意识（con-
scious）、有意识（consciously）、自我意识（self-conscious）、超意识（super-
conscious）等状态。其中有些状态属于中间状态，或者也可以说是意识的初
始阶段；有些状态属于中间的阶段，或者可以说是意识的高级阶段。基于经
验层面的个体行为观察，意识状态还可以分为清醒、睡眠、警觉、无意识等
不同时相。

三、思想意识的内涵

就意识和思想的关系而言，意识是基础，思想是升华。意识是生物进化
得来的，从简单的有机生命到人类复杂的大脑思维，此一过程随着生命进化

---

① 俊薰：《意识之舞》，上海三联书店，2005 年版，第 298 页。
② 张春兴：《现代心理学》，上海人民出版社，2001 年版，第 173—174 页。

最终从自发的自然行为，进化为自觉的人类行为。意识作用在人类演化中所引起的往往是个体的本能变化，思想作用所引起的往往是行为变化。思与想是意识的发展行为，意识的作用力来自于生命基因的自然生命力和本身感知力，意识能力由先天自然条件而决定，思想力的基础是本身意识力，思想力由生命体后天的生活环境和本身意识能力所决定，思想来自于主体更活跃的生命细胞，只有演化到生物的高级阶段才具备思想的基础①。动物也有思想，但是它们的思想是自发的，只有人的思想是自觉的，丰富多彩的，从表象的直观到一定的现象集合念头，最终逻辑的发展为观念，通过思考最终形成思想。

把"思想意识"并联来用并不意味着该词中"思想"和"意识"是等量齐观的。从认知的一般序列上讲，意识在前、思想在后。先有对万事万物的感觉和意识，继而在系统化、理论化、再现化中形成特定的思想认识。就本书而言，少年儿童的思想意识也是基于这两个层次的基本划分来进行的。其中，意识注重少年儿童的智力与认知，侧重个体性；而思想更注重少年儿童的道德与人格，侧重社会性。意识凸显了个体生存的独立性，思想意识的基础是个体具有了对自身本体认知（自我意识）、认知能力、行使能力的认可综合，是人类知道自我和了解世界的核心。社会学领域在使用"思想"与"意识"二词时也会有不同的侧重。"思想"通常指代一个外在的文化框架和精神环境，常指在或大或小的范围内由集体认同而生的一种普遍性思维模式；"意识"通常落脚于个体，是经外在思想熏染或内在思考感悟后，而内化于个人的价值偏好与行动指南。

实际上，突出"思想"的地位还意味着"价值"的在场，"道德与知识或认知能力有关，随知识、认识能力的发展而发展，因知识的多寡、认识能力的高低而有不同的性质；道德的发展乃是逻辑范畴、智慧能力在伦理范畴的延伸；儿童的智慧和能力乃是道德发展，因而也是道德教育的决定因素。"②在此，思想意识具有较为浓厚的价值色彩，与社会意识形态紧密相连，是社会意识形态的集中体现和反映。现如今社会主义思想意识包括社会主义理想信念、社会主义核心价值观、社会主义道德基本要求等，均是与社会主义生产关系相适应、与社会主义法律规范相协调、与中华民族传统美德相承接的道

---

① 百度百科："意识"词条。
② 戚万学：《道德教育的实践目的论》，载《山东师范大学学报（人文社会科学版）》，2001年第1期。

德观念和理想价值。

檀传宝教授认为，思想意识作为一个由"思想"和"意识"构成的并列短语，实际上包含了内容和程度两重含义："思想"主要指向内容，而"意识"则是对"思想"这一内容所达到的水平的程度限定。"意识"主要表明的是"思想"的水平处在一种萌芽的、发展和变化的层面，与之相对的是思想的成熟、完善和稳定等①。在少年儿童组织与思想意识教育中，之所以会采用"思想意识"这一表达方式，主要就是着眼于少年儿童身心发展的特点及其思想道德形成和发展的特殊性。少年儿童认知结构、品德心理以及人生阅历和社会性发展方面的不成熟，决定了他们在这一时期所形成的思想不可能是完善的、成熟的和稳定的，其思想水平更多的是处在一种萌发阶段。因此，对这一阶段的少年儿童所开展的思想教育，其重要任务就是在他们思想形成的早期提供良好的引导和熏陶，从而为他们将来的思想发展奠定良好的基础。

与思想意识相近的一个词组是"思想品德"，其基本含义有两点：（1）中小学的课程；（2）人的自身特性。单就品德而言，品德是一种个体心理现象，是社会道德在个体头脑中的主观映象，其形成、发展和变化既受社会规律制约，又受个体的生理、心理活动规律制约，它支配和调节着个体的道德行为，属于个体意识的范畴。它的发生、发展依附于具体存在的个人，既受制于社会发展规律，又受制于心理发展规律。作为人的特性来讲，思想品德是一个多要素的综合系统，是人们在一定思想的指导下，在品德行为中表现出来的较为稳定的心理特点、思想倾向和行为习惯的总和。而作为一门课程而言，"思想品德"是中小学思想品德健康发展奠定基础的一门综合性的必修课程，思想品德教育的实质是将一定社会的思想道德转化为受教育者的思想道德。思想品德教育的基本要素包含受教育者的道德认识、道德情感、道德意志和道德行为，简称知、情、意、行的统一。

四、意识形态的内涵

鉴于本书写作的价值观导向，有必要对"意识形态"加以阐释。该词由18世纪法国哲学家德斯图·德·特莱西首先使用，表示一种可能存在的"观念科学"。后马克思和恩格斯用以指代社会经济形态在意识上的反映。在马恩之后，帕累托的"表露"、莫斯卡的"政治公理"、索列尔的"神话"、韦伯对传统性的关注等，都与意识形态相关。综合前人的观点可知，意识形态的基

---

① 檀传宝：《少年儿童组织与思想意识教育基本理论》，教育科学出版社，2014年版，第8页。

本含义是具有符号意义的信仰和观点的表达，它以表现、解释和评价现实世界的方法来形成、动员、指导、组织和证明一定的行为模式或方式，并否定其他一些行为模式或方式①。细言之，"意识形态"的内涵涵盖两个层面：一是知识层面，它由"意识"的本质所规定，体现为人对物质世界和精神世界的能动反映，并以能动反映的成果——"知识"作为内核，属于世界观的范畴；二是价值层面，它由"形态"的本质所规定，体现为对人的思想和行为的引导、支配、操纵或控制，由作为共同理想和信念基础的一定价值观为内核，属于价值观的范畴。

在马克思主义视野中，意识形态又称"社会意识形态""观念形态"，是人们对一定社会经济形态以及由经济形态所决定的政治制度的自觉反映。作为上层建筑的一部分，意识形态是一种理论或思想体系，政治、法律、艺术、道德、宗教、哲学等都是其具体表现形式。作为理论体系的意识形态同时也是一种价值体系和信仰体系，即它除了包含知识性的描述和解释外，还有着强烈的规范性。马克思主义认为，意识形态是社会发展到一定阶段才产生的，它以一定的物质生产的发展状况为基础，随着物质生产以及整个社会生活的进步而不断分化和发展。在阶级社会里，意识形态具有强烈的阶级性，是一套被社会统治力量操控的话语系统。它集中体现一定阶级的利益和要求，是经过理论加工的阶级意识。一个阶级是社会上占统治地位的物质力量，同时也是社会上占统治地位阶级的意识形态。换言之，意识形态受到政治力量、经济力量的强力支持，经统治者言说出来的意识形态话语具有鲜明的指向性、组织性和极为强大的实践推动作用。而维护这种思想上的统治地位，是一个阶级维护其经济上和政治上统治地位的必要条件。

第二节 意识起源理论的简要回顾

一、中外哲学史中的认识起源论

人类的诞生与认识的发源交织并行，对人类认识本身进行反思是哲学"爱智"的本性体现。认识论的基本任务就是揭示认识的本质，揭示认识发生、发展的一般规律。梳理古今中外哲学史的认识中有关认识起源、发展规

---

① 王邦佐等：《政治学辞典》，上海辞书出版社，2008年版，第221—222页。

律的知识，对于探索思想意识的本源无疑具有借鉴意义。

（一）中国哲学史中关于认识起源的学说

春秋战国时期，百家争鸣、学说繁盛，认识的来源、认识的可能性、主体的认识能力等问题亦成为哲学家们的研究对象。儒家学派的创始人孔子认为，"生而知之者，上也；学而知之者，次也。"①这表明认识有"先验"和"经验"的区别。孔子还强调理性的作用，重视理性思考的作用："举一隅不以三隅反，则不复也。"②孔子要求弟子"闻一以知十"③，"下学而上达"④；要做到学与思并重，"学而不思则罔，思而不学则殆。"⑤孟子发展了孔子"生而知之"论断，宣称人有一种先天固有的"不虑而知""不学而能"的良知良能。孟子把人的认识分为"耳目之官"与"心之官"，把感性认识和理性认识割裂开来。"耳目之官不思，而蔽于物。物交物，则引之而已矣。心之官则思，思则得之，不思则不得也。此天之所与我者。先立乎其大者，其小者不能夺也。"⑥随之，孟子把知识的获取途径归结为"反求诸己"，即向自己的内心世界探求，以扩充自己内心固有的良知、良能，并因此而提出了尽心、知性、知天的认识路线。由于"万物皆备于我矣，反身而诚，乐莫大焉。强恕而行，求仁莫近焉⑦。所以人的认识不必求外物，反观自身就一切皆知。只要"尽心""求放心"就无所不知，也就不需要耳目之官寻求外物。

老子的认识论与"道"本体论紧密相关。他把认识具体万物与认识"道"割裂开来、对立起来。他说："为学日益，为道日损。损之又损，以至于无为。"⑧对于看不见、听不到、摸不着的"无物"者——"道"，不是用感觉和思维所能把握的。老子在《道德经》中提出："不出户，知天下；不窥牖，知天道。"⑨认为"圣人不行而知，不见而名，不为而成"⑩，主张"绝学""弃智"，用"静观""玄览"的神秘直觉方法，去体验"无形""无名"的"道"，以达到所谓

---

① 《论语·季氏篇》。
② 《论语·述而篇》。
③ 《论语·公冶长篇》。
④ 《论语·宪问篇》。
⑤ 《论语·为政篇》。
⑥ 《孟子·告子上》。
⑦ 《孟子·尽心上》。
⑧ 《道德经·第四十八章》。
⑨ 《道德经·第四十七章》。
⑩ 《道德经·第四十七章》。

与道"玄同"的境界。这种既排除感性，又否定理性的认识，显然是一种神秘主义的直觉认识。

庄子发展了老子的认识论思想，主张排除感官和思虑，追求直觉无知之境。庄子认为，感觉和理性都不可靠。因为"道"是"视之无形，听之无声，于人之论者，谓之冥冥，所以论道，而非道也"。"道不可闻，闻而非也；道不可见，见而非也；道不可言，言而非也。知形形之不形乎！道不当名。"①"道"是一个超感官、思维之上的"冥冥"者，它是无形无声、不可闻见言说的神秘物，"终日视之而不见，听之而不闻，搏之而不得也。"②因此，"道"不是用感觉和理性所能认识的。

墨子则反对"生而知之"的先验论，主张感觉经验是认识的来源和认识真理性标准，指出："天下之所以察知有与无之道者，必以众之耳目之实，知有与亡为仪者也。"③判断事物之有与无，就是靠众人的感性认识。耳闻目见者是有，无人闻见者是无。

战国末期的荀子批判、继承和发展了先秦诸子的认识论思想，建立了比较系统的朴素唯物主义认识论体系，指出认识是在主体的认识能力同作为客体的外部事物相接触时发生的。荀子认为，人具有认识客观事物的能力，客观事物是可以被人认识的。"凡以知，人之性也；可以知，物之理也。"④一方面，强调感觉经验是认识的来源，万事万物需要通过感觉器官即"缘天官"才能被认识；另一方面，又认为感觉经验具有片面性，要认识事物的本质"道"，必须依靠"心"的理性思维。感觉器官和思维器官是认识中必不可少的两种官能，一方面指出"心居中虚，以治五官，夫是之谓天君"⑤；"心不使焉，则白黑在前而目不见，雷鼓在侧而耳不闻"⑥；另一方面又指出"心有征知"，"然而征知必将待天官之当薄其类，然后可也"⑦。

韩非子继承了荀子的思想，认为人的认识是依靠感官与思维来反映客观事物的。他说："聪明睿智，天也；动静思虑，人也。人也者乘于天明以视，寄于天聪以听，托于天智以思虑。目不明，则不能决黑白之分；耳不聪，则

---

① 《庄子·知北游》。
② 《庄子·知北游》。
③ 《墨子·明鬼下》。
④ 《荀子·解蔽》。
⑤ 《荀子·天论》。
⑥ 《荀子·解蔽》。
⑦ 《荀子·正名》。

不能别清浊之声；智识乱，则不能审得失之地。"①人的聪明智慧、认识能力是人所具有的自然属性，运用这些能力去视、听、思则是人的认识活动。目明可辨黑白之色，耳聪可辨清浊之声，心思可审是非得失。人的认识就是运用感官与思维去接触外物、判断是非，二者缺一不可。

东汉的王充也从唯物主义出发，反对生而知之说，提出"实知""知实"说，认为只有"任耳目"接触实际事物才有认识。人的认识来源是以耳目感官与外界接触而获得的。"不目见口问，不能尽知也。"②离开这个获得知识的基础，即使"圣人"也无法获得知识。"非圣人无知，其知无以知也。知无以知，非问不能知也。不能知，则圣贤所共病也。"③同时，王充还重视理性认识的作用，要"揆端推类""案兆察迹""必开心意"。"夫论不留精澄意，苟以外效立事是非，信闻见于外，不诠订于内，是用耳目论，不以心意议也。夫以耳目论，则以虚象为言；虚象效，则以实事为非，是故是非者不徒耳目，必开心意。"④立论不留意澄清思虑而单凭耳目感觉的现象来判断是非，不用理性思维进行论证，就会把虚假的表面现象当成真的，把事物的实质看错。

张载肯定认识是感官接触外物而取得的，是"内外之合"的结果。"人谓己有知，由耳目有受也；人之有受，由内外之合也。知合内外于耳目之外，则其知也过人远矣。"⑤人的感官接受、接触外界事物的作用，引起了思维，产生了认识，获得了知识。"有无一，内外合，此人心之所自来也。"⑥张载看到客观事物本身包含着表象和性理两方面，感官只能认识事物的表象，不能认识事物的性理，事物的性理，只有尽心才能认识。"由象识心，徇象丧心。知象者心，存象之心。亦象而已，谓之心可乎？"⑦这是说，人的认识不能为事物的表面现象所蒙蔽，思维能认识事物的本质。如果认识只停留在认识事物现象的阶段，而不发挥思维的作用，这种徇象不放就成了玩物丧志。因此，要发挥思维的作用，即识心、存心。

张载在承认耳目闻见的启发、媒介作用的同时，又看到感觉认识的局限、缺陷，即不能认识事物的性理。为了穷理，尽性、知天，就要尽心。张

---

① 《韩非子·解老》。
② 《论衡·实知》。
③ 《论衡·实知》。
④ 《论衡·薄葬》。
⑤ 《正蒙·大心》。
⑥ 《正蒙·乾称》。
⑦ 《正蒙·大心》。

载发挥了孟子"尽心知性"的唯心主义认识论，"言尽物者，据其大总也。今言尽物且未说到穷理，但恐以闻见为心则不足以尽心。人本无心，因物为心，若只以闻见为心，但恐小却心"①"人本无心，因物为心"，"以闻见为心"这显然是对的，只"以闻见为心"的"小却心"是不能尽知天下事物及其本质的。但张载却无限地夸大了耳目闻见认识的局限性，进一步发展则否定了耳目闻见在认识中的作用，认为只有"大其心"就一切皆知了，这就使张载的认识走向了唯心主义的道路。"大其心，能体天下之物，物有未体，则心为有外。世人之心，止于闻见之狭。圣人尽性，不以闻见梏其心，其视天下无一物非我。"②

人的认识过程是由感官接触外物，认识粗、表的现象，再由心思加工而认识精、里。朱熹对此作了论述："官之为言司也：耳司听，目司视，各有所职而不能思，是以蔽于外物。既不能思而蔽于外物，则亦一物而已。又以外物交于此物，其引之而去不难矣。心则能思，而以思为职，凡事物之来，心得其职，则得其理，而物不能蔽。失其职则不得其理，而物来蔽之。此三者，皆天之所以与我者，而心为大。若能有以立之，则事无不思，而耳目之欲不能夺之矣。"③由此可知，人体各个器官都有各自职能，耳目等感觉器官分管听、视等感觉，通过它们与外物接触而获得"知觉"。由于耳目之官，不能思而蔽于物，并且耳目亦一物；所以与外物相交时而被物牵引去了。

当然，也有部分学者强调心在认识中的作用，以陆九渊和王守仁为代表。陆九渊认为："人皆有是心，心皆具是理，心即理也。"④宇宙万物都在"吾心"中，为"吾心"的派生物，而"人心至灵，此理至明，人皆有是心，心皆具是理"⑤。人只要"发明本心"，"自存本心"就无所不知，无所不得。"心之体甚大，若能尽我之心，便与天同。"⑥吾之心即天地之心，吾之德即天地之德。人不要接触外物，更不须寻求外物，只要"收拾精神，自作主宰，万物皆备于我，有何欠阙?"⑦陆九渊在"吾心即是宇宙""心即理"基础上建立的认识论，必然是求诸本心而不求外物。陆九渊的认识论，也不讲认识的发展

① 《张子语录下》。

② 《正蒙·大心》。

③ 《告子章句上·孟子集注卷十一》。

④ 《与李宰书·陆九渊集卷十一》。

⑤ 《杂说·陆九渊集卷二十二》。

⑥ 《语录下·陆九渊集卷三十五》。

⑦ 《语录下·陆九渊集卷三十五》。

阶段、过程。他所说的"易简工夫"，就是"发明本心"，体悟本心，认识本心的直觉主义。

王守仁也从"心外无理""心外无事""心外无物"的主观唯心主义宇宙观出发，主张不假外求，不由外得，反省内求，求诸本心，发明本心。王守仁把这种认识归结为"致良知"。所谓"致良知"，"非若后儒所谓充广其知识之谓也。"①

罗钦顺以唯物主义反映论指出王守仁的"致良知"学说之谬。因为这种主观唯心主义的认识论，取消了对外物的认识及认识发展的过程。针对王守仁的"是内而非外"的"致良知"说，罗钦顺与王守仁展开了辩论。"今以良知为天理也，乃欲致吾心之良知于事事物物，则是道理全在人安排，事物无复本然之则矣。"②这就明确地指出王守仁是把事物及其规律，完全看成是人心安排的结果，事物本身却没有规律。这种不以人的思维反映认识事物，反而把事物说成人心安排的结果，完全是谬论。罗钦顺指出，认识的过程是用"心"去认识"理"，而心不是理，主观唯心主义者以心为理，"心即理"的观点是取消了认识与认识对象的区别，当然也就取消了认识的发展过程。

王廷相坚持"从物到感觉和思想"的唯物主义认识路线，反对宋儒的"德性之知"和王守仁的"致良知"，提出了"思与见闻之会"的唯物主义认识论。王廷相认为，客观的物质世界是人的认识基础，人的认识是由人的感觉器官接触外物产生感觉，经过思维器官加工整理而产生形成的，这就是他所提出的"思与见闻之会"的命题。他说："耳之能听，目之能视，心之能思，皆耳、目、心之固有者；无耳目、手心，则视听与思尚能存乎？"③人的认识的来源是客观事物，认识的过程是耳目感官接触外物，"见闻者在外之资"，再由思维器官加工提炼，"神者在内之灵"，没有外物作用于人的感官，人就无从认识，没有神思的妙用，人亦无法认识事物的本质，只有见闻与思相会合、相结合，人们才能认识事物。世界上不存在不见、不闻、不思的知识，只有感官与思维，外与内"相通"才能产生认识，取得知识。否则，便无所知，无所识。

明清以来，关于认识起源的共识愈发明显，感觉器官和理性思维的结合是人类认识的基础。如戴震认为，人的认识是以生理条件为基础的，感觉器

---

① 《大学问·全书卷二十六》。
② 《答欧阳少司成崇一》。
③ 《雅述上篇》。

官是认识的出发点，客观物质世界是认识的来源，人不能离开外物而求知，外物作用于人的感觉器官产生了感觉，而开始了认识。他说："盈天地之间，有声也，有色也，有臭也，有味也；举声、色、臭、味，则盈天地间者无或遗矣。外内相通，其开窍也，是为耳、目、鼻、口。"①人通过感觉器官"接于物"而产生感觉，感官是思维认识外物的通道，正因为有感官与外物的接触，"物至而迎而受之"②，所以才产生了认识。

戴震在肯定感官感知外物的同时，肯定了心知的作用，进而对感性认识和理性认识做了说明。他认为，感官的作用在于"接物""迎物""受物"，而"心"才能认识事物之理，"心通其则，……心能通天下之理义。"③感官只能认识事物的现象，心思才能认识事物的"理义"。人要取得理性认识，认识事物的本质，就要发挥思虑的作用。"思者，心之能也。""心之精爽，有思辄通。"④心思虽能认识事物的"理义""本质"，但不能代替感官的作用。所以说："心能使耳目鼻口，不能代耳目鼻口之能，彼其能者各自是也，故不能相为。"⑤这就是说，人的感觉器官和思维器官，各有自己的不同职能、作用，不能互相代替，思维器官支配、主宰感觉器官，但却不能代替感觉器官的功能和作用。

戴震具体论证了感觉器官与思维器官的不同作用。人之所以具有认识和掌握客观事物及其规律的能力，就是因为有"耳目鼻口之官接于物，而心通其则"⑥。人与动物的根本区别是人具有思维能力，人的感觉能够发展到思维高度，所以人为万物之灵。戴震说："心之精爽，驯而至于神明也，所以主乎耳目百体者也"；"人之神明出于心，纯懿中正，其明德与天地合矣。"⑦"心"在这里指知觉，在知觉的基础上发展到"神明"。"精爽"是初级的知觉活动，"神明"是高级的思维活动。人与动物的根本区别是人有心灵，并进一步发展到高级的思维活动。所以说："心之精爽以知，知由是进入神明。"⑧又说："人之异于禽兽者，虽同有精爽，而人能进入神明也。"⑨

---

① 《孟子字义疏证卷上》。

② 《原善卷中》。

③ 《读孟子论性》。

④ 《孟子字义疏证卷上》。

⑤ 《孟子字义疏证卷上》。

⑥ 《原善卷中》。

⑦ 《原善卷中》。

⑧ 《原善卷中》。

⑨ 《孟子字义疏证卷上》。

　　近代新儒家熊十力的"新唯识论"基于中西文化的比较视野，着重区分了"科学的心理学"与"哲学的心理学"，即区分了科学认识论与哲学专识论。所谓"科学的心理学"，是自然科学发展的产物，"专以神经系统的活动或脑的作用与客观世界的反映来阐明心理"①，"其方法注重实测"②。"科学的心理学"虽然也以"人心"为研究对象，但实际并不涉及人类的高级心灵——"仁心"，研究的是物理而不是心理。"哲学的心理学"则以认识人，完善人为主旨，"唯在返己察识内部生活之渊海，是否有知是知非之明几炯然常在，是否有千条万绪之杂染暗然丛集"③。在方法上，"以默识法为主，亦辅之以思维术"④。所谓默识，是对自我的反求体认，所谓思维术，不是指理性的思维方法，而是一种直觉洞察力，能够指认明睿的思维。穷宇宙体用。总之，"科学的心理学"是"逐物之学"，"哲学的心理学"是"返己之学"，各有其自己的研究领域。

　　以上仅就各朝代有代表性的哲人思想进行简单梳理，以点带面，总结中国传统哲学中的认识论智慧，可以发现中国哲学中的认识论贯穿以下三条基本规律：

　　(1)中国哲学本体论、价值论、认识论紧密合一，于求道、闻道、悟道、载道中自觉地贯彻着"一天人、同真善、合知行、道中庸"，这既是价值原则又是认知原则，或既是善的原则，又是真的原则，同时也是行的原则。

　　(2)认知旨趣上，中国哲学有着务实、求本、执善、重人的鲜明特征。相比于西方哲学思辨、两分法与还原论特点(神圣与凡俗、精神与物质，共相与殊相、知与行、认识与价值、感性与理性、理性与非理性、理论与人生等都是两分的)，中国哲学认识论是和合的、整体的、综合的、中庸而不走极端。中国哲学发展史上，哲学家们对感性认识和理性认识的产生、发展及其相互关系都做了许多的研究、分析。但由于中国思维是自觉地即事而言理的、务实的，因此强调通过对动态的复杂系统的运动方式及其相互作用的规律来认识和把握事物的动态功能、结构和趋势。为了掌握生活中实用的真理，特别侧重于从物质及认识对象的行为、关系、运动规律上做整体的把握，找出事物实在的共同规律，然后以这种对于总规律的认识为指导去认识

---

　　①　熊十力：《明心篇》，龙门联合书局，1959年版，第2页。
　　②　同上书，第91页。
　　③　同上书，自序第2页。
　　④　同上书，第93页。

和解决具体的复杂性问题，因而重视综合。这样一种认识方法偏重于定性的描述。由于他们脱离了实践、脱离了人的历史发展，而没有在实践的基础上把二者统一起来，因而没有也不可能正确地解决这个认识论中的复杂问题。

（3）中国哲学认识论属于实在论。中国哲学的认识论是以行为归宿，而行又以德主导，知与行又强调不走极端。中国古代哲学家虽然也探讨过认识的相对有限性——如庄子与惠施的"濠梁之辩"[①]；对认识的终极有限性就更是自觉——"六合之外，圣人存而不论；六合之内，圣人论而不议；春秋经世先王之志，圣人议而不辩（只评说不争辩）"[②]。然而中国哲学大多都是实在论者，可知论者。

（二）西方哲学史中关于认识起源的学说

认识论问题历来是西方哲学的研究主题，古希腊罗马时期认识论就开始得以研究。爱利亚学派的祖师巴门尼德把哲学分为两类：关于意见的哲学和关于真理的哲学。巴门尼德认为关于意见的哲学给人们提供的知识不确定、不真实。而关于真理的哲学就是运用理智思索"存在"的理性哲学，这种哲学给人提供的知识是确定的、真实的。赫拉克利特肯定自然界是认识的对象，又区分了感觉和思想两种认识形式的差异，认为感觉分辨事物，思想则把握真理。原子论的先驱恩培多克勒用"流溢说"来阐释认识，认为一切事物都不断发出一种流溢物，它进入人的感官孔道而引起感觉。原子论的代表德谟克利特在"流溢说"的基础上又提出了影像说，认为感觉和思想由客观事物的影像作用于人的感官和心灵而产生。柏拉图在《理想国》中提出"理念"学说，认为人的认识是灵魂"分有"理念。理念是若干个体事物共同分享或分有的、不可被人感到但可被人知道的一般实体事物。柏拉图认为人在出生之前，灵魂里就已经分有各种各样永恒的普遍形式"理念"，只是在灵魂与肉体结合而降生为人的时候把它们暂时忘记了；后来受到经验的刺激，引起回忆，才重新恢复他原有的精确知识。亚里士多德把心灵或灵魂比作蜡块，认为感觉乃是外在事物在心灵蜡块上印下的痕迹。与此联系，他认为每一事物的真理与各事物之实在是必相符合的，肯定人的认识的客观性。但是亚里士多德又认为人的感觉只是感受事物的形式而不能感受它们的质料。关于认识的发展过程，他认为知识起源于感觉，由感觉产生记忆，多次回忆而知道事物是什

---

① 《庄子·秋水》。

② 《庄子·齐物论》。

么；再由理性活动产生出关于同一类对象的普遍性判断形成完全意义上的知识。

流射说、影像说和印迹说代表了人类认识理论的早期发展，三者正确揭示了人的认识活动的基本机制，即把认识界定为以客观事物为对象、由外物的流射或影像或形式作用于人们感官与心灵而形成。然而，一切认识都要以被主体所知道为最终目的，认识结果"被知道"乃是认识活动的核心环节。但这一核心环节在上述三个认识理论中都未言及，"进入"和"接触"关系并不必然等同于"知道"，因此，古希腊的认识理论中尚有一个重要的缺环，这也为后人的研究提供了方向。

16 世纪以来，认识论问题逐渐成为欧洲哲学的研究中心，自我和外部世界、外在经验和内在经验、感性和理性等关系成为讨论的焦点。因"绝对可靠知识"的来源不同，哲学家划分为两派：经验论和唯理论。笛卡尔是近代唯心主义唯理论的开山鼻祖，否定感性推崇理性，否认归纳法，认为只有从清楚明白的公理出发，通过演绎推理才能达到真理性知识。笛卡尔认为，清楚明白的观念不是从经验得来的而是与生俱来的，而观念的清楚明白就是真理的标准。斯宾诺莎沿袭了笛卡尔的理性主义导向，认为人们必须用观念来进行认识。从观念推出观念需要有一个最初观念，而这个最初观念只能是天赋的。存在于人们心中的天赋观念是"真观念"，它不需要其他观念来证明它的真理性，而它却是其他观念达到真理性的工具和前提。理智正是凭借天赋力量，自己制造理智工具，再凭借这种工具来创制新的理智作品。

莱布尼茨也主张天赋观念，"现觉对于我们的一切现实认识虽然是必要的，但是不足以向我们提供全部认识，因为感觉永远只能给我们提供一些例子，亦即特殊的或个别的真理。"[①]莱布尼兹认为，普遍必然的观念潜于主体中，只有通过经验才由潜意识状态进入意识状态。天赋观念不是由上帝直接放入人心中的"真理"或"真观念"，由天赋而存在于人的心灵中的只是一些形成观念的潜在"原则"或"能力"，而这些潜在的"原则"或"能力"一旦被外界对象的刺激所唤醒，便会产生相应的观念。"观念与真理是作为倾向、禀赋、习性或自然的潜在能力而天赋在我们心中，并不是作为现实作用而天赋在我们心中，虽然这种潜在能力永远伴随着与它相适应的、常常感觉不到的现实

---

① 北京大学哲学系外国哲学史教研室：《西方哲学原著选读》(上卷)，商务印书馆，1981 年版，第 494 页。

作用。"①莱布尼茨提出两类真理：一类是"推理的真理"，它以心灵为其源泉，具有普遍性、必然性；一类是"事实的真理"，它依上帝的选择而定，具有偶然性，但又有其充足理由。

经验论者洛克对天赋观念说提出了批判，认为"天赋观念"是一个没有必要的假设。"人们单凭运用自己的自然能力，不必借助任何天赋的印象，就能获得他们所拥有的全部知识，他们不必借助这样一种原初的概念和原则，就可以得到可靠的知识"②。洛克的"白板说"认为人的心灵好像一块干净的白板，并没有储存任何天赋痕迹，一切观念都是生后印到心灵上的。人们通过感觉接受外界的描画，或者通过反省摄取心灵活动的情况形成各种观念。感觉和反省都是经验，经验是人类知识的唯一来源，复杂的观念是心灵用简单观念任意造成的。洛克在分析事物和感觉的关系时，提出了第一性的质和第二性的质的学说。他把广延、形状、动静等看作外物固有的"第一性的质"，人们关于它们的观念是真实的，是有外物的真实性质作为原本的："第二性的质"是颜色、声音、气味，它们不是外物固有的，人们关于它们的观念并不反映外物的客观性质，而是主观的，是由主体附加到客体上的。

休谟继承了洛克的经验主义传统，同时又改变了洛克的经验主义研究方向，把认识论研究的重心由对客体的考察转向了对主体内在结构的考察。休谟认为，人性是一切"科学的首都或心脏"③，哲学只有认真地研究了人性，人的理解本性，才能"发现出人类理性的适当领域来"，建立"真正的哲学"，"消灭虚妄假混的哲学"④。休谟认为人性即人的理性，亦即人的经验，包括人的知性、情感和道德。人的知性是人性的最主要部分，是认识论研究的主要对象。因此，休谟对人的理性的批判表现为对人的知性的批判。在对认识论的研究时，休谟同洛克一样，采用了经验联想主义的方法⑤。认为"人心所有的全部创造力，只不过是把感官和经验供给于我们的材料混合、调换、

---

① 北京大学哲学系外国哲学史教研室：《西方哲学原著选读》（上卷），商务印书馆，1981年版，第495－496页。
② 同上书，第447－448页。
③ ［英］休谟著，关文运译：《人性论》（上册），商务印书馆，1997年版，第7页。
④ 同上书，第14－15页。
⑤ 经验联想主义方法由霍布斯提出，认为意识具有联想功能，它可以通过高级心理过程，如记忆、思维、想象，把人的各种感觉联系起来，形成持续的印象，形成概念。洛克的认识论持有同样的方法论基础，洛克认为，简单观念直接来源于感觉经验，复杂观念是意识联结简单观念的结果。第一性的质与第二性的质由它们与意识、心理的关系所决定。第一性的质（坚固、广延、运动和数目）是外部世界所自有的，第二性的质（颜色、气味等）则依赖于意识。

增加或减少罢了，它并不是什么奇特的官能。"①这样，休谟就把人的知性结构归结为印象，把人的创造作用归结为经验的联想，从而把人的理性作用限定在极其狭小的领域内，最终走向了怀疑论。

实际上，无论是经验论还是唯理论都不能完满的说明认识（意识）的起源问题。经验论只承认世界是感性知觉的对象，而看不到注意的对象与由该对象引发的注意活动之间存在着内在联系；理智论主张理智官能保障和获得关于世界的确定性知识而取消了事物的自存性，忽视了思维缘由的偶然性②。德国古典哲学中的一些哲学家已经看到经验论和唯理论的片面性，试图把感性认识和理性认识结合起来。康德认为知识的确像经验论者所主张的那样，是从经验开始的，但只是在时间上始于经验，并非在内容上来自经验。同唯理论者一样，康德把知识认定为具有普遍必然性的严格科学知识，称之为"先天综合判断"。先天综合判断之所以可能的条件不是外来的，只能是认识主体所固有的先验形式，如感性的空间和时间、知性的概念或范畴，没有这些先验的形式就不可能有经验。

在康德看来，人不仅有先验综合判断形式，而且还有先验的自我意识。先验自我意识是人的综合统一能力，能够运用人的普遍必然性的逻辑范畴、思维形式去思考对象，把对象改造成有内在联系、有规律性和统一性的东西，从而产生了严格意义上的科学知识，同时也产生了作为科学认识的对象。自我意识的这种活动是一种创造知识的心理活动，但它又不是洛克、休谟的心理联想活动，而是主体的判断活动，是人把规律给予自然界。于是，"康德借助于逻辑分析，把心理分析转变成一种能动的创造活动，转变成一种超越个体的人类认识活动，突破了洛克、休谟的心理分析的局限。"③根据康德的思想，人的认识是一个能动地加工、改造客观世界的过程，人的认识的客观性就是指知识是在人改造客观世界的活动中所形成的，而不是洛克所强调的知识与对象的符合。康德力图把心理分析与逻辑分析结合起来，把由先天理性（形式）和后天经验（质料）结合起来的命题称作综合命题，以此来尽力调和或折中唯理论与经验论的矛盾，并试图克服两者的片面性。

对于康德的调和倾向，俄国数学家罗巴切夫斯基与德国数学家黎曼先后

---

①　［英］休谟著，关文运译：《人类理解研究》，商务印书馆，1957年版，第20页。

②　莫伟民：《意识是"我能"：梅洛-庞蒂的"我能"现象学探究》，载《复旦学报（社会科学版）》，2008年第6期。

③　李萍：《人类认识结构与文化》，武汉出版社，1991年版，第49页。

分别建立非欧几何学，指明了数学公理等前提性知识并不是天赋观念，而是可以约定的。为了寻求知识的确定性，逻辑实证主义者卡尔那普提出有两种真理：经验真理和逻辑真理。只有逻辑真理是必然真理、具有确定性，而经验真理是或然真理。之后，波普以"证伪"原则对逻辑实证主义的经验证实原则进行反驳。科学的理论或者命题不可能被经验证实，而只能被经验证伪。可以被证伪的理论或者命题才是科学的，否则就是非科学的。他认为作为知识的命题是全称命题，而作为检验命题的经验则是单称命题，再多的单称命题也绝不可能"证实"全称命题。虽然单称命题不能证明全称命题为真，但却能证明其为假，对于任何一条全称命题，只要发现其不符合于一条单称命题，就能认定其为假。波普进而表明，任何科学理论都只有相对的稳定性和暂时的确定性，或者甚至说只是一种猜测，随着时间的推移，它们终将会被证伪从而被新的理论所代替，而新理论的命运也同样如此。

科学哲学中的历史主义学派则指责逻辑实证主义仅仅从逻辑的角度对科学知识的概念和命题进行静态的逻辑分析，而完全忽略了科学史。历史主义的著名代表库恩结合科学史的发展过程提出了其著名的"范式"理论。"范式"论表明，科学知识并非仅仅是理性，它还包含着科学家的形而上学信念、政治立场、文化传统、心理习惯等非理性因素。也就是说，在一个范式内部，知识的确定性由理性和非理性的因素共同保证和支撑。库恩认为范式与范式之间不可通约，在一个范式里是确定性的知识而在另一个范式里则是谬误。

狄尔泰在"继续康德的批判道路"的口号下开创了解释学的哲学认识论。狄尔泰认为，康德解决认识论问题的方法是自然科学的方法，用自然科学的方法去解决人的认识问题是远不够的，必须要有人文科学的特殊的方法。人文科学与自然科学研究的对象是不相同的，自然科学研究的对象是自然界的外在的事物，依靠理性、经验、逻辑来认识对象。人文科学研究的对象则是人的生命和人创造的人文世界。整个人文世界都是由人类自由创造的，"人类的全部创造都来自内在生命及其与外部世界的关系"[1]。

人文主义方法主要有领会、理解与体验。领会是人把握一个被表达出来的意义的认识过程，理解是解释体现在物质符号中的精神现象的活动。"符号体现了创造者和他的作品之间的意义，反映了人的生命、心灵、精神世界，构成了作为精神的外在领域的文化世界。"[2]人们要认识自身的精神世界

---

① 转引自刘小枫：《诗化哲学》，山东文艺出版社，1986年版，第160页。

② 李萍：《人类认识结构与文化》，武汉出版社，1991年版，第73页。

就必须对这些"文本"加以发掘与阅读，而这种对"文本"的阅读就是解释。解释的说明有别于科学的说明，科学的说明是在一般法则指导下去说明个别事物，解释的说明则是对人文世界及创造者的意义探讨。解释的说明实际上是人的精神的再创造过程，会因不同时代、不同文化中的人对生命、心灵的理解不同而做出不同的解释。狄尔泰把理解称之为释义学方法，开解释学先河。所谓体会，是个体的生命对整个精神世界的反思。反思不是直面的镜子式反射，而是使个体的知识、生命同整个的精神世界及命运的遭遇中所发生的许多明细事件结合为一体，揭示个体生命在精神世界中的地位。这种体验具有本体论意义，从而使狄尔泰的本体论与认识论结合起来。

胡塞尔的现象学也为人们认识意识现象提供诸多视角。现象学以悬搁一切理论观点的纯粹现象为认识的起点或基础，先通过意向活动在纯粹现象中辨认出各种对象，并通过意向的统一和关联作用把意向对象构成经验客体，即把一个对象的各个方面、各种外观和各个层次，全都集中并结合于同一个核心上，包括它的侧面和后面。其次，通过本质直观方法在现象或对象之间发现出各种本质和关系。再次，通过先验还原方法在现象或意识中揭示"纯粹的自我"（也即先验自我）的存在；纯粹自我是一切意向活动的最终根据，胡塞尔认为它是意识中的一个自我极（意识"目光"发射中心），并像太阳一样放射出无数的意识光线照亮（接知）一切意识对象（即把精神意识现象视为一种自我—对象的二元结构体）。最后，胡塞尔通过移情和结对作用在现象世界认证了他人自我的存在。胡塞尔的现象学认识论的突出特点论是要建立一个没有任何预设的认识系统，一切认识活动的结论都要具有明证性。

（三）马克思主义哲学中关于认识起源的学说

马克思主义认识论又称辩证唯物主义认识论，是马克思和恩格斯在总结、批判与继承马克思主义以前哲学史中各种认识论的基础上建立起来的，以后又由列宁、毛泽东和其他马克思主义者所发展。它消除了非马克思主义哲学中认识论和本体论的对立，也结束了非马克思主义哲学使认识论问题同社会存在、社会实践的历史发展相脱离的状况。马克思主义认识论从物质决定意识、意识是物质的反映这一唯物主义原理出发，把认识的发展同社会实践的历史发展结合起来，把认识过程的辩证法同客观实在过程的辩证法统一起来，成为彻底唯物主义的能动的反映论。

列宁在《唯物主义和经验批判主义》的第一章明确指出，应当从物质和意识的关系出发研究一切认识论问题。从物到感觉和思想还是从思想和感觉到物是唯物主义和唯心主义的对立，是哲学上两条基本路线的区别。以此为前提，产生出两条基本的认识路线——唯物主义认识论和唯心主义认识论。列宁认为，马克思主义认识论坚持"从物到感觉和思想"的唯物主义路线，并以实践为基础来阐释人的意识是如何反映客观物质世界的。在研究方法上，不能简单地搬用自然科学的方法，而应当运用哲学的辩证法，从历史发展的角度考察人的认识的形成及其发展。同时，马克思主义认识论肯定物质世界的可知性和人们认识世界的可能性，认为人的认识是人脑这一特殊物质对外部现实世界的反映，是物质最高级的反映形式。认为人们的意识或思维能够认识客观的现实世界，人们关于现实世界的表象、概念，能够正确地反映现实，认识的内容来自外部现实世界。

同时，马克思主义认识论强调社会生活和社会实践在认识领域中的地位和作用。"思想、观念、意识的生产最初是直接与人们的物质活动，与人们的物质交往，与现实生活的语言交织在一起的。"① 认识的主体是人，但不是生物学意义上的抽象的人，而是生活实践于具体的历史的社会关系中的人，是利用社会地历史地形成的认识活动的各种手段和形式、各种思想资料的人。人作为认识的主体，首先在于人是社会实践的主体。只有通过社会实践，人才能形成和发展自己作为主体的本质力量，从而确定自己的主体地位。

实践是认识的直接来源，认识只有在实践的基础上才能发生，也只有依赖于实践的推动才能发展。认识是主体对客体的一种观念的或理论的关系，它虽然是通过主体的意识、思维的活动实现和表现出来的，但它发生的基础则是主体和客体之间的物质的相互作用即实践。实践的需要和发展既不断地向人们提出认识课题，又不断为解决这些课题提供必要的经验材料和必要的工具、手段。实践还在改造客观世界的过程中不断推动人们主观世界的改造，锻炼和提高主体的认识能力。随着主体认识能力的发展，认识客体的广度和深度也会因之扩大和加深，从而推动认识更加全面、更加深入地发展。认识的任务是要使主体的思想符合于客体的实际，以此提炼客观真理，并用以指导进一步改造世界的实践，达到主观和客观、主体和客体的一致。人的思维是否具有客观的真理性，要靠实践证明。同时，观念的认识本身不能直接实现任何物质的东西。只有把观念的认识应用于指导改造世界的实践，才能转化为物质的东西。实践是主观和客观、主体和客体相统一的基础，只有

---

① 《马克思恩格斯选集》第 1 卷，人民出版社，1995 年版，第 72 页。

坚持实践的观点，才能对认识的发生、发展，认识的目的和作用以及认识的真理性的标准等一系列认识论问题做出科学的解释。在这个意义上，辩证唯物主义认识论就是实践论。

把辩证法应用于反映论，应用于认识的过程和发展，是辩证唯物主义认识论的一个重要标志。辩证唯物主义认识论指出，人们在实践基础上所得到的关于外部世界的初级认识是感性认识，它包括感觉、知觉、表象等形式。感性认识是对外部世界的直接反映，是人们获得知识的第一步，属于认识的初级阶段。辩证唯物主义认识论强调认识主体在获得感性认识的基础上，必须用理性思维对感性材料进行逻辑加工，即遵循从感性具体到抽象规定，又从抽象规定上升到思维具体的方法以及逻辑与历史相统一的原则，通过归纳和演绎、分析和综合，以概念（范畴）、判断、推理的形式，形成理论知识的体系，把客体作为许多规定的综合，亦即多样性的统一的整体在思维中观念地再现出来，这就是理性认识。

同时，理性认识是对事物的抽象、概括的反映，也是对事物的本质、全面的反映，是认识的高级阶段。认识的能动性不仅表现于从感性认识到理性认识的能动飞跃，而且还表现于从理性认识到实践的能动飞跃。人们在获得理性认识以后，必须通过理想的目的、理想的计划、方案等形式，使之应用于实践。这是实践检验理论、物化理论的过程，是整个认识过程的继续。实践、认识、再实践、再认识，循环往复以至无穷，认识的内容由此而不断地扩展和加深，展现了整个人类认识从相对真理向绝对真理不断迈进的辩证过程。

二、心理学中意识起源的代表性理论

（一）心理学中意识发生的主要流派

19世纪下半叶，心理学从哲学中分离出来，成了一门独立的实验科学。独立后的现代心理学把认识作为一个主要的研究对象，一百多年来对其进行了具体细致的分类研究。首先是将人的认识过程区分为感觉、知觉、注意、记忆和思维等几个方面分别进行实验研究，揭示各种具体的认识规律。第二，是从生理学方面研究感觉器官、脑和神经系统的构造与功能，揭示认识活动的神经生理基础。第三，是从信息科学角度研究认识过程的信息加工原理，对认识活动的具体机制做出进一步解释。第四，从发生学角度研究认识的个体发展过程。通过这多方面的结合现代先进技术的科学研究，现代心理学在认识问题上取得了丰硕的成果，把人类对于"认识"的认识大大推进了。

科学心理学创始人冯特曾被学术界称为 19 世纪末期的"亚里士多德"，他毕生为心理学事业而奋斗，建立了一个比较完整的意识心理学体系，其基本观点可以概括为以下四个方面。第一，坚持心理学研究的对象是意识。作为实验科学的心理学主要研究的是意识过程，将意识定义为"直接经验"。第二，阐述了意识的整体特点。各种意识状态都以复合形式出现，从联想、统觉、心理复合的规律和自我等方面描述意识中的观念条件。第三，明确提出支配意识活动的心理法则由注意、统觉和意志完成。第四，提出了意识和心理复合的规律。(1)创造性综合原则，是指由各种心理元素组成心理复合体，并不是个别元素简单相加，不仅将意识视为一种动态的、积极的过程，而且看作是有意志的、有创造性的整体活动。(2)心理关系原则，即不同心理意识元素之间的相互关系决定了它们各自的意义。(3)心理对比原则，即两种相反的意识状态在一定范围内可以相互得到加强，这在情绪方面表现得最为典型。詹姆斯则反对冯特等人把人的心理看成是由"简单的感觉意念"联结而成的观点，在《心理学原理》提出了"意识流"理论。"意识流"认为意识是一种个体的、连续的、不断变化的、具有选择性和目的性的"思想流、意识流或主观生活流"。

对意识发生最直接、最有说服力的证明来自于心理学的实验分析。最为典型的就是俄国高级神经活动生理学的奠基人巴甫洛夫建立在高级神经中枢理论基础上的条件反射学说。反射是这个模型的中心概念，指人的生理—心理对外部刺激物的反应。巴甫洛夫认为，所谓反射就是人对外部世界的认识活动。同时，巴甫洛夫还在生理学实验基础上对意识的本质做了概括："第一，意识是反映；第二，意识是高度组织起来的物质即脑的物质的产物；第三，人的意识是社会生活的产物，词的思维的产物；第四，人的意识完全取决于在脑中所产生的物质过程；第五，只有在脑中产生形成神经联系的过程时，才有意识的存在，而在这些联系之外，是没有意识的；第六，意识是以所谓主观世界的形式表现出来的，这个主观世界具有稳固的性质，其原因就是在词的思维的基础上产生的神经联系的连续性。这种过程停止的时候，意识的形成过程也就停止，意识在这一瞬间也就消失了。"[1]

之后美国心理学家、行为主义心理学的创始人华生延续了巴甫洛夫的学

---

[1]　[苏]彼德鲁舍夫斯基著，北京师范大学教育系心理学教研组译：《心理学的哲学基础和自然科学基础》，人民教育出版社，1957 年版，第 443 页。

说，认为人的一切行为都是外部环境直接刺激的产物。只要知道所给予的刺激就能预判后续反应，只要知道反应就能反推引起先行刺激。以此推理，人就是一架"刺激—反应"(S—R)的机器。这种极端的环境决定论和机械反应论遭到来自行为主义内部的批评，美国心理学家、目的行为主义的创始人托尔曼认为行为 B 不单纯是环境刺激的结果，而是包括环境刺激在内的五种自变量的函数：

$$B = f(S，P，H，T，A)$$

这里，S 为环境刺激，P 为生理内驱力，H 为遗传，T 为过去的训练，A 为年龄。不仅如此，在可观察的自变量和可观察的反应(因变量)之间，还有一系列把两者联结起来的不可观察的中间变量。它们是：(1)需要系统；(2)信念价值动机；(3)行为空间。这些中间变量就是行为的实际决定因子。因此，必须把 S-R 理解为 S-O-R[①]。

此后，欧洲大陆的格式塔心理学派对行为主义进行激烈的外部批评。韦塔墨、考夫卡和苛勒等人认为，知觉既不像行为主义所说的那样是刺激的被动反应和转移描写，如当眼睛看到某物的形象时，知觉就已经对客观刺激进行了大规模的改造活动；也不像构造主义者冯特等人所说的那样是感觉元素的联合，而是主体主动建构起来的经验组织或整体结构，亦即"格式塔"(意为"完形")。格式塔心理学的名言是"整体大于部分之和"，即是说知觉给予我们的远比感觉提供的东西要多，正如一幅画比若干色彩和线条的集合多彩，一支曲调比若干乐音的连续相加丰富。格式塔学派进一步认为，不仅整体大于部分，而且整体先于部分，决定部分的性质。例如，一个乐音的性质一开始就取决于它在一支乐曲中的作用。如何解释"格式塔"现象呢？他们用"心物同形说"来说明，认为大脑皮层是一个动力系统，其中各个元素积极地相互作用。心理经验和大脑皮质是同构或同型的。苛勒说："经验到的空间秩序在结构上总是和作为其基础的大脑过程分布的机能秩序是同一的。"[②]这种同构性便是格式塔现象的根源和基础。关于知觉组织或建构客观刺激的观点对于机械论的刺激——反应公式是更具说服力的批判。但遗憾的是，虽然强调知觉组织作用是理论的核心内容，但始终没有透彻地说明什么东西在实施这种作用。格式塔心理学只是把知觉组织作用归结为神经系统的一种固有

①　[美]杜·舒尔茨著，杨立能、沈德灿译：《现代心理学史》，人民教育出版社，1981年版，第251—252页。

②　同上书，第308页。

机能，一种理所当然存在的东西。于是有人批评格式塔学者只是试图把所要解决的问题改变成公设，用否定问题的存在来解决问题。

知觉组织作用实际上就是认识过程的信息加工问题。格式塔心理学没有解决的问题成了 20 世纪 60 年代兴起的认知心理学的中心课题。"认知心理学的目的就是要说明和解决人在完成认知活动时是如何进行信息加工的。"[①]认知心理学家受控制论、信息论和计算机科学的启发，认为完全可以在计算机的程序所表现理的功能与人的认识过程之间进行类比。强调人已有的知识和知识结构对于当前认识活动的作用，主要研究人获得信息、对信息编码和转换、存储和提取信息以及用它指导人的行动。认知心理学认为，认识(知觉)过程实际上是个模式识别过程，即把客观刺激与大脑里先存的模式(图式)进行匹配。因此，知觉的形成有赖于两种不同的信息——感官直接输入的信息和知觉者记忆系统中保存的信息。人脑直接接受感官输入的信息，叫作自下而上的加工(或资料驱动加工)；人脑根据记忆系统中保存的信息对感官输入的信息进行加工处理，名曰自上而下的加工(或概念驱动加工)。保存在记忆系统中的信息就是图式，图式就是某种事物或情景的组织起来的知识单位，也是一种心理结构，即内化了的知识单元。图式产生于人在知觉事物时所特有的期待和假设，形成知觉定势，从而影响信息的接受，支配知觉对象意义的确定。

用实验手段研究先存认识图式在认知活动中的功能，运用计算机科学的信息加工理论研究人类认识过程，这是认知心理学的特点，同时也是它的缺点，因为人的认知过程并不是信息处理机的机械过程，影响认知活动的主体因素也不仅仅是知识单元。认识"既不是从客体发生的，也不是从主体发生的，而是从主体和客体之间的相互作用——最初便是纠缠得不可分的——中发生的"[②]。认识是一个由多种复杂因素参与的综合社会过程，所以认识过程的研究任务并不是心理学单独所能完成的，它还有赖于哲学、社会学、人类学、语言学、生物学等学科的协同研究。皮亚杰的发生认识论可以说集这种综合研究(特别是哲学、心理学的综合研究)为一体的超越探索。

从某种意义上说，发生认识论就是关于个体认识图式的形成与发展的学说。所谓图式就是"动作的结构组织"，是主体接受、过滤、筛选客观刺激的工具。在皮亚杰看来，认识过程绝不是单纯的 S-R(刺激—反应)，而是

---

① 司马贺：《人类的认知：思维的信息加工理论》，科学出版社，1986 年版，第 9 页。

② 左任侠、李其维：《皮亚杰发生认识论文选》，华东师范大学出版社，1991 年版，第 3 页。

S-AT-R，AT即图式对客观刺激的整合。客体刺激只有经过图式的整合才能成为主体大脑的反映，形成主体认识。图式如何形成的呢？此前哲学上的经验论和理性论，心理学上的行为论、构造论和格式塔学派，生物学上的预成论和进化论的各自理论均告成败，使皮亚杰敏锐地看到，图式既非直接来源于客体，也非主体先天固有，而是起源于活动。儿童初生时只有天生的吸吮、抓、握等几个简单的反射活动，因此作为儿童最初动作结构的图式无疑是遗传的、先天的，这种先天的"遗传图式"虽然极其低级，但却是日后成熟图式的基础。但若把皮亚杰的"遗传图式"同康德的"先验结构"相提并论却是一个严重的误解，因为"遗传图式"是长期进化发展的产物，即人类几百万年实践经验积淀在儿童身上的"获得性遗传"。

　　在哲学领域，梅洛—庞蒂采用现象学描述的方法来体验和把握作为现象世界的知觉领域，指出："意识最初并不是'我思'（我认为），而是'我能'。"[①]按照梅洛—庞蒂的说法，意识的"能力"主要体现为象征能力、表象能力、投射能力。意识能把感觉材料当作相互可表象的，能赋予感觉材料一个意义，内在地激活感觉材料，把感觉材料整理成系统，把大量体验集中在同一个理智核心，使一个可在不同视角下得以辨认的统一性在。"不过，我们不能说意识有这个能力，意识就是这个能力本身。"[②]意识的本质就是给出一个或多个世界。一旦有意识，并且为了能有意识，就必须有意识能意识到的某物，必须有一个意向对象，意识必须是一个纯粹意指意向对象的活动。"因此，我们宁可说，意识的生活（认识生活、欲望的生活或知觉生活）是由一个'意向弧'支撑的，意向弧在我们的周围投射我们的过去、我们的未来、我们的人文氛围、我们的身体境遇、我们的意识形态境遇、我们的道德境遇，确切地说，意向弧使我们置身于所有这些关系之中。正是这个意向弧形成了感觉的统一性、感觉与理智的统一性、感受性与运动机能的统一性。"[③]

（二）皮亚杰的发生认识论

　　谈及意识的发生机制，绝不会绕过皮亚杰的发生认识论。在《发生认识

---

　　①　Maurice Merleau Ponty. Phénom énologie de la perception. Paris：Editions Gallimard，1945：69.

　　②　Maurice Merleau Ponty. Phénom énologie de la perception. Paris：Editions Gallimard，1945：141.

　　③　Maurice Merleau Ponty. Phénom énologie de la perception. Paris：Editions Gallimard，1945：158.

论原理》《生物学与认识》《心理学与认识论》《发生认识论》《儿童的心理发展》等著作中，皮亚杰深入分析了人类认识的发生机制，主要观点有：①人的认识起源于活动及活动内化成为可逆的运算活动（内心活动）。②活动和具体运算间存在一个表象思维和直观思维的过渡阶段，其中符号化活动起了重要作用，它使儿童种种的感知运动图式内化为表象，并且学会了语言。③儿童在没有掌握语言以前，通过同化和顺应以及同化过程的逐步复杂化，掌握了类和关系。语言和思维并非同时发生，但两者的发展是平行的。语言有助于动作的内化和认识的符号化及形式化。当儿童的思维达到运算阶段时，思维和语言就相互联系、相互同化和协调起来。④思维并非起源于语言，但智力越发展，语言的重要性也越大。语言是交际工具，能起强化作用，有助于解除儿童的自我中心主义，有利于认识的社会传递。⑤儿童最初概念是前概念（不能用"所有"和"某些"作定量规定的概念）和前关系（不存在概念的相对性），以后发展到能稳定地区别个体和类。⑥运算的特征是归类和关系具有传递性和可逆性。最明显的例子是守恒概念的发展。具体运算与形式运算的区别在于前者离不开具体事物，也只能运用于具体事物。⑦成人思维中的逻辑结构和数学结构起源于儿童行动的一般协调，起源于儿童的归类、系列化和对应的行动。

发生认识论的基本要义是把认识论中的结构主义与建构主义紧密地结合起来。皮亚杰是一位结构主义者，认为人的认识是一种功能性结构。这种结构是由人自身建构起来的，它不是客体的简单复写，也不是主体预先构成的或天赋的。皮亚杰将认识的形成与发展归结为两个方面：一个方面是认识发生的认知结构（智力结构）；另一方面是认识发展过程中的认知结构不断地建构，即认识的有效地不断地构成。认知结构是发生认识论中一个非常重要的概念，认识是主体对客体的相互作用的过程，这种相互作用以认知结构为中介。对于认知结构的不断建构从而使认知得以不断的发展，皮亚杰是以其专有的图式（scheme）、同化（assimilation）、顺应（accommodation）、平衡（equilium）四个概念来说明的。第一个概念是图式，即动作的结构，它是人类认识事物的基础。同化和顺应则是个体适应环境的两种机能。在认识过程中，同化是个体把客体纳入主体的图式之中，这只能引起图式的量的变化；顺应是主体的图式不能同化客体，因而引起图式的质的变化，促进认识主体调整原有图式或创立新的图式，从而达到这两种机能的平衡。换言之，同化就是主体把客体纳入已有的认识结构中去，顺应就是主体改变原有的认识结构以适应客体，同化与顺应的平衡就是主体与客体相互作用的平衡，表现为人的智力和认识。儿童的智力行为依赖于同化和顺应两种功能从最初不稳定的平衡过渡到逐渐稳定的平衡，这种不断的发展的平衡就是皮亚杰认知结构的形成和发展的基本过程。"和生理的成长一样，心理的发展，实质上，就是趋向平衡的活动。身体的进化是趋向比较稳定的水平，其特征是完成成长过程和各种器官的成熟，同样，心理的演进也可以说是向着平衡的最后形式发展，构成人的心理。也可以说，发展是一个继续前进的平衡过程，从较低的平衡状态走向较高的平衡水平。"①

皮亚杰认为，尽管物理环境、遗传和社会环境等三种因素都对认识的产生有所影响，但囿于各自的局限性都不能单独说明人类认识产生的真正根源。只有将三种因素结合起来，并引入平衡或平衡化概念，才能真正说明认识的产生。平衡化"这个名词有时指一个过程，有时指一种状态……平衡化首先是指一个过程。但在有些情况下，也可能有存在于平衡中的状态"②。皮亚杰认为，自动调节是平衡化的本性，无论作为一种状态的平衡还是作为一种过程的平衡化，都离不开自动调节。皮亚杰把平衡分为三种类型。第一种是主体结构和客体间的平衡，即主体的结构顺应于呈现的新客体，而客体同化于主体的结构。第二种是主体认识图式中各子系统之间的平衡。第三种是主体的部分知识和整体知识之间的平衡。当然，平衡是有限的、有条件的，因而不是一种固定的状态。平衡总是持续地追求更好的平衡，这使得后一阶段的认识比前一阶段更高级，"平衡化就成为一个自动调节的序列，这些自动调节的倒摄作用过程最终表现为运演的可逆性。于是，后者，就超越了简单的概率性质而到达逻辑的必然性。"③

区别于传统的哲学认识论，皮亚杰的发生认识论旨在探讨"各种知识形式是如何成长的"，即探讨"一个较低的知识状态怎样过渡到较高的知识状态"。皮亚杰对古典认识论的批判是开创性的，他力图在其广博的知识背景下表明：认识（知识）是一个有"生物—心理"基础的"结构—建构"过程。发生认识论是自然主义的但又不是实证主义的。皮亚杰将认识论与"生物—心理"相连接的做法蕴含两层意蕴：（1）建立一个可以提供经验验证的方法；（2）追溯认识本身的起源。皮亚杰认为，传统认识论只顾及高级水平认识，换言之，即只顾及认识的某些最后结果，而发生认识论的目的就在于研究各种认

---

① ［瑞士］让·皮亚杰著，傅统先译：《儿童的心理发展》，山东教育出版社，1982年版，第20页。

② 左任侠、李其维：《皮亚杰发生认识论文选》，华东师范大学出版社，1991年版，第148页。

③ 同上书，第39页。

识的起源，从最低级形式的认识开始，追踪这种认识向以后各个水平的发展情况，一直追踪到科学思维并包括科学思维。皮亚杰认为，在与现实的相互作用的活动中，知识和智力是一个持续的、新的建构，知识不是预先形成的或决定的，而是一个连续的同化（assimilation）—顺应（accom-modation）和"结构—建构"的动力过程，知识的客观性有其建构的历史。

发生认识论的研究方法实质上是心理分析方法和逻辑分析方法的辩证统一。"至于认识论，它同时要求有先进的逻辑学发展，明确的心理学论据和对科学成长日益具有技术性的分析，它已经开展了从来没有的专门研究，其中最重要的研究今天是由有关的科学家而不是职业哲学家们进行的（如有关数学基础的理论，微观物理学的实验等等）。"[①]在此，皮亚杰强调了研究认识论的跨学科问题，"发生认识论的任何研究，不论它所涉及的是儿童某一方面认识（数、速度、物理、因果性等）的发展，还是科学思想的一些相应分支中某一分支的某种演变，都以所研究的科学认识论中的专家们的合作为先决条件，即以心理学家、科学史家、逻辑学家、数学家、控制论专家、语言学家等的合作为先决条件。"[②]例如，在皮亚杰倡议下成立的发生认识论国际研究中心，其成员来自哲学、心理学、生理学、数学、逻辑学、生物学、控制论等各领域，从不同的侧面共同研究认识的发生和发展问题。

通过对认识论发展史的回顾可知，对于认识的来源人们愈来愈倾向于认同是经验和理性共同作用的结果。透过历史的梳理，意识现象存在的三个基本事实是毋庸置疑的：物理实在、体验实在、统一性实在[③]。

（1）物理实在。意识出现在物质的有机体之中。有关意识的科学研究表明，意识是一个演化、发展的自然生物现象，因此，意识本质上也是物理现象。我们将意识出现在物质有机体中的事实称为意识的物理实在或物理方面。而由物理实在性所确定的研究角度和方法构成了当代意识科学研究的基础。离开物理实在性，人类对意识的研究必然是片面的、前科学的。

（2）体验实在。除了物理方面外，意识现象还有一个由觉知、自我感、感受质、现象意识等概念所指称的方面，这方面必须要由这类不可还原为物理实在的概念（如神经同步）来描述。我们将这个方面称为意识现象的体验实

---

① ［瑞士］让·皮亚杰著，傅统先译：《教育科学和儿童心理学》，文化教育出版社，1981年版，第59页。

② ［瑞士］让·皮亚杰著，王宪钿等译：《发生认识论原理》，商务印书馆，1981年版，第18页。

③ 李恒威：《意识的形而上学与两视一元论》，载《浙江大学学报（人文社会科学版）》，2012年第4期。

在或体验方面。与意识的物理实在有科学实证研究的广泛确证一样，意识的体验实在也有来自直觉的强有力的自明力量，它是人类生活中最直接的事实。

(3)统一性实在。意识总是一个生命体尤其是人这类高等生命体的意识(正如"思"总是"我思")，离开一个具体的生命有机体或生命系统，就没有意识现象。因此，意识的物理方面和体验方面是统一的，它们统一于生命有机体。我们把这种统一称为意识现象的统一性实在。此外，脑科学和神经病理学的研究表明，在这个统一性中，意识的物理方面与体验方面还表现出一种相应性：没有脑神经系统和活动的完整性就没有相应的意识体验的完整性；反之，意识体验的异常和缺损必然对应着脑神经系统和活动的异常和缺损。

小结

概念是理性认识的基础。本章先从分解"思想意识"这一概念入手，深入分析了思想、思维、意识、思想意识、意识形态等概念的内涵。之后，本着论从史出的原则，回顾了古今中外哲学史、心理学史等学科中对于意识起源、认识发生的相关论断，以此来借鉴前人的经验继续前进。关于认识的发生机理可能仁者见仁，但对于意识现象的存在却是共识性的，而由意识到思想正是本书研究的核心内容所在。

思考与练习

1. 请谈谈你对思想意识概念的理解。
2. 中国哲学中体现出的认识论规律有哪些？
3. 马克思主义哲学中关于认识起源上有哪些主要论断？
4. 在皮亚杰的发生认识论中，同化和顺应的主要内涵是什么？
5. 有哪些事实可以证明意识现象的存在？

阅读导航(学习拓展)

1. 朱智贤、林崇德：《朱智贤全集(第5卷)：思维发展心理学》，北京师范大学出版社，2002年版。

2. 俊薰：《意识之舞》，上海三联书店，2005年版。

3. 李萍：《人类认识结构与文化》，武汉出版社，1991年版。

4. [美]杜·舒尔茨著，杨立能、沈德灿译：《现代心理学史》，人民教育出版社，1981年版。

第四章　思想意识的本源探索

启发与引导

- 意识是人脑的产物，那么意识在人脑中产生的生理学、神经学机理是什么？
- 人改造环境，环境也影响人。外在环境、社会文化是通过什么方式影响人类思想意识的？
- 常言道，仁者见仁，智者见智。影响个体思想意识的因素有哪些？人类的思想意识有哪些层次划分？
- 古人云，知人者智，自知者明。其中，知人与自知涉及意识研究的两大概念——自我意识和对象意识，对这两个概念你了解多少？

人类的思想意识既具有生理基础的支撑，也具有社会文化的浸染。同时，思想意识不会自动产生，必须要有诱发因素的刺激才能产生，在各种诱发因素中需求和实践占据重要位置。而思想意识一旦产生，便呈现出自己的特性——客观性、主观性、多层性、创造性。人类意识的重要功能在于区分自我意识和对象意识，并且在二者共同作用下，形成了个体对生存世界的整体图景。

第一节　思想意识的心理分析

与认识过程的心理层面研究相对应，现代生理心理学与脑科学对于认识过程的物质基础进行了成果丰硕的实验研究，它们借助于现代科学技术的先进设备与手段，对于感觉器官的构造、神经传导通路、脑的结构与功能定位等都做出了相当准确而精细的了解，使人们大体上掌握了认识过程从感觉到思维各个环节的大脑神经活动的机制与概况，为心理层面的意识研究提供了大量的启示和有力的支持。

一、思想意识的遗传本性

研究少年儿童的思想意识发展，必须考虑由遗传所获得的器官功能（特别是神经生理机制）及其受基因调控的发育路线。遗传获得的器官功能现实地表现为儿童的本能体系及其倾向性，它决定着个体出生后展现的生活方式。理解儿童的精神世界，只能顺着现实的精神发生过程，从身体发育和本能活动的展开入手。"本能和无意识活动是个体精神成长的起点，意识是（狭义的意识）逐渐地从无意识中分化出来，将人的自然本能引导到文化活动之中。如果不从精神活动由以发生的本能活动开始，精神成长只能成为神秘的东西。"①

意识不独属于人类，从植物的光合作用、向阳性到微生物的条件反射，都可以看作是意识的雏形②。人类作为灵长类的最高代表，意识的感知与升华和人类的感觉器官、神经系统和大脑构成的意识生物系统休戚相关。"在意识现象与生命现象之间存在连续性，对意识本性的透视需要一个演化—发展的视角。意识在生物演化—发展的进程，是一个后来者，在意识出现之前，生物演化—发展中存在一个无意识的生命活动阶段。因此，演化—发展的视角为认识意识提供了一个对比的方法论原则，即在与无意识的对比中来理解意识的本性。"③意识状态是生物过程，有一个主观的或第一人称的存在论，这意味着仅就这些意识状态被有意识的动物或人类主体体验到时它们才存在。尤其是人脑的作用，把被动的感知意识变换成为主动的创造意识。"意识在因果性上可以还原到脑，因为它完全是由低层次的神经生物学过程所引起并在更高层次或系统的脑活动中被实现的。"④意识的诞生为生命自我

---

① 苗雪红：《儿童精神成长研究：意义、取向与多学科视野》，载《华东师范大学学报（教育科学版）》，2012 年第 1 期。

② 来自生物学的研究解释了人类与一般生物的差异根源——基因编码系统开放程度。科学哲学家波普尔、生物学哲学家迈尔以及哲学人类学家蓝德曼认为：微生物、植物以及低等动物的 DNA 编码是特异的、封闭的，它们直接的表现在生物机体的生长发育方面；而高等动物的基因编码具有两重性，即高等动物的 DNA 编码有一部分是特异的、封闭的，而另一部分则是未特化的、开放的；基因中的开放性部分要通过与后天环境的相互作用才能完成编码，这种编码是不能遗传的，而特异性编码则可以遗传。所以人的发展具有生物性和文化性双重特征：人类的现实存在是文化的；先天禀赋在文化和精神系统中占根基地位。在心理学中，这两方面表述为先天与后天，或遗传与环境。

③ 李恒威：《意识：从自我到自我感》，浙江大学出版社，2011 年版，第 4 页。

④ ［加］埃文·汤普森著，李恒威等译：《生命中的心智：生物学、现象学和心智科学》，浙江大学出版社，2013 年版，第 202 页。

带来了新的品质——自我感，并且在反思、记忆、语言等能力的基础上形成了关于自我的概念，充分理解意识之前的生命自我，将有助于更好地理解意识和自我感的诞生，更好地理解反思和人格的同一性。塞尔说过："就向我们自己表征这个世界来说，脑是我们的一切，我们所能利用的一切都在脑中。我们的每个信念对于作为缸中之脑的存在来说一定是可能的，因为我们每个人恰恰都是缸中脑；这个容器就是头骨，其中的信息，是通过对神经系统的作用而进入的。"①

二、思想意识的生物基础

随着脑电学、脑生理学、脑解剖学，脑化学、脑药物学研究的新成果，以及"裂脑人"研究的新进展，人们对意识的本质有了进一步深入的认识，为科学地揭示意识的生理机制提供了新的依据。当前，国外一些著名生理学家对意识的生理机制主要有以下七种看法②：(1)网状结构说。认为意识的生理机制主要不是大脑皮层的功能，而是皮下网状结构的作用。(2)额叶说。认为意识产生于额叶。(3)联结说。认为意识是神经元之间的联结方式决定的。(4)优势说。认为人脑左半球为优势半球，右半球为劣势半球，只有优势半球才具有意识。(5)复合体说。认为意识是三位一体(最外层的新皮层、缘脑、爬行动物脑)的脑的共同作用的产物。(6)独立实体说。认为自我意识精神是一个独立的实体，有一种不完全依赖于大脑事件的特性。(7)突现说。认为意识经验作为脑活动的一种突现的功能特性，是与脑无法解脱地联系在一起。以上说法各有侧重点，但也有各自的欠缺之处。现代神经心理学表明，意识是人脑高度整合活动的结果。意识活动的生理基础不仅依赖于大脑两半球，各皮层区和皮下中枢的不同功能，而且还依赖于大脑两半球、各皮层区和脑干上、下行网状结构系统的整合功能。

从心理学、生理学上看，意识的产生有其赖以活动的生物物质基础，主要包括3大部分：(1)感觉器官：直接接受体内、体外的刺激(信息)作用。感觉器官中的感受器，如眼睛中的视锥细胞、舌上的味蕾是负责接受并转换能量的核心装置。(2)传入神经：负责将能量(或信息)传向高级神经中枢(主要是大脑)。(3)大脑皮下和皮层中枢：接受并负责解释信息，产生相应的意

① ［加］埃文·汤普森著，李恒威等译：《生命中的心智：生物学、现象学和心智科学》，浙江大学出版社，2013年版，第205页。
② 车文博：《意识与无意识》，辽宁人民出版社，1987年版，第21—24页。

识。从意识的生理机制上分析，脑是心理的器官，心理是脑的机能。任何心理活动都产生于脑，所有心理活动都是脑的高级机能的表现。思想意识发端于大脑的感受性，即各种事物作用于身体上的感觉器官进而在大脑中产生的各种神经反应。感觉器官直接接受体内、体外的刺激（信息），随后传入神经负责将能量（或信息）传向高级神经中枢（主要是大脑），之后大脑皮下和皮层中枢负责接受信息并负责分析加工，产生相应的感觉。苏联著名神经心理学家鲁利亚按照大脑机能和解剖学事实，将人脑区分为三个基本机能联合区：①保证皮质处于觉醒状态、维持适宜紧张度的联合区；②接受、加工和保存来自外界信息的联合区；③制定程序、调节和控制心理活动的联合区。每个联合区中都有分层次的结构，又分为相互重叠的三种类型的皮质区：第一级皮质区是神经冲动的投射区，即各种感觉的皮质中枢；第二级皮质区是综合各种感觉、具有复杂认识机能的区域；第三级皮质区是"人们认识活动的最高形式的脑基础"[①]，即进行抽象思维活动的区域。最新研究结果表明，大脑的不同部位分别承担不同的神经反应。如躯体感觉区定位于顶叶靠近中央沟的部位，视觉定位于枕叶后端，听觉定位在颞叶靠近外侧裂的部位，记忆定位于海马、颞叶、额叶等部位；意志、人格定位在额叶等部位（如图 4-1 所示）。

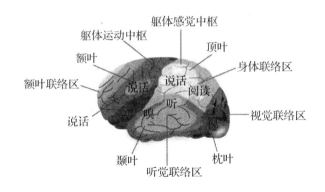

图 4-1 大脑功能分区图

而在意识产生的大脑部位中，又以丘脑为核心。丘脑是间脑中最大的卵圆形灰质核团，位于第三脑室的两侧，左、右丘脑借灰质团块（称中间块）相连（如图 4-2 所示）。

---

① ［苏］A. P. 卢里亚著，汪青译：《神经心理学原理》，科学出版社，1983 年版，第 157 页。

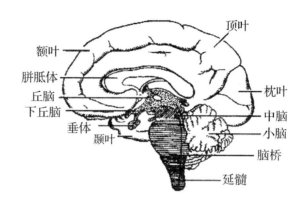

图 4-2　脑的纵剖面图

现代神经生物学研究表明，丘脑神经元中的遗传信息具有觉知特性，丘脑能将各个遗传信息合成为一个特殊的信息集合，这个具有特殊性质的信息集合是对事物的觉知，称为丘觉。丘脑是发放丘觉的器官，是"我"的本体器官，大脑联络区是丘觉的活动场所，意识在大脑联络区得以实现。丘脑由神经元构成，每个神经元中都遗传有信息，丘脑的功能就是将数个神经元的信息合成为丘觉，并发放到大脑联络区，使大脑产生觉知，也就产生了意识。丘觉是想法、是念头，是意识的核心。"大脑皮质是感觉的最高级中枢，各种感觉传入冲动最终到达大脑皮质，通过大脑皮质对传入信息分析、整合后产生各种意识感觉。"①

同时进入肉眼视野的事物有很多，但眼睛不能同时将看到的各种事物区分开来。视神经将所有看到的事物全部转化为信息，传递到大脑枕叶，大脑枕叶对这些信号进行分析，将各个事物分离出来，每个事物用一个样本来表示。样本是具有一定意义的条理化信息，大脑经过舍弃无用信息、填补有用信息、放大主要信息、简化次要信息等多种分析形式，获得一个有意义的完整信息。大脑有着极其强悍的样本分析功能，通过对视、听、触等信息的分析，产出需要的样本到丘脑，激活丘脑功能，合成一个相应的丘觉发放到大脑联络区产生意识。

_____

① 　王玢、左明雪：《人体及动物生理学（第 3 版）》，高等教育出版社，2009 年版，第 121 页。

现代神经细胞学的研究表明，神经细胞是神经组织的基本单位①。每个神经细胞，包括细胞体和突起两个部分（图4-3）。细胞体是组成神经节、脑、脊髓灰质的主要成分。它的作用是对输入的信息进行分门别类的处理。突起分树突和轴突两种。每个神经细胞又有许多树突，它们短而粗，像树杈那样拥有很多分支。树突和细胞体一起成为接受别的神经细胞传来的信息的主要部位；每个神经细胞只有一根轴突主干，它细而长，分支少。轴突的主干与侧支组成神经纤维。轴突一到末端就大量反复分支，形成上万个轴突末梢。轴突和轴突末梢是细胞体输出信息的通道，分别把信息传输给相关或相邻的神经细胞。神经细胞和神经细胞之间的联系，是靠一个神经细胞的轴突和另一个神经细胞的细胞体或树突的接触来沟通的。这互相接触的地方，叫作突触。在一个神经细胞的轴突末梢，常分成许多小枝和许多神经细胞形成突触，而在一个神经细胞的细胞体和树突上，常有千百个神经细胞的轴突终端和它形成突触。这样，在亿万神经细胞之间，便形成了一个极端复杂的神经网络。

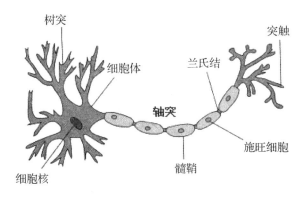

图4-3　神经元基本结构图

现代神经生理学已经证明，信息沿神经系统相互传递，是在通电的或化学的物质中进行的。神经细胞的放电，是由神经细胞内的化学变化引起的。通常在神经细胞内有比较多的钾离子，而细胞外则有比较多的钠离子。在细胞内还有一个"钠泵"，它能够自动地运转离子，不断地将流进的钠离子从细

①　美国神经生理学家舍别尔教授采用目前最新式的扫描电子显微镜对人脑进行的研究表明，人脑是由5000多万种，总数约1000亿个神经细胞（即"神经元"，亦作"神经原"）组成的。在重约1350—1500克的现代人脑中，这1000亿个神经细胞或神经元中的每一个又有1000—10000个突触。在他看来，人脑就是神经细胞在复杂的物理运动和化学运动中，通过突触和树突功能传递、整合、加工和处理信息过程来进行思维意识活动的。

胞内排出，并将钾离子放进细胞内。这就使得细胞膜内外离子的浓度不相等，从而形成了细胞里面比外面负 70 毫伏的静息电位。当神经被刺激时，这种跨膜电位一瓦解，就表现为细胞的放电。这样，神经冲动便通过一系列的放电而沿着神经纤维迅速传着，就像火焰沿着鞭炮的导火线行进那样，一直传到神经纤维的末端。

神经细胞之间之所以能够传递信息，关键在它的突触上。突触包括两个部分，一个是由轴突末端扩大而成的球状终纽，另一个是神经细胞表面受体区。在这两个部分的接头处，有一个约 200 纳米宽的间隙。突触好比是电路的通断开关，当神经冲动的电脉冲到达轴突终纽时，储存在终纽里的化学递质，马上就被释放到突触间隙中去。这些化学递质的出现，改变了接收神经细胞的电状态，引起了它的神经冲动，同时也把信息夹在其中传给了它。可见，在人的神经细胞里，信息的传递是双重的：电的和化学的。就是说，神经细胞所产生并沿着轴突向前运送的是电脉冲；而信息从一个神经细胞传递到另一个神经细胞，则靠化学物传或分子。突触正是这两种信息的转换站。信息在神经细胞中传导，好比电波通讯。不过不是单线通讯，而是多线的、并行的通讯。此外，信息传导方式还有环形的、交叉的、反馈的等。一个典型的神经细胞有 1000 至 10000 个突触，能接收几百个或几千个其他神经细胞传来的信号，同时又能把它们传输给几百个或几千个其他的神经细胞。人脑就是这样依靠生物电和化学物质，在极端复杂的神经网络上流通变化，来完成接收和处理信息的任务。人脑就是以这种特殊的方式来反映客观世界，实现思维认识活动的。

这里有两点需注意，一方面通过遗传获得的信息是有限的，能分析产出的样本以及合成发放的丘觉都是有限的。进而，我们的意识范围也是有限的（具有特异功能者另论），如我们不能看到暗物质、红外线、紫外线，听不到超声波、次声波。另一方面，意识的引发并不一定非得有外界的刺激，大脑中有细胞处于活跃状态，然后在意识过程中激活相关的记忆，信号就会被放大、加强，形成新的思维。人在没有外界刺激的时候也可以进行回忆、冥想等思维活动，就是这个道理。作为意识活动的场所所在，大脑联络区主要分为两部分：一个是大脑额叶联络区，一个是大脑后部联络区。正常状态下，两个联络区的意识活动可以同时存在，并以大脑额叶联络区的意识为主导。大脑额叶联络区是各种意识汇集的场合，在清醒状态下一直处于活动状态，如果大脑额叶联络区不活动，人就一定处于睡眠状态。人们通过自己逐步抑制大脑额叶联络区的活动，逐步进入梦乡，如果大脑额叶联络区突然活动，人也就突然清醒。在大脑额叶联络区休眠时，如果大脑后部联络区单独活动，这时就表现为做梦，也是一种正常的意识活动。

三、少年儿童思想意识发展的生理特性

人的心理、思想意识随着脑的发育完善而逐渐发展进步。脑的发展与成长，主要涉及脑重量的增加、脑皮层结构的复杂化、脑电图的特征、脑反射活动等。它是完整性人的成长基础，也是持续变化与发展着的成长的结果。儿童出生后脑的发展，就其成长意义而言，主要是脑皮层结构的复杂化及与之相适应的脑机能的完善化。脑皮层结构的复杂化，主要体现为神经细胞结构的复杂化和神经纤维的伸长。儿童刚出生时，大脑皮层的表面比较光滑，沟回很浅，构造也简单，在此后的发展中，神经细胞突触的数量和长度增加，细胞体积增大，神经纤维则开始从不同的方向越来越多地深入到各皮层。

新生儿的大脑虽然在形态结构上与成人接近，但是皮层神经细胞比较简单、分枝少，神经纤维尚未髓鞘化①，脑的皮层薄、沟回浅，脑重较轻（约为成人的 1/3）。故而新生儿的心理活动比较简单，仅能形成一些简单的条件反射，以维持最基本的生理和心理需要。随着儿童年龄的增长，脑的生长发育很快，神经细胞纤维分枝增多增长，神经纤维也形成髓鞘，脑重增加。到 3 岁时，儿童脑重可达 1000 克左右（约为成人的 2/3），7 岁时达 1280 克（约为成人的 9/10），12 岁时接近成人水平，达 1400 克左右。与此相对应，儿童的心理水平也随之提高：从感觉阶段发展到表象阶段，从形象思维阶段发展到抽象思维阶段，从受外部控制发展到自我内部控制。

6 岁左右的儿童是智力发展的重要阶段。此时，神经纤维的分支加深加长，各个神经细胞之间的联系也更加广泛。这时大脑半球的一切传导通路几乎都已经髓鞘化，身体在接受外界的各种刺激以后可以迅速、准确地沿着神经通路，传导到大脑皮层的高级中枢，大脑皮层间增加了暂时联系的可能性。此时儿童大脑皮层各区接近成年人的水平，它的成熟顺序是：枕叶—颞叶—顶叶—额叶。这时儿童对外来刺激的反应比较灵敏和准确，运动比较有规律，有意识的学习思维活动比较活跃，大脑皮层的各个区域之间频繁出现

---

① 髓鞘化是指髓鞘发展的过程，它使神经兴奋在沿神经纤维传导时速度加快，并保证其定向传导，它是新生儿的神经系统发展必不可少的过程。神经纤维的髓鞘化恰是脑内部成熟的重要标志，因为神经纤维髓鞘能保证神经兴奋且沿一定的通路迅速传导。其实，儿童出生时，脑的低级部位（脊髓、脑干）已开始鞘化，以后的发展并不均衡，约在 6 岁末，所有的皮层传导通路都已经鞘化。

各种复杂的暂时联系，能形成比较稳定和牢固的条件反射。

儿童在 7—8 岁时，神经细胞的体积加大，细胞分化基本完成，细胞之间的轴突和树突间的联系更加密集，出现了许多新的神经通路，颞叶发育接近成人，额叶比较成熟，大脑皮层的抑制能力和分析综合能力加强，此时儿童已能对语言文字形成条件反射，但是这种能力（第二信号系统活动能力）还不完善，表现在学习上对直观、形象的事物容易接受，模仿能力较强，但抽象、概括、思维的能力则较差。有研究表明，儿童期脑细胞的突触密度远高于成年人，青春期后突触开始减少，因此，儿童期是大脑广泛存储信息，发展智力的重要时期。

9—16 岁的儿童少年，大脑的重量没有大的变化，但是大脑皮层的内部结构和功能进一步复杂化，神经联络纤维的数量增多，联络神经元的结构和功能以及皮层细胞的结构和功能都在迅速地发展，为主体自身进行联想、推理、概括、归纳等思维活动奠定了物质基础。这又促使第二信号系统机能进一步发展，联想、推理、概括、归纳等思维活动能力逐渐提高。神经系统的发育保证了各种心理机能的发展：少年感知敏锐，耳聪目明；作为智力核心因素的抽象逻辑思维能力正在发展；记忆力、注意力、想象力等其他智力因素明显增强；少年情感丰富、兴趣广泛，好奇心强，他们对周围的许多事物都感到新鲜，怀有强烈的探究欲望。

四、由感觉到意识的飞跃

大脑是意识活动的主要场所，感觉器官带来的感觉则是意识的初级形式。人的不同感官向大脑发送不同的神经信号（颜色、气味、声音等），这些信号统一汇总成整体性意识，或者喜欢，或者讨厌，或者冷淡，或者麻木都会成为此时人的思想愿望所在。感觉成为人的行为、观念和认识的端口，成为人反映周围环境信息的最初因素。格式塔心理学表明，感觉是一个人所具备的认知模式和心理机能。感觉对心理机能的影响力，既是直接的，又是间接的。"人类的感觉过程和进化过程是不断地寻找生活真谛和探索真理的过程，是不断提升人的生命精神高度的过程。"[1]列宁曾说过，除了经过感觉，我们既不能知道任何物质形态，也不能知道任何运动形态。马克思早在《1844 年经济学哲学手稿》中就把感觉的解放和感性的革命看作是实践的、历史的和人的解放问题，"因此，人不仅通过思维，而且以全部感觉在对象

---

[1] 齐鹏：《人的感性解放与精神发展》，载《哲学研究》，2004 年第 4 期。

世界中肯定自己"①;"这种活动、这种连续不断的感性劳动和创造、这种生产,正是整个现存的感性世界的基础。"②

当然,感觉并不归人类所独有。由细胞到人类的演化过程中,主体的感受性也随之递进。如原子的感受性可由摄受来刻画,细胞相应的感受性是兴奋性(irritability),代谢有机体(如植物)的感受性是初步感觉(rudimentary sensation),原神经元有机体(如腔肠动物)的感受性是感觉(sensation),神经元有机体(如节肢动物)的感受性是知觉(perception),神经索(如鱼/两栖动物)的感受性是知觉/冲动(perception/impulse),脑干(如爬行动物)的感受性是冲动/情绪(impulse/emotion),边缘系统(如古哺乳动物)的感受性是情绪/意象(emotion/image),新皮层(如灵长目动物)的感受性是象征(symbols),复杂新皮层(如人类)相应的感受性是概念(concepts)和反思(reflection),等等③(见图4-4)。

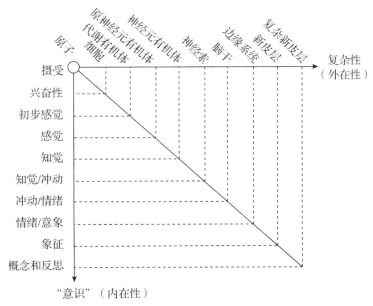

图 4-4 生物感受性递进图

① [德]马克思著,中央编译局译:《1844年经济学哲学手稿》,人民出版社,2000年版,第87页。

② 《马克思恩格斯文集》第1卷,人民出版社,2009年版,第529页。

③ K. Wilber. Sex, Ecology, Spirituality: The Spirit of Revolution. Boston: Shambhala Publications Inc., 1995, p.113.

生物感觉演化、发展的递进过程内含着意识由物理实在到体验实在再到统一性实在的转变过程①。基于神经元和信息反馈而来的意识本质上也是物理现象，意识出现在物质有机体中的事实即为意识的物理实在（physical reality）或物理方面（physical aspect）。除了物理方面外，意识现象还有一个由觉知（awareness）、自我感、感受质（qualia）、现象意识（phenomenal consciousness）等概念所指称的方面，这方面必须要由不可还原为物理实在的概念（如神经同步）来描述，此方面即为意识现象的体验实在（experiential reality）或体验方面（experiential aspect）。意识的物理方面和体验方面是统一的，它们统一于生命有机体②。离开一个具体的生命有机体或生命系统，就没有意识现象，这种统一称为意识现象的统一性实在。此外，脑科学和神经病理学的研究表明，在这个统一性中，意识的物理方面与体验方面还表现出一种相应性：没有脑神经系统和活动的完整性就没有相应的意识体验的完整性；反之，意识体验的异常和缺损必然对应着脑神经系统和活动的异常和缺损。

这里必须注意两个要点：其一，不是所有的神经活动都是有意识的，也不是所有的意识活动都有意向性；其二，必须区分感受与感知之间的根本差别，感受是无意向性意识活动，是对内在身体与情感的状态体验（往往与感受质有密切关系），感知是认知的初级阶段，是对外在事物有意向性的认识活动。比如，眼睛看事物是感知，看久了眼睛酸痛是感受，不能混为一谈。眼睛看事物，事物就是意向对象，所以感知是意向性活动；看久了眼睛酸痛是一种状态体验，没有意向对象，因此感受尽管有意识体验，但不是意向性活动。

而由感觉到意识，凸显了人类大脑进化的高级特性。因为意识是人脑对直接作用于感觉器官的客观事物的各个部分和属性的整体反映，是对感觉信息的整合和解释。而意识一旦出现，高级思维形式也便呼之欲出。人的心智里运转的信息内容，也会以类似于外在物质形态之信息内容架构，被储存或传递。在心念思维中，经由思考之后，信息内容所凝结的架构或范式便成为思想。思想是意识的向导发生，思想的本身就是意识运动形式的表达，是意识的主体在意识形态里进行的意识的运动行为，是以某一问题为点的直线意

---

① 李恒威：《意识的形而上学与两视一元论》，载《浙江大学学报（人文社会科学版）》，2012 年第 4 期。

② 同上。

识的运动形式。思想的作用有助于进行意识的引导，是思想直线运动形式的存在特征。

意识的作用力来自于生命基因的自然生命力和本身感知力，意识能力由先天自然条件决定，思想力的基础是本身意识力，思想力由生命体后天的生活环境和本身意识能力所决定，思想来自于主体更活跃的生命细胞。只有演化到生物的高级阶段，当思维"不用想象某种真实的东西而能够真实地想象某种东西"时，这标志着思想开始独立存在。所谓"想象某种真实的东西"是以真实东西的直接存在为前提，这种想象是直接的、感性的想象；所谓"真实地想象某种东西"是以思维的构想为前提，它在思维中创造某种东西，并以这种想象作为真实，比如神，科学中的点、线、面，这些都是最早的"真实地想象"的产物①。而人的意识，因为其物理感知系统的特殊性，使其有能力掌握语言和文字，经由语言和文字的传承与教化，各种思想观念、理论体系产生的可能性也随之而来。于是，思维符号化推动人类思想可以表现为通过概念的联系，概括地说明现象的本质和规律的理论原理，也可以表现为观点的综合的理论体系。图 4-5 简单标注了意识的运行机制。

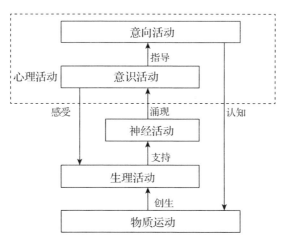

图 4-5 意识运行机制的框架示意图

---

① 陈志良：《思维的建构和反思》，中国人民大学出版社，1989 年版，第 41 页。

第二节　思想意识的社会基础

意识、思想是大脑的机能，但是大脑本身并不产生思想意识，即使人能创造性的记忆与联想、甚至提出新理论新思想，也是基于既有理论的学习、整合、推论。人的大脑只是反映外界的物质器官，只提供了思想意识产生的可能性，要把这种可能性变为现实，必须依赖于外界事物。乔治·米德认为，仅仅从个体的、孤立的刺激与反应行为来说明意识的产生是荒谬的，意识和自我意识只能从个体间的符号互动行为中产生。"单单从个体人类有机体的观点看待心灵是荒谬的；因为，虽然它位于个体身上，它在本质上却是一种社会现象；甚至它的生物学功能也首先是社会的……我们必须承认，心灵是在社会过程中、在社会相互作用这个经验母体中产生出来的。"①思想意识就起源来说，无论是个人的单一发生或人类的原始发生，都需要一定的社会历史条件，带有一定的社会历史性。思想意识产生的社会性强调了横断面上个人活动的地域性和文化性，而历史性则强调了人类发展的遗传性和历时性。历史唯物主义认为，社会存在是第一性的，社会意识是第二性的；不是社会意识决定存在，而是社会存在决定社会意识；社会存在决定社会意识，社会意识是社会存在的能动的反映。于是，主体认知方式是实践逻辑的内化、客观现实的反映、社会文化的积淀。"观念的东西不外是移入人的头脑并在人的头脑中改造过的物质的东西而已。"②

一、思想意识内容的社会历史性

人的思想意识是客观现实的反映，客观现实是思想意识产生的源泉和内容。无论是简单的心理现象还是复杂的心理现象，其内容都可以在客观世界里找到它的源泉。马克思指出："意识一开始就是社会的产物，而且只要人们还存在着，它就仍然是这种产物。"③维果斯基在分析人的高级心理机能时，提出了"文化—历史"发展理论，以此说明人类心理本质上区别于动物的

---

① ［美］乔治·H.米德著，赵月瑟译：《心灵、自我与社会》，上海译文出版社，2005年版，第104—105页。
② 《马克思恩格斯选集》第2卷，人民出版社，1995年版，第112页。
③ 同上书，第81页。

高级心理机能及其起源。维果斯基对两种心理机能作了区分，即低级心理机能和高级心理机能。低级心理机能是由动物进化而产生的结果，是个体在幼年以直接的方式与外部世界相互作用时表现出来的特征，如基本的知觉加工与自动化过程。高级心理机能是历史发展的结果，它是以符号系统为中介的，如记忆的精细加工系统。高级心理机能实质上是以精神生产的工具——即人类社会所特有的语言和符号为中介，并受社会历史发展的规律所制约。社会文化通过人的活动对人的思维与智力的发展起作用，在社会交互作用过程中，社会历史文化不断被个体内化。个体的知识、态度、价值观都是在与周围人们的交往过程中发展起来的，与其他人以语言符号为中介的相互作用过程中（包括教学过程），个体的高级心理机能逐渐形成。

　　个人所处的社会经济政治文化环境、个人生活的社区环境、个人成长的家庭环境、学校环境、各种非正式的交往环境、现代大众传播媒介环境，既是思想意识的内容来源，也会左右思想意识的发展方向。马克思、恩格斯在《德意志意识形态》中指出："意识在任何时候都只能被意识到了的存在……不是意识决定生活，而是生活决定意识。"①人类意识是一种社会性活动，无论是意识的形成、意识的交流、意识的认识和实践机制，还是意识的工具、符号等因素，都是如此。对个人而言，思想意识的外在对象主要分为两类：地理性的自然环境和文化性的社会环境。自然环境是指人类赖以生存和实践的自然界，如天地日月、山川河流、飞禽走兽、花草树木等；社会环境是指人类所有的社会生活，以及与之相联系的种种社会事物，如生产劳动、人们之间的社会关系、人际关系等。二者之中，又以后者为核心。不可否认美丽的大自然能够陶冶人们的情操，但更多时候是人们"移情于物"，如面对同样的花朵，"人面桃花相映红"与"感时花溅泪"折射的意识情感会大相径庭。

　　人类的意识形式并不是空洞的、抽象的，而是以各种各样的认识成分来实现由"对象"向"映象"的转化。这正如列宁所说："辩证法是活生生的、多方面的（方面的数目永远增加着的）认识，其中包含无数的各式各样观察现实、接近现实的成分。"②人类对于世界的认识，是在其前进的发展中与所创造的全部人类精神财富共同作用的结果。人类文明不仅以自己所提供的关于世界的规律性的认识来指导个人深化对世界的改造，而且历史地扩展和深化了个人用以认识世界的人类意识。"个人的意识是通过社会意识作用于人而

---

　　①　《马克思恩格斯选集》第1卷，人民出版社，1995年版，第30页。
　　②　［苏］列宁著，中央编译局译：《哲学笔记》，人民出版社，1998年版，第308页。

产生的，在社会的影响下，他的心理趋于社会化、理智化；人的这种社会化和理智化的心理也就是他的意识。但即使在这一概念中，也完全保留了意识在心理学上的无质性；意识此时只是以某种平面表现出来，在平面上投映着构成社会意识内容的概念。这就使意识与知识同一起来：意识是'共同—知道'，是意识交流的产物。"①

从人类思想观念发展的大环境看，不同时代中人们面对的思想观念、意识形态不同，而自身所形成的意识观念也不尽相同。更为根本的是，"物质生活的生产方式制约着整个社会生活、政治生活和精神生活的过程。"②也就是说，社会生产力的发展水平，影响着政治制度、经济生活、道德风貌、科学文化和教育水平，最终影响着人们思想意识的发展方向、速度和水平。人的心理、智力并不是简单地随着自然界的变化而变化，而是随着如何学会改变自然而变化。随着生产力的发展，尤其是近几十年来生产力的飞速发展，个人的生活环境变得无比复杂和丰富多彩，为我们学习改变自然提供了无限广阔的舞台。因此，个人心理、思想观念的发展比以前速度更快且水平更高。

从辩证法的角度分析，人类的意识状况既是社会发展的动力也是其结果。一方面，人类自我意识的总体发展水平是影响社会发展的重要因素；另一方面，人的自我意识作为一种思想形态是社会发展的产物，其发展水平既受社会生产发展的制约，又受社会政治文化状况的影响。就前者而言，人具有自我意识，能够把自身同自然界区分开来，使人作为主体而与客观世界相对立地存在。正是由于这种区分与对立，人类才能够主动地认识自然和利用自然，进行有意识的劳动，使自然界为自己的目的服务，从而开始了人类社会的发展。同时，人的自我意识越发达，人对自身的需求和力量越了解，人的主体性就发挥得越充分，对社会发展的贡献就越大。于是，可以说自我意识是人类本性的标志，人与自然的分化是人类发展的起点，人的主体性的确立是社会发展的基本条件。社会经济的高速发展，必须通过尊重人的自我利益、发扬人的自我意识来实现。

其实就每一个认识者而言，纳入认识视野的并不是单纯的世界中客观存在的现象，而是被前人改造过的事物及现象。无论简单的意识引起，还是复

---

① ［苏］阿·尼·列昂捷夫著，李沂等译：《活动 意识 个性》，上海译文出版社，1980年版，第8页。

② 《马克思恩格斯选集》第2卷，人民出版社，1995年版，第32页。

杂的思想逻辑，意识总是从人类的角度或人化的角度出发而形成的。人类认识自然界，并不是为了描述自然界的机械、物理、化学和生物过程，而是为了使自然过程具有"人化"的形式，更加适应人类的需要和发展。"人化的自然界"作为意识的反映对象，同时也是人能动的本质力量的展示、表现和确证。在《共产党宣言》中，马克思、恩格斯指出："人们的观念、观点和概念，一句话，人们的意识，随着人们的生活条件、人们的社会关系、人们的社会存在的改变而改变，这难道需要经过深思才能了解吗？"①思想意识作为主体自身及其生活的反映，凝结和体现着人们现实生活的内容，主体生活的一切方面，包括生活经历、社会地位、年龄职业等等，都必然反映在大脑中，使构成人类认识的各种意识状态，深深地烙着主体生活的印记。

就认识的发端而言，也具有社会性。因为认识一般起源于问题，而人们所遇到的问题只能是社会性、历史性的问题，"问题就是公开的、无畏的、左右一切个人的时代声音。问题就是时代的口号，是它表现自己精神状态的最实际的呼声"②。意识又总是随着主体认识范围的发展而不断扩大的，随着意识主体的扩大和发展，每一代主体都继承着整个人类历史和历代祖先的优秀思想成果，积极推动着意识活动本身承前启后地扩展和进步。"从人的思想形成与发展的角度来看，就是人的思想的社会化过程，其起点一般表现为首先接触社会上已有的思想观念，继而通过思想政治教育接受社会的思想政治品德要求和行为价值观念。"③

二、思想意识能力的社会历史性

社会性劳动使类人猿转变成人、猿脑变成人脑，产生了人类特有的意识反应能力。尤其是意识的主要载体——语言，也是社会劳动的产物，"语言是从劳动中并和劳动一起产生出来的"，人们协作劳动的需要，已经达到"彼此间不得不说些什么的地步了"④。劳动和随着劳动而产生的语言，成为意识产生的"两个最主要的推动力"，推动着人脑和感觉器官的形成、抽象思维能力的提高。其实生产劳动一开始就是集体的、社会性的活动，在社会组织和社会交往活动中，人们逐步形成了明确的自我意识，能准确地区分主体和

---

① 《马克思恩格斯选集》第 1 卷，人民出版社，1995 年版，第 72—73 页。
② 《马克思恩格斯全集》第 40 卷，人民出版社，1982 年版，第 289—290 页。
③ 项久雨：《思想政治教育价值论》，中国社会科学出版社，2010 年版，第 116 页。
④ 《马克思恩格斯选集》第 4 卷，人民出版社，1995 年版，第 376 页。

客体及其相互关系。意识到人不仅要顺从自然界规律，还要服从社会运动规律，构成了动物所没有的精神需要和精神活动。

社会文化历史学派的高级心理机能理论认为，构成个体精神的心理机能有两种，一种是由生物进化形成的低级心理机能，另一种是靠历史发展积淀的高级心理机能。前者指向本能、冲动、直觉、情绪等精神过程，体现了人类种族进化的本能特性；后者是指主动的、逻辑的、概念的、以符号或语言为中介而进行的精神活动，体现了人类文化与历史的发展。人的个体的成长就是由低级心理机能发展到高级心理机能。儿童的低级心理机能作为非社会化的精神层面，是由种族进化而来的。由低级心理机能所支配的思想意识活动不仅是生物性，也是个体化的。个体在最初是生物学意义上的个体，然后才由越来越多的社会文化所融渗。少年儿童思想意识发展的不成熟或幼稚，主要原因就是对于低级心理机能的过多依赖。

"主体认识图式的构成要素从来源方面看不外四类：先天遗传保留的成分（先天无意识）；实践活动内化的成分（思维逻辑结构）；客观现实映入的成分（对象意识，自我意识等），社会文化沉积的成分。"[1]但需明确以下三点：第一，这些成分均以社会文化为条件。人是在社会文化中并通过各种各样的社会文化关系获得意识的，社会文化环境是人存在的依托，也是人类意识形成和发展的根本前提。面对同样一个概念，饱经风霜的人和涉世不深的人会有不同的感受与反应；同样的意识状态，具有不同生活经历的人也会有不同表现形式。比如，"同样是焦虑，在少年人那里表现为与同龄人关系紧张，在成年人那里表现为缺少职业信心，在老年人那里表现为对疾病和死亡过度恐惧"[2]。第二，处在社会文化环境中的人时刻受到环境潜移默化的熏陶和塑造，意识积沉着社会文化内容。第三，人在社会文化面前并不处于消极被动地位，文化向个人渗透，个人也创造着文化。"即使在主体似乎非常被动的社会传递例如学校教学的情况下，如果缺少儿童主动的同化作用，这种社会化作用仍将无效，而儿童主动的同化作用则是以儿童已否具有适当的运算结构作为前提的。"[3]

尤其是那些具有价值观导向、蕴含社会正能量的思想意识的习得更是一

---

① 周文彰：《狡黠的心灵：主体认识图式概论》，中国人民大学出版社，1991年版，第127页。

② ［苏］伊·谢·科恩著，佟静韩等译：《自我论：个人与个人自我意识》，三联书店，1986年版，第240页。

③ ［瑞士］J. 皮亚杰、B. 英海尔德著，吴福元译：《儿童心理学》，商务印书馆，1980年版，第117页。

个社会历史过程。如黑格尔认为德性生活中的每一个自我其本质是一种社会自我，自在的自我只有发现自身与家庭、市民社会、国家及其他人的一致性才能回到现实，并通过一种有限自我与无限精神的统一实现自我。贯穿这一过程的是人们思想观念到行为操守的转变，此处的思想意识不单纯再是认识论，更有实践论色彩。杜威也认为个体的道德发展是个体与社会相互作用的发展，"交往、共享、协同参与是道德的法则和目的的普遍化的唯一途径——普遍化就是社会化，就是共享善的人们的范围和分布区域的扩大"①。伦理学家帕尔墨则认为个体道德的发展是从一种"分离的自我"走向"结合自我"以至"彼此相关"的过程。心理学家塞尔曼则认为人对他人的理解过程本质上是一个个体社会化的过程，它经历了从没有意识到他人或社会观点的存在，到领会他人的观点和社会规则，进而意识到普遍价值存在的过程。"从这个发展维度看，人对人理解的发展历程是从对其他个体的理解，发展到对群体社会，最后到超越一切社会到达类的水平。"②

　　每个个体的理想自我都是通过人际理解而形成和发展起来的，在人际相互作用中每一主体基于一定认识形成的信念或态度如果与其他人的观点行为发生矛盾，就会有一种倾向促使他进行自我调整，改变其原有的思想认识。根植于人对人的理解之中而形成的社会性思想认识是一个不断发生视界融合的过程，自我意识与他人（也包括作为主体的我与客体的我）视界的相互融合，对方的视界走向自我的视界，每个个体都可能接触到他的"前理解"所不熟悉的境遇，"前理解"不断向理解开放，从而使人不断地向前发展，实现思想意识的提升。麦奎尔等人曾对一、三、七、十一年级的儿童进行研究，发现儿童的社会自我发展与他们对别人的知觉能力的发展有着紧密的联系，儿童在与他人交往中不断提高知觉别人能力的过程也是自我概念不断发展的过程③。就个人的自我认识、思想观念而言，同样也是如此，一是儿童总是从他所理解的他人的品德面貌作为尺度来衡量与评价自己，在这基础上逐步形成起道德的自我；重要的是，他人对儿童的道德评价和态度更成为儿童的一种"镜像自我"（looking-glass self），儿童通过它来理解和界定自己，并不断改变发展自己。"人天生就是社会的生物，那他就只有在社会中才能发展自

---

① ［美］杜威著，许崇清译：《哲学的改造》，商务印书馆，1958 年版，第 111 页。

② 鲁洁：《人对人的理解：道德教育的基础——道德教育当代转型的思考》，载《教育研究》，2000 年第 7 期。

③ 章志光：《社会心理学》，人民教育出版社，2008 年版，第 91 页。

己的真正的天性，而对于他的天性的力量的判断，也不应当以单个个人的力量为准绳，而应当以整个社会的力量为准绳。"①

根据维果斯基的理论，少年儿童所具有的高级心理机能是人类在物质生产过程中发生的人与人之间的关系以及社会"文化—历史"发展的产物。少年儿童的心理发展表现为低级心理机能转化为高级心理机能的质变过程。在论述个体心理发展时，维果斯基为这一质变过程确定了一系列指标。(1)随意机能的发展。个体心理活动的有意性、主动性不断提高，逐渐能够根据自己的目的而自发地产生行为。不随意注意是低级心理机能，随意注意是高级心理机能。少年儿童的随意注意已经发展起来，他们能够有目的、有意识地把注意指向并集中于一定的活动或事物，而对另一些事物不予注意。(2)抽象—概括机能的发展。随着知识经验的增长和语言的掌握，少年儿童的各种机能由于思维(主要是抽象逻辑思维)的参与而高级化，心理机能的间接性、概括性不断提高。(3)以符号为中介的心理结构的形成。人的心理基本结构受以劳动为基础的社会生活基本结构所制约。劳动工具不能进入心理过程的结构，对人的心理结构起中介作用的是各种符号系统。它们是在物质生产的基础上和人与人相互关系的方式和社会文化发展的产物。少年儿童各种心理机能之间的关系不断变化、重组，形成间接的、简约的、以符号为中介的心理结构。(4)心理活动个性化的形成。维果斯基认为，个体的意识发展不仅仅表现为个别机能从低年龄阶段到高年龄阶段过渡时的增长和提高，更为重要的是其个性的发展。个性特点对其他机能的发展起重要作用。心理活动个性化的形成是高级心理机能发展的主要标志，即少年儿童的整个意识在发展过程中有了自己的特点。

对智力发育而言，逻辑思维发展是充分条件，但就个体的价值观、世界观而言，逻辑思维的发展是其必要条件但非充分条件，因为价值思维的重要前提是社会认知的发展。个体的社会性认知是个人之间在相互作用过程中理解他人的态度，意识到他人的思想情感，能够设身处地从他人的角度思考问题。人一出生就处于各种社会关系之中，感受着来自各方面的信息，这些信息与个体遗传所得到的心理结构相重合，为个体接受、吸收。脱离社会历史背景，个体的认知结构就永远是潜在的，无法表现出来。人对人的理解是个体价值观、人生观等思想意识发生的基础。如儿童亲社会行为的研究表明，儿童在与他人交往中，逐渐理解亲人、同伴及其他人的情感、愿望和需要。

---

① 转引自项久雨：《思想政治教育价值论》，中国社会科学出版社，2010年版，第116页。

正是在这个基础上儿童初步形成了是非、美丑、善恶等观念，一切道德感、义务感才得以产生。随着个体承担社会角色的机会增多，个体的认知经验不断结构化，不断同化吸收和调整平衡新的社会意识与知识理论，从而使个体的认知结构产生新的质变，飞跃到新的发展水平。加之社会文化的复杂性，这就更需要个人（尤其是少年儿童）与社会多方面地联系着：它使得把社会文化的基本结构有可能整合到个人的大脑中，又把大脑的基本结构整合到社会文化的结构中，这使得个体的智力和感情同时得到发展。

　　总之，人类意识的出现，依赖于人类的包括感受器官和思维器官在内的整个认识器官的形成。意识、思维，作为大脑的一种机能，不是一种单纯生物进化的产物，而是在生产劳动的实践中逐步形成的。"有人类意义的那种属人的认识器官，是直接依赖于人的运动器官进而劳动器官、劳动技能的发展而形成和完善的。人的认识器官和劳动器官相互依赖，是人的生理进化的互关、进而也是生理—心理发展的互关律的具体体现。"①换言之，人类的认知器官是在实践中、社会中被创造出来，构成灵与肉的属人的社会统一。与此同时，对意识活动的衡量也是人的内在尺度的结果。马克思说："动物只是按照它所属的那个种的尺度和需要来建造，而人却懂得怎样处处都把内在的尺度运用到对象上去。"②人在意识活动结果的整理中是运用双重尺度的，既运用"任何一个种的尺度"，又运用"内在的尺度"。运用"任何一个种的尺度"，着力使意识内容表现对象的现象、本质；运用"内在的尺度"，则着力使意识内容在价值上与主体的目的、情感、愿望相吻合。

第三节　思想意识的诱发因素

　　前文着重从心理和社会两方面介绍了思想意识的产生机理，而此时"能产生"的思想意识还属于一种"潜在"状态，须经一定的诱导、刺激因素才能成为"显在"状态。而未经"刺激"，或者不同的"刺激"，个人的思想意识会呈现不同的状态，正如"春有百花秋有月，夏有凉风冬有雪；若无闲事挂心头，便是人间好时节"。

----

① 胡潇：《意识的起源与结构》，中国社会科学出版社，2004 年版，第 4 页。
② ［德］马克思著，中央编译局译：《1844 年经济学哲学手稿》，人民出版社，2000 年版，第58 页。

一、需要与思想意识的发生

需要（needs）作为一般范畴，是包括人在内的一切生物有机体所共有的一种特性。有机体为了维持正常运转（生存、发展）必须与外部世界进行物质、能量、信息交换而产生的一种摄取状态，反映在人类心理上就是欲望（desires）、希望、愿望（wishes）等。需要可以表现为各种形态，动机、目的、兴趣、爱好、理想、信念、世界观，等等，都是需要的不同表现形态。在哲学意义上，人的需要则是指主体对物质生活条件和精神生活条件的内在的自觉指向，即主体的内在需求是意识能动力最重要的根源。需要表现着主体与客体之间的价值关系，它表明客体事物自身的特性、结构、功能等因素，对于维系或满足人的生命活动、自立和发展有何种效应。它是客体事物的有用性与人在意识和行为中对这些事物的直接指向相一致的产物。需要是意识活动意向性的客观决定者，是人类生存与发展的内在驱力，人们的自身或社会需要推动人对客观事物以及主体自身的思想和行为进行价值判断，并结合事实判断形成目标，指导和推动自身的行为，改造客观世界和主观世界等。

人作为有肉体组织的生物，与其他动物一样，有源自肉体组织的本能性欲望，随即各种意识活动相伴而生。以原始人获取食物为例，包括认识、辨别食物，寻找食物以及加工和处理食物的技能与意识。对食物的辨认也涉及记住每一种食品，并为其规定价值；寻找食物需要记住如何到达不规则分布的食物地点，回忆到达食物地点的最短路径等。此外，寻找食物还需良好的空间记忆；加工食物的目的是为了在摄取之前使食物变得可以食用；对食物的成功处理需要认知表象和对未来事件的预期；等等。实际上，本能性欲望都与感官相关，故中国古人有"耳欲声，目欲色，鼻欲芳香，口欲滋味，骨体肤理欲愉佚"之类的说法。但人与动物在欲望方面也有不同之处，即动物的欲望是没有被意识到的欲望，人的欲望则是被意识到的欲望。需要是人类一切活动的根本动机，人的需要被人意识到并以动机的形式表现出来。人的需要总是通过人的意识、通过人的头脑引起的，人在需要的刺激下，制订出思想上的行动计划，然后按计划进行有目的的行动来满足自己的需要。经过这样的亲身实践和需要满足的体验，人们会在思想上对自己的需要有更加深刻的反映，又会产生新的需要，即创造了新的观念上的需要对象，进一步推动人们为满足新的需要而实践。"当意识稳定地关注某一事物、某一行为的时候，这一事物和行为一定具备了满足主体需要的某种价值。主体为了追求这种价值，会通过意识活动把这种事物观念地复现或观念地创造出来，同时也把这种行为加以观念地巩固，进而指导主体通过实践去客观地促成这种事物和重复这种行为。"①

换言之，意识在反映世界时会以价值的认定、选择和追求，反过来改造和影响世界，这一过程本身就是贯彻了意志的行为。由于理性意识对世界的把握是超物形、非直观、非感性的，所以，它必须凭借第二信号系统，凭借概念、判断和推理的理性思维。随着意识与意志的出现，原始理性思维也随之出现了。实际上，意识中由反映外部客观过程所获得的真理性知识，只有与主体需求相统一，即服务于、应用于主体需求才能发挥和显示出能动的力量。"外部世界对人的影响表现在人的头脑中，反映在人的头脑中，成为感觉、思想、动机、意志，总之，成为'理想的意图'，并且以这种形态变成'理想的力量'。"②此所谓"理想的意图"即由反映外部过程所得知识与主体目的需求相统一的结果，它并非完全是"反映"外部过程的产物，而是由意识的"反映"与"改造"活动共同造成的。

社会实践中的个体往往把各种需要转化为自己的利益追求。马克思曾指出："任何人如果不同时为了自己的某种需要和为了这种需要的器官做事，他就什么也不能做"③；"人们奋斗所争取的一切，都同他们的利益有关"④。人的利益是人的需要的社会形式，是人通过社会关系表现出的不同的需要。人的需要则是人自身性质的体现，如果说欲望是人们真正体验到了的需要，动机是正在向活动转化的需要，那么目的则是已经成为活动内在要素的、与客观手段相统一的需要。同时，人们的利益需要归根到底是由他们所处的现实社会关系所决定的，具有社会性质。"忧心忡忡的、贫穷的人对最美丽的景色都没有什么感觉；经营矿物的商人只看到矿物的商业价值，而看不到矿物的美和独特性；他没有矿物学的感觉。"⑤一个人要满足自己的需要，就不能不同他人发生一定的关系，不能不受社会需要的制约。正是利益的共同性，使社会成员相互依赖，彼此联系起来，而利益的根本对立，则使不同的社会集团相互对抗和斗争。但在需要与可能之间，个人利益与集体利益、国

① 胡潇：《意识的起源与结构》，中国社会科学出版社，2004年版，第141页。

② 《马克思恩格斯选集》第4卷，人民出版社，1995年版，第232页。

③ 《马克思恩格斯全集》第3卷，人民出版社，1985年版，第342页。

④ 《马克思恩格斯全集》第1卷，人民出版社，1956年版，第82页。

⑤ ［德］马克思著，中央编译局译：《1844年经济学哲学手稿》，人民出版社，2000年版，第87页。

家利益之间，当前利益与长远利益之间，局部利益与整体利益之间，仍然存在着这样或那样的矛盾。人们的思想意识往往就是在如何对待和处理这些不同利益的相互关系的过程中产生的。

因为标准的差异，人们对于需要的划分是不同的，随即相生的思想意识也不尽相同。比如有客观性需要和主观性需要之分①。客观性需要，即不以人的主观意识为转移的需要，通常指人的生理性需要，它包括绝大部分物质性需要和小部分精神性需要，如吃、穿、用、行、性的需要，爱与被爱的需要等等。主观性需要则是以主观意志的好恶为转移的需要，主要指心理、精神方面的需要，如好奇心的需要、虚荣心的需要、信仰的需要等等。客观性需要可以是有意识的、也可以是无意识的，但主观性需要则一般是被意识到的需要。所以，主观性需要也可称为"想要"，即想得到的需要。对于儿童的成长需要而言，集中体现为四部分：对于爱及安全感的需要、对于新体验的需要、对于赞扬和认可的需要、对于责任感的需要。四者之中，又以对新体验的需要和对于赞扬和认可的需要最具代表性，因为二者彰显了儿童的成长特性。同时，需要在少年儿童思想意识的发展中，经常代表着新的一面，比较活跃的一面。少年儿童思想意识发展的动机系统主要是动机（学习动机）、欲望（求知欲）、兴趣、爱好。其作用的途径，具体地表现为兴趣→动机→知识→智力或思维。知识、经验是智力或思维的基础。要获得知识、经验，就得学习，就要激发主体的学习动机。要激发少年儿童的学习动机，启发好奇心，发展求知欲，培养兴趣、爱好是基础性工作。研究证明②，兴趣在学习中是最活跃的因素，是带着情绪色彩的认识倾向。要激发儿童与青少年去勤奋自强、努力学习，必须要有兴趣作为内在的"激素"。

从类型划分上看，激发意识的原始需求基本可以归纳为四种：生存欲、繁殖欲、群体欲以及移植欲。生存欲是指食欲、安全、排泄等基本生理欲望；繁殖欲是指性欲以及与性欲相关的种种求偶意识特征总和；群体欲则是个体人为了强大自身的力量要求融入并支配群体的原动力（类似于尼采的"权力意志"）；移植欲则是支配人意识感知审美、怜悯、悲伤、舒适、愉悦等情感的深层欲望，之所以称其为"移植欲"是因为这些感知结果是个人出于自身意识替代（意识移植）的目的。也有学者认为，人的需要可区分为原生性需要

---

① 袁诗弟：《需要的价值论分析与需要价值论批判》，载《天府新论》，2006年第2期。
② 朱智贤、林崇德：《朱志贤全集（第5卷）：思维发展心理学》，北京师范大学出版社，2002年版，第107页。

与建构性需要两大类型①。所谓原生性需要，即是本能的需要，它是人与动物共有的需要，体现着人的自然天性。建构性需要则是任何动物都不具有的，是专属于人的范畴，是通过后天的社会化学习过程而逐渐建构起来、并不断重构完善的次级需要。建构性需要体现着人的社会、文化意义，是一种表现着人的差别与进步的变化着的需要。

就生存性（原生性）需求而言，物质生活占据思想意识的大部分，人作为自然存在物，而且是有生命的自然存在物，他的自然属性和生理本能决定了人们的生理需要和物质追求。马克思说："全部人类历史的第一个前提无疑是有生命的个人的存在。因此，第一个需要确认的事实就是这些个人的肉体组织以及由此产生的个人对其他自然的关系。"②即"人们为了能够'创造历史'，必须能够生活。但是为了生活，首先就需要吃喝住穿以及其他一些东西。"而且，"已经得到满足的第一个需要本身、满足需要的活动和已经获得的为满足需要而用的工具又引起新的需要"③。德国心理学家库尔特·勒温也指出："从意向行动产生的势力是和我们通常称为需要的心理力量在类型上密切相关的，而需要是相应地从内驱力或从意志的中心目标（……）派生出来的。"④因此，需要是"用以说明某种能由生理条件引起的动机状态，即对某一外界对象的欲望，或达到一项目标的意向"⑤。

生存性需求及由此带来的意识是发展性（建构性）需求及其意识得以建立的基础，正所谓"仓廪实而知礼节，衣食足而知荣辱"。而凸显人类属性的发展性需求集中体现为两个方面，一是精神性需要，二是政治性需要。就精神性需求而言，人作为有意识的精神存在物，"动物只是在直接的肉体需要的支配下生产，而人甚至不受肉体需要的影响也进行生产，并且只有不受这种需要的影响才进行真正的生产。"⑥正是人的精神属性和心理特征，加之人类特有的好奇心、求知欲，导致人类的认识视野不断开阔。与此同时，当机体能量达不到内心欲求时，人们常会发挥自由想象去满足精神需求。"人们在

---

① 袁诗弟：《需要的价值论分析与需要价值论批判》，载《天府新论》，2006年第2期。

② 《马克思恩格斯选集》第1卷，人民出版社，1995年版，第67页。

③ 同上书，第79页。

④ 张述祖：《西方心理学家文选》，人民教育出版社，1983年版，第353页。

⑤ ［美］查普林、克拉威克著，林方译：《心理学的体系和理论》下册，商务印书馆，1984年版，第83页。

⑥ ［德］马克思著，中央编译局译：《1844年经济学哲学手稿》，人民出版社，2000年版，第58页。

精神的领域内超越眼前的现实、超越自己的能力、超越生活的局限，在困难和主体力量的有限性阻碍他们实现自我追求的地方，精神性地战胜生理的极限。"①就终极目标而言，精神需求的本质在于自由，思想意识的自由实现着自我的创造，哪怕是幻想也大有裨益。

政治性需求而言，政治性需求集中体现为个人对良序善治的追求与遵循，社会地位的高低是个体政治性需求的集中体现。社会中个人之间社会地位的差别总是存在的，特定社会环境中的地位往往附加等级意义。等级地位对人的思想有极大的制约性，处于不同社会地位的人，意识活动往往有不同的指向和内容。在阶级社会中，个人社会地位集中表现为他的阶级地位（在封建等级社会中，还加上等级），"每个人都在一定的阶级地位中生活，虽然不能说人的各种意识无不打上阶级的烙印，但阶级地位对人的意识活动的影响和制约是极其广泛、深刻和顽固的。"②人的道德意识、审美情趣、欲望、情感等等，都不同程度地凝结和反映着阶级的内容，例如阶级的善恶观、阶级的审美观、阶级的情感等等。社会把一定的角色赋予个人，也就意味着社会对个人的期待，希望思想和行为合乎社会角色。角色就是一个人在社会关系网络中的位置、职能、身份等，实际内容就是个人在社会中的地位。个人要想做一个合乎要求的合格公民，就必须学会角色扮演，按照他所担任的社会角色思想和行动。

二、实践与思想意识的发展

人类意识不仅是自然界长期发展的产物，而且是社会实践的产物。马克思说，人类"五官感觉的形成是迄今为止全部世界历史的产物"③，是在以往的全部世界历史中形成和发展起来的。人类的感性实践不断地内化为人类意识，随之人类的意识活动越来越成为把握现实的力量。马克思主义认识论把实践看成是认识的来源、目的、发展的动力，认为实践是具有受动性和能动性的统一活动。人们只有通过实践使自己的感觉器官直接同对象接触，才能使各种现象反映到头脑中来，形成一定的感觉经验。人们只有通过实践实际地改造和变革对象，才能使对象诸多隐匿的方面呈现出来，才能使对象的真

---

① 胡潇：《意识的起源与结构》，中国社会科学出版社，2004年版，第141页。
② 周文彰：《狡黠的心灵：主体认识图式概论》，中国人民大学出版社，1991年版，第141页。
③ ［德］马克思著，中央编译局译：《1844年经济学哲学手稿》，人民出版社，2000年版，第88页。

实状态、属性、关系、本质和规律得到充分的暴露。"人的实践被理解为人的认识的基础，理解为一种过程，在其发展进程中产生认识任务，产生并发展人的知觉和思维，同时，过程本身还带有知识的相符性和真理性的标准。"①

　　人的一切认识都是从直接经验开始的，而直接经验则是人们亲身实践的产物。不进行改造和变革对象的实践活动，没有直接经验，人的认识就无从开始，也就根本不可能有认识。一方面，人类自身的实践活动使人类的意识活动具有了"客观意义"，"实践就其人类的普遍性来说，它转化为人类的逻辑、认识结构；另一方面，实践总是个体的，是由个体的实践所组成、所实现、所承担的。个体实践的这种现实性也就是个体存在，它的行为、情感、意志和愿望的具体性、现实性。这种现实性是早于和优于认识的普遍性的。"②当然，这并不是说每一个具体的人或每一代人的认识都必须从自己的直接经验开始。事实上，特定历史阶段上人们的知识大部分来自间接经验，即来自书本知识或社会教育。但是间接经验只是"流"而不是"源"，对我们来说是间接经验的东西在前人和他人那里则是直接经验。

　　由实践到意识的过程即为实践活动的"内化"过程。所谓实践活动"内化"就是它的符号化、概念化，活动的形式结构总是借助于语言符号功能转化为思维逻辑结构的。皮亚杰指出："实际上活动的内化就是概念化，也就是把活动的格局转变为名副其实的概念，哪怕是非常低级的概念也好（事实上我们只能称这种概念为'前概念'）。"③换言之，内化就是把外部进行的活动，通过符号，变换成脑内进行的活动，在这种变换中，外部活动并不是简单的位移和形态改变，而且还发生着一定程度的简缩、概括，从而与一切现实的实践—操作活动脱钩而获得普遍的适用性。正如列昂捷夫所说："所谓内化指的是一种过渡，由于这种过渡的结果，对付外部物质性对象的外部形式的过程转变为在智慧方面、意识方面进行的过程；在这种情况下，它们经受了特殊的转化——概括化、言语化、简缩化，而最主要的，是能够超出外部活动可能性的界限而进一步发展。如果用皮亚杰的简明说法，这就是'从感

①　［苏］阿·尼·列昂捷夫著，李沂等译：《活动　意识　个性》，上海译文出版社，1980年版，第3页。
②　李泽厚：《批判哲学的批判：康德述评》，人民出版社，1984年版，第430页。
③　［瑞士］让·皮亚杰著，王宪钿等译：《发生认识论原理》，商务印书馆，1981年版，第29页。

觉运动方面向思维的过渡'。"①活动一旦内化为思维逻辑，主体认识就能既涉及在眼前的客体，又涉及不在眼前的对象，从而摆脱了对当前情景的依赖性，思维运算获得了超时间性，并可以达到一个无限广阔的范围。

人的一切关系和活动，包括思想关系和理论活动，都只能在人的实践中以及对这个实践的理解中得到合理的解决。马克思曾明确指出："个人所产生的观念，是关于他们同自然界的关系，或者是关于他们之间的关系，或者是关于他们自己的肉体组织的观念。显然，在这几种情况下，这些观念都是他们的现实关系和活动、他们的生产、他们的交往、他们的社会政治组织的有意识的表现(不管这种表现是真实的还是虚幻的)。"②通过自己的劳动实践活动，人在改变自然的同时，也改变着自身的自然，使人的机体、需要、能力发生变化而逐渐摆脱自然的、动物的人，成为"作为人的人"或"人化的人"，从而把人与动物区别开来，将人从纯粹自然界与动物界中提升出来，使人成为实践活动的主体。这种将人与动物区别开来的一般本质，就是人的自由自觉的活动，"自由的有意识的活动恰恰就是人的类的特性"③。自由自觉的活动即人的劳动实践，是主观之于客观、精神见之于物质的活动，是属于人的"本质的东西"。自由是对客观规律的把握和运用，强调了人类活动的合规律性；自觉是对人类主体目的的把握和运用，强调了人的活动的合目的性。

意识一旦与实践联系，此时的思想意识不再是单一层面的"临摹"或"映像"，而是添加主体的需求成分。思想意识越来越成为"是什么"与"应当做什么"的结合体，思想意识的价值色彩愈发明显。"当物按人的方式同人发生关系时，我才能在实践上按人的方式同物发生关系。"④这表明，在意识主体和客体之间存在着改造与被改造、认识与被认识的双重关系。客观事物代表着人的实践需要，能够表现和确证人的本质力量；而人则从自己的实际需要出发，通过发挥自身的本质力量，选择对象进行认识和改造。解释世界与"是什么"的追问相联系，其中内含着关于世界的知识经验；改变世界则基于"应该成为什么"的关切，其中渗入了不同的价值取向。于是，认识(意识)与实

①　[苏]阿·尼·列昂捷夫著，李沂等译：《活动 意识 个性》，上海译文出版社，1980 年版，第 62 页。

②　《马克思恩格斯全集》第 3 卷，人民出版社，1965 年版，第 29 页。

③　[德]马克思著，中央编译局译：《1844 年经济学哲学手稿》，人民出版社，2000 年版，第 57 页。

④　同上书，第 86 页。

践便互为因果，促进人类知识的发展。

同时，思想意识的自觉程度反映一定的实践水平，实践的不断发展推动意识的不断自觉。"从人类学的角度来说，自我意识也和意识一样产生于两个现实的前提——劳动和交往的基础之上。在劳动中分出了激发劳动的动机（满足某种需要）和直接的对象性内容（例如制造长矛用于狩猎）。由此人才得以把自己作为活动者同自己活动的产品和结果分开。至于交往，则它以语言和其他符号系统的存在为前提，它们媒介人与人的相互影响，使人可能不仅按照一个特征而是按照若干特征区别人。"①从人类意识的系统发生来看，意识产生之初还只是一种"集体的自我意识"——氏族自我意识。随着狩猎向牧畜活动发展，人类的自我意识开始觉醒。随之而来的手工业、商业等活动，一方面使个体在对象身上体验到了自己的本质力量，另一方面也意识到自身同外部自然界的某种同一性，并以对自然的知识为中介，探索着自身的奥秘，认识着自身的自然，推动着人的自我意识的不断成熟。"我的普遍意识不过是以现实共同体、社会存在物为生动形式的那个东西的理论形式"②；人的"生命表现，即使不采取共同的、同他人一起完成的生命表现这种直接形式，也是社会生活的表现和确证"③。当马克思不仅以"类"，还以"社会"来表达人的个体与总体、特殊与普遍的统一时，他就将每个人的自我意识与所有人感性的社会生活关联起来："作为类意识，人确证自己的现实的社会生活，并且只是在思维中复现自己的现实存在；反之，类存在则在类意识中确证自己，并且在自己的普遍性中作为思维着的存在物自为地存在着。"④

第四节　思想意识的特性分析

如果说前 3 节主要说明了思想意识"如何产生""如何激发"，本节则重在

---

① ［苏］伊·谢·科恩著，佟景韩等译：《自我论：个人与个人自我意识》，三联书店，1986 年版，第 76 页。

② ［德］马克思著，中央编译局译：《1844 年经济学哲学手稿》，人民出版社，2000 年版，第 84 页。

③ ［苏］伊·谢·科恩著，佟景韩等译：《自我论：个人与个人自我意识》，三联书店，1986 年版，第 36 页。

④ ［德］马克思著，中央编译局译：《1844 年经济学哲学手稿》，人民出版社，2000 年版，第 84 页。

说明思想意识是"如何呈现的"。思想意识的特性所在也是思想意识的具体呈现所在。

一、思想意识的客观性

思想意识的客观性集中体现在以下三个方面：

第一，思想意识的产生需物质器官作为基础。在自然物质到人类意识的漫长转化过程中，意识的产生大体经历了三个阶段：（1）从物质的反映特性到生物的反映形式；（2）从低级生物的刺激感应性到动物的感觉和心理；（3）从动物的感觉和心理到人类意识的出现。动物演化阶梯的上升、感觉器官的分化、神经系统和大脑发展，这些都为人类意识的形成提供了生物学前提和最切近的物质基础。"我们的意识和思维，不论它看起来是多么超感觉的，总是物质的、肉体的器官即人脑的产物。"[①]人类以自己的"意识形式"把意识外的"对象"变成意识界的"映象"，这种意识活动的最坚实的基础在于人类意识的物质基础。"人类的意识形式作为人类认识机能的表现形式，首先是一种遗传性的获得。人脑是人的认识机能及其表现形式的物质承担者，而人脑的结构和功能首先是物质自身长期进化的产物，它的运动规律受到物质运动一般规律的支配。"[②]

第二，思想意识的产生需客观事物作诱导。意识是客观事物的反映，客观存在的主观映象，人脑的生理基础只具有产生意识的可能性，可能性变为现实必须有反映的对象、思维的内容。皮特金强调意识的出现需要一个特殊的环境在场，意识的出现以一个环境为前提。人类意识是应付或处理环境中发生事件的倾向性，意识的出现一方面要有环境，一方面又有意识者[③]。脱离了客观物质世界，没有客观存在物质及其发出的信息，意识就没有反映的对象和内容，也就不可能形成大脑的思维过程。列宁指出："不言而喻，没有被反映者，就不能有反映，但是被反映者是不依赖于反映者而存在的。"[④]从这一关系上说，意识现象是由客观物质世界引起的，意识的内容和源泉来自客观物质世界。即使是纯粹的联想创作，也需要思想积淀和生活积累。超验的宗教观念仍有现实基础，恩格斯在《反杜林论》中对此问题做了回答：

---

① 《马克思恩格斯选集》第4卷，人民出版社，1995年版，第227页。
② 孙正聿：《超越意识》，吉林教育出版社，2001年版，第21页。
③ ［美］霍尔特著，伍仁益译：《新实在论》，商务印书馆，1980年版，第432页。
④ 《列宁选集》第2卷，人民出版社，1995年版，第66页。

"一切宗教都不过是支配着人们日常生活的外部力量在人们头脑中的幻想的反映，在这种反映中，人间的力量采取了超人间的力量的形式。"①不仅五官感觉，而且连所谓精神感觉、实践感觉（意志、爱等等），一句话，人的感觉、感觉的人性，都是由于它的对象的存在，由于人化的自然界，才产生出来的。

第三，意识的表达需借助各种物质载体。从远古时期的结绳记事，到甲骨文的诞生，再到今天数字多媒体的出现，意识成果的表达离不开各种物质载体。不可否认，文字符号的产生为意识的表达提供诸多便利，但是从书写到储存再到流传，文字与各种物质载体息息相关。随着人类意识的发展，各种理论成果不断沉积，并形成庞大的知识理论体系，成为人们的认识对象。作为专门机构和学科研究所面对的对象意识，越来越以相对独立发展的活动系统而存在。随着社会分工、社会文明的发展和进步，越来越多的社会职能部门和脑力劳动者专门从事理论研究、新闻传播、文学创作、科学实验和知识教育等精神文化活动。这时，客观存在的精神现象也就成为人们认识的客体，成为专门研究和变革的对象。

二、思想意识的主观性

意识能力人所共有，但意识到的内容却千差万别。"人的'自我'尽管有它的客观'给定性'，而且这种'给定性'甚至比任何物质对象都难改变，但它毕竟又是一种特殊的主观现实。人的'自我'的本质不仅是由制约它和'进入'它的东西（心理生理素质，社会条件和教育，等等）规定，而且还由'出自'它的东西，它的创造积极性所创造的东西规定。"②常言道，一百个观众就有一百个哈姆雷特。"仁者见仁、智者见智"的现象凸显了思想意识的主观能动性，意识除了是人脑对客观事物与过程的"反映"，同时是对这种"反映"结果的"改造"，是一个从"反映"到"改造"的能动演化过程。

首先，意识的主观性表现在意识的"属人性"上。作为客观存在的主观印象，意识在对物质世界的反映过程中，无论采取感性形式还是理性形式都会打上认识主体的烙印。事物一旦从环境中独立、抽离出来成为人的认识对象，就意味着它已经被"人化"或"主体化"。"一切对象对他说来也就成为他

---

① 《马克思恩格斯选集》第3卷，人民出版社，1995年版，第666－667页。
② ［苏］伊·谢·科恩著，佟景韩等译：《自我论：个人与个人自我意识》，三联书店，1986年版，第8页。

自身的对象化，成为确证和实现他的个性的对象，成为他的对象，而这就是说，对象成为他自身。"①同时，由于意识带有明显的主观形式，使意识主体能够在理论上掌握客观实在，可以在思维中构筑观念客体，甚至"虚构"出理想的、幻想的世界。"意识的出现以及根据个体先前经验构成的前意识感觉和知觉的整合，使第四类信息——主观经验成为可能和必要。主观经验就是把相继产生的知觉、回忆、情绪和行动等重新组合成统一的、合乎逻辑的事件或有始有终的体验。"②意识表征着个体的主观状态或主观过程，离开一个作为意识经验的主体而谈论意识是完全悖谬的。"一个意识主体正因为其经验的感受性而成为独一无二的，而客观性认识的描述是无法完全传达意识主体的个性的。"③因此，有意识的主体同我们一般的认识对象（即无意识的物体）具有存在表现上的差别：即一种是主观性的实在，一种是客观性的实在。

人类的意识能力集中体现为意识的意向性。意向性是意识朝向某一目标的指向性，正是由于自我意识的这种意向性，才使得杂乱无章的经验纯化。具体而言，人的意识凭借由它所确立的目的，能把个体的注意力、意志力以及理性思维和想象活动指向特定事物，并以此支配和调控自己的内部世界及外部行为，这样一种能力和特征就是意识活动的意向性。"任何意识的意向性都包含着对于主体自身的确认和陈述，意识不仅反映客体的实然与本然，而且还通过主体对客体的关系反映着主体的生活，反映着主体对于客体在效价与应然的方面所持的态度。这是意识意向性的最鲜明表现。"④目前西方心理学研究者认为，意向性是意识的指示器（indicator），而觉知则是显示器（represent）。

其次，意识的主观性表现在意识对象的选择上。认识主体会根据自身既有的认知结构把不同的事物或事物的不同方面设立为自己的认识对象；被设立为认识对象的事物，反映着主体的欲望、兴趣、爱好、知识、力量等等。"虽然意识所反映的对象——客观事物及其规律是不依赖于主体而存在的，但主体意识在观念地或理论地掌握（即反映）客观事物及其规律并使其转化为

---

① ［德］马克思著，中央编译局译：《1844 年经济学哲学手稿》，人民出版社，2000 年版，第86 页。

② ［苏］伊·谢·科恩著，佟景韩等译：《自我论：个人与个人自我意识》，三联书店，1986 年版，第 270 页。

③ 李恒威：《"生活世界"复杂性及其认知动力模式》，中国社会科学出版社，2007 年版，第121 页。

④ 胡潇：《思想哲学：理性精神的自我关照》，湖南大学出版社，1999 年版，第 61 页。

主体意识的内容时，是受主体状态的影响的。"①当然，决定意识对象选择的核心要素仍是主体的需要和利益，客观事物代表着人的实践需要，能够表现和确证人的本质力量；而人则从自己的实际需要出发，通过发挥自身的本质力量，选择对象进行认识和改造。因此，凡是与主体的需要和利益有关的事件、关系，首先得到意识的注意，并在这一基础上得到深化和优化。所以，在一定历史条件下，有的事物被纳入主体的认识和实践活动的结构而成为客体，有的事物则不能成为主体的认识和实践活动所指向的对象；就同一客体而言，不同的主体对其也会有不同的观念掌握方式，而且掌握的深度和广度也会不同。

再次，意识有着自身的发展线索，具有相对独立的发生和发展规律，这集中体现在意识发展的历史继承性和反思性等方面。意识的产生和发展建立在客观物质活动的基础上，又同前人的思想成果具有继承关系。意识总是随着主体的历史发展而不断扩大的，人类"把经验的主体从个体扩大到类；每一个体都必须亲自去经验，这不再是必要的了；它的个体的经验，在某种程度上可以由它的历代祖先的经验结果来代替。"②这说明意识的发展是意识主体的社会历史性的发展过程，随着意识主体的扩大和发展，每一代主体都继承着整个人类历史的优秀思想成果，积极推动着意识活动本身承前启后地进步。此外，意识的产生和发展还表现为与具体的客观物质活动的非同步性。一般说来，思想意识往往落后于社会存在的发展变化，具有滞后性。但以预测、假说、规划、推理等方式描述和预见客体运动的思想意识，又超前于实际物质活动，为实践活动指出方向和目标。

最后，意识的主观能动性还体现为意识能够在实践中变成改造世界的物质力量。依据对事物现象、本质和规律的认识，依据自身的利益和需要，个体能在意识中对客观事物进行观念的改造。"蜘蛛的活动与织工的活动相似，蜜蜂建筑蜂房的本领使人间的许多建筑师感到惭愧。但是，最蹩脚的建筑师从一开始就比最灵巧的蜜蜂高明的地方，是他在用蜂蜡建筑蜂房以前，已经在自己的头脑中把它建成了。劳动过程结束时得到的结果，在这个过程开始时就已经在劳动者的表象中存在着，即已观念地存在着。他不仅使自然物发生形式变化，同时他还在自然物中实现自己的目的，这个目的是他所知道的，是作为规律决定着他的活动的方式和方法的，他必须使他的意志服从这

---

① 赵凤平：《"意识的内容是客观的"辨析》，载《松辽学刊（社科版）》，1996年第1期。

② 《马克思恩格斯全集》第4卷，人民出版社，1972年版，第365页。

个目的。"①意识主体通过实践可以把观念的东西变成现实，在自然界打下人类"意志的印记"，这是人类特有的自觉能动的本质力量。人不仅通过理解化的想象在意识中创造性地联结各种映象和相对自由地创造新的映象，而且能在实践理性的推导中即行为策略的思维中，把实践目的、实践对象、实践工具、实践方式和实践过程加以想象性、创造性和实验性的思考。经此，确定实践的目的，制定行动的蓝图，预见事物和活动的未来，创造超越现实的新的意象。

三、思想意识的多层性

本书第一章在界定"意识"含义时，就阐明了意识自身的层次性，区别了意识、无意识、潜意识、前意识、超意识的不同特点。再就"思想意识"而言，这是一个复合性概念，依不同的划分标准，可以归纳出不同的思想意识类别。(1)从意识的发展阶段来划分，可分为感性认识(是人们的感觉器官直接感受到的关于事物的现象、事物的外部联系的认识，主要包括感觉、知觉、表象三种形式)和理性认识(是借助于抽象思维所把握到的关于事物的本质、事物的内部联系的认识，主要有概念、判断、推理三种形式)。(2)从秩序状态上看，可分为常态意识和非常态意识(如白日梦、睡眠、幻觉等)。(3)从意识主体或意识形式的内部关系来看，它又可以划分为个人意识与社会意识，群体意识与国家意识。(4)从意识内容上看，可划分为事实判断和价值判断②。意识对客观对象的事实判断，是作为认识过程和认识的结果出现的，它们回答关于客观对象的真假虚实、现象本质、运动静止、发展变化、偶然必然、质量关系、肯定否定、因果联结、系统层次、结构功能等方面的规律性问题。意识对客体的价值判断，则是在获得上述认识的同时，对被认识或被实践所接触的事物之特性、关系、功能、趋势、结局做出一种价值的体验、评估和认定，从而确立主体自身对它们的褒贬抑扬、肯定或否定、争取或排斥的种种态度。这种价值判断和事实判断又彼此依赖、互为条件的。事实判断为价值判断提供知识条件，价值判断为事实判断提供情绪支持和思想导向。(5)从思想意识严谨程度上划分，可分为日常意识和科学意识等。而依严谨的学科标准划分，思想意识可分为自然科学(如天文、地理、生物、物理、化学)和人文科学(如政治、法律、经济、道德、艺术、宗教、

---

① 《马克思恩格斯全集》第23卷，人民出版社，1972年版，第202页。
② 胡潇：《意识新论》，载《求索》，1995年第6期。

哲学)等。

人的意识蕴含了人的七情六欲，即人的丰富的情绪、情感、态度、评价、意志等等。虽然一些灵长类动物也会对周围事物产生喜怒等情绪反应，但只有人类才具有既微妙又多彩的情感世界。按照弗洛伊德的划分，个体道德心理可分为三个部分，即本我、自我和超我。这三部分也分别对应着不同的思想意识形态，如本我受欲望和本能的驱使；自我与感觉系统相关联，具有能动的控制功能；超我则内含着"自我理想"和"良心"的倾向。就意识的内容而言，既有外物意识，又有自我意识；既有客体事物现状的如实反映，又有主体自身的丰富想象；既有直觉等非逻辑的认识，又有人的情感、意志、良心等审美和道德方面的因素。就思想与意识的活动而言，意识作为人类掌握事物的高级心理形式，作为一种较高程度的认知，它对于感性材料的运用，必须经过识记、回忆、联想、分析、比较、综合等思维活动，必须经过对感觉、知觉的理性关注，在思考与想象中使现实的感知与过去存贮的信息联系起来，同时借鉴和参照同类的、社会的经验，才能形成对感知内容、感知对象比较充分的理解。

四、思想意识的创造性

当代认知心理学认为意识具有自动加工与控制的特性。自动加工是指人们在认知信息加工过程中，把许多曾经是有意识、需要努力的加工转化为无须努力和无意识的加工，是一种有意加工的"高速化"。自动的信息加工通常不干扰当前的信息加工，也不需要心理努力或意向。在有意识、需要努力的心理活动转向自动化活动的过程中，能够克服人的意识经验的局限性。当信息加工变为自动化时，人在同一时间可以意识到多少东西是可以变化的，意识的局限也会逐步改变。一般来说，认知信息的自动加工或者控制加工需要具备四个方面的条件：一是只需要很少的心理资源，并与另外的任务同时发生；二是需要经过一定的训练才能产生，而一旦产生要对其进行修改便较为困难；三是人们无法意识到其过程的组成内容；四是这类过程的作业水平可以通过训练得到提高。

从本体论角度分析，意识的创造性与个体生存的有限性息息相关。在特定时间维系中的人永远是不充分、不完满的，而人的生命深处有一个永恒的意志，那就是对完满人生的追求，对总体性生命的向往。人的精神性存在注定人是超越性和发展性的存在物，而且人的这种超越性和发展性首先就表现在人的精神意识方面，表现在人的精神意识对现实有限性和规定性的不断否定之上。因而人类在本质上具有一种无限的超越性，这种超越性是人类历史发展的潜在驱动力，它在观念层系上体现为自我意识的超越性。人是一种未完成的存在物，是永远不会满足于当下生存的现状；人活在途中，通过自己的生存活动，不断创造出自己新的规定性，他的生命价值与意义的完整凸显只会指向未来的"应然"所在，这种"'应然'突出了人的筹划，人的运思，人的未来，'应然'把人看作可能性的存在，超越性的存在"①。关于人的这一本性特征，德国哲学家舍勒称赞道："人，只有人——倘使他是人本身(person)的话——能够自己——作为生物——超越自己"②。在舍勒看来，人是一个不断开放、不断生成的X。存在主义教育家雅斯贝尔斯也指出："只有追求不可能的东西的人才能达到可能的东西。人在企图实现时经受到不可实现性，他才能够实现人所应该完成的任务。"③人之所以称其为人，根本上是基于人的自我实现、自我创造和自我超越的生命本性，而且人的这一超越本性典型集中体现在人的精神性存在上，体现在精神、思想上的追求和意识上的自由自觉性。人在现实中的不足和匮乏感往往会在精神意识世界里得到某种替代性满足，借用精神富裕慰藉物质贫困。人在现实生活中的奋斗所为，更是离不开精神意识(譬如理想、信仰或信念等)的激励。人的思想意识所内在的至上性，或者说是"形而上"的本性，造就了人对一种终极存在和终极价值的眷恋情怀。

波普尔提出的"三个世界"的理论，也证明了思想意识的创造性。第一世界是物理世界，包括整个物理实体的宇宙；第二世界是精神世界，包括意识状态、心理素质和非意识状态；第三世界是文化世界，包括人类精神物化的整个产物。显然，"世界三"是人的意识创造性的体现。恩格斯在《自然辩证法》把思维着的精神誉为"地球上的最美的花朵"，思想意识因为"反映"得以发现世间的"真"，因为"创造"得以增添世界的美。在思想意识的活动中，知性能够对感性杂多进行加工和抽象，即通过分析、综合从中抽取和概括出一般的、本质的东西，并用概念把它规定和确定下来。概念是思维创造的第一个表现和结果，是对事物本质、共性的概括，它包含着一定层次的内在联系和必然性。因此，在认识过程中概念的获得既是认识的发展，也是创造的开

---

① 陆杰荣：《哲学境界》，吉林教育出版社，1998年版，第79页。

② [德]马克斯·舍勒著，李伯杰译：《人在宇宙中的地位》，贵州人民出版社，1989年版，第34页。

③ [德]雅斯贝尔斯著，周晓亮、宋祖良译：《现时代的人》，社会科学文献出版社，1992年版，第89页。

始。"真正的思想和科学的洞见，只有通过概念所做的劳动才能获得。只有概念才能产生知识的普遍性。"①而由于在实践基础上认识自身的内在的否定性，知性必将被否定，通过这种否定使知性发展到理性。理性是以"全体""无限"为对象的，这个"全体"和"无限"不是指对象自身，而是对对象的超越。

从辩证唯物论的观点看来，"全体""无限"要以具体对象为基础，又完全不是对象自身，它是思维在理性中达到的新的具体。思维在理性阶段摆脱了、超越了知性的局限性，达到了真正的自由，为创造和发现开辟了无限广阔的天地。要知道，意识、思想、思维等精神现象的核心本质是自由。马克思说："动物只是按照它所属的那个物种的尺度和需要来构造，而人则懂得按照任何一个种的尺度来进行生产，并且懂得处处都把内在的尺度运用于对象；因此，人也按照美的规律来构造。"②"精神的这种观念性表明精神的实体是自由，即精神本身是自由的，精神实现自身的过程也就是通过把与其自由本质不相适合的现实改变为与之相适合的现实而实现其自由的过程。精神的观念性也表明，精神不是在其显现前就已经存在、已经完成了的隐藏在重重现象之后的本质，而是只有通过其必然的自我显示的种种形态而才有其存在和现实性的东西。"③

精神既是对自己的自然本性的否定由此获得主体性自由也是对个体有限性的否定由此获得实体性自由，精神的辩证本质是在否定性本质即在对自然的外在性与个体的有限性的否定中肯定自己。"精神的自由不是一种在他物之外，而是在他物之内争得的对于他物的不依赖性，就是说自由之成为现实，不是由于逃避他物，而是由于克服、即扬弃他物。"④黑格尔一再强调："我们时代的伟大在于承认了自由、精神的财富、精神本身是自由的，并且承认了精神本身便具有这种自由的意识。"⑤"现代世界是以主观性的自由为其原则的，这就是说，存在于精神整体中的一切本质的方面，都在发展过程

---

① ［德］黑格尔著，贺麟、王玖兴译：《精神现象学》上卷，商务印书馆，1981 年版，第 48 页。
② ［德］马克思著，中央编译局译：《1844 年经济学哲学手稿》，人民出版社，2000 年版，第 58 页。
③ ［德］黑格尔著，杨祖陶译：《精神哲学》，人民出版社，2006 年版，译者导言第 7 页。
④ 同上书，译者导言第 11 页。
⑤ ［德］黑格尔著，贺麟、王太庆译：《哲学史讲演录（第 4 卷）》，商务印书馆，1978 年版，第 254 页。

中达到它们的权利。"①马克思也是通过人与动物的比较来说明人基于自我意识的自由的，他说："动物和自己的生命活动是直接同一的。动物不把自己同自己的生命活动区别开来。它就是自己的生命活动。人则使自己的生命活动本身变成自己意志的和自己意识的对象。他具有有意识的生命活动。这不是人与之直接融为一体的那种规定性。有意识的生命活动把人同动物的生命活动直接区别开来。正是由于这一点，人才是类存在物。或者说，正因为人是类存在物，他才是有意识的存在物……就是说，他自己的生活对他来说是对象。仅仅由于这一点，他的活动才是自由的活动。"②

想象是思维自由的核心和突出表现，也是创造发明的灵魂，它能塑造出未见的事物，它能联系过去构思成新的理想。爱因斯坦曾说："从经验材料到逻辑性演绎以之为基础的普遍原理，在这两者之间没有一条逻辑的通道……理论越向前发展，以下情况就越清楚：从经验事实中是不能归纳出基本规律来的。一般地可以这样说：从特殊到一般的道路是直觉性的，而从一般到特殊的道路则是逻辑性的。"③对于直觉、灵感等非自觉意识而言，更是蕴含无限的发展性和创造性。因为与自觉意识相比，非自觉意识摆脱了抽象性和形式逻辑的限制，创造性地掌握主体和对象；摆脱了意识形态的局限，直接地发挥着人的自由能动的天性。非自觉意识直接与实践活动相联系，这是其能动性、创造性的根据。同时，非自觉意识又超前于实践，推动着实践，超越现实必然，指向可能性和自由的领域。因此，萨特指出："想象不是意识借以获得经验的额外功能。想象是体现自由时的整个意识……"④

第五节　自我意识与对象意识的关联

意识起源于感知，是指生物由其物理感知系统感知的特征总和以及相关的感知处理活动。人类意识集中体现为人脑对事物的反映，根据意识的内容指向可分为自我意识和对象意识。自我意识从广义上讲也是一种对象意识，

---

①　[德]黑格尔著，范扬、张企泰译：《法哲学原理》，商务印书馆，1979年版，第291页。

②　《马克思恩格斯选集》第1卷，人民出版社，1995年版，第46页。

③　许良英等编译：《爱因斯坦文集》（增补本）第1卷，商务印书馆，2009年版，第718－719页。

④　中国社会科学院外国文学研究所外国文学研究资料丛刊辑委员会：《外国理论家、作家论形象思维》，中国社会科学出版社，1979年版，第202页。

即主体反思自身的同义称谓。由此而来，人类意识便形成了对象意识与自我意识的两极及彼此依存、对向转换的关系。作为人类意识的两大分类，对象意识与自我意识在认识与改造世界的过程中，既相区别又相耦合。

一、自我意识的特性及功能

意识的出现以及根据个体先前经验构成的前意识感觉和知觉的整合，使主观经验成为可能和必要。主观经验就是把相继产生的知觉、回忆、情绪和行动等重新组合成统一的、合乎逻辑的事件或有始有终的体验。随着主观经验所涉及的时间跨度越益增大，便形成了个体的历史——关于一连串小事的记忆。长期记忆仿佛是记录个体主观体验的一篇大事记，作为长期记忆的结果，"自我性"或"自我"的概念与轮廓逐渐清晰。作为"自我"发挥作用的必然后果，同时又作为"自我"发挥作用的先决条件就是自我意识。"自我意识是个体根据他的既往生活体验史，特别是既往生活体验史的最稳定特征对其主观经验的解释。根据以往经验解释现时的、眼前的意识内容，可以大大巩固低级层次的信息，强化对其他重要生活体验的回忆，进而又强化对这种信息进行经常的，有目的性的寻求。换句话说，也就是进入一种特殊的，以主体为客体的认识过程，这就是自我认识。"①

从最直观的字面意义上讲，自我意识是个体对自身的自觉意识。具体表述上，略有差异②：（1）自我意识是人对自己心理活动之过程、内容和特点的觉察；（2）自我意识是个体对自己的认识和态度；（3）自我意识是主体对自身的状态以及自身与外界关系的反映；（4）自我意识是指对自我的认识，或是自我对本身的注意；（5）自我意识是作为主格的自我对作为宾格的自我的存在、活动及其过程的有意识的反映；（6）自我意识是人达知自己的各种意义的"我"的心理过程。总之，自我意识（self-consciousness）是个体对自己作为客体存在的各方面的意识，即个体对自己心身状态的察觉和认识，包括认识自己的生理状况（如身高、体重、形态等）、心理特征（如兴趣、爱好、能力、性格、气质等），以及自己与他人和周围世界的关系（如自己与他人的关系、自己在群体中的地位和作用等）。

心理学中，詹姆斯于1890年在《心理学原理》中首次提出"自我意识"概

---

① ［苏］伊·谢·科恩著，佟景韩等译：《自我论：个人与个人自我意识》，三联书店，1986年版，第270页。

② 维之、阳屯：《我国近十年自我意识研究概况》，载《哲学动态》，1992年第11期。

念，认为自我意识是一个多维度、多层次的结构系统，主要内容有个人的自身状况、特点、属性以及社会定位与价值认识。其主要结构和内容如表 4-1 所示：

表 4-1

结构层级 结构 本质 结构对象	自我认识	自我体验	自我调控
	属于自我意识的认知成分，旨在回答"我是谁"，主要包括自我感觉、自我观察、自我图式、自我评价。其中，自我评价最为重要，评价失当容易导致自满与自卑。	属于自我意识的情感成分，是主观我对客观我所持有的态度和感受，主要涉及"是否接纳、喜欢、满意自己"等问题。包括自尊感、自卑感、自豪感、自信、内疚等内容，其中自尊感是最主要方面。	属于自我意识的意志成分，是个人对自身心理与行为的主动掌控，主要目标是"如何成为理想中的自己"。包括自我检查、自我监督、自我控制、自我教育等。
生理自我	对自己身高、外貌、年龄、体质等的认识。	对自己是否英俊漂亮、有无吸引力、能否自我接纳的考量。	追求外貌美，满足物质欲望、性意识等。
社会自我	对自己在社会中名望、地位、能力、价值、责任等方面的认识。	是否自尊、自爱、自信、自卑、自恋、自负等。	追求名誉地位，与他人竞争，期望同伴能给予好感、肯定与认可等。
心理自我	对自己智力、性格、气质、兴趣、能力、记忆、思维、信念等的认识。	对是否有能力、聪明、优雅、敏感与感情是否丰富、细腻等的体会。	注意行为符合社会规范、谋求智慧与能力发展、追求理想信仰等。

自我意识是一个由多种成分组成的动力系统，自我要作为主体而起作用，必须具有两个基本特征。首先，必须有一种区分在于人的"分离感"，即一个人意识到自己作为一个独立的个体，在身体、情绪和认知方面都具有自身独特性。其次，一种跨时间跨空间的"稳定的同一感"，即一个人知道自己是长期的持续存在的，不管外界环境如何变化，不管自己具有了什么新特点，都能认识到自己是同一个人。分离感和同一感是自我意识的两个基本侧面，也是自我意识的两大特征。

自我意识的多元分层还体现了意识主体的二元性矛盾，即意识主体一般分为主体的我(主我)和客体的我(宾我)，其中积极知觉、主动思考的行为实施者称为主我；被注意、知觉或思考的客体称为宾我。主我对宾我进行感知，大脑的认识图式对感知信息加以整合、抽象而形成"意象"，以达到自我意识对自身的初步把握和控制，进而实现认识主体对自身及行为的内省和反思。"自我意识是从感性的和知觉的世界的存在反思而来的，并且，本质上是从他物的回归。"①在此，主我意识是对所有基本心理过程(感知、记忆、思维等)的主观意识，是对个体正在知觉或思考的意识，而宾我意识则是对于"我是谁"以及"我是怎样的人"的想法和感觉。"我是什么""我能做什么""我应该是什么"是贯穿于自我意识始终的三个核心问题，"定位一能力一价值"代表了社会性自我意识的演进层级。

　　法国思想家卢梭有句名言"人在世界上出生两次，一次是为了生存，第二次是为了生活"。"第二次出生"的标志之一就是个体自我意识的形成和发展。主观的我和客观的我、理想的我和现实的我之间总会出现各种矛盾，相伴而行的自我意识可能是积极的正能量，也可能是消极的负能量。知人者智，自知者明。从呱呱坠地的婴儿到身强力壮的成年，个体的成熟标志之一就是自我意识的不断萌发、形成、升华与蜕变。

　　第一，自我意识是个体自我确认的核心。古希腊哲学家苏格拉底告诫世人"未经省察的人生不值得过"，而"省察"的核心就是认识自己、获得正确的自我意识。马克思指出，人应当"了解自己本身，使自己成为衡量一切生活关系的尺度，按照自己的本质去估价这些关系，真正依据人的方式，根据自己本性的需要来安排世界。"②笛卡尔则直言"我思故我在"，确立了自我思想、自我意识与人存在的统一性。"如果我一旦停止思想，则纵然我所想象的其余事物都真实地存在，我也没有任何理由相信我存在，由此我就意识到，我是一个实体，这个实体的全部本质或本性只是思想，它并不需要任何地点以便存在，也不依赖任何物质性的东西；因此这个'我'，亦即我赖以成为、我的那个心灵，是与身体完全不同的，甚至比身体更容易认识，纵然身体并不存在，心灵也仍然不失其为心灵。"③

　　正确认识自己是个体生存和发展前提之一，而自我意识正是个体自我认识的最直接体现。自我意识使主体具备了连续感和统一感，使我们的心理具

---

①　[德]黑格尔著，贺麟、王玖兴译：《精神现象学》上册，商务印书馆，1981年版，第116页。

②　《马克思恩格斯全集》第1卷，人民出版社，1956年版，第651页。

③　北京大学哲学系外国哲学史教研室编译：《西方哲学原著选读》上卷，商务印书馆，1981年版，第369页。

有统一性，能在统合中感知自身的思维和知觉，而不是片段地感知。同时，个体的思想意识、情绪体验孕育自我的身份认同，如兴趣爱好、理想信念、品格个性都促进个人建立起"我是谁"的感受。"自我身份认同也源于我们如何体验这个世界。我们从正在经历的事情中获得自我意识。如果有一个体验存在，我们假设也必须有一个体验者存在，必须有一个'我'正在体验。所以不管我们的脑海里发生了什么，我们都有一个感觉，那就是'我'是这一切的主体。"①而人在未获得独立的自我意识前，一切应有的意识创造力都仅是一种潜在的可能性。只有人真正认知到"自我"的边界，才转化成主体性存在。人只有意识到我是谁，应该做什么的时候，才会自觉自律地去完成自己的义务和使命。"人本身实际上就是认知的产物，本来就具有意识自由的力量，但是在认知到'我'之前，这种力量处于沉睡的状态，也就自然处于'我'的匮乏状态。"②只有意识到"自我"的存在，意识主体才能把自己同对象世界分开，"一旦儿童开始用我这个词来说他自己时，就好像有一个新的世界展现在他的面前。实际上这是很自然的，展示给儿童的正是理智世界，因为谁能对自己说出我字来，也就等于凌驾于客观世界之上，从外在的直观进入自己的直观了。"③换言之，自我意识使人扬弃了单一的被动给予性、自然规定性和外在独立性，而获得了自我规定、自我扬弃、自我创造的潜质，这正是人之为人的高明所在。相比较而言，人是自由意识力量的产物，而动物仅是潜意识力量的产物。动物虽然有"自我"的知觉，但不会形成自我边界的认知，也不具备无限自由的"自我"意识力量，更不可能在创造中发展自己。黑格尔也认为自我意识是人与动物的根本区别，"动物也是具有潜在的普遍性的东西，但动物并不能意识到它自身的普遍性，而总是只感觉到它的个别性"；"只有人才具有双重的性能，是一个能意识到普遍性的普遍者"④。人作为意识的主体，已经能把自己从周围环境中剥离出来，意识到自己的存在、地位和需要。不但有了自然界的观念，了解自己和别人的关系，并能根据对外界情况和对自己力量的了解，制订一系列计划，选择恰当的方法。能在社会实

---

① ［英］彼得·罗素著，舒恩译：《从科学到神：一位物理学家的意识探秘之旅》，深圳报业集团出版社，2012年版，第101页。

② 金向阳：《你是你自己吗？意识模式转型与人的成长研究》，浙江大学出版社，2013年版，第20页。

③ ［苏］伊·谢·科恩著，佟景韩等译：《自我论：个人与个人自我意识》，三联书店，1986年版，第43-44页。

④ ［德］黑格尔著，贺麟译：《小逻辑》，商务印书馆，1987年版，第81页。

践过程中，评定自己的行为和他人的行为，从而调整自己的行为以及与他人的关系，来实现改造环境、掌握自己的目的。

第二，自我意识孕育主体的认识结构和认识能力。自我是认识活动的先决条件，认识外部世界须先了解自我本身、了解自我意识，才能获得正确的认识方法。而自我意识的萌发意味着认识主体的知觉时空、第二信号系统、思维模式、内在尺度的运用与凸显。孟子认为人之识事知理就在于人生来具有的"良知良能"，"尽其心者，知其性也；知其性则知天矣"①。"尽心""知性"一定程度上就是对自我的肯定与认识，之后才能形成自己的认识能力而"知天"。陆九渊的"宇宙便是吾心，吾心便是宇宙"、王阳明的"心外无理，心外无物"亦有异曲同工之妙。若按康德的"先天综合判断"分析，自我意识分为经验自我意识和先验自我意识，前者是对具体化、生活化个体的意识，后者则是保持意识同一性的先天形式。从"人为自然立法"的论断出发，康德强调先验自我意识逻辑地先于任何确定性思维，是主体认识形式所以能联结、综合、统一感知的基础。"理智是自然界的普遍秩序的来源，因为它把一切现象都包含在它自己的法则之下，从而首先先天构造经验（就其形式而言），这样一来，通过经验来认识的一切东西就必然受它的法则支配。"②个体认知是"先验自我意识"统合感性材料的结果，先验自我意识使观念范畴得以综合直观杂多、建立具有普遍必然性的对象意识。先验自我意识依靠自身的能动性，把杂多表象统合在一个意识里，形成认识的主观方面；同时把杂多表象依照先验范畴统一在概念里，构成对象的统一，并使之具有普遍性与必然性。经验自我意识和先验自我意识"相互依存、密切配合，形成了主体认识图式规范、组织、构造认识对象的积极功能。由于这种功能，认识才不是被动的接受和映射，而是主动的建构和创造。"③

第三，自我意识引导认识的指向性。自我意识是人们认识限定和超越限定的条件，自我意识通过对人的"内在尺度"和主客观关系的揭示来引导认识活动，如确立认识目标和规定思维路线等。黑格尔在《精神哲学》指明："意识的真理是自我意识，而后者是前者的根据，所以在实存中一切对于一个别的对象的意识就都是自我意识；我知道对象是我的对象（它是我的表象），因

---

① 《孟子·尽心上》。

② ［德］康德著，庞景仁译：《任何一种能够作为科学而出现的未来形而上学导论》，商务印书馆，1997年版，第96页。

③ 周文彰：《狡黠的心灵：主体认识图式概论》，中国人民大学出版社，1991年版，第32页。

而我在对象里知道我。"①自我意识既是对自我的认识，也是对反映的反映，对思维的思维。思维经过自我意识的中介而形成选择，而自我意识一般按照"从自己出发"的原则，使思维与自我需要、利益结合起来，形成具体的认识图式。自我意识具有自我意向性，作为认识的主体必然受到自我意识的意向性的支配，对主客体之间关系的信息做出过滤性的反映选择。如主体对于与自身需求相矛盾或不相容的信息常常是加以排斥和控制，而对某些与主体自身需求相一致或相容的信息则往往是加以吸收和容纳。换言之，事物的内在意义和逻辑结构取决于认识者的认识理解和解释，取决于认识者的既有预设。"无论何时，只要某事物被解释为某事物，解释就将本质地建立在前有、前见和前设的基础上。一个解释绝不是无预设地把握呈现在我们前面的东西。"②在自我意识的引导下，个体从盲目的存在状态转化为有主见的存在状态，无意识或潜意识层面的感知觉和不自主调节转化为具有自我目标设定参照下的自主调节。具有积极自我意识的个体倾向于做出积极的分析和解释，具有消极自我意识的个体倾向于做出消极的分析和解释。主体在自我意识的意向性作用下，通过反映选择和进一步评价确定认识对象和认识途径，便产生了对认识对象的注意，形成了认识取向，从而使认识目标得以明确，认识活动的准确性得到增强。自我意识的觉醒使"人只需了解自己本身，使自己成为衡量一切生活关系的尺度，按照自己的本质去估价这些关系，真正依照人的方式，根据自己的本性的需要，来安排世界，这样的话，他就会猜中现代的谜了。"③自我意识的觉醒使人能够以人的全面自由发展为价值目标进而对人类的具体实践活动进行选择，基于自我意识的引导并通过实践活动，个体便创造出一个个为我的价值世界。

第四，自我意识增强个体的社会适应能力。自我意识的价值量不在于自我反省的意向活动，而在于意向活动的所置环境，即自我意识是身处对象关系中的认识主体以对象世界为参照物而对自身的反映。"自我，作为可成为它自身的对象的自我，本质上是一种社会结构，并且产生于社会经验。"④自我意识通过主体的知识、能力、情感、需要、意志而表征，实质是主体与对象世界的关系，即自我意识意识到的不是单纯的个体性，而是自我的社会

① [德]黑格尔著，杨祖陶译：《精神哲学》，人民出版社，2006年版，第219页。
② 转引自张汝伦：《意义的探究：当代西方释义学》，辽宁人民出版社，1986年版，第155页。
③ 《马克思恩格斯全集》第1卷，人民出版社，1960年版，第651页。
④ [美]乔治·H.米德著，赵月瑟译：《心灵、自我与社会》，上海译文出版社，2005年版，第110页。

性。社会性的自我意识通过对象性活动表现出来，并随对象性活动的发展而不断强化。马克思把人对世界的改造看作自我本质力量的表现，"工业的历史和工业的已经生成的对象性的存在，是一本打开了的关于人的本质力量的书，是感性地摆在我们面前的人的心理学。"①人类自我意识是人与人互动交往的产物，本质是上一个对象化及其扬弃的社会建构过程。人的自我意识之被意识，是在个体的本我与类化的或社会性的超我之间实现的。"当人从那种充满自然欲求、生性能量的本我或自发的主体我中剥离出来，而站到社会化的客体我的立场上来认识与反思自己时，他的内部世界便不仅成了认识的对象，而且成了自我借用社会的力量、准则去认识和规化的对象。"②这一过程既是主体社会化、对象化的过程，又是社会我的主体化、自我化的过程，最终导致主体以社会价值为评判标准，进一步认识和控制自我的思想与行为。在自我意识的社会化养成中，个体逐渐认识到自己是什么人、有什么特点、自己在与他人的关系中处于什么样的地位和作用等。自我意识通过自我评价产生合理的理想自我，并通过认识自己与他人、个体与群体间的不同地位和需要，来采取不同的策略去调节纷杂的人际关系。米德认为，自我概念是在承担他人角色并从他人观点中把自身视为客体时的互动过程中产生的，"在某种程度上，我们做出的每一个行动都是我们自我概念的表现。"③当个体能感知与自己交互作用的另一个体对自己的看法，并从对方的观点反观自己时，则意味着既定自我（生物类别和物质占有）的突破，在人际互动的维度上反观自身方能达到对自我特征的综合、内在确认。若此时对生理自我、心理自我和社会自我的认识、体验不正确，尤其是在自我评价及自我概念上与客观的现实差距过大，则会造成人际关系不协调和社会不良适应。

二、对象意识的内涵及功能

与自我意识相比，对象意识是人对主体之外事物的状态、属性、特点、结构、规律的认识。此处的对象、外在都是相对于主体自身而言的：（1）主体在进行活动时，意识的指向不在主体自身，而是主体之外的客体世界；

---

① ［德］马克思著，中央编译局译：《1844年经济学哲学手稿》，人民出版社，2000年版，第88页。

② 胡潇：《意识的起源与结构》，中国社会科学出版社，2004年版，第168页。

③ ［美］D. P. 约翰逊著，南开大学社会学系译：《社会学理论》，国际文化出版公司，1988年版，第414页。

（2）意识的内容也不反映主体自身的状况，而只反映客体世界的状况和规律①。对象意识的作用集中体现在以下四个方面：

第一，对象意识是认识世界的"窗户"。对象意识既是意识中建立起来的对象，也是对象出现在意识中。从认识世界的层面讲，对象意识是人们对世界必然性认识的开端与通道。人们意识的聚光点或者说思维的焦聚点集中在把握对象的现象及其规律上，事物的内在规律、本质特性经由对象意识而挖掘，并以概念、判断、推理等形式呈现出来。"对象意识的结晶是知识和科学。主体面对的客体世界一是客观自然，一是人类社会。因此对象意识包括主体对自然的意识和对社会的意识。经过系统化和理论化，对自然的意识形成各门自然科学，对社会的意识形成各门社会科学。"②对象意识是人们认识世界必然性的起点，推动人类在认识中形成与获取特定的知识储备、认知范式。"我们的知识所以为真，只是因为在我们观念和事物底实相之间有一种契合。"③在此，意识中的对象既与实相相符，又涉及概念和逻辑的运用，蕴含由现象到本质、由事实到规律的运动过程。从认识发生论的角度分析，个体的认知发展、知识增长与对象意识之间存在互为因果的关系。对象意识使自在客体在个体意识中展开，通过各种抽象过程后形成观念中的具体。与此同时，人们在实践中逐渐积累起关于社会和自然界的规律性知识，且在人类的意识中积淀起来，其在心理上表现为荣格的"集体无意识"。代代相传的心理沉淀与意识默契，成为新一代人掌握世间万物的背景知识和预定的对象意识，成为其把握客观世界的基石。

第二，对象意识是选取认识对象的"滤镜"。从可能性上而言，世间万事万物都是我们的认识对象，但只有符合主体认识需求的事物才能纳入其认识视野。"忧心忡忡的穷人甚至对最美丽的景色都没有什么感受；贩卖矿物的商人只看到矿物的商业价值，而看不到矿物的美和特征，他没有矿物学的感觉。"④同时，并不是同一事物的任何方面都为主体所关注，只有符合主体认识图式（范式）的部分、方面，才能成为其认识对象。对象意识赋予展示于主体面前的世界图景以选择性，正是由于对象意识的定向内容，对于主体来说，世界才表现为不是杂乱的存在，而是现象与本质、普遍与特殊、统一与

---

① 周文彰：《狡黠的心灵：主体认识图式概论》，中国人民大学出版社，1991年版，第68页。

② 同上。

③ ［英］洛克著，关文运译：《人类理解论》下册，商务印书馆，1983年版，第555页。

④ ［德］马克思著，中央编译局译：《1844年经济学哲学手稿》，人民出版社，2000年版，第57页。

多样的集合体。在对象意识的"过滤"下，个体的认识思维方式呈现出一定收敛性，指向特定对象，寻求特定答案。就积极意识而言，此时对象意识能把人的认识视野聚焦到特定的认识对象上，聚精会神中知识储备增加、思维方式突破的概率大增。从消极方面看，对象意识也会排斥异于意想之中的信息，甚至会偏执地把认识对象纳入偏狭的认识框架之中而故步自封。

第三，对象意识是认识升华的"阶梯"。人类认识的递升规律常表现为感性认识到理性认识的飞跃，而贯穿其中的对象意识无疑起到阶梯作用。"在认识发展的由不知到知、由知之不多到知之较多、由有限的认识到无限的认识的上升运动中，任何阶段的对象意识，都充当着'肩膀'和'阶梯'。"①对象意识，特别是科学理论知识，是遵循一定的逻辑形式和思维方法，由概念、判断、推理以及严密的逻辑证明所组成的系统化的逻辑体系。主体获得了一定的对象意识，特别是科学理论知识，便具备了基本的认识图式和认知能力。具体而言，在感性认知中用以接纳对象的直观形式——时间和空间，理性认识中用以综合和统一感性材料的思维形式——因果性、可能性和必然性等概念，都是对象意识的具体呈现。系统化的对象意识意味着认识主体能够离开具体的认识客体，能在思维中通过对事物的意象再现，实现对客体事物意象的逻辑建构。"对于意识本身来说，对象的虚无性所以有肯定的意义，是因为意识知道这种虚无性、这种对象性本质是它自己的自我外化，知道这种虚无性只是由于它的自我外化才存在……意识的存在方式，以及对意识来说某个东西的存在方式，这就是知识。知识是意识的惟一的行动。因此，只要意识知道某个东西，那么这个东西对意识来说就生成了。"②在此过程中，对象意识需分担双责：既是主体区别自我与对象的意识前提，又是自我掌握对象的意识活动。主体依此对事物的识记才能形成表象的自觉建构，才能形成意识的后象，形成对意象的观念改造，实现事物的理性表达。借此前提，主体才能在离开客体的当下刺激时调动自己的记忆、表象和意识符号，去对客体进行辨识与再现，并在对象意识的多次反复中透过事物的现象表层达到对事物内在联系的认识，达到对事物的观念性掌握。"当人所面对的事实不能为现有知识所解释时，人就会施展包括想象在内的各种创造性认识能力，提出各种科学问题，并以假说的形式（即假设的对象意识）来深入事物的内部

---

① 周文彰：《狡黠的心灵：主体认识图式概论》，中国人民大学出版社，1991年版，第69页。
② ［德］马克思著，中央编译局译：《1844年经济学哲学手稿》，人民出版社，2000年版，第108页。

机制和深层结构。在这里，对象意识和新事实的矛盾成了人类提出问题进行创造性思维的契机，科学的对象意识成了孕育科学问题和创造性思维的温床和摇篮。"①

第四，对象意识是反观自身的"钥匙"。一个人的对象意识包括他所占有的别人对他的意识，接纳别人观点又促进自我意识的发展，即对象意识扩展了个体的自我意识。"自我意识只有在一个别的自我意识里才获得它的满足"②。通常，个体是从各种把自己与他人区别开来的事情中发展出自我意识的，比如自身的身体、外貌、历史、工作、财富等。个体往往是从别人那里获得对自我的存在的认识的，通过理会自己在别人心目中的形象而获得对自己的自我人格的把握，通过他人对自己的反映、情感和态度，帮助自己清醒全面地认识自身。卡西尔说："人只有以社会生活为中介才能发现他自己，才能意识到他的个体性。"③美国社会学家库利的"镜中我理论"认为观察别人对自己行为的反应有助于形成自我意识。吾日三省吾身，在对象意识的深刻反思中反观自身是一个人成熟与超越的基石。"人是在对象上面意识到他自己的；对象的意识就是人的自我意识。你是从对象上面认识人的；人的本质是在对象上面向你显现出来的；对象是人的显示出来的本质，是人的真正的、客观的'我'"④。当自我意识面对另一个自我意识，它才是真实的自我意识，"因为在这里自我意识才第一次成为它自己和它的对方的统一；那本来是它的概念的对象的自我，现在事实上不是对象了（即不是与它相对立的现象了）"⑤。

三、自我意识与对象意识的主要区别

前文从含义与价值等方面探讨了自我意识和对象意识的各自特点，但对象意识与自我意识的关系实为复杂多重。若把意识视为觉醒状态下的觉知，自我意识则是把自己与其他事物相区分的觉知。"意识既涉及到人在任一特定觉知时刻下的各种直接经验，如知觉、思维、情感、欲望，也包括我们对

---

① 周文彰：《狡黠的心灵：主体认识图式概论》，中国人民大学出版社，1991年版，第70页。
② [德]黑格尔著，贺麟、王玖兴译：《精神现象学》上卷，商务印书馆，1981年版，第121页。
③ [德]恩斯特·卡西尔著，甘阳译：《人论》，上海译文出版社，1985年版，第282页。
④ 北京大学哲学系外国哲学史教研室：《西方哲学原著选读》下卷，商务印书馆，1982年版，第470页。
⑤ [德]黑格尔著，贺麟、王玖兴译：《精神现象学》上卷，商务印书馆，1981年版，第122页。

这些内容以及自身行为的评价，即觉知的内容和意识本身。"①在此，区分自我意识和对象意识的标准是意识的指向性。对象意识是对认识主体自身之外对象的反映，是他在的，旨在回答"物是什么"这一核心问题。回答"物是什么"决定了认识路线必定是由自在客体、经验客体，再到观念客体。自我意识的认识对象是自己，回答"我是什么"则需要经历"我必须由我是什么来定义"的自我循环式思维。这一循环式思维的内在递推逻辑为：由他人的自我反观自身自我；由打开的自身心理来反观关闭的自身心理；通过自我的历史活动来认识自我。"人不仅像在意识中那样在精神上使自己二重化，而且能动地、现实地使自己二重化，从而在他所创造的世界中直观自身。"②

　　自我意识和对向意识的差异不但反映了人的意识指向上的内外之别，还折射出意识感知的先后之分。"从意识活动的等级性上看，对象意识是对客体的一级反映，而自我意识则是二级反映。"③所谓一级反映，也就是主体对客体信息直接进行处理、加工的过程，是感性的、经验的。在此基础上进行理论加工，后输出认识结果。一级反映产生的是关于客体的知识，表现为各门具体科学中所揭示的事物属性、运动规律等内容。二级反映则把"一级反应"作为认识对象的反映过程，即主体把主体对客体的反映过程分化独立出来，对这一过程本身进行反思，如经验总结、思想汇报、自我批评等。从本质上看，二级反映产生的是关于知识如何运动的知识，是关于知识的内在逻辑、关系、程序的知识，通常所说的方法论、知识论、元逻辑、元科学等等，都属于二级反映的过程。

　　作为一对矛盾性的概念存在，对象意识和自我意识反映了意识自身的矛盾特性，即意识具有二重性，既指向对象又指向自身，既指向外部又指向内部。按照马克思主义实践观分析，意识的"二重性"根源于劳动本身的对象性与目的性。劳动的对象性要求劳动者了解劳动对象（客观事物），劳动的目的性则指劳动蕴含人的内在需要。由此而形成的意识也基本分为两方面：对对象的了解和对实践者自身的了解、对物的控制和对自我的控制。指向外部的实践活动督促主体形成对象意识，而主体对自我的控制、对主观世界的改造又会形成自我意识。按照马克思"两种尺度"的理论分析，对象意识重在揭示

① 吴瑾菁：《道德认识论》，社会科学文献出版，2011年版，第205页。

② ［德］马克思著，中央编译局译：《1844年经济学哲学手稿》，人民出版社，2000年版，第58页。

③ 杨耕、陈志良：《对象意识与自我意识及其客观性：一个再思考》，载《学习与探索》，2002年第1期。

"物的尺度",如事物物理的、化学的、地理的特性。"物的尺度"决定着主体实践活动的可能性和可行性,体现着实践活动的客体尺度。自我意识重在反应人的"内在尺度",揭示人如何赋予世界以人化的形式、世界在什么样的意义上成为人的世界。自我意识决定着是否把某一外物当作对象、开展某一活动以及活动所要达到的目的等,即决定着实践活动的现实性和目的性,体现着实践活动的主体尺度。

四、自我意识与对象意识的整体联系

前文主要论述了对象意识和自我意识的差异,但人为地把意识划分为自我意识和对象意识实属牵强。因为任何意识内容对包含特定对象,都可称作对象意识(对象涵盖了内在与外在);同时,任何意识活动都是主体自我的活动,都会有"自我"的影子。主体一旦意识到某一个对象,总是包含如下因素:(1)认识对象的存在。(2)认识主体的存在。(3)知道认识主体不同于认识对象,知道认识主体意识到认识对象。从起源上看,意识内容主要来源于外界的事物刺激,但随着实践活动深入和个体心理成熟,意识对象不再局限于意识主体身外的客体,还包括意识主体自身及其内部世界。本质上,个体只能在对象性关系中(即在他人中,在世界中)和对象化产品中意识自己,即自我意识是主体在对象性关系中对自身及其与对象世界(自我与自然、自我与他人、自我与社会)的关系的意识。自我意识需要以对象意识为背景、为依存,离开对象意识的自我意识和离开自我意识的对象意识都不存在。从过程上分析,自我意识是经过对象意识的中介,从对象意识返回到自身,即"对意识的意识"、对"思想的思想"。"意识,作为自我意识,在这里就拥有双重的对象:一个是直接的感觉和知觉的对象,这对象从自我意识看来,带有否定的特性的标志,另一个就是意识自身,它之所以是一个真实的本质,首先就只在于有第一个对象和他相对立。自我意识在这里被表明为一种运动。在这个运动中它和它的对象的对立被扬弃了,而它和它自身等同性或统一性建立起来了。"[1]因此,对象意识总是自我意识到的对象意识,而自我意识又总是对对象意识反思的产物。

从认识次序上看,自我意识产生在对象意识之后,但在自我意识产生之后,对象意识并没有消失。"意识一方面是关于对象的意识,另一方面又是关于它自己的意识;它是关于对它而言是真理的那种东西的意识,又是关于

---

① [德]黑格尔著,贺麟、王玖兴译:《精神现象学》上卷,商务印书馆,1981年版,第117页。

它对这种真理的知识的意识。"①这表明，意识从来是对象意识与自我意识、对于对象的"在知"意识与"所知"意识的有的统一。实际上，自我意识并不是和对象意识不同的另外一种意识，而就是对象意识的本质或"真理"，任何（对象）意识中均隐含自我意识，或潜在或显在。但由潜在到显在是必然的，这一过程表面上似乎是向外扩展，本质上却是向内深入。"一般讲来，这样的一个对于他物、一个对象的意识无疑地本身必然地是自我意识、是意识返回到自身、是在它的对方中意识到它自身。这种从前一种意识的形态的必然进展，（前一种意识形态以自身以外的一个事物、一个他物为它的真实内容），正表明了不仅对于事物的意识只有对于一个自我意识才是可能的，而且表明了只有自我意识才是前一个意识形态的真理。"②对意识来说，过程的起点是"感性确定性"；而对于旁观者的"我们"来说，其实真正的起点是自我意识，感性确定性不过是开始向这个起点的回溯。所以，我们要追溯"意识如何发展出自我意识"，其实是要追溯"意识如何发现自己就是自我意识"。尤其是把实践范畴纳入认识论后，就使得认识总是直接或间接地围绕着主体如何在对自身有用的形式上占有对象的问题展开，即实践意识说到底是主体关于如何在对自身有用的形式上占有对象的意识。

总之，对象意识与自我意识的矛盾揭示着人类的认识是人的尺度与物的尺度的对立统一，是内部需要的尺度与外部客观必然性、反思尺度与反映尺度的对立统一。二者的矛盾关系有助于人类认识的整体纵深发展，具体体现为：（1）表明人类对世界的认识需要一定参照系，而人的"自我"正是参照的核心。（2）表明人对世界的认识不具纯粹客观性，而总是与人的实践需要、目的、选择、态度等相联系。（3）表明思维发展和思维自我建构的内在逻辑。对象意识与自我意识的矛盾体现为建构性思维与反思性思维的矛盾，即一方面思维必须通过概念、判断、推理等逻辑地、理性地把握世界；另一方面，思维又必须把认识主体、思维自身、概念自身作为思维的对象，亦即通过反思自我意识去把握意识自身。在实际的意识、认识活动过程中，一方面，对象意识不断地把对世界认识的新成果转化为自我意识，增加自我意识的构件；另一方面，随着自我意识能力的加强，认识就能够更深入地洞察客观世界的奥秘。

---

① ［德］黑格尔著，贺麟、王玖兴译：《精神现象学》上卷，商务印书馆，1981 年版，第 59—60 页。
② 同上书，第 113 页。

小结

本着从一般到个别的原则，研究少年儿童的思想意识特性需要了解人类思想意识的生物基础、神经脉络。本章的第一节就从心理学的角度分析了思想意识的遗传本性和生物基础，之后重点介绍了少年儿童思想意识发展的社会基础，即思想意识的内容和能力都具有社会历史性。还详细论述了思想意识的特性，如客观性、主观性、多层性、创造性。第五节中，着重对意识的两大分支——对象意识和自我意识进行了分析，梳理了各自的特性与功能，阐释了二者的区别与联系。

思考与练习

1. 如何理解思想意识的客观性、主观性？

2. 自我意识的功能有哪些？

3. 对象意识的功能有哪些？

4. 自我意识和对象意识的区别与联系有哪些？

阅读导航（学习拓展）

1. 李恒威：《意识：从自我到自我感》，浙江大学出版社，2011 年版。

2. 胡潇：《意识的起源与结构》，中国社会科学出版社，2004 年版。

3. ［瑞士］让·皮亚杰著，王宪钿等译：《发生认识论原理》，商务印书馆，1981 年版。

4. ［苏］伊·谢·科恩著，佟景韩等译：《自我论：个人与个人自我意识》，三联书店，1986 年版。

第五章　少年儿童思想意识的特性梳理

启发与引导

• 有人说，儿童是天生的哲学家。对此，你赞同还是不赞同？为什么？

• 儿童的个人中心主义与成人常说的"自私自利"是一回事吗？二者有什么异同点？

• 小学儿童以形象思维为主，还是以抽象思维为主？我们在培养儿童思维方式时应该注意什么？

• 你喜欢自律还是他律？他律和自律是相互排斥的吗？个体成长中，自律和他律是怎样协同发展的？

　　孩童的意识是整个人类童年意识的复演，即个体意识与人类整体发展的意识进化具有重合之处。儿童思想意识的发展具有明显的阶段性，这是基于儿童身心发展的阶段性而得出的。关于儿童发展的阶段论，以皮亚杰的发生认识论最具代表性。归纳前人的研究成果，本文认为少年儿童思想意识的特性及发展变化体现在以下四点：由诗性逻辑到专注自觉、由形象思维到抽象思维、自我中心意识的演变、由他律到自律的转变。

第一节　个体意识与人类意识的耦合

一、人类原始意识到文明意识的跨越

　　人类意识的发生与发展是一个极其复杂的历史过程，当前只能根据搜集到的有限资料、证据，对这一问题作一初步探讨。大体而言，人类意识的发展伴随着人类进化的始终，其演进亦是一个渐变、多元的发展过程。从宏观上可以把人类意识的发展历史划分为两大历史阶段：原始意识阶段和文明意

识阶段①。原始意识是人类意识的初级阶段。从时间上看，原始意识从古猿转变为猿人开始形成，直到文字产生、铁器出现的文明时代为止。从古人类学的划分上讲，大体包括早期猿人、后期猿人，早期智人、晚期智人。

原始意识是由动物心理向人类意识过渡的意识形态。过渡性是原始意识的根本特征，具体表现为观念的朦胧性、智能上的低能性以及脑和语言的不完善性。"意识起初只是对周围的可感知的环境的一种意识，是对处于开始意识到自身的个人以外的其他人和其他物的狭隘联系的一种意识。同时，它也是对自然界的一种意识，自然界起初是作为一种完全异己的、有无限威力的和不可制服的力量与人们对立的，人们同它的关系完全像动物同它的关系一样，人们就像牲畜一样服从它的权力，因而，这是对自然界的一种纯粹动物式的意识（自然宗教）。"②

相比原始意识的漫长进化史，文明意识所经历的时间实为短暂。恩格斯指出，人类社会"从铁矿石的冶炼开始，并由于拼音文字的发明及其应用于文献记录而过渡到文明时代"③。从远古时代的行为思维到我向思维、图腾、神话、巫术思维，一直到概念思维，表现为一个有序的发展过程。如果从铁器和文字的产生算起，所谓的文明意识史不过只有七八千年的时间。时间虽短，但成就斐然。意识功能上，各种智能形式基本齐备和定型；意识观念上，逻辑形式占主导地位，原始形象思维得到改善和提高，形成明晰的主观世界；语言完善，并产生了文字。"文明意识阶段是一个逻辑形式相对稳定，各类观念大发展的时代，是智能形式相对稳定而智能活动大发展的时代，是脑、语言结构相对稳定，而脑力、语言活动大发展的时代，也是各类反映控制工具产生和大发展的时代。"④

原始意识阶段，群体意识占主导地位，个体意识顺从于群体意识。在此阶段中大脑、语言不发达，人类的抽象概括能力很低，表象在思维中起着主要的作用，因而自我意识不强，不能把自己从活动、从集体中区分出来。"人对客观事物感受到了，但不一定能理解它，感觉不等于对客观事物本质及其规律的认识和把握，单凭感性意识进行的活动，是一种盲目的本能的活动，是一种自发的活动。"⑤伴随原始意识向文明意识跨越，劳动、语言、大

---

① 韩民青：《人类意识发展论（续）》，载《社会科学辑刊》1988 年第 1 期。
② 《马克思恩格斯文集》第 1 卷，人民出版社，2009 年版，第 533－534 页。
③ 《马克思恩格斯选集》第 4 卷，人民出版社，1995 年版，第 22 页。
④ 韩民青：《人类意识发展论（续）》，载《社会科学辑刊》，1988 年第 1 期。
⑤ 黄世江：《论人类意识的辩证属性》，载《青海师范大学学报（社科版）》，1997 年第 1 期。

脑、社会以及文化的发展，个体意识与群体意识在相互作用中逐渐分化出来。"当个体开始清楚地意识到作为个人的自我，当个人开始清楚地把自己和他感到自己所属的那个集体区别开来，只是在这个时候，自己以外的人和物才开始被个人意识觉得是在活着的期间和死后都具有个体的精神或灵。"①而分化出来的个体意识基于语言交往的不断发展又为群体意识补充新的内容。此时，具有自我意识的个体开始以理性思维为特征，不仅把自己同自然界区分开来，而且把自身的生命机体和生命活动都变成了思维的对象和内容，并在此基础上认识到主体和客体在实践中的相互关系，具有区分自我与非我，主体与客体的自我意识能力。随着社会系统的确立，群体意识逐渐转化为社会意识。每个人在实践中向社会提供的合理经验和创造性活动越多，社会意识的发展也就越快，由此分化出各种社会意识形态，而发展了的社会意识又反过来影响、促进个人意识的发展。

当然，个体意识对群体（社会）意识的分化仅仅是人类意识同一进化过程中的两个方面。"分化是发展的一种形式。分化并非是两者绝对的分开，而是相互渗透，相互作用，相互促进。分化是在双方矛盾运动中实现的，并由此确立了双方的相对独立性。"②个体意识进化总是从依附性的意识模式开始，逐步地走向意识独立，最终转化为生成型或者创造型的生存模式，此时人才实现了真正独立。

二、从童年到成年的自我意识递升

个体自我意识的发生发展，是个体社会化过程的重要组成部分，而已形成和发展起来的自我意识则进一步推动着个体社会化的进程。人只有在社会环境中才能发育成长，在成长过程中逐渐产生对周围世界的认识，形成"自我"，认识到自己是什么人，有什么特点，在与他人的关系中自己处于什么样的地位和作用等。与此同时，也产生了对自己的认识，即形成自我意识。

初生的婴儿只有一些天生的、固有的神经联系，他们还不能把自己从环境中区分出来。随着年龄的增加，通过对周围外在世界的探索，在与他人交往中，观察他人的态度，关注他人对自己的评价和判断，并把这些他人的态度、观点内化和整合为自己的心理模式，并以此作为评价和调整自己行为的标准，这就是个体自我意识形成的过程。由此可见，自我意识其实就是在社

---

① ［法］列维-布留尔著，丁由译：《原始思维》，商务印书馆，2011年版，第496页。
② 张尧官：《人类意识发生发展的系统分析》，载《哲学研究》，1982年第2期。

会生活过程中个体对人际关系和社会关系的反映。"实际上，他人的认知与评价正是反映了当时社会规定的角色要求和群体的价值体系与价值观。由此可见，自我意识是社会评价的反映，是社会价值观的反映。"①随着年龄的增长，个体在与周围人们的交往中，尤其是通过与生活中重要他人的交往，逐渐把他人的判断内化为自己的判断。于是，个体就按照自己所想象的他人的观点来看待自己。随着时间的推移，个体自我意识中的自我态度也慢慢地脱离了他人的评价，成为自律的东西而发挥作用。

蒙台梭利曾指出："在儿童心灵中有着一种深不可测的秘密，随着心灵的发展，它逐渐展现出来。这种隐藏的秘密像生殖细胞在发展中遵循某种模式一样，也只能在发展的过程中才能被发现。"②婴儿在初生时期还没有自我意识，还区分不清自己与外界的区别。婴儿把自己的手、脚和周围的玩具视为同样性质的东西加以摆弄，吮吸自己的手和吮吸母亲的奶头、奶瓶的奶嘴一样。最初的自我意识诞生在童年期，标志是自我认识、自我评价、自我调节三方面较前有了很大改观。从童年到成年，个体的自我意识大体经历了以下四个阶段：

1. 童年：自恋。随着儿童感知运动水平的发展，儿童在游戏活动中逐渐产生了永久的客体意识，在与成人的交往中从自我感觉到自我表象又到出现最初的自我概念(以第一人称"我"称呼自己为标志)，这意味着儿童把自己从物我、人我混沌中分化出来，形成自我的独立个体意识。与此对应，出现"我要""给我"等意向活动。但是，儿童仍有强烈的"自我中心化"倾向，喜欢吸吮自己的手指，依赖自己的母亲，表现出一种"自恋"的自我意识状态。此时儿童的自我意识还是初级的，集中体现为儿童的自我评价还属于依存性自我评价，即只能以他人的评价作为对自己的评价，主要是对自己外部行为的评价，还不能体现内心品质。

2. 少年：自卑。少年较儿童接触生活的范围扩大，受外界他人影响愈发深刻，少年通过对各种角色活动的比较逐渐对自己的社会地位予以认识，独立行事的意识更加强烈，但潜在的各种自卑诱因也伴随少年成长过程之中。如在过分严厉而缺乏关爱、专制而缺乏民主的家庭环境中长大的孩子，自卑感往往比较重。家长过高的期望导致孩子追求完美会带来孩子的心理落差，家长包办代替太多会让孩子对大人产生被动、依赖心理，不自信容易带

---

① 俞国良：《社会心理学》，北京师范大学出版社，2006年版，第140页。

② ［意］玛丽亚·蒙台梭利著，马荣根译：《童年的秘密》，人民教育出版社，2004年版，第34页。

来自卑心理。在学校环境中，老师对学生做出不良的评价、不恰当的批评，有可能导致个体自卑心理的形成。当个体不被群体接受，或者感觉自己与其他同学有很大差异，也有可能形成自卑心理。个人因素中，性格内向、气质抑郁、生理缺陷，都会带来个体的自卑感。尤其是不能正确认识自己，缺乏成功的经验，过分看重自己的缺点和不如他人的地方，加之不良的个人归因方式和消极的自我暗示，更容易导致自卑。

3. 青年：自信。"自信是一个多维度多层次的心理系统，是个体对自己的积极肯定和确认程度，是对自身能力、价值等做出正向认知与评价的一种相对稳定的人格特征。"[1]青年由于受到社会、学校教育的熏陶，有了一定的人生阅历，对自己的认识逐步由表及里、由片面到全面、由现象进入本质。青年人通过一次次、一件件成功的经历与事例，积累了各方面的具体自信，如"学业自信是指个体对自身外语、动手操作和创造等方面的肯定和确认程度；社交自信是指个体在其社会交往中的信心；身体自信是个体对其外表体型、身体素质、健康状况及体育运动等方面的信心与确认度。"[2]具体自信的积累引发模糊性整体自信的出现。整体自信是类化的自信，抽象程度较高、比较稳定，反映了个体长期维持的一种基准水平。整体自信体现了个体对其个人能力等的整体认识与态度，具体包括个体对其自身能力、意志、性格、品德、特长等方面的认识。

到青年后期，个体已在头脑中形成了"我是一个什么样的人"的自我观念，即形成了一个直观与概括的特征相统一的"我"的形象。同时，由于意识到自己与客观世界的关系，青年也逐步在头脑中形成了"我要做一个什么样的人"的理想与人生观。"随着个体的成长，价值观体系逐渐形成，逐步有了稳定内化的自我评价标准，逐渐累积内化起个体的自信，这时的自信较为稳定，个体以自我价值观体系为基准，筛选出与自身价值观一致的东西作为评价标准，对自我进行评价。"[3]个体倾向将现在自我与过去自我加以比较，将自己的追求与成就加以比较，将自己与他人加以比较，并根据自身行为对自己做出客观判断，在现实生活体验中发现自身的长处和短处，从而选择对自己有利的自我实现方向。青年自我评价的发展表现为概括性，且具有以下几

---

[1] 车丽萍，黄希庭：《青年大学生自信的理论建构研究》，载《心理科学》，2006 年第 3 期。

[2] 同上。

[3] 车丽萍：《自信的概念、心理机制与功能研究》，载《西南师范大学学报（人文社会科学版）》，2002 年第 2 期。

个特点①：(1)概括的理论性，即不是就事论事，而是一种脱离一定情境从理论上进行评价；(2)概括的辩证性，即能辩证地看待自己；(3)概括的定型性，即能根据自己的性别特点来评价自己。正是通过这种长期的生活体验意义整合，才逐渐形成了个体稳固的自信心。可以说，自信是通过对人与环境互动过程中呈现的大量信息的认知加工逐步形成的。

4. 成年：自省。"所谓自省或内省、反省，就是自己反过来察看、审视和检查自己，就是自己察看自己、自己审视自己、自己检查自己，就是自我察看、自我审视、自我检查。"②人进入成年，生活阅历丰富，积累了更多的人生经验，若干观念和态度已经成熟且趋于稳定，已形成若干行为模式而不希望轻易更改。对自己的看法趋于实际，能将自身置于集体、社会的整体格局中确立自己的地位、价值。对自己的能力有了比较清醒的认识，不再抱有不切实际的幻想。一种发自内心的自我反思精神代替了盲目乐观情绪，能理智地进行自我批判，对人与自然关系、人与人之间的关系能从更高层次上理解。对自己的评价也趋于客观，从个别性评价过渡到多面性评价，不再抓住一点引发开去做出片面性结论。"对别人对自己的看法有清醒的认识，能洞察出他人所采取的态度背后的动机，不因其过高吹捧而沾沾自喜，也不至于因带有情绪性的贬低而放弃自己的原则和生活方式。"③

三、自我意识与社会发展的趋同

由上文分析可知，自恋是幼儿表现出的一种本能性特征。幼儿吮吸自己的手指、端详自己的肢体(动作)、保护自己的玩具、依恋自己的母亲……这些都是自恋本能的体现。自卑是一种童年精神，随着人际交往圈子的扩大，儿童崇拜父母师长，为可能失去他们的庇护而陷入孤独，忧心忡忡。他们不得不以服从、听话为代价换取父母师长的嘉奖和宠信。自信是一种青年精神，坚定自信，努力创造，纵情追求，大胆创新，不达目的绝不罢休。自省是一种成年精神，理智地自我批判，力求自我与环境的平衡与谐调。当代人类自我意识出现的自省倾向，表明人类精神已经接近成熟阶段。

人类发展史和个体成长史的结构模式近似，由幼年、童年、青年到成年是个人成长阶段的大致历程。与之相对应，人类自我意识也基本经历自恋、

---

① 聂锦芳：《论主体的自我意识》，载《晋阳学刊》，1994年第1期。
② 王海明：《论自省》，载《上海师范大学学报(哲学社会科学版)》，2007年第5期。
③ 聂锦芳：《论主体的自我意识》，载《晋阳学刊》，1994年第1期。

自卑、自信到自省的过程。人类自我意识本质上是一种实践意识，它随着社会实践方式的发展而发展，不同的社会生产方式人类有不同的自我意识表现形态。与采集实践相应，原始社会的人类自我意识形态是"自恋"——纳西索斯精神①；与农业实践相应，奴隶和封建社会的人类自我意识形态是"自卑"——西绪福斯精神②；与近代工业实践相应，早期资本主义社会的人类自我意识形态的"自信"——浮士德精神③；与现代工业实践相应，现代社会的人类自我意识形态是"自省"——哈姆雷特精神④。

　　具体而言，原始社会中人们开始意识到自我与对象的差别，意识到"我"的与众不同，个体逐渐从对象中凸显出来。"我"既然是优秀的，就必须保持住"我"的生存、"我"的特点。自恋在情感上是一种自我欣赏的体验，意识到自我独一无二，能够利用自身的特点克服远比自己强大的对象。进入农业社会，尤其是农耕文明下，个人力量臣服于自然规律，丰收与天灾交替、生存与疾病抗争。创造，剥夺，再创造，再剥夺，循环往复中的人们愈发觉得生存的矮小。原始人不会质疑自己的出身，而农业社会的个体意识到人神相去甚远，能够创造不能超越重复是农业实践的内在矛盾，人只好求诸自我之外神秘力量的支持。作为代价，便降低自己在神面前的地位，接受轮回的考验。⑤

　　随着近代工业文明的跃进，人类的自信意识得以建立与巩固。工业文明的本质上是持续的创造性实践，人对自然的关系由原来的利用自然为基础的创造转向以征服自然为基础的创造。"工业实践突破了个人肉体和自然环境的限制。机械系统完全受人的科学技术支配，不受自发的自然力量支配，可以不断更新，持续创造，使人越来越远离自然。"⑥工业时代的口号是"征服

---

① 纳西索斯为希腊神话中最俊美的男子。他爱上自己的影子，终于有一天他赴水求欢溺水死亡。众神出于同情，让他死后化为水仙花。

② 西绪福斯以其狡猾机智闻名，诸神处罚他不停地把一块巨石推上山顶，而石头由于自身的重量又滚下山去。诸神认为再也没有比这种无效无望的劳动更为严厉的惩罚了。

③ 浮士德精神是一种笃于实践的人世精神，是一种不甘堕落、永不满足的追求精神。

④ 哈姆雷特是出身高贵的丹麦王子，从小受人尊敬且接受了良好的教育，无忧无虑的生活使哈姆雷特成为一个单纯善良的理想主义和完美主义者。在他眼里一切都是美好的，他不知道世界的黑暗和丑陋面，他相信生活的真善美并且向往这种生活。然而当他的父亲死亡、母亲又马上嫁给叔父，再加上父亲托梦告诉哈姆雷特是克劳迪斯害死了他。在理想与现实之间，他陷入了深深的矛盾中，他的人生观发生了改变，他的性格也变得复杂和多疑，同时又有满腔仇恨不能发泄。

⑤ 邴正：《人类自我意识的历史演变》，载《求是学刊》，1992年第1期。

⑥ 邴正：《人类自我意识的历史演变》，载《求是学刊》，1992年第1期。

自然"，征服陆海空，向自然炫耀力量。自信在情感上是人类自我迷信，人征服自然的目的是成为统治自然的主人。正所谓物极必反。工业文明是把双刃剑，机械化、现代化既是创造，又是破坏。创造和破坏的矛盾彰显了实践自身肯定与否定、有利与有害、积极与消极的利弊消长。便捷的交通、多元的产品、移动互联……人们在享受工业化成果时也遭受着其恶果的威胁：环境污染、生态破坏、能源短缺、核战争威胁。

于是，一种发自内心的自我反省精神取代了盲目乐观情绪。人类在认识上开始自我批判，开始辩证地看待人类的自我特征。人性有缺陷、理性也有限度，二者都不是绝对的，因而不能自我迷信。自省在意志上是重新调整人和自然的关系，由以人为中心，"人定胜天"，转向与自然协调，"天人共存"。自省在情感上是自我清醒，不一味陶醉于以往的胜利，而把着眼点朝向人类的未来。人类的未来不是既定的，而是可抉择的。这就要求人类必须认清自我，根据自我的发展趋势设计发展道路。

四、个体童年是人类童年的复演

儿童与人类幼年的思维特性有着相似之处，这种相似性首先体现在儿童与人类幼年凭借天真的本性，感性的直觉去认识事物和把握规律。比如，儿童与原始人都具有"泛灵论"的思维特点，他们总是喜欢与动物或植物交朋友，同它们说话，相信它们也有语言和感情。共同认为许多物品都有灵性和意识，有一种拟人化甚至超人化的神秘力量。儿童思维像原始思维一样，具有"我向"特点，思考问题以自己为出发点，"地球中心说"和"人类中心说"可以认为是这种"我向"思维方式的最好佐证。早期儿童也像原始人一样，以直观动作思维和具体形象思维为主，如儿童在语言学习中总是先学会实意名词和动词，然后才掌握抽象概括类名词及描述性形容词。皮亚杰认为："在心理进化的开始，自我和外在世界还没有明确地分化开来，这就是说，婴儿所体验到和所感知到的印象还没有涉及一个所谓自我这样一种个人意识，也没有涉及一些被认为自我之外的客体。这种印象只是一个未经分化的整块或一些散布在同一平面的事物，它既不是内在的，也不是外在的，而是在这两端之间的一种中间状态。相反的这两端只是后来逐渐分化出来的。于是由于原始这种浑然一体的情况，一切被感知的事物都成为主体本身的活动。"①

从总体上而言，原始思维以"主客体不分"为主要特征、以"集体表象律"

---

① ［瑞士］让·皮亚杰著，傅统先译：《儿童的心理发展》，山东教育出版社，1982年版，第31页。

为反映形式、以"原逻辑"的"互渗"为基本规律的。皮亚杰在研究发生认识论时，也深入研究了史前人类的概念形成过程。从1929年开始，皮亚杰先后用了十年时间，研究了数学、物理学等学科主要概念的形成史。通过研究，他发现科学史上某些概念的形成和发展，与儿童智力的形成和发展常常是相互对应的。比如，在数学发展史上，康托尔作为基础用以建立集合论的一一对应关系，在儿童身上也可以详细地观察到；布尔巴基的三个"矩阵结构"的初级形式也可以在儿童具体运演阶段上观察到①。皮亚杰还发现，科学史上"那些最有抗变能力的概念，同时也就是那些从心理发生甚至生物发生的观念来看最为根深蒂固的概念。"②运用儿童智力发展的规律，可以合理地解释哲学史上出现的许多现象，甚至还能弥补所有的科学史都存在着的共同缺陷。"摆在我们面前的唯一出路，是向生物学家学习，他们求教于胚胎发生学以补充其贫乏的种族发生学知识的不足，在心理学方面，这就意味着去研究每一年龄儿童心理的个体发生情况。"③

　　哲学家杨适在研究西方哲学发展线索时注意到，皮亚杰所发现的儿童思维发展的规律及其阶段划分"同我们这里所研究的对象，有一种惊人的类似"④。以古希腊人为例，英雄时代结束之前的思维发展表现在原始思维和神话史诗里，大致与儿童出生到六七岁时的情思相当；而从泰勒斯起到赫拉克利特的原始哲学阶段所发展的思维能力，同六七岁到十一二岁的儿童中期水平相当；最后，在古典时代的哲学，则同儿童后期（向成人过渡的前青年期）的"形式思维"形成时期相当。杨适认为，个体智力必须以凝缩的形式在较短的时间里走过人类已走过的历史道路，使儿童到成年时能在智力上达到与现实生活相一致的水平。"胚胎学和古生物学的规律有惊人的类似，而研究儿童智力的发育就是研究精神的胚胎学，研究古代人类的思想发展形态就是精神的古生物学。这两方面的研究是可以相互启发与印证的。"⑤章韶华在研究人类"类生命过程"时，将类生命过程分为4个阶段，并把这4个阶段与人类个体生命的4个年龄阶段相对应："胎儿阶段"——"化石智人"前的阶段，"婴幼儿期"——"化石智人至原始社会末期"，"少儿阶段"——"奴隶社

---

① 　［瑞士］让·皮亚杰著，王宪钿等译：《发生认识论原理》，商务印书馆，1981年版，第77—78页。

② 　同上书，第86页。

③ 　同上书，第13页。

④ 　杨适：《哲学的童年》，中国社会科学出版社，1987年版，第778页。

⑤ 　同上书，第779页。

会到本世纪中叶（20世纪）"，"少儿"到"青年"的过渡的阶段或"青少年阶段"——"开始于本世纪下半叶的阶段"①。

如何解释个人与人类思维发展的一致性？不同学者从各自领域展开了深入研究，生物学家对于个体与类生物发生的一致性提出了自己的证明。从冯·贝尔的"胚胎学"到达尔文的"进化论"再到海克尔的"重演律"，生物学界大多认可个体与类生物发生具有一致性。这方面尤以海克尔的重演律最为著名，认为生物在个体发育过程中会重现其祖先的主要发育阶段。人的个体胚胎发育是对人类产生以前的整个生命史的复演：从受精卵开始（对应与生命进化史开端的单细胞生物），经过桑椹期、囊胚期和原胚期等阶段，然后形成与其他脊椎动物同类的器官系统，而人类专有的特征则在胚胎发育的较晚期才出现。

基于生物学的研究成果，心理学家和人类学家将这种个体与类的发展一致性作为研究方法，在个体与类精神发生具有一致性方面做出了大量研究，认为儿童精神的发生也是对种系精神发生的浓缩重演。意大利哲学家维柯在《新科学》把原始人类的思维同孩童相比，指出："原始人像人类的儿童，他们对于事物还不会构成理智的类概念，因此他们有一种自然的需要去创造诗意的人物。这种人物就是以形象来表示的类概念或普遍概念。"②黑格尔认为个体思想、意识与人类精神的发生史具有一致性，二者之间存在着平行关系。"每个个体，凡是实质上成了比较高级的精神的，都是走过这样一段历史道路的……"这段历史道路就是作为人类的"普遍精神所走过的那些发展阶段"，"这些阶段是作为精神所已蜕掉的外壳，是作为一条已经开辟和铺平了的道路上的阶段而被个体走过的。这样，在知识的领域里，我们就看见有许多在从前曾为精神成熟的人们所努力追求的知识现在已经降低为儿童的知识、儿童的练习，甚至成了儿童的游戏；而且，我们还将在教育的过程里认识到世界文化史的粗略轮廓"③。于是，关注人类整体的意识演变历程对于研究少年儿童的思想意识特性具有基础性、奠基性意义。实际上，任何个体的生成都可视为人类历史的结果，"我们之所以是我们，乃是因为我们有历史……我们在现世界所具有的自觉的理性，并不是一下子得来的，也不是从现在的基础上生长起来的，而是本质上原来就具有的一种遗产，确切点说，

---

① 章韶华：《宇宙精神》，中国广播电视出版社，1995年版，第369页。

② ［意］G.维柯著，朱光潜译：《新科学》，商务印书馆，1989年版，第161页。

③ ［德］黑格尔著，贺麟等译：《精神现象学》上卷，商务印书馆，2009年版，第20—21页。

乃是一种工作的结果，——人类所有过去各时代工作的成果……通过一切变化的因而过去了的东西，结成一条神圣的链子，把前代的获创给我们保存下来，并传给我们。"①恩格斯在《劳动在从猿到人转变过程中的作用》中，也依据当时的胚胎学和心理学的研究成果，更加明确地指出过："正如母腹内人的胚胎发展史，仅仅是我们的动物祖先从虫豸开始的几百万年的肉体发展史的一个缩影一样，孩童的精神发展是我们的动物祖先、至少是比较近的动物祖先的智力发展的一个缩影，只是这个缩影更加简略一些罢了。"②刘晓东也曾经说，儿童的正在生长着的生命是他的历代祖先所组成的生命进化历程的浓缩了的重演③。由这些学者的论断可知，儿童身上内藏着原始生命力的冲动、生物进化的历程、人类文明的进程等一些神秘力量。这在一定程度上表明，儿童身上蕴藏着人类祖先的遗迹，从而成为历史之子。

　　个体与人类精神发生的一致性规律一经被人们所意识，就自觉或不自觉地成为人们思考人类文化或精神现象的一种方法论。受黑格尔和达尔文影响的心理学家们，也开始自觉不自觉地把个体与类发生的一致性作为方法论原则。霍尔是20世纪初期最具有代表性地运用复演论解释个体心理发展的心理学家。他认为，胎儿时期的发育是复演了动物进化的过程，而出生后的个体发展则是复演了人类进化的历史。个体在幼儿阶段的心理及活动表现出人类远古时期的那种极不稳定的特征，8—12岁的儿童知觉敏锐，但安全意识、道德认知、人际理解及同情等能力都十分薄弱，这正是远古时期人类的精神特征。此后，少年时期感觉敏锐、记忆力强的精神，暗合于机械训练的中世纪文化特征，而青年期发展又是反映着新近人类时代的精神状况。施太伦在划分儿童心理发展的年龄阶段时，也是以复演说为理论根据的；鲍德温专门著书《儿童与种族的心理发展》来推进这方面的研究；格塞尔认为"儿童的机体必须集中和重新组织祖先的基本经历"。人文学科中，众多学者也自觉不自觉地把个体与类发生的一致性作为方法论原则，如泰勒的《原始文化》、列维-布留尔的《原始思维》等，都有大量将原始人与现代文明中的儿童进行类比的一些内容。

　　精神分析学派的心理学理论也把个人与人类精神发生的一致性作为方法

---

　　① ［德］黑格尔著，贺麟、王太庆译：《哲学史讲演录》第1卷，商务印书馆，1959年版，第7—8页。

　　② 《马克思恩格斯全集》第20卷，人民出版社，1971年版，第518页。

　　③ 刘晓东：《儿童文化和儿童教育》，教育科学出版社，2006年版，第21页。

论原则之一。弗洛伊德的人格结构学说中，作为"本我"人格组成成分的潜意识是个体精神发展中先天地携带着的内驱力量，具有原始性和非逻辑性。带有遗传倾向的"本我"代表着有机体的过去，"本我"是遗传的、集体共有的；"自我"是从本我中分化出来的，它具有个人性质；"超我"是人性中较高级的、道德的、精神的方面，当然，"超我"的内容与来自先验的、遗传的内容不可分割。荣格则发现，人生下来后就具有思维、情感、直觉等先天倾向，具有以某些特别的方式做出反应和行动的先天倾向，这些倾向完全不依赖于个人的后天经验。人的心理是通过进化而预先确定的，"童年不过是一种过去的状态而已。正如发育中的胚胎从某种意义上揭示了我们种族发生的历史，因此儿童的心理便重演了尼采所说的'人类早期的功课'。"①荣格所极力关注的个体精神生活中的所谓"集体无意识""原型"，在其来源上更是被他归结成作为类的"集体心理而不是个人心理"。集体无意识是由遗传保留的普遍精神，而它的"原始意象"通过遗传沉淀为原型。

总之，人类进化史上最早出现的活动，在个体发展中也最早地表现出来，而比较高级的、由意志控制的行为品质则要到年长时才出现。"认识中的这种个体发生与种系发生的'重演'关系，是历史地和辩证地结合在一起的。从历史的视角看，人类认识的种系发生是历史上延续千百万年的准人类的和原始人类之无数个体认识的发生过程中实现的。因此认识的种系发生离不开个体认识的发生和进化。但就这一漫长的历史过程而言，每一代的个体认识都以一定的方式和水平重演着其前的人类认识发生的大致历程，因而使人类认识进化的成果，能够得以保持、延续和巩固，并实现了认识的种系发生的质变。"②儿童与外界联系的感性方式就是人类进化史的积淀，是"以往全部世界史的产物"。整个儿童期，个体都在复演人类进化史上的演变过程，都在复演远古祖先的文化，"这种过程也是大脑从最古老的（也是最基础的）形态向最年轻的（也是最高级的）形态、从最古老的部位向最年轻的部位发育、成长的过程，也是人类逐步占有全部大脑的进化成就、逐步拥有生物进化的遗产和精神文化遗产的过程。"③儿童身上浓缩和积聚了千百万年以来历

---

① ［瑞士］荣格著，刘光彩译：《怎样完善你的个性》，中国国际广播出版社，1989年版，第148页。

② 李崇富：《现代哲学思维的智慧》，清华大学出版社，1996年版，第117页。

③ 沈琪芳、应玲素：《儿童诗性逻辑与中国儿童文化建设》，浙江大学出版社，2009年版，第18页。

代祖先的生命经验，在这个意义上讲，"儿童乃成人之父"①。伟大的哲学家老子就曾指出，成熟的有智慧的圣人的精神状态与儿童具有一致性。一个人到达人生智慧和真趣的极致，便是"复归于婴孩"，拥有一颗真纯朴素的童心。

当然，无论是生理还是精神的发生，个体的人对于系统进化（自然的生物进化和人的精神或文化进化）的复演绝非是机械的、被动的、直线连续的、原样照搬的重复。正如胚胎学家威尔逊所说："个体发生经常表现的，并非祖先历史的确切的记载，而是多少有些模糊与不连贯的陈迹。"②简单把个体与类的发展过程机械等同起来是非辩证的，个体发展对于人类进化的历史复演是一种能动扬弃、简约浓缩、跳跃创造式的复演。复演不是复归，正是因为人类在进化中的能动性，个体的成长才不必只是复演人类的精神历史而停滞于已有的文化成就中，而是不断有所发明和创造。如此，人类的精神文化就得以不断地向前迭进和传承，人类也就历史地"处在变易的绝对运动之中"③。恰如柏格森所说的，生命进化是一种不停顿的崭新创造，它的"总体进程中存在着不可预见的形式创造"④。

第二节　儿童思想意识发展的阶段特性

儿童精神成长存在阶段性，这一观点在哲学界、心理学界、教育界和生物学界都已形成共识。儿童精神成长的每一阶段都有其历史渊源和逻辑前提，而且又都为后来的发展阶段做准备。阶段的连续性是先天与后天的相互作用和辩证统一的结果，外部条件不能影响发展阶段连续的次序、时间或速率。

一、皮亚杰及后人的儿童发展阶段论

婴儿一出生，就通过本能的生存活动与人、事物和自身建立起最初的意义世界，"世界"在个体的生存视域中逐步展开。儿童不断参与事物的过程就是事物一步步地面向意识显露出来的过程，而意义的显示过程正是儿童思想意识的发展过程。儿童精神发生过程随着生理结构、心理特征、社会交往的

---

① ［美］霍尔著，李浩吾译：《青年期的心理和教育》，世界书局，1929 年版，第 2 页。
② 丁海东、杜传坤：《儿童教育的人文解读》，山东教育出版社，2008 年版，第 10 页。
③ 《马克思恩格斯全集》第 46 卷上，人民出版社，1979 年版，第 486 页。
④ ［法］亨利·柏格森著，肖聿译：《创造进化论》，华夏出版社，2000 年版，第 42—43 页。

扩大化而呈现出一定的阶段性特征。而论及儿童的心理发展阶段理论，皮亚杰首屈一指。皮亚杰认为儿童经过婴儿、幼儿直至少年时期，其思维发展主要经历四个阶段，包括感知运动期、前运算时期、具体运算阶段、形式运算阶段。具体而言，各个阶段的主要内容如下：

第一，感觉动作阶段（出生—2岁）。此阶段是儿童思维的萌芽阶段。幼儿思想意识的提升集中体现为感觉和动作的分化，初生的婴儿只有一系列笼统的反射，在接触外界事物时能利用或形成某些低级行为格式。这一阶段的儿童只有动作的智慧而没有表象的和运算的智慧，是自主言语出现以前的时期。随后的发展便是组织自己的感觉与动作以应付环境中的刺激，他们仅靠感知动作的手段来适应外部环境，了解事物的最简单的关系。到这一阶段的后期，感觉与动作才渐渐分化而有调适作用的表现。

根据儿童所表现的行为模式，这一阶段又分为6个小阶段。

（1）反射练习时期（0—1个月）。此阶段新生儿的行为多为遗传性反射活动，如吸吮、眼动和抓握等。婴儿在这一阶段尚不能觉察周围的东西，甚至不能觉察自己的存在，分不清物与我，缺乏自我意识。

（2）习惯动作时期（1—4、5个月）。此阶段逐渐形成最初的"惯性行为模式"，这种模式无法区分目的和手段，仅仅是达到目的的一系列必要动作。此时动作变得较为协调，出现初级循环反应，学会抬手到嘴边，但还不能摆弄外物。儿童在先天反射基础上，通过机体的整合作用，把个别的动作联结起来，形成了一些新的习惯。习惯的获得是通过两种器官（如视和听）的活动间的联系实现，如寻找声源，用眼睛追随运动的物体[1]。

（3）有目的动作逐步形成时期（4、5—9个月）。此阶段的主要特征是视觉与抓握的协调，开始摆弄身旁所看到的东西，出现涉及外界物体的二级循环反应[2]。儿童的活动便不再囿于主体自身，而开始涉及对物体的影响。有目的动作始于儿童开始领悟到对象与对象之间的关系，并能利用这种关系达到自己的目的。9—10个月的婴儿知道东西离开自己的视野仍然存在，会找遮盖物后面的东西。

（4）手段与目的分化并协调时期（9—11、12个月）。此阶段的特征为手段和目的之间的协调，婴儿行为的目的性增强，开始预料行为的效果。开始

---

[1] 丁芳、熊哲宏：《智慧的发生：皮亚杰学派心理学》，山东教育出版社，2009年版，第113页。
[2] 二级循环反应（secondary circular reactions）。皮亚杰提出的感知运动阶段的第三亚阶段，是指向外部客体的愉快反应，它也是婴儿偶然发现并会反复做出的反应。

有意地运用已有行为模式去达到一定目的，出现比较完备的实际智力即通过动作解决问题的智力。此时的智慧活动不再是利用单一行为去应付问题，而是通过行为意识的组合和协调实现预定的目的。例如，儿童拉成人的手，把手移向他自己够不着的玩具方向，或者要成人揭开盖着物体的布。这表明儿童在做出这些动作之前已有取得物体的意向。"不过，这个阶段的儿童只会运用在同化格式中已有的行动格式，还不会创造或发现新的动作顺化世界。客体永久性的观念在此阶段开始出现。当正在玩耍的玩具被拿开以后，儿童知道去寻找。"①因果律的观念也始于这一时期，例如，当父母摆动玩具的手停下来后，儿童会拉动父母的手，要求父母继续下去，这说明儿童已理解了父母的手（原因）和玩具的摆动（结果）之间的关系。

（5）新的手段形成时期（11、12个月—1.5岁）。此阶段的特征为发现新手段，对不同的物体会做略为不同的动作，关注会出现什么结果。当儿童偶然发现某个感兴趣的动作结果时，不只是重复以往的动作，而是在重复中做出一些改变，开始第一次通过尝试错误而有目的地通过调节来解决新问题。"也就是说，儿童已不满足于把已有格式联系起来解决问题，而要积极地尝试可能的结果，去发现解决问题的新方法。"②以自家的小孩（13个月）为例，引导他拿面包虫去喂鹩哥时，他能捏着小虫到鸟笼旁，但由于惧怕鹩哥啄手便把面包虫交到大人手中并指向鹩哥。

（6）感知运动智慧的综合时期（1.5—2岁）。这是感知运动结束、前运算阶段开始的时期，这一时期儿童的智慧活动开始摆脱感知运动的模式而向表象智慧模式迈进。此时期的显著特征是除了用身体和外部动作来寻找新方法之外，开始在头脑里用"内部联合"方式解决新问题。婴儿开始由感觉运动向心理意象活动过渡，能对不在眼前的物体产生意象，开始有象征行为。行动之前能在头脑中思考动作，寻找解决问题的新方法。

总而言之，在感知运动阶段，儿童没有语言和表象，只有感知和动作。此阶段是智力的萌芽期，儿童只能依靠自己的肌肉动作和感觉接洽外界事物。婴儿的各种思维活动都是跟他们当前对物体的感知，跟他们当前自身的动作紧密相连的。动作尚未内化，表现为外显活动，还不能在头脑中进行。自我和外在世界还没有明确分化，婴儿所体验到和所感知到的印象还没有涉及自我的个人意识。依赖着感知和动作的协调，儿童建构起复杂的动作图

---

① 丁芳、熊哲宏：《智慧的发生：皮亚杰学派心理学》，山东教育出版社，2009年版，第114页。
② 同上书，第113页。

式，脱离了以其身体和动作为中心的"自我中心主义"，逐渐形成了客体永久性。在这个阶段上，儿童把自己的感知觉投诸外在的、客观的物理空间中，除自己的动作外还没有世界的概念。通过与外界的不断交往，动作慢慢协调起来，并能有意识地进行简单的游戏活动。但游戏活动只是个体独立活动的任意行为，与成人、同伴之间还没有形成合作关系。开始接触外界准则，但规则对他们来说还不具有约束力，只按照自己的想象去执行规则。

第二，前运算阶段（2—7岁）。被认为是"表象或形象思维"阶段，又称前逻辑阶段。这时，儿童出现了语言和表象性思维，即依赖表象进行思维。随着语言的出现和发展，儿童开始用语言和表象来描述外部世界和不在眼前的事物，儿童也用语言与他人交际，以表象再现交际活动。表象虽然还不能给儿童带来运算，但是，表象所具有的信号性功能比起感知运动阶段的动作和知觉却大大前进了一步，扩大了儿童思维的时间和空间，使思维成为可能。前运算阶段的儿童出现了信号性功能，即能对当前并未知觉到的事物唤起表象，外在的感知运动模式内化成为表象或表象模式。信号性功能包括两类工具。第一类工具是"象征"，如角色游戏中的替代物，它是由一定目的引起的，同被信号化事物之间具有某些相似性，能由个体自己创造。第二类工具是"信号"，如语言，它们是任意的，或依从传统形成的，是集体性的，儿童是通过模仿的媒介来接收信号的。但在这一时期，儿童的语词或其他符号还不能代表抽象的概念，思维仍受具体直觉表象的束缚，难以从知觉中解放出来。

前运算阶段又可分为两个时期。①前概念期：约2—4岁。这一时期以出现符号功能和模仿为特点。由于表象的形成和言语的发展，幼儿能运用心理符号，语词或物体代替或表示不在眼前的东西。例如喜欢象征性游戏，如板凳模拟骏马。随着这一功能的出现，幼儿开始进行延迟模仿（原型消失后的模仿）。能运用语言，并形成心理意象，能使用符号在头脑中再现外部世界。②直觉思维期：约4—7岁。幼儿主要对事物的表面现象做出反应，根据所见事物的表面特点考虑事物间的关系，既无归纳推理也无演绎推理，只会从一特殊情况推到另一特殊情况，并将无关的事情说成有因果关系。儿童此时已开始从前概念思维向运算思维过渡，但他的判断仍受调节的限制，还不能真正认识事物本身。直觉思维的活动不是像运算思维那样通过在可逆性基础上营造的群集水平认知结构来调节的，它所依赖的调节仍然是直觉水平（集中于某一维度或离中于某一维度）的调节。这种调节尽管仍属知觉活动的范畴，但毕竟已开始从单维集中向连续两维集中过渡，而这一过渡正预示着运算思维的到来：当连续两维的集中得到可逆性的支持，知觉的图像从属于运转之际，也就实现了运算的调节。

这一时期，儿童没有守恒概念，不能进行可逆性运算，如认为同样多的液体换了不同形状的杯子，其液体量发生了变化。说明表象本身并不能产生儿童的运算结构，同时也说明，儿童这时的表象性智慧带有刻板性，注意到事物的一个方面时，却不能同时注意事物的另一方面。儿童这一阶段对宇宙的认识带有前因果性，常常追究偶然现象的因果关系。具有实在论和泛灵论的特点，不能区分心理的东西和物理的东西，认为凡是运动中的物体都是有生命有意识的。这时儿童思维仍以自我为中心，其语言很多是自言自语式的自我中心语言。他的道德判断具有他律性，即受他自身以外的价值标准所支配，还没有自律性，即还不能依据自己的主观价值标准来做道德判断。

在前运算阶段，儿童的行为模式至少有五种：(1)延迟模仿，原型消失以后，模仿才开始。它标志着表象的开端和信号物的开端。信号物在此是指用以代表某种事物的语言、心理表象和象征性的姿态等。(2)象征性游戏，也称伪装的游戏，儿童伴作一定的动作来游戏。在这种"伴作"中有鲜明的表象作支持。(3)初期的绘画或描绘式的表象。(4)心理表象。在这阶段，儿童的心理表象具有静态性质，是复写表象，即原型没有运动和变形。(5)初期的语言。能用语言"称呼"那些不在眼前的事物。这时语言不仅有模仿，还有言语的表象。

第三，具体运算阶段(约 7—11 岁)。具体运算阶段的儿童出现了"具体的运算"，思维开始具有较大的易变性，能解决守恒问题，出现了可逆性，能凭借具体事物或形象进行逻辑分类和认识逻辑关系，并能对具体事物进行群集运算。运算是内化了的动作，即在头脑中思维，它具有可逆性，能在事物之间建立联系。可逆性分为两大类：(1)逆向，如＋A 就是－A 的逆向；(2)互反，如 A＜B 就是 B＜A 的互反。这一阶段儿童能在事物之间建立联系，但他的运算是直接与具体事物相联系，必须以具体事物或形象为基础。所以，他具有的是"具体"的运算。这时，儿童获得了两种基本的运算能力和数量、空间、时间、速度、因果性、偶然性等概念。

随着认知的发展，儿童的社会化也在进一步发展。建立了具有互助协作性质的人际关系，出现了道德的自律性。自我中心语言逐渐消失，与同伴形成了互助协作的关系，基本克服了对成人既爱又怕的"单方尊敬"。出现了与成人之间的相互尊敬。在此基础上，出现了自律和公正感。前运算阶段的道德实在论即责任和价值完全由法律或命令决定，与儿童的人际关系无关的这种认识在逐渐消失。尽管具体运算能在动作之间建立联系无疑使儿童在认知和社会化方面都有一个飞跃，但它不能脱离具体事物和形象的支持，运算是比较孤立零散，缺乏综合性，不能组成完整的体系的。

此时儿童的自信、自尊意识和自主意识都逐渐增强，原先幼儿状态中的下意识正逐渐被现在的"我要……""我想……"所取代。国内外学者的研究表明，六七岁儿童在人际交往中表现出能从交往对方的角度反思和调节自己的反应，并逐步认识到有一个区别于外部表现的，内部的、真正的"我"的存在。小学低年级的学生能以第三者观察自己，对自己的观察也逐步从外部的、表面的特征深入到内心品质，从比较笼统、片面到比较细致、全面。到了五年级，学生表现出比较成熟的自我意识，出现了"观察者"自我意识。他们对自我关注、对自我价值敏感，在自我价值受挫时，表现出退缩反应。

第四，形式运算阶段（11、12 岁—14、15 岁）。相当于少年期（初中阶段）。所谓形式运算，就是可以在头脑中将形式和内容分开，可以离开具体事物仅根据假设来进行逻辑推演。能运用语词或符号进行抽象逻辑思维，能根据假说或命题进行逻辑演绎推理。个体形成了完整的认知结构系统，能进行形式命题思维，智力发展趋于成熟。认识超越现实，不需具体的中介事物。认识主体依据恒等性变换、逆向性变换、互换性变换和对射性变换等，进行形式运演。由于能用符号代替符号（比如代数中以 x、y 代替 1、2），此阶段的思维比具体运算阶段有更大的灵活性。逆向性和互反性[①]联合成一单独系统，因而能随心所欲地支配整个思维整合系统，进行复杂而完备的推理。能对一个问题提出可能的假设，并能详尽而系统地变换有关因素逐个论证所提假设，最后得出恰当的结论；甚至能根据实验的结果找出事物的规律并建立理论，还能对"运算进行运算"，即除了能思考具体事物外，也能思考自己的思维过程，能回想、分析一系列内心活动，评价自己的和别人的思想；能将不同的运算加以整合，形成适用于更大范围的高一级的运算。

这一时期，儿童摆脱了自我中心，不仅能适应现实，而且能依据已获得的演绎推理能力去预见未来，具有远大的理想，开始掌握理论，出现了道德上的自律和超越个人的新境界。这一阶段儿童考虑到了职业的选择，以满足

---

① （1）逆向性或否定性，即当逆向运算与相应的正运算结合时，整体便消去了，如＋A－A＝0；（2）互反性或对称性，即当 A＞B 时，则 B＞A 是它的互反。儿童自身的左右与对面人的左右，就是一个互反关系。皮亚杰认为，儿童在感知运动阶段和前运算阶段都不具有可逆性思维，只有到具体运算阶段才得以形成。在具体运算思维阶段，可逆性思维的逆向性和互反性是孤立出现的，到形式运算思维阶段，两者综合成一个有机整体。

自己改造社会和实现新理想的需要。

综上所述，皮亚杰认为儿童心理的发展具有连续性和阶段性[1]：(1)各阶段出现的年龄可能因人而异，但各阶段出现的次序是不变的。(2)每一阶段有一个整体结构，都是一个统一的整体。有其自己的行为模式作为主要特征。(3)两个相邻阶段间具有一定重叠。前一阶段是后一阶段的准备，后一阶段是前一阶段的发展。同时，皮亚杰认为影响儿童心理发展主要有四个基本因素[2]：(1)成熟，指机体的成长，特别是神经系统和内分泌系统的成熟，是儿童心理发展的必要条件。它为儿童心理发展提供可能，影响儿童心理发展的快慢。成熟作用的发挥依赖于机能的练习和经验的获得。(2)练习和习得经验，指个体作用于物体的动作练习和获得的经验，是一个主要且必需的因素。包括物理经验和逻辑数理的经验。物理经验是指个体作用于物体，抽象出物体的特性。逻辑数理经验指个体作用于物体，以理解动作间相互协调的结果。物理经验来源于物体特性，逻辑数理经验来源于主体动作间的协调，而不是来源于物体本身。(3)社会经验，指社会中人与人之间的相互作用和社会文化的传递。这是必需而重要的因素，但不是唯一的因素。它需要儿童主动地发挥同化作用，否则社会传递的作用无效。(4)平衡过程，是具有自我调节意义的平衡过程。它调节成熟、个体对物体产生的经验和社会经验三者的作用。儿童心理发展过程的各个结构都是在自我调节的平衡作用下得以形成。

关于人的心理，尤其是人格发展极具代表性的理论还有弗洛伊德[3]的五阶段说。弗洛伊德强调性的驱动力，以身体不同部位获得性冲动的满足为标准，将心理发展划分为 5 个阶段。

第一，口唇期(oral stage)(约 0—1 岁)。此时婴幼儿多以吸吮、咬和吞咽等口腔活动来满足本能和性的需要。第二，肛门期(anal stage)(约 2—3 岁)。此期儿童性欲望的满足主要来自于肛门或排便过程。第三，性器期(phallia stage)(约 4—5 岁)。此期儿童性生理的分化导致心理分化，儿童表现出对生殖器的极大兴趣，性需求集中于性器官本身。不仅通过玩弄性器官获得满足，而且通过想象获得满足。此期男孩会经历"恋母情结"(oedipus complex，俄狄浦斯情结)，女孩则经历"恋父情结"(electra complex，厄勒

---

[1]　[瑞士]J. 皮亚杰、B. 英海尔德著，吴福元译：《儿童心理学》，商务印书馆，1980 年版，第 114 页。

[2]　同上书，第 115—118 页。

[3]　西格蒙德·弗洛伊德(Sigmund Freud，1856—1939)是奥地利精神病医师、心理学家、精神分析学派创始人。

克特拉情结)。第四,潜伏期(latency stage)(约6—12岁)。此时儿童的兴趣转向外部世界,参加学校和团体的活动,与同伴娱乐、运动,发展同性的友谊。满足感来自于好奇心和求知欲实现。第五,生殖期(genital stage)(约13—18岁)。青春期性器官逐渐成熟,性需求从两性关系中获得满足,有导向的选择配偶,成为较现实的和社会化的成人。

弗洛伊德开创的精神分析学派所提出的诸多心理学理论及观点都不同程度地受到了来自科学研究的质疑和挑战。而由新弗洛伊德主义者埃里克森提出的心理社会性发展理论则是其中为数不多的得到了实证研究支持的一个理论。埃里克森认为,发展变化贯穿我们的生命。所有的人在生命中都面临着八种主要的心理社会危机或冲突。无论某个特定阶段的冲突成功解决与否,个体都会在生物成熟和社会要求的推动下进入下一阶段。

表5-1　埃里克森心理社会危机量表①

阶段划分	年龄范围	主要矛盾特征	核心问题	危机解决与否的表现
1	0—1岁	信任对不信任	我能相信他人吗	危机成功解决就会形成希望的美德;否则就会形成惧怕。
2	1—3岁	自主对羞怯疑虑	我能独自行动吗	危机成功解决就会形成自我控制和意志力的美德;否则就会形成自我疑虑。
3	4—5岁	主动对内疚	我能成功的执行自己的计划吗	危机成功解决就会形成方向和目的的美德;否则就会形成自卑感。
4	6—11岁	勤奋对自卑	与别人相比我是有能力的吗	危机成功解决就会形成能力的美德;否则就会形成无能。
5	12—20岁	同一性对角色混乱	我到底是谁	危机成功解决就会形成忠诚的美德;否则就会形成不确定性。
6	21—24岁	亲密对孤立	我为某种关系做好准备了吗	危机成功解决就会形成爱的美德;否则就会形成混乱的两性关系。
7	25—65岁	繁殖对停滞	我留下我的痕迹了吗	危机成功解决就会形成关心的美德;否则就会形成自私自利。
8	66岁—死亡	自我完整对失望	我的生命最终是有意义的吗	危机成功解决就会形成智慧的美德;否则就会形成失望和毫无意义感。

---

① [美]赫根汉著,何瑾、冯增俊译:《人格心理学》,海南人民出版社,1986年版,第169—171页。

二、少年儿童思想意识的过渡特性

在一定的社会环境及教育条件下，儿童从出生到成熟大致历经六个重大时期：乳儿期、婴儿期、学前期、学龄初期、少年期、青年期。不同时期意味着不同的年龄阶段，每一阶段的时间长短不一，少则一年，多则三四年不等。在个体成长过程中受诸多不同条件限制，具体到每一个时期或阶段的时距也会有所差异。但从总体过程而言，这些时期或阶段的"序"及时距，基本上是恒定的。少年儿童思想意识的阶段性同义于过渡性，因为阶段划分不是泾渭分明的，而是一个循序渐进、螺旋式上升的过程。从整体性的视域分析，10—14 岁的少年儿童在身心、思想方面的渐变特征十分明显。少年儿童时期是个体成长历史中最多矛盾与冲突的时期，也是人的一生中最多成长特征的时期，真正是那种自己以为是大人，而在大人眼里却是孩子的时期。从发展成长着的主体自身而言，这正是"少年维特之烦恼"发生的时期，这的确是个最具有过渡特征的时期，过渡之后，就是通常所说的十六岁的花季了。

第一，身体和生理机能急剧变化。此阶段的少年儿童正处于青春发育期的早期，是个体生长发育的第二个高峰期。在这一时期，少年的身体和生理机能都发生了急剧变化，主要表现在身体外形的改变、内脏机能的成熟及性成熟三个方面。

就身高而言，人身高的增长有两个高峰，第一次高峰发生在 1 岁左右，身高一般增加50％以上；第二次生长高峰就出现于10—14 岁，之前儿童平均每年长高 3～5 厘米，而在青春发育期每年至少要长高 6～8 厘米，甚至可达到10～11 厘米。少年期身高变化因性别不同而略有差异，男生进入身高生长加速期的平均年龄是 13 岁左右，14 岁左右达到生长高峰，然后生长速度逐渐下降，到15.5 岁时，又退回到以前的生长速度。女生一般早于男生近两年，从 9 岁左右开始进入身高生长加速期，12 岁左右达到生长高峰。

就体重而言，我国城市男生在 13—15 岁时体重增加最快，平均每年增长 5.5 公斤，14 岁是增长高峰，15 岁以后增长速度迅速下降。城市女生在 11—14 岁时体重增加最快，平均每年增长 4.4 公斤，12、13 岁是增长高峰，14 岁后增长速度迅速下降。初中三年级以后，男女生的体重已接近成人。

随着第二性征的出现，少年儿童开始从童年的中性状态进入到两性分化状态。在男生身上，第二性征主要表现为喉结突出、嗓音低沉、体格高大、肌肉发达、唇部出现胡须、周身出现多而密的汗毛、出现了腋毛和阴毛等。在女生身上，第二性征则表现为嗓音细润、乳房隆起、骨盆宽大、皮下脂肪较多、臀部变大、体态丰满、出现了腋毛和阴毛等。

第二性征的出现随之带来性意识的萌发。尤其是对刚刚步入初中阶段的少年而言，一般会经历疏远异性阶段、接近异性阶段和恋爱阶段。与异性交往时往往会感到害羞、不安或反感，导致心理上和行为上疏远异性。随着年龄的增长、生理和心理的进一步成熟，青年男女之间会产生一种情感的吸引，相互怀有好感，对异性表示出关心，萌发出彼此接触的愿望。随着生理上的进一步成熟及社会生活的全面影响，青年男女之间开始萌生爱情。他们仅把特定的异性视为自己交往的对象，互相关心，相互爱慕，从而进入恋爱阶段。这个阶段的爱情多以精神内容为主，重视纯洁的感情，较少受感情以外的现实的东西影响。

第二，从情感发展上分析，此阶段的少年儿童正处于"多梦"的年龄阶段，有"疾风骤雨"和"心理断乳期"之说，几乎人类的所有情绪都可在他们身上体现出来。主要表现为：好奇心强，逆反心重；情感丰富，意志薄弱；心理素质较差，抗挫能力弱。少年期的情感时而振奋、奔放、激动，时而动怒、怄气、争吵、打架；有时甚至会泄气、绝望。世界观正在逐步形成，对家长、教师、他人有了自己的看法。有了心底的秘密，愿意自己独立处理问题，不愿意成人过多地管教，自己的事情不让成人过问。家长若不注意伤了他们的自尊心，就容易诱发其逆反心理。"进入青春期以后，青少年的情感逐渐变得丰富起来，但由于社会阅历不深，世界观、价值观尚未定型，常常容易感情用事。生活中如果遇到矛盾，感到委屈或者不满，他们便会不假思索地去争吵、怄气，认为都是别人的错误，甚至一气之下，做出严重的反社会行为。"[1]

第三，从认知能力和思维发展方面分析，此阶段的少年儿童开始从具体形象思维向抽象逻辑思维过渡。青少年思维发展的基本模式是由形象思维、抽象思维过渡到辩证思维，主要特点是思维逐步符号化。"与具体运算阶段的儿童相比，他们发展了抽象的、科学的思维能力。思维的概括能力增强；能使用假设检验和更加一般的逻辑规则进行思考，不再借助于具体事物和事件；思维活动中的自我意识成分增多，思维的反省性和监控性明显提高；辩

---

[1] 司继伟：《青少年心理学》，中国轻工业出版社，2010 年版，第 8 页。

证思维能力增强，看问题不再那么绝对化；思维的创造性也迅速发展。"①思维的感性材料和理性材料进一步完善，个体思维品质呈现明显的差异性。少年儿童思维的监控或自我调节能力也在日益加强，观察、记忆、想象、情感、意志等因素逐步在思维中发挥作用。抽象逻辑思维逐渐成为少年儿童的主要思维形式，逐步学会区分概念的本质属性和非本质属性，并且学会掌握初步的科学定义，学会独立逻辑论证。

皮亚杰认为，在形式运算阶段，"现实性"和"可能性"在个体思维中的主导地位发生了逆转。"可能性"已不像以前仅仅是个体行为或经验的延伸，它可能先于"现实性"出现。事实和实验均表明，初中生在面临智力问题时，并不是直接去抓结论，而总是通过首先挖掘出隐含在问题材料情境中的各种可能性，再用逻辑分析和实验证明的方法对每种可能性予以验证，最后确定哪种可能性是事实。"对于初中生来说，他们已认识到了现实只是包含于由事实和假定构成的总体中的一个子集，它通常并不直接出现于我们面前，而需要用逻辑方法去搜寻。正是由于初中生已具有了这种建立假设及检验假设的能力，才使得他们的思想相对于童年期更具有深度、广度、精确性和灵活性。"②

第四，向新的社会角色过渡。伴随第二性征的出现，少年儿童的成人意识开始显现。自我感觉已不再是小孩，开始把自己置身于现实关系系统的成人位置上。渴望独立自主、不受成人的限制和约束，愿在人格上受到尊重。由于社交意识和活动能力明显加强，少年儿童学校圈子内的社交模式和场所已不能适应其需要，有些学生凭兴趣爱好参加各种校际、校外的社交活动，结交朋友意识与能力不断提高。特别是在瞬息万变的信息时代，青少年们耳濡目染、见多识广，在某些方面甚至比成人还懂得多、知道得早，这使他们更有理由觉得自己可以与成人平起平坐。随着成人感的加深，青少年一方面希望参加成人的活动，另一方面希望享受成人的权利。已不满足于"你讲我听""你说我干"的顺从心理和崇拜心理，而是要求在平等的基础上重新建立新型的人际关系。

三、当前我国少年儿童思想意识的主要特征

就我国当前 10—14 岁的少年儿童而言，他们均出生于 21 世纪，属于

---

① 林崇德：《发展心理学》第 2 版，人民教育出版社，2008 年版，第 330 页。
② 同上书，第 331—332 页。

"00后"一代。他们的父母多为"70后"的一代人，加之转型时期的中国发展现状，均给了他们特殊的内外部成长环境，其思想意识也表现出一定的时代性、特殊性。

第一，生理发展提前，心理发展滞后。心理发展落后于生理发展在当代少年儿童的身上表现得尤为突出。随着我国经济的飞速发展，人民生活水平的改善，当代少年儿童身体发育比他们的父辈更早更快。但由于个体的心理过程（记忆、想象与思维等）和心理特征（能力、气质与性格等）需要一个逐步受教育影响与经验濡化过程，这个历程的前移常常表现出渐进性、稳定性等特点。这些特点自然要与生理的快速成熟形成矛盾，从而使得心理发展滞后于生理发展。一方面，当今的孩子都很善良。当今的孩子是浸润在暖爱中长大的，在一个物质丰厚的时代里长大的人多会善良且富有爱心。他们同情弱者，爱怜别人。社会上的各种志愿者协会、各种 NGO 组织、各种爱心志愿者多半以上的会员都是未成年人。另一方面，当今都市孩子现实感非常弱。当今都市孩子从小到大一切现实事务都被替代了，他们只知道好好学习，而我们的学校也没有提供给孩子处理事务的可能性，除了学习和补课没有其他活动。孩子在现代化的电脑世界里生活，现实感很弱。他们在虚拟的世界体会到真实感，在真实的世界里有虚拟感，这就是他们的特征。

第二，心理内容丰富，矛盾冲突增多。随着现代学习资源的丰富，教育和文化环境的改善，特别是各种各样的图书资源、电视、互联网等为少年儿童提供了极为广阔的学习天地和获取信息的途径。他们不仅对探索和理解各种各样的自然现象有浓厚的兴趣，而且对各种社会现象充满热情；不仅对身边发生的事情感兴趣，而且希望通过各种媒介了解世界各地发生的事情。思维活跃，不满足于老师提供的现成答案，喜欢提出新的问题……但是，他们还缺乏解决复杂问题的能力，多元化经济发展导致人们价值取向多元化，使少年儿童在道德评价、道德行为中出现了一系列困惑与迷茫。

第三，自我意识高涨，自我控制欠缺。当代少年儿童更加关心自我、凸显自我，自由、竞争、民主等观念普遍为其所接受，由此表现出一些强烈的自我意识和自主精神。主体意识增强，具有较独立的思维、自信心、自主性，具有较强的权利观念。同时，当今的孩子对话语权要求很高。民主的家庭氛围、信息交流平台与渠道的多元化使得他们遇事喜欢和成人平等对话，一旦剥夺这个机会，则成人的话语多被视为耳旁风。正所谓"过犹不及"，潜在的不利因素也随之而来。"一是容易放松对自己行为的约束，不愿接受老师家长的批评和教育，不易服从组织领导，表现出很大的逆反心理，甚至对错误也固执己见，即便给予纪律处分也难以解决其思想认识问题。二是学生自主意识和集体观念反差太大，狂妄自大，唯我独尊，不把集体放在眼里，不愿参加集体活动，对班级工作漠不关心，喜欢在自己的小圈子里聊天聚会。"①也有许多学生不愿接受规章制度的约束，对一些具体规定持抵触情绪，认为学校和老师干涉太多、管得过严等，从而导致违纪行为时有发生，有的甚至走上违法犯罪的歧途。

第四，社会化加速，个性化突出。当代少年儿童热情地投入社会、关注社会，主动接受社会的影响，从而使得社会化进程加速。原因主要有三：第一，当代社会信息发达，使少年儿童对社会和成人世界的了解更为方便和快捷；第二，当代社会为少年儿童提供了诸多融入社会的机会，如参观、旅游、社会调查和社会兼职等；第三，随着自身能力发展、自信心增强和社会适应需求增多，少年儿童社会参与意识大大提升。部分少年儿童追求生活高标准，大搞生日晚会、同乡聚会。追求名牌、早恋现象也开始出现，推崇"不为将来如何，只为现在拥有"。集体活动要求形式新颖、内容新奇，对传统的班团活动，文体比赛等集体活动不感兴趣，进而追求时髦的卡拉 OK、电视点歌、野外郊游等活动。艰苦朴素，勤俭节约观念大为淡薄，在校内讲排场比阔气，视大手大脚花钱为有气魄，互相请客送礼成风，铺张浪费现象随处可见。

第三节　由诗性逻辑到专注自觉

一、儿童意识的诗性特征

就内涵而言，儿童②意识的诗性特征（又称诗性逻辑）中所说的"诗"，并不是文学中的"诗歌"③，儿童意识诗性逻辑中的"诗"是指儿童的意识中充盈着鲜明而强烈的感性主义色彩和浪漫主义审美意蕴。儿童眼中的万事万物，总是隐喻地被注入了儿童的生命意识、主观意愿和情感意识。"诗性直觉，

---

① 奇娜：《对新时期青年学生思想道德教育的构想》，载《经济·社会》，1997 年第 6 期。

② 本节内，儿童的年龄范围为 3—7 岁。

③ 文学中的诗歌是其按照一定的音节、声调和韵律要求，用凝练的语言、充沛的情感以及丰富的形象来高度集中地表现社会生活和人的精神世界。

它既是创造性的又是认识性的，或者可特别地视为创造性的，从而同作品的产生有关；或者被视为认识性的，从而同被它所把握的东西有关。"①认识性特征是指事物一旦进入儿童的诗性直觉，便自动多彩丰富起来，儿童用其天真的想象赋予认知对象多元化的拟人色彩。"创造性特征是指诗性直觉长期潜伏在儿童的心灵深处，而儿童往往比成人具有更加敏锐的观察能力和领悟能力，能在现实生活中发现其他人无法发现的闪光之处。"②

儿童的诗性逻辑不同于成人世界中的概念性逻辑，儿童的诗性逻辑充其量属于泛逻辑的范畴，是前逻辑、原逻辑，或称前科学的逻辑。因为儿童携带着与生俱来的潜意识倾向，自在地向周围的一切释放着、投射着本能性冲动、欲望和需求。诗性逻辑是表达儿童精神特质的基本形式，维柯把这种以想象力为基础、以诗为形式的智慧称为"诗性智慧（wisdom of imagination）"。年幼儿童的概念获得，以及判断、推理的逻辑过程，都不能摆脱具体事物表象与客观情境的束缚和制约。儿童在概念上的"实在论"、推理上的直觉性，以及守恒概念所获得的延迟或滞后，都表现出儿童逻辑的直觉性和具象性特征。诗性逻辑中的儿童意识是个人主观意愿和自我情感的自由表达与释放，天马行空的奇思妙想、无拘无束的冲动、惊险刺激的冒险、天真无邪的哲学发问……儿童依赖于我行我素式的直觉和灵感，依赖于自我的逻辑，不断发现奥妙无穷的现象世界，徜徉于诗一样的童年生活中。儿童在相当长的童年期里如海德格尔所说的是"诗意地栖居在这片大地上"。只有在11—15岁真正建立起形式运算系统后，才"标志着儿童全面使用形式逻辑进行思维，于是，儿童也不再是一个原逻辑主义者。"③

"儿童的世界是一个具有他们个人兴趣的人的世界，而不是一个事实和规律的世界。儿童世界的主要特征不是什么与外界事物相符合这个意义的世界，而是感情和同情……"④当儿童的主体特征附着于世界、渗通于世界中去，儿童借以把握世界的逻辑就充满强烈的感性主义色彩。其中，泛灵主义的拟人化是儿童进行逻辑心理活动的惯常手法，正如雅克·马利坦所言：

---

① ［法］雅克·马利坦著，刘有元等译：《艺术与诗中的创造性直觉》，三联书店，1991年版，第101页。

② 沈琪芳、应玲素：《儿童诗性逻辑与中国儿童文化建设》，浙江大学出版社，2009年版，第16页。

③ 转引自丁海东、杜传坤：《儿童教育的人文解读》，山东教育出版社，2008年版，第56页。

④ ［美］杜威等著，赵祥麟等译：《学校与生活：明日之学校》，人民教育出版社，1994年版，第116页。

"如果事物以其被提供给心灵直觉的存在这一简单事实来提高心灵和给心灵以快感，那么理解这事物就是善，这事物就是美的。"①成人视为没有生命和灵魂的东西，在儿童看来却可能是有生命和意识的。根据皮亚杰的研究，11、12 岁以前的儿童都是泛灵论者。

认知方式的特性是儿童是泛灵论的直接原因②。儿童自觉的理性意识和抽象概括能力不强，于是感官投入、动作参与、身体体验则是其联结自我与外部世界的基本方式。儿童置全身心于其中的客观环境是一个直观具体、形象生动的表象世界，实在的表象集合构成了儿童观念体系或精神系统的主体。儿童如原始人类一样由于"心灵的不确定性"去以己度物，便将无感觉无情欲的事物赋予了感觉，赋予了情欲，"在无知中就把他自己当作权衡世间一切事物的标准……变成整个世界了"③。儿童眼中的万事万物，总是被隐喻地注入了儿童的生命意识、主观意愿和情感意识，客体被赋予了自我的灵魂与目的，客体的存在也就是人为论的存在。同样，又由于主体中有客体的渗入，诸如梦、思想、事物的名称等主体的心理现象或观念，便被打印上了物理学上的实在特征。正如刘晓东所说："泛灵论的存在与否取决于主客体在主体意识中的分化程度，主客体逐渐分离的过程也就是泛灵论逐渐衰微的过程。"④

实际上，当儿童周围的每一个事物一旦被潜意识地赋予了他个人感性主义特征时，这就使得各种事物从它们共同所拥有的主体特征那里获得到了联系或联结(当然，从绝对意义上讲，任何事物原本都是联系着的)，世界由此获得了统一。于是这种联系或联结就自然地衍变成儿童进行判断或推导事物之间逻辑关系的依据。本能中，儿童会认为一切事物都存在着某种必然联系，或者说任何现象的发生都有原因，而这种联系或原因又指向人或者自身。儿童的"目的论""人为论"都是体现了这种逻辑信念。

诗性逻辑为儿童的理性发展插上想象翅膀，是儿童走向真正科学世界和成人逻辑的精神前提和基础，预示了儿童思维由感性的、直接的经验累积再到理性的、间接的经验学习的过渡特性。儿童的诗意逻辑"不仅可以在想象

---

① 　[美]麦·莱德尔著，孙越生等译：《现代美学文论选》，文化艺术出版社，1988 年版，第 79 页。

② 　对于儿童泛灵论的起因，也有学者认为人具有某种不可解释的本能倾向，倾向于推测他人和其他生物及好似活着的东西(如云、河流等)，都有与他们自己互相类似的意志和愿望。弗洛伊德对于泛灵论也采取类似的解释，认为我们是由于投射作用而将自己的意识投射于客观的物体上。

③ 　[意]维柯著，朱光潜译：《新科学》，商务印书馆，1997 年版，第 99 页。

④ 　刘晓东：《儿童精神哲学》，南京师范大学出版社，1999 年版，第 73 页。

世界的内部自由实现各种神奇的转换，还能够与触手可及的现实时刻保持着联系，在想象世界和现实之间轻松地转换视点，自如地化入化出。"①于是，诗性逻辑能有效防止儿童过早地屈从于复杂的成人式生活而丧失了自我的个体精神特质，从而为儿童从自我的主观性精神向成人的客观性精神、从当前的现有精神向未来的可能精神提供一个缓冲与过渡，以保持自身对外界作用的自由意志、创造意识以及更多更好的未来成人精神的巨大潜力。歌德曾说："人类要逃避世界，最好莫过如通过艺术，人类要使自己与世界连结，最好莫过如透过艺术。"②诗性逻辑的精神就是儿童自由的、艺术的精神。也正是在这种方式中，儿童身心得以统一，精神得以和谐，自我与周围世界成为一体。实际上，儿童的整体感知方式就是一种艺术地或审美地看待世界的方式。可以说，身心诸感知觉的统一与联结是艺术通感或审美统觉得以实现的最基本路径。

二、儿童意识的自觉化

儿童在成长过程中，思维的诗性逻辑会逐渐转到注意力的专注自觉上来。从哲学视角分析，这一转变意味着少年儿童内在自我发现、外在创新的自我解放意识。

从本质上讲，人类是在自然进化中通过内外矛盾关系发展来获得自身基本属性、基本人格的。自觉意识是个体发展到一定水平或阶段的心理产物，需要个体的认识发展达到主客体有效分化的程度。儿童在精神发生的最初时期，由于"主客体之间的缺乏分化"，"因而基本上是无意识的"③。人的内在生命本身具有的意识本体与物质本体的矛盾构成了人的内在本质，其基本属性就是有意识的维护、发展自我本体，在与外在物质世界的矛盾过程中发展自我本体。行为的自觉源于意识的自觉，因为意识是主体自觉进行和控制的一种精神系统。这种自觉性的意识常可被称作是客观心理，是通过观察、知觉、概念、判断、推理等认知客观性事物的过程，这个过程是逻辑的、理智的，也是具有系统性的。从自觉性上讲，意识又是可选择的、计划的，也是可被说服的。一旦获得自觉性，个体便对于自己的观点、原则、愿望和行动

---

① 边霞：《论儿童文化的基本特征》，载《学前教育研究》，2000年第1期。

② [德]恩斯特·卡西尔著，关之尹译：《人文科学的逻辑》，上海译文出版社，2004年版，第89页。

③ [瑞士]皮亚杰著，王宪钿等译：《发生认识论原理》，商务印书馆，1981年版，第23页。

的目的、方式、步骤等都有明确清晰的认识，并能以此积极、主动地协调自身行为。具有自觉意识的个体能将自身与外界区别开来，能把外部环境视为自我实践与认识的客体、自身作为进行实践与认识的主体，"从自身的存在及其发展出发去进行种种的心理精神活动"；"主体清楚地知道他在思考，在评价，在喜怒哀乐，这种自觉性甚至会达到'我思故我在'的'得意忘形'。"①而专注自觉正是人一切实践行为的本质规律，表现为对人类自我存在的必然维持、发展。

在儿童精神发生、发展的过程中，当自觉意识因主客体的不曾分化或分化的不充分，进而不能成为主导儿童心理与行为的强大力量时，则势必是原发的潜意识功能最为活跃的时候。当然，即使在成人精神生活的世界里，当客观心理终止活动或处于睡眠状态时，潜在的、直觉的主观心理就会"漂浮"上来。儿童原发性的生命特征决定了其精神世界与生俱来地携带着潜意识的特质，潜伏于儿童心灵深处的潜意识精神是人类进化过程中在个体身上存留下的"原始遗产"。

对于儿童的自我意识发展而言，自我评价最具标志性意义，其发展的过程大致为从轻信成人的评价到自己独立的评价。自我评价是一个人对自己的外貌、动机、需要、观念、期望、品德、行为以及个性特征等的判断与评估。自我评价是自我意识的重要组成部分，个人的自尊心、自信心等都是在自我评价的基础上建立起来的。同时，自我评价也是自我调节、控制的重要条件。正确、客观地认识和评价自己存在的价值和自己的言行，就能够处理好个人与社会以及他人的关系，有利于人格的健全发展。3—4岁儿童的自我评价只是成人评价的简单重复，如评价自己是好孩子的根据往往是"老师说我是好孩子"。但到学前晚期，儿童意识中开始出现独立评价，能够逐渐产生对成人评价的异议，乃至出现批判态度。如果成人对儿童评价不客观、不公正，儿童会提出疑问、发生申辩，甚至表示反感和叛逆。学前初期儿童的评价对象一般只限于外部的行为表现，内心状态和道德品质还未成为评价对象。如问及4岁左右儿童"你为什么说自己是好孩子"时，得到的回答往往是"我不打架，不抢玩具"，而6岁的儿童在回答时会涉及一些比较抽象、比较内在的品质特性。从初中开始亦即少年时代开始，儿童自我评价逐渐从关注外部行为，自觉地转向对自我和他人的内在品质、内心世界，其自我意识逐渐趋向成熟，开始进入心理自我时期，即外在客观化转向内在主观化

---

① 利元梁：《论精神系统和精神文明建设》，载《中国社会科学》，2002年第4期。

时期。

有关研究认为，青少年时期是自我意识的突变期。究其原因，既有生理及心理的个体自身原因，也有社会原因。青少年的生理发育迅速增长，连同青春期到来的诸多变化，促使其意识到自我已不再是"小孩子"，进而开始追求"成人感"。由此也连带发生了心理活动的新变化，尤以思维变化最为明显，一般性思维逐步向反省思维转化，这意味着青少年具有了对自己的内心世界进行分析与评定的意识。此时青少年已能够依照内化了的社会标准，分解、审视自己的个性特点、道德品行及情绪状态。与此同时，青少年身心发展也使其外部环境发生了变化，教师和家长开始向他们提出更高的发展要求。为应对这些要求，青少年开始一边了解自我、正视自我，一边适应性地调整自我。同时，他们开始在群体中找寻自我的角色位置并进行认同。"在青少年身上，主观的领域不仅范围逐渐扩大，而且发生了重要的质的变化。在抽象概括的基础上，发现有关事物间的本质关系，从而使预见力得到发展，并产生理想。主观活动的复杂化既表现为心理活动的加剧以及思考因素和关系的增加，又表现为由于脱离自我中心的连续过程而使智力活动的客观内容得到极大的丰富。通过对各种假设进行实践的检验，促使思维的批判功能得到发展，同时确立了一种观念，对客观必然性有了深刻的认识。"①

随着儿童的少年化、青年化、成人化，儿童的行为目的愈发明确，信仰追求愈发坚定，原则立场愈发鲜明，这又集中体现为儿童意志的行为价值的目的性增强。"所谓意志的行为价值目的性是指人的行为活动自始至终都有预先设置的、明确的、稳定的目标指向，它通过大脑建立和锁定复杂行为的兴奋灶与行为目标的兴奋灶之间的神经联系来实现，使人的随意行动具有明确而强大的约束力，使其不至于成为漫无边际的、盲目的、无规律的活动。"②意志的自觉性或目的性越明确，对少年儿童各种活动的约束力就越强大，其思想和行为就越有规律、越不含糊，就越有坚定的信仰追求，就越能坚持原则和遵守道德规范。

三、儿童自我意识的发展趋势与层次

自我意识是儿童在社会交往过程中产生和发展起来的，随着其认知能力

---

① ［罗］F. 马赫列尔尔著，陆象淦译：《青年问题和青年学》，社会科学文献出版社，1986年版，第58页。

② 百度百科："自觉性"词条。

的不断提高，为新的自我认知的形成创造了条件，自我系统逐渐完善起来。一般来说，自我的意识（或自我认知）发展存在着以下的趋势①：（1）从自我认知的内容发展来看，从外部的、可观察的、具体的、有明确参照系统的自我特点到内部的、不能直接观察的、抽象的、参照系统模糊的自我特点。（2）从自我认知的结构发展来看，从简单的结构到分化的、多重的结构，并逐渐出现层次性，最后形成复杂的、整合的自我认知结构系统。（3）从自我评价的独立性和调节性的发展来看，从以他人评价为标准逐渐转移到独立的自我评价：同时不断地脱离自我中心，向自我评价与他人评价相协调的方向发展，自我评价的客观化程度逐渐提高，即从模糊到精确，从虚幻、夸大到真实，从简单片面到全面恰当。（4）从自我的功能来看，社会适应性逐渐提高，能够区分外部自我与内部自我，对社会情景的判断逐渐符合实际，并表现出复杂的社会自我。同时自我变得日益稳定，个体根据自己的内部的价值标准和信念系统调节其行为。

少年儿童的思想意识发展包括一整套逐步形成的结构，是一种自身与社会环境相互作用中的不断建构过程，是个体思想意识不断同化、调整、平衡的过程。少年儿童自身即是他所在社会的思想意识法则的积极加工者，当他的现实概念随着他的智力形式一起变化时，他会以不同的形式理解和解释这些法则。"这也即是说，儿童总是按照发展中的自我概念和变化着的现实认知结构，去选择角色模式并解释自己所经验的事件。"②总体而言，少年儿童思想意识的成长表现为一系列发展阶段，个体每完成一个过程，思想意识就会出现一次飞跃。所谓"阶段性"发展即遵循人类意识发展的一般规律，大体呈现为"自发—自觉—自由"的状态更迭。

其一，自发阶段。这是思想意识发展的最初阶段。此时儿童的思维与意识在其呈现过程中带有极大的主观性、偶然性和非理性色彩，儿童对思想观念、道德规范背后蕴藏的必然性、价值性无知或知之甚少。即使有零散的道德选择和道德评价，也往往是在不自觉的状态下进行的。由于幼儿对道德规范的模糊，道德行为上常常表现为天真稚气和道德意识的不自由。

对于自发阶段的儿童要以道德规范的培养为基础，注意引导儿童对道德价值的敏感性和道德实践的参与度，即要培养"道德兴趣"。此时，儿童道德

---

① 俞国良、辛自强：《社会性发展心理学》，安徽教育出版社，2004 年版，第 210 页。
② 侯春在：《儿童心理成长论：成长论视野中的儿童社会化》，南京师范大学出版社，2004 年版，第 167 页。

思维的目的是在他律状态下自我物质利益的最大满足，德育目标需要通过道德的规范性、他律性引发儿童的道德需要。既要适当考虑儿童对自我利益的正当追求，又不宠溺儿童对欲望和利益的无限获取，要在规则和限制中培育儿童道德良知的萌芽，为其道德水平的进一步提升奠定基础。

其二，自觉阶段。儿童对思想观念、道德规范、伦理知识及其必然性有了较多和较全面的认识，思想意识开始摆脱了自发和无知状态。自发阶段中儿童的思想意识常常表现为对待事物时情感的忽冷忽热，自觉阶段中则主要表现为意志力的作用。亦即是说，少年儿童在认识到了思想观念、道德规范、伦理知识的必然性之后，能在社会实践中凭意志定力而为。这种定力而为的过程是通过克制不合思想规范的欲望冲动表现出来的。自我欲望的冲动和意志力抑制不合理欲望之间的矛盾此起彼伏。只要少年还把思想、规范的约束性视为外在的异己之物，只凭意志力自觉而不是自愿地去遵循各种思想规范，那就表明少年儿童尚未把思想、规范的必然之则内化为自己的德性和情操。更为甚者，自觉阶段中的少年儿童由于意志力不够坚强等诸种原因，还常常会有一种摆脱思想、规范约束和限制的欲望。

在这一阶段，因为生理上的日渐成熟，个体对双亲的依赖大大减少。与之相反，儿童对物的占有欲望大大增强。随着经验范围的增大，自我感就扩展到人和物的广阔领域上，甚至包含抽象的价值观和理想上。自我感在抽象领域的扩展，主要以参加某种活动实现的，自我变成了对这些富有意义的活动的投资，而这些活动则成为自我感的延伸。这一时期的个体通过对"物"的占有或专注于某项活动而表现出主体性，主体性必须以"物"为中介才能得以展示，所以称之为物依赖主体[1]。

在这一阶段，儿童如果不能接受适时的专门教育，主体性的发展就很有可能受到阻碍甚至停滞不前，也就很难达到所说的人的自由主体阶段。所以对于自觉阶段的少年儿童而言，要对其积极弘扬正确的道德价值观、培育道德精神，同时注意正当自我利益的引导，切莫使道德精神成为无本之木、无源之水。"如果德育目标专注于精神的外向超越，而不去反观自我正当利益的存在，就会丧失德育对象的主体性存在，陷入虚无主义、绝对主义的误区。在这种情形下，德育目标成为虚妄性的存在，德育目标的功能也就无从正常发挥。在现实德育目标的建构过程中，如果德育目标缺乏应有的层次性，一味高标准、严要求，就会成为德育主体不可攀登的目标，达不到应有

---

[1]　田鹏颖、赵美艳：《思想政治教育哲学》，光明日报出版社，2010年版，第18页。

的德育效果。"①

其三，自由阶段。这是少年儿童乃至成人思想意识发展的最高和最完满境界。在此阶段中，个体不仅对思想、规范的必然性有了正确认识，而且无须或很少借助意志力就能自觉自愿地接受思想、规范必然性的约束。思想、规范作为一种外在的"必然之则"已转化为主体自身的"当然之则"。"在这一阶段，主体对物的占有因达到一定程度而产生下降的趋势，更丰富的是因为作为社会存在的个人接受的教育不断增加而使主体性不断增强，从而使主体的关注转向作为主体性存在的自我的存在，也就是开始了对自己的认识历程。"②此时，少年儿童不再把思想、规范消极地视为异己的和外在的东西而强制自己遵循，而是在自觉自愿的基础上把思想、规范转化为内心的一种信念。而外在的思想、规范一旦转化为主体内心坚定的信念，那么行为主体就达到了如孔子声称的"从心所欲不逾矩"的高度自由境界。原先外在的思想观念、社会规范已变成内在的主动要求，单纯消极被动地遵循变成了根据自己的意愿和觉悟。由此可以看出，儿童关于自我的充分认识是他成为自由主体的前提与基础。对自我认识越深刻，通过主体掌控自己与世界的能力就越强，少年儿童获得的选择自由和行动自由也就越大。

第四节　由形象思维到抽象思维

思维是思想意识的核心，少年儿童思想意识的发展主要体现在其思维能力的发展上，其基本模式是由形象思维到抽象思维再过渡到辩证思维，集中体现为思维的符号化。

一、儿童形象思维的主体地位

一般意义上的形象思维是指人们在认识世界的过程中，对事物表象进行取舍时只用直观形象和表象来解决问题的思维方法。具体而言，形象思维是对形象信息传递的客观形象体系进行感受、储存的基础上，结合主观认识和情感进行识别（包括审美判断和科学判断等），并用一定的形式、手段和工具（包括文学语言、绘画线条色彩、音响节奏旋律及操作工具等）创造和描述形

---

① 黄富峰：《德育思维论》，人民出版社，2006年版，第75页。

② 田鹏颖、赵美艳：《思想政治教育哲学》，光明日报出版社，2010年版，第18页。

象(包括艺术形象和科学形象)的思维形式。从文学艺术创作角度分析,形象思维是指艺术家在创作过程中始终伴随着形象、情感以及联想和想象,通过事物的个别特征去把握一般规律从而创作出艺术美的思维方式。形象思维始终伴随着形象,是通过"象"来构成思维流程的①。其主要特点如下:

第一,形象性。形象性是形象思维的最基本特点。形象思维所反映的对象是事物的形象,思维形式是意象、直感、想象等形象性观念,其表达的工具和手段是能为感官所感知的图像和符号。形象思维的形象性使它具有生动性、直观性和整体性的优点,且能直接诉诸美和艺术。

第二,非逻辑性。形象思维不同于抽象(逻辑)思维,对信息的加工不是环环相扣、首尾相接进行的,而是可以调用许多形象性材料,集中合成新的形象,或由一个形象跳跃到另一个形象。形象思维对信息的加工过程以平行加工代替系列加工,表现为多面性或立体性,可以使思维主体迅速从整体上把握事物概貌。形象思维是或然性或似真性的思维,思维的结果有待于逻辑证明或实践检验。当然,这并不能以此否定形象思维的价值,因为人的情感与思想并不一定要合乎逻辑,甚至可以说正是因为情感与思想不怎么合乎逻辑,它才是真实的。毕竟人是情感性存在,而不是概念性存在。思想的情感化,实际就是为了让人本身摆脱概念的束缚,回到情感本真。

第三,粗略性。形象思维对问题的反映是粗线条的,对问题的把握是大体上的。抽象思维可以给出精确的数量关系,而形象思维通常提供大体的轮廓。客观事物的形象总是整体性的,而抽象思维对事物整体本质的把握往往需要经过"感性具体—思维抽象—思维具体"的多次反复。实质上,任何抽象概念既是对客体的界定也是割裂,而借助粗略形象可以使客体更快印入主体脑际。

第四,想象性。想象是思维主体运用已有的形象形成新形象的过程。形象思维并不满足于对已有形象的简单再现,更致力于对已有形象的加工而获得新形象。所以,想象性使形象思维具有创造性的优点。"同时,由于客体的复杂性和形象间联系的多样性,对于同样的客体及其属性,人们完全可以用不同的形象去加以描述。因而,同抽象思维相比,形象思维可以在一定程度上超脱时空限制,创造独特形象,自由地构思,自主地表达思维者的意图和情感。"②

---

① 百度百科:形象思维。
② 贺善侃:《形象思维·抽象思维·科学认识》,载《复旦学报(社会科学版)》1998年第4期。

儿童形象思维集中表现在认知事物时的实在论倾向[①]：（1）儿童只承认现实的东西，不承认假设的东西，他不愿而且也不能以假设为前提进行推理。（2）心物不分。11 岁之前，由于认识的主客体没有清晰分化，儿童大多不能将思想和所思之物分开。6、7 岁以前的儿童往往认为人是用口进行思想，又往往把思想与声音混同。（3）名实不分。皮亚杰断定儿童还是名称的实在论者，儿童以名称为所名之物。5、6 岁的儿童以为他们见物可知其名，名是物的一种内在属性，而不是物的符号。9、10 岁的儿童已经知道名是人为的。10 岁前的儿童认为各种物体的名称不能改变，10 岁后则认为物体的名称是可以改变的。

据心理学家朱智贤教授的研究[②]，儿童思维发展有如下阶段：（1）乳儿期（从出生到满 1 岁），由于动作的发展，由于感觉、知觉和表象的发展，由于语言的产生和经验的积累，知觉常性和客体永久性出现，具有一定概括性和间接性的思维活动产生。（2）婴儿期（1—3 岁），婴儿时期的思维主要是直觉行动思维。这种思维与儿童的感知觉和行动密切相联系，儿童只能在感知行动中思维。（3）幼儿期（3—6、7 岁），幼儿时期思维的主要特点是具体形象性和进行初步抽象概括的可能性。（4）童年期（6、7—11、12 岁），处于从具体形象思维向抽象逻辑思维的过渡时期。思维过程在不断发展和完善，开始出现比较稳定的抽象逻辑思维能力。（5）少年期（11、12—14、15 岁），想象进一步获得发展，尤其是空间想象得到加速发展，达到第三种水平。（6）青年初期从（14、15—17、18 岁），想象从具体性发展到概括性，多伴有创造发明，形象思维完全成熟。

二、少年儿童抽象思维的发展

抽象思维是思维的高级形式，是利用概念、借助符号进行思维的方法。其主要特点是通过分析、综合、抽象、概括等基本方法协调运用，从而揭露事物的本质和规律性联系。从具体到抽象，从感性到理性认识必须运用抽象思维方法。抽象思维的基本单位是概念，人们通过概念进行判断和推理。概念、判断、推理是抽象思维的基本形式。抽象逻辑思维是人类特有的思维形式，抽象思维法是人类思维的基本方法，由儿童到少年的发展中抽象思维呈现出如下特点：

---

①　刘晓东：《儿童精神哲学》，南京师范大学出版社，1999 年版，第 75—77 页。

②　朱智贤：《儿童思维的发生与发展》，载《北京师范大学学报（社会科学版）》1986 年第 1 期。

(1)概念逐步丰富与深化。小学儿童在其发展过程中，由于缺乏生活经验以及智力发展水平较低，往往不能从本质属性上认识、掌握事物的概念。小学低年级儿童"不能理解"的概念较多，较多运用"具体实例""直观特征"形式掌握概念。随着时间推移，小学儿童概念理解水平的发展随年级的提高而上升，呈现由低到高的发展趋势，如对数、字词、时间、科学、美学、自我、社会、人际关系等的理解。高年级儿童"不能理解"的概念减少，逐渐能根据非直观的"重要属性""实际功能""种属关系"掌握概念，而且"正确定义"形式所占比例较大。"大多数初中一年级学生是从功用性的定义或具体的描述水平，向接近本质的定义或作具体的解释水平转化。大多数初中二、三年级学生达到接近本质的定义或作具体的解释水平，或者是由这两类水平向对概念作本质定义的水平转化。"[1]

(2)判断由实然(必然)判断到或然判断。儿童判断的发展是从简单到复杂，从反映事物的单一联系到反映事物的多方性质。"小学低年级儿童的判断大多是实然判断，即反映事物单一联系的判断，这种判断是以事物的外部特征为依据的一种判断。"[2]三年级以后儿童的或然判断能力增强，在这种判断中对象和属性的联系只是一种可能的推测，正确与否有待验证。到了高年级，儿童能够比较独立地论证一些复杂的或然判断，如三年级以上的儿童在教学影响下，已能正确解答复杂的应用题。

(3)推理能力纵深化发展。幼儿能掌握比较简单的直接推理，即从一个前提中引出某个结论的推理，最简单的形式是传递推理。例如，A 大于 B，B 大于 C，根据这两个前提可以推出 A 大于 C。间接推理的形式主要是演绎推理和归纳推理，小学儿童能逐步从不自觉到自觉地掌握归纳推理和演绎推理。对于初中生来说，已认识到现实只是包含于由事实和假定构成的总体中的一个子集，它通常并不直接出现于面前而需用逻辑方法去搜寻。

实际上，少年儿童的两个阶段——儿童晚期和少年早期的个体又各有自己的思维特点。儿童晚期个体的思维形式还是以形象思维为主，而少年初期个体的形象思维趋于成熟，抽象逻辑思维开始占优势。从初中二年级开始，学生的抽象逻辑思维开始由经验型水平向理论型水平转化。青年早期个体的形象思维已完全发展成熟，抽象逻辑思维的发展也进入了成熟期。到高中二年级时，经验型向理论型的转化初步完成。概而观之，青少年思维的成熟性

---

① 林崇德：《发展心理学》第 2 版，人民教育出版社，2008 年版，第 334 页。
② 陈威：《小学儿童心理学》，中国人民大学出版社，2009 年版，第 146 页。

有以下三方面特点①：首先是各种思维成分基本趋于稳定状态，基本上达到了理论型抽象逻辑思维的水平；其次是个体的思维差异，包括在思维品质和思维类型上的差异已基本上趋于定型；最后是从整体来看，思维的可塑性已大大减少，与成年期的思维水平基本保持一致，甚至在某些方面的思维能力还高于成人。

埃尔金德(Elkind，1970)做的关于个体形成概念的实验充分揭示了小学儿童与初中生在建立和检验假设过程的思维差异。实验中的两组被试人员分别为8—9岁的儿童和13—14岁的少年。实验材料是各种各样的图片，图片上画的是有轮子的一般工具和无轮子的一般工具以及有轮子的交通工具和无轮子的交通工具。实验中，主试不断地向被试呈现图片，但每次只呈现两张，在被试看过后，要求他选出一张图片。如果被试选择了带有轮子的图片（无论是一般工具还是交通工具），主试就告诉他选对了；如果是不带轮子的图片，主试就告诉他选错了。直到他能说出决定选择正确与否的线索是"轮子"而非其他任何特征时，就算完成了此任务。两个年龄组被试的反应差异非常显著。在小学组被试中，只有一少半儿童能发现"轮子"是解决问题的关键线索，而且他们要将72组图片一一看过之后才能得出结论；少年组的所有被试者都能正确解决问题，而且多数人只看了10组图片即发现了答案。研究者认为，在完成这个任务的过程中，少年组的思维倾向是不断地检验假设，迅速地放弃不正确的假设，及时地建立新的假设。儿童组的思维倾向是固守着若干最初产生的假设，即使这个假设不断地遇到障碍，但仍不放弃。对这种"假设"的固守，必定延迟问题的解决，甚至导致失败。由此可见，初中生相对于小学生来说，具有了更高程度的建立假设及检验假设的能力，这是他们思维的抽象逻辑性特点的重要表现之一②。

总之，随着儿童的年龄增长、向少年阶段的逐渐过渡，儿童思维的概括能力增强；能使用假设检验和更加一般的逻辑规则进行思考，不再借助于具体事物和事件；思维活动中的自我意识成分增多，思维的反省性和监控性明显提高；辩证思维能力增强，看问题不再那么绝对化；思维的创造性也迅速发展，各种思维成分或认知成分基本上趋于稳定状态，基本上达到理论型抽象逻辑思维的水平；个体差异水平，包括认知风格、思维方式等，都趋于定型；思维成熟前，思维或认知发展变化的可塑性大，成熟后则可塑性小，与

---

① 林崇德：《发展心理学》第2版，人民教育出版社，2008年版，第333页。
② 同上书，第332页。

其成年期的思维或认知水平基本上保持一致，或有少许进步。

三、形象思维与抽象思维的辩证统一

形象思维与抽象思维是人类理性认识中的两种不同方式。二者基于感性认识而产生，只是以不同的途径实现了从感性认识向理性认识的飞跃。抽象思维以概念、理论、数字等抽象的形式概括事物本质，把握事物的内部联系；形象思维则主要用形象材料来比拟、概括事物本质。二者虽采取的方式不同，但殊途同归，二者共同探究事物的奥秘。

在认识的表象阶段，人们首先获得事物感性具体的个别表象，即简单再现个别具体事物的知觉形象。在个别表象的基础上，人们对头脑中储存的杂多表象进行抽象和概括，形成类表象。类表象已开始具有代表性和综合性，开始在整体上反映同类个别形象的共性特征。在此阶段，原初个别表象的某些形象被强化和放大，另一些形象则被淡化和舍弃。"由于这种一般形象已具有对类本质概括的意义，所以，我们称其为形象的观念。形象观念是人类思维最初的元素。在此基础上，思维开始向两个方面分化，一是以形象观念为逻辑起点的形象思维过程；二是以概念为逻辑起点的抽象思维过程。"[1]人们从概念出发，建构出抽象思维的概念系统；从形象观念出发，则建立形象思维观念系统。在此，形象思维虽然以类表象为起点，但它是对类表象进一步加工和深化的过程，在此过程中，形象思维将对形象观念进行重新组合，创造出新的形象。

"实际上，形象思维也是一种逻辑思维。形象思维不是杂乱无章的胡思乱想。作为人类的一种有意识思维，它是围绕一定目的，并在形象思维规律和一定程序的制约下发生的思维过程。"[2]此过程中，形象观念作为形象思维的最基本形式，经历了由初步的观念到典型形象的有序过程。抽象思维过程中，概念的内涵是对事物类本质的反映，其外延是所有包含这种类本质的子概念，概念外延间的类属关系是抽象思维内在的逻辑机制。形象思维内在的逻辑机制是形象观念间的类属关系，形象思维要通过独具个性的特殊形象来表现事物的类本质。形象思维在对形象信息提取和摹写的过程中，实现着对形象内涵的把握。与抽象思维不同的是，由于形象思维主体在选择个别形象表现类的形象时，往往因人而异。形象观念的外延具有模糊性和不确定性。

---

① 赵继伦、宋禾：《关于形象思维的逻辑构想》，载《社会科学辑刊》，1996 年第 6 期。
② 同上。

所以，"形象思维的逻辑上升过程不能依外延关系进行，只能依形象所蕴含的类本质，即从形象的内涵方面去进行推演。"①

在少年儿童的成长发育中，既要开发形象思维，也要训练抽象思维。而大脑右半球是形象思维中枢，喜欢整体、综合和形象的思维，思维材料侧重于事物形象、音乐形象和空间位置等。在开发右半球的潜能时，主要利用形象记忆和形象思维活动。促进右脑功能开发的活动有许多，例如：(1)培养绘画意识，欣赏美术图画和动手绘画有助于大脑右半球的功能开发。(2)画知识树。在学习活动中把知识点、知识的层次、方面和系统及其整体结构用图表、知识树或知识图的形式表达出来，有助于建构整体知识结构，对大脑右半球机能发展有益。(3)发展空间认识能力，每到一地或外出旅游，都要明确方位、分清东西南北、了解地形地貌或建筑特色。(4)练习模式识别能力，在认识人和各种事物时，要观察其特征，将特征与整体轮廓相结合，形成独特的模式加以识别和记忆。(5)欣赏音乐或弹唱，增强音乐鉴赏能力能促进大脑右半球功能发展。(6)冥想训练，经常用美好愉快的形象进行想象不仅使人产生良好的心理状态，还有助于右脑潜能的发挥。(7)开展形象记忆和形象思维活动。(8)左侧体操，练左侧体操和运动有助于右脑保健。

与之相对应，抽象思维是大脑左半球的主要功能。学校教育中的阅读、写作、计算、分析等训练是以语言、逻辑、数字和符号为媒介，于是抽象思维开发成为学生思维成长的核心。在目前教学上，运用抽象思维的概率是形象思维的几十倍。抽象思维在教学中占有绝对优势。总结用脑经验，在学习和运用抽象思维时要注意以下五点：(1)掌握和运用科学概念、理论和概念体系；(2)用好语言系统；(3)重视科学符号的学习和运用；(4)与思维的基本方法密切配合运用；(5)与抽象记忆法、理解记忆法及其派生的方法联合训练，可以起到互相促进的较佳效果。

第五节　自我中心意识的演变

一、儿童自我中心化的表征

就内涵而言，自我中心是指为人处事以自己的需要、兴趣、利益为中

---

① 赵继伦、宋禾：《关于形象思维的逻辑构想》，载《社会科学辑刊》，1996年第6期。

心，完全从自身角度、以自己的经验去认识和解决问题。尤其是主体在体认万物时，主体因互渗律（相信一切事物互含互摄的思维关联原则）机制的驱动，自我中心化思维便不自觉将客体纳入、同化于主体认知图式中。自我中心化思维集中体现为两个特点①，一是以己度物性（由己性），即主体以自身的内在尺度去掌握事物，将客体概况同化于自身的图式中；二是自发性。它是在主客体混沌不分的情况下，主体先在的认知图式的内在功能——同化功能自发作用所致。

谈及儿童的自我中心特性，有必要与一般意义上的自我中心主义加以区别。按照皮亚杰的认识发生论分析，儿童的自我中心化是一个认识上的问题，而不是道德上的问题；儿童的自我中心主义是一个认识论的概念，而不是一个道德上的概念。自我中心化"不是关于儿童的一个术语，因为儿童之所以不采取别人的观点是因为他不能这样做，相反，自我中心的成人之所以不采取别人的观点则是因为他不愿意这样做。"②究其原因，处于"自我中心"时期的儿童不能把自己的思想同他人的思想区分开来，不能了解他人的观点，也不能体验别人的思想感情。相反，尽管成人的精神里也会有儿童时期所延续而来的自我中心化特征，但也因自觉性的提升而不再自然和纯粹。

成人世界里惯用的"自我中心主义"是自觉的、有意识的，多意味着自私自利、办事从不考虑别人而以自己利益为重等。而儿童的自我中心倾向是儿童心理的基本特点，是其不自觉的、内在的意识产物。儿童的自我中心化具有自发性，自我中心化思想是在未曾觉识的情况下产生的，是一种自觉不到"自我"的自我中心化，用皮亚杰的话说是"一种自发统觉方式"，是"一种思想的原始适应"③。儿童心理的自我中心化现象是每个人共有的，它并不是自我的无限扩张，以致把整个世界囊括于自我之中，而是指儿童还不能把自我与外界有效区分，是儿童对外在事物和自身进行客观、辩证、综合认识之前的某种认知状态。自我中心化的儿童所感知到的既不是具有意识的自我，也不是独立于自我的客体，而是一种主客体不分的世界。因此，皮亚杰认为它"是一种稳定的、无意识的认识错觉"，它使儿童在认识和适应外在世界时总是不自觉地指向和迷恋于自己的言行、观点、思维和理念世界，以为它们

---

① 龚奎洪：《幼童自我中心化思维探略》，载《浙江师范大学学报（社会科学版）》，1998 年第 3 期。
② ［瑞士］让·皮亚杰著，傅统先译：《儿童的心理发展》，山东教育出版社，1982 年版，第 17 页。
③ ［瑞士］让·皮亚杰著，傅统先译：《儿童的语言与思维》，文化教育出版社，1980 年版，第 300－302 页。

是世界的中心。

如以少年儿童的用语习惯为例，小学低年级儿童的对话状态依然具有很清楚的自我中心性特征。儿童间进行对话时会一厢情愿地讲自己想说的话，却不大关心谈话对方所讲的内容。即使听到对方所讲的内容，也只是因为对方语言的刺激，但仍会自顾自地阐述自己的体验和感想。这一时期的儿童即使在教学过程中认真对待教师所提出的问题，也会出现在成人看来可谓形形色色的回答。他们的思维有时候显得很散漫，回答问题有时候会答非所问，或者说许多不相关的话。

自我中心主义的精神特质和趋向对于成长中的儿童有着特殊价值。正如皮亚杰所言，自我中心化在儿童的精神成长过程中，起着维持个体内部主观世界与外在客观环境之平衡的作用，以使得认知结构保持现有状态，以此为高水平的平衡奠定基础和积累潜在力量。对未成熟的儿童而言，世界充满不确定性。"顺应的要求或力量的强大必会导致环境压倒自我的失衡，因此自我中心化的同化就自动地成为儿童寻得平衡实现的策略。"①儿童开始总是把世界吸收到一个以自我为中心的同化过程中去。只是到了后来，通过对现实进行补偿性的顺应，才达到平衡。所以，自我中心化"确实是儿童在构建自己对现实认识过程中所能采用的最好形式的思维了"。这实际上也就是"具有趋向于平衡的内在倾向的自我调节的作用"的选择，而"自我调节是反映生命组织的最一般特征"②。携带着自我中心化的精神特质，儿童在自我与世界的关系中自发把自己作为审视与理解世界存在的标尺或依据。于是，儿童的自我中心化便成了儿童自在地却又是能动地调节自我与外部世界（人、物、事等）相互关系以实现双方有效互动的精神形式。于是，儿童眼中的世界变成了以自身为中心的世界，儿童的世界成为儿童自己所创造、所享有的世界。

本能性的自我中心化倾向极有可能诱发社会生活中极端个人主义的出现。尽管儿童的自我中心化倾向在一定意义上表现为对科学世界及其社会化规则的"背离"或"叛逆"，但这种背离或叛逆却让儿童拥有一个与众不同的自由天地和独特的内心世界。按照皮亚杰的理论分析，自我中心化为儿童精神成长是提供了一个由"个体化"向"社会化"转变的缓冲阶段，乃是为了稳定地

---

① 丁海东：《论儿童精神的自我中心主义》，载《福建师范大学学报（哲学社会科学版）》，2006年第7期。

② ［瑞士］让·皮亚杰著，王宪钿等译：《认识发生论原理》，商务印书馆，1997年版，第67—68页。

向成人精神行进，因为越是迟缓的，才越是巩固的。"儿童发展的较慢速度也许有利于最后更大的进展。"①儿童的成长也由此获得了自我保护的屏障，进而避免使儿童精神被成人世界和后天文化强压式的过度侵入，保证儿童平稳地度过漫长童年。正是自我中心化的精神形式与功能，"儿童才有可能在自己的心灵中展开一个世界，一个在其中感到有趣味，感到自由，感到如鱼得水般地身心愉悦的世界。也就是在这样一个世界中，儿童才能自然地、不受干涉地用自己的心灵感知世界，感受事物，感受人，并形成真正属于自己的感知方式"②。

二、儿童自我中心化的原因

从生物演化的历程看，"以自我为中心"对生物生存与发展来说是自然的、必然的。动物都有自保性，自保性的特征之一就是以自我为中心去认识和对待事物。同理，人类生存、繁衍和活动也需要"以自我为中心"。大体而言，人类思维的自我中心化经历了两个互为衔接的阶段，即本能式的自我中心化和泛灵论式（含人格化式）的自我中心化。在本能式自我中心化思维阶段，人类祖先的机能图式及"本能式劳动"起主导作用，此时还处于主客不分的状态。上古之始初民的生活状态与其他动物类似，蛮荒的生存境地尚不能使他们意识到人和非人的差异。此时人对外界的反映是以自身机能和需要为核心的生物物种尺度，人类的生活还处于本能式的生存之中。到泛灵论式的自我中心化思维阶段，人体的机能逻辑经实践逻辑，逐步发展为观念逻辑，文化心理学机制在其生成中跃升为主导机制。主客体混然如一的状态走向解体，个体开始意识到独立自我的存在。对外界的认识活动不再限于个体自身的认知模式，而开始关注所属群体的共同利益、文化信仰，还力图扬弃、超越自己的物种尺度，过渡到以任何物种的尺度为参照系统。

弗洛伊德主义也认为，儿童自我中心化来自与生俱来的生物性本能、冲动与欲望，即人格结构中"本我"力量受到"唯乐原则"的控制。尽管有后天的生活环境和社会文化熏陶，儿童成长初期的"自我"调节也更倾向于"本我"的需求满足，而且最大限度地逃避"超我"（后天社会文化要求）的压力。儿童幼年对于"本我"的"偏向"，实际上是儿童在自我与外界关系的把握上以自我为中心的体现。依精神分析学派的理论分析，"本我"属于潜意识的心理力量，是非自觉

---

① ［瑞士］让·皮亚杰著，王宪钿等译：《认识发生论原理》，商务印书馆，1997年版，第18页。
② 王富仁：《我们为什么需要儿童文学》，载《中国教育报》，2005年5月26日第5版。

的、无意识的、非理性的。"本我"是人类进化过程中在个体身上存留下的种族进化的"原始遗产"，是出生时就携带着的"种族发育根源的碎片"①。"本我"在儿童那里占据支配性地位，当儿童将其投射到周围的事物中去，便产生了儿童的泛灵论、目的论、人为论等。

　　从认知方式的角度分析，自我中心主义反映出儿童的主客不分、主客互渗的认知特性。儿童的生活环境是一个直观的、具体的、形象的，也是生动的、活泼的、情境化的表象世界，实在的表象集合构成为儿童观念体系或精神系统的主体。"儿童在概念上的'实在论'、推理上的直觉性和接近性特点，以及守恒概念获得的延迟或滞后，都表现出儿童逻辑的直觉性和具象性。"②而处于物我合一状态的原始性思维，儿童便不自觉地以"主体"自身为基准，对"客体"进行比附、投射、幻化。维柯曾对此论述道："理性的形而上学教导人们，人由于理解事物，就变成一切事物；我们的这种想象的形而上学则证明：人由于不理解事物就变成一切事物。后一句话也许比前一句话还更真实。"③"想象的形而上学"（即原始人的思维），之所以比"理性的形而上学"更能凸现出思维的"由己性"，是由于不了解自我、也不理解他物的原始人类只能以自己的内在尺度去观照、衡量万物，从而"把自己转化到事物里去"，一方面使事物变成了自己，另一方面也使自己外化成了事物。

　　按照皮亚杰的理论分析，儿童的自我中心化和去自我中心化与同化作用和顺化作用息息相关。当同化作用超过顺化作用时，客体被纳入主体的原有格式之中，客体特征难以凸显，此时儿童自我中心化倾向占主导。皮亚杰认为，这种情况以象征性游戏最为典型，在象征性游戏中受儿童支配的客体只被用来代表他想象的东西。

　　反之，当顺化作用超过同化作用时就会产生模仿，儿童会忠实地再现客体的形式和运动。但仅有模仿还不足以使儿童的意识去自我中心化，只有在同化作用与顺化作用相互平衡化时，同化服从于主体必须顺化的情景，而顺化又服从于必须被同化情景的现有结构。只有这时，才会产生与游戏、模仿相对立的认识活动，从而使儿童既意识到主体，又意识到客体。这种状态才是去自我中心化。去自我中心化实际上就是主体区分并协调自我内部之间、自我与外在环境之间关系的过程。"然而，像世界上所有的平衡化一样，同化

---

① ［奥］弗洛伊德著，李展开译：《摩西与一神教》，三联书店，1989年版，第88—89页。
② 项久雨：《思想政治教育价值论》，中国社会科学出版社，2010年版，第54页。
③ ［意］维柯著，朱光潜译：《新科学》，人民文学出版社，1987年版，第180—181页。

作用与顺化作用的这种平衡化也是不稳定的、暂时的。随着新的认识结构的形成，又会出现新的自我中心化和去自我中心化的过程。"① 皮亚杰认为，个体心理发展过程中的自我中心及去自我中心化不是一次完成的，而是反复进行、不断发展的，每一次的自我中心化现象都会带来其对立面即相应水平的去自我中心化过程。二者相互依赖、相互斗争，在对立统一中不断向前发展，最后去自我中心化战胜自我中心化。

三、儿童自我中心化的阶段

与儿童心理、思维的四阶段(感知运动期、前运算时期、具体运算阶段、形式运算阶段)发展相对照，儿童的自我中心化表现也大致分为四个阶段，即在个体心理、思维发生发展过程中存在着四种水平的"自我中心化—去自我中心化"进程。

(一)感知运动阶段(0—2岁)。此时婴儿自我中心化特点有：第一，以自身为中心，无意识的感知运动活动为主。因为这时"各项活动尚未整个地彼此协调起来；每一活动各自组成一个把身体本身直接与客体联系起来的小小的孤立整体……那么它们之间唯一共同的和不变的参照就只能是身体本身，于是就产生了一种朝向身体本身的自动的中心化，虽然这种中心化既不是随意的，也不是有意识的。"② 第二，各项活动缺乏协调。第三，不自觉的"我向思维"。皮亚杰认为，婴儿思维是以自我为中心的，又是不自觉的，称之为"我向思维"，主要有 4 个特点：(1)把世界同化于自我。(2)象征性。婴儿的我向思维是由受情感支配的意象组成的，客体失去了其本来意义，而被看成只与某种情感和欲望有关的东西。(3)无确定目标。尽管每个单独动作具有目的性，但却没有贯穿于一系列动作的总体目标。(4)没有永久客体的概念。事物只要超出直接感知便不复存在。

而随着自我与外在环境的分化和在实物动作水平上的协调，婴儿时期的自我中心化也有渐弱趋势。一般在儿童十个月左右时，会发生一种普遍的"脱离自我中心"的过程，皮亚杰称之为"哥白尼式"的革命。"脱离自我中心"的主要标志是儿童开始把自己看作是由许多永久客体(即是以空间—时间状态组成的永久客体)组成的世界中的一个客体。而在这永久客体中，因果关

---

① 丁芳、熊哲宏：《智慧的发生：皮亚杰学派心理学》，山东教育出版社，2009 年版，第 126 页。
② ［瑞士］让·皮亚杰著，王宪钿等译：《发生认识论原理》，商务印书馆，1981 年版，第 23—24 页。

系在起着作用，它既在空间上得到确定的位置，并使各种事物都成为客体化①。在情感方面，婴儿从不能区分自我和外在环境，开始向着群体交往或情绪交流发展，从而通过人与人之间情感的交流来区分自我和别人，或是通过对事物的各种好奇心的驱使来区分自我和外界事物。第一次去自我中心化的实质就是自我和外在环境的分化和在实物动作水平上的协调。

当儿童发展到一定智力阶段（18—24 个月）时，物体位置改变后儿童仍能找到这个物体，由此可推断此时儿童知道物体从一个地方消失时并非不存在，开始意识到自身是活动的来源，各项活动得到了协调。"主体活动的取得协调，虽然不能跟主体归因于客观现实的那些时空协调和因果协调分割开来，但仍然既是主客体之间发生分化的根源，也是在实物动作水平上消除自身中心化过程的根源；消除中心化过程同符号功能相结合，将使表象或思维的出现成为可能。"②随着"感知运动行为的逐步协调"，儿童思维中的客体获得了一定的时空永久性，这又引起了因果关系本身的空间化和客观化，主体和客体的观念逐渐分化出来。"当年幼儿童不再把一切事情都归于自己的状态和自己的行动时，他开始以一个永久客体的世界（这个世界是按照它本身的空间—时间位移群并按照客观化的与空间化的因果关系所构成的）来代替一个变动不居的'动画片'般的世界（这世界既无空间—时间的一致性又无外部物质的因果性）。"③皮亚杰指出，主体只是"通过自由地调节自己的活动来肯定其自身的存在，而客体则只是在它顺应或违抗主体在一个连贯的系统的活动或位置的协调作用时才被建构成的。"④

（二）前运算阶段（2—7 岁）。在前运算阶段，幼儿运用语言形成了表象，并与他人交际，出现了第二种形式的自我中心化。较之感觉运动阶段而言，此阶段儿童的表象性认识大为增强，尤其是协调性大增。"(a)主体内部协调的方向，从而也就是产生未来的运演结构或逻辑数理结构的方向，(b)客体之间的外部协调方向，因此也就是形成广义的因果关系的方向，这种关系包含了空间结构和运动结构的形成在内。"⑤于是，认知上的自我中心色彩逐步

----

① ［瑞士］J. 皮亚杰、B. 英海尔德著，吴福元译：《儿童心理学》，商务印书馆，1980 年版，第 12 页。

② ［瑞士］让·皮亚杰著，王宪钿等译：《发生认识论原理》，商务印书馆，1981 年版，第 24—25 页。

③ ［瑞士］J. 皮亚杰、B. 英海尔德著，吴福元译：《儿童心理学》，商务印书馆，1980 年版，第 22 页。

④ ［瑞士］让·皮亚杰著，王宪钿等译：《发生认识论原理》，商务印书馆，1981 年版，第 23 页。

⑤ 同上书，第 30 页。

消退，儿童能完成初步推理、空间图形分类、建立对应关系等等。前运算阶段中，认识客体"既牵涉到在眼前的客体，又牵涉到不在眼前的客体，因而马上促使主体摆脱对当前情境的依赖性，使主体有能力以大得多的灵活性和自由对客体进行分类、排定序列、建立对应关系等等"①。感知运动阶段的自我中心化与儿童的身体紧密相连，此阶段的中心化产生了客体及其力量向活动本身的主观特性的简单同化。"这样，一个最初的类似的自身中心化就在这个前概念和前关系的更高平面上再度出现。对此的解释是，在感知运动水平上所已经获得的东西现在必需在一个新的平面上重新建立。于是，人们发现了一种类似的解除自身中心化，但现在是在概念或概念化了的活动之间进行——不再只是在运动之间进行，而且同样也是由于逐步的协调所致，在这种特殊情况下协调是以功能协调的形式出现的。"②

同时，儿童此时能稳定地区分个体和类。个体元素集合体的形成不仅根据元素之间的相似和差异，也根据不相干事物之间的关系（桌子和它上面放着的东西）。"在五岁到六岁的水平，协调性同化的进展就使得儿童能把个体从类中分离出来；集合体不再是形象的集合体了，而是由没有空间完形的小群的元素组成。"③

皮亚杰还把"自我中心言语"视为前运算阶段儿童自我中心化的主要标志，试图用自我中心言语同其他自发言语之比来作为描述此阶段儿童自我中心化程度。皮亚杰认为，儿童语言"可以分为两大类——自我中心化的和社会化的"。所谓自我中心化语言是指"他或者是对自己说话或是由于和一个偶然在他身边的人共同活动感到愉快而说话"④，是一种介于有声语言（外部语言）和内部语言之间的言语形式，亦即出声的自言自语。儿童的自我中心言语有三种类型：重复、独白和集体独白。儿童自我中心化的用语特点为：(1)说话时并不在乎对谁说，也不在乎对方是否在听他说话。(2)谈话时不能从听者的角度来考虑如何讲述，总以为别人对他所讲的事早已了如指掌（似的）。(3)儿童间的对话从形式上看好像是在交谈，实际上却是自己对自己讲话。(4)虽然每个儿童都认为他正在听别人讲话，并且懂得他所讲的话，实际上未必理解⑤。这样，正因为交谈双方各自从自己的角度去组织话题、理

---

① ［瑞士］让·皮亚杰著，王宪钿等译：《发生认识论原理》，商务印书馆，1981 年版，第 32 页。

② 同上书，第 34 页。

③ 同上书，第 36 页。

④ ［瑞士］让·皮亚杰著，傅统先译：《儿童的语言与思维》，文化教育出版社，1980 年版，第 23 页。

⑤ 龚奎洪：《幼童自我中心化思维探略》，载《浙江师大学报》，1998 年第 3 期。

解话题，以致造成彼此互不理解。这种互不理解的交谈，其根源在于儿童思维的自我中心。前运算阶段中儿童的自我中心化言语，使得别人(老师、家长、同伴)很难与之对话、交流与合作，从而成为其社会化过程中的严重障碍。当然，随着年龄的增长与社会交往(尤其是同伴间交往)的发展，儿童得以逐渐认清别人观点或看法(的存在)，从而在"概念或概念化了的活动"上区分并协调自我和别人的关系，完成第二次去自我中心化。

此阶段推动儿童去自我中心化的另一动因是儿童游戏的发展。儿童从1—3岁开始参与游戏，到3—7岁游戏成为生活的主导活动。对游戏实质的解释尽管尚存争议(如补偿说、生活准备说、精力过剩说、机能快乐说、种系复演说等)，但儿童游戏形式的发展却存在着固定顺序，即为从象征性、模仿性游戏到角色游戏，进而发展到规则游戏，继而出现表演游戏和幻想游戏，最后向学龄期所特有的竞赛游戏过渡。游戏形式的上述发展序列正是幼儿心理发展的真实写照。幼儿时期的儿童游戏以象征性游戏为主，儿童在游戏中按照自己的想象来改造现实以满足自身需要。此时儿童不是用原有的图式顺应现实，而是把现实同化于自我。"想象游戏，梦境和白日梦所共有的象征性的思维本身总是把现实同化于自我，而不是心灵客观地适应于事物。"①而随着象征性游戏向着有组织的、有规则的游戏发展，儿童开始理解物体之间的客观关系，并且在人们之间建立合作关系，在道德情感方面则逐渐向互惠互尊的方向发展。

(三)具体运算阶段(7—11岁)。前一阶段的去自我中心过程使儿童获得了"社会性合作的技能"和"认知运算的建构"，使其得以运用初步的逻辑运算来解决具体问题。但是具体运算阶段儿童的自我中心化表现为不能把感知事件和心理建构区分开来。他们不能单独运用自己的知觉进行思考，不能区分什么是知觉，什么是思维。七岁到八岁这个年龄一般地标志着儿童的概念性工具发展的一个决定性的转折点：儿童迄今已对之感到满足的那些内化了或概念化了的活动，由于具有可逆性转换的资格而获得了运演的地位。运演的基本特点是可以形成可闭合系统或"结构"，这一事实保证它们借助于正转换和逆转换而形成组合的必要条件②。在这一阶段，儿童去中心化的能力得到发展，儿童认识到他人的观点，能将自己的看法和他人的看法调和起来。当然，儿童认知不会纯粹地全部客观化，毕竟成人的部分思维方式仍是自我中

---

①　[瑞士]让·皮亚杰著，傅统先译：《儿童的语言与思维》，文化教育出版社，1980年版，第298页。

②　同上书，第38页。

心的。

（四）形式运算阶段（11、12岁—14、15岁）。此时少年儿童的认知发展已经进入了形式运算阶段，开始运用更加抽象和理想的方式来思考问题，能够想象纯粹假设的情境或完全抽象的命题，并且能够对此进行逻辑推理。"随着在将近十一岁到十二岁时开始形成的形式运演的出现，我们就达到了运演发展过程的第三个重要阶段。在这个阶段，运演从其对时间的依赖性中解脱了出来，也就是说从儿童活动的前后心理关系中解脱了出来——在这种前后关系中运演的蕴含特性或者说逻辑特性也具有因果性的方面。正是在这个阶段，运演最后具有了超时间性，这种特性是纯逻辑数学关系所特有的。"①少年儿童逐步进入成人社会，形成成人角色意识，"这时的自我中心是在反省思考的水平上形成的，它直接来源于少年儿童成年人角色的充当"②。(1)开始把自己与成人平等看待。(2)发现并崇拜自己新获得的逻辑思维的巨大能量。(3)不满足于现实社会与生活，而追求理性或理想的东西。(4)向往未来，并设计美好的生活计划和改造社会的方案。(5)开始建立一套关于社会、政治、人生等方面的理论或思想体系，逐步形成自己的"理念世界"。

上述特点的综合作用，导致了少年儿童不能把"理念世界"同"真实世界"分开并认清二者之间的差异与距离，从而促使他们成为梦想通过理性改造现实世界的"空想主义"改革家。此时的自我中心化与少年儿童对成人角色的选定相关，因为青年不仅想象使自我适应外在社会环境，而且更想使环境适应自己。也就是说，当他考虑社会，想要在其中找到一个自己的位置时，他必须考虑他将来的活动以及如何对这个社会进行改造。结果便表现为相对地不能区分他自己的看法与他所想改造的群体的看法。此时少年儿童多以"救世主"自居，以为自己的观点和理念世界总是对的，这就导致了初涉青春期的少年对成人的反抗或对抗行为。在长达十余年的成长期里，少年在日趋社会化的过程中，依然会"处于自我中心化状态和真正社会化之间的中间地位……而面对着社会集团的这种自我中心状态乃是婴儿面对着物理宇宙所表现出来的那种自我中心状态的再现和延伸。"③

要根治这种自我中心化现象，就必须使少年儿童回到现实社会中去。皮

---

① ［瑞士］让·皮亚杰著，傅统先译：《儿童的语言与思维》，文化教育出版社，1980年版，第51页。

② 王琰：《少年儿童从他律到自律的道德思维特征探析》，载《教育理论与实践》，2010年第7期。

③ ［瑞士］让·皮亚杰著，傅统先译：《儿童的心理发展》，山东教育出版社，1982年版，第41页。

亚杰认为，青少年只有真正投入到现实生活中去，在"艰难而缓慢地"协调其思想和现实生活的关系的过程中，才能逐步摆脱青春的幻想和空想。参加现实社会生活的过程就是一种去自我中心化的过程，这一阶段去自我中心化的关键就是要使青年接受系列的职业培训或"承担一项现实工作"。只有这样，少年儿童才能从一个"空想的改革家"变成一个"实干家"，才能成为一个真正的"成年人"。

综合以上四阶段可知，儿童自我中心化是从具体的低级形式向抽象的高级形式的不断过渡过程，也是一个持续的"去自我中心化"过程。这个过渡或过程是儿童精神走向成人精神的成长史，也是儿童从自在的精神状态走向自觉的精神状态。"可以说，儿童精神的发育在自我中心化上的形式更迭（由强趋弱），乃是一个从本能的、感性的、自在的、无意识的状态朝着文化的、理性的、自为的、自觉的状态的演进。"[1]辩证地看，儿童去自我中心化的过程蕴含着自我肯定和自我否定的双重逻辑，又是自我肯定和自我否定的必然结果，是在扬弃自我肯定性和自我否定性的基础上两者的统一。儿童的去自我中心化是儿童对自身思想意识的诸种不完善的自我发现和精神自觉，由此对自身思想意识所进行的重新自我审视和重新社会定位。"儿童去自我中心化的实现和完成，还标志着少年儿童价值观社会化的完成，并开始与社会整体价值观趋于一致和和谐。"[2]儿童思想意识的自我否定性表明儿童思想意识开始走向成熟，进入了一个新的阶段。但是，如果儿童思想意识的自我否定性使儿童思想意识的发展失去了方向感、目标感和道德自信，那么，这种自我否定性就会由一种蕴涵着进步性和向上性的积极因素变为带有自暴自弃倾向的消极因素。"儿童思想意识的自我否定性，一方面体现了儿童思想意识发展自身的客观规律性，人们应该正确地认识和把握这一规律性；另一方面又必须因势利导，使这种自我否定性向着进步和向上的积极方向发展。"[3]

皮亚杰还辩证地指出，儿童去自我中心化不是某一水平上的自我中心化状态的彻底消失，而是被更高级别的自我中心化所掩盖。任何一次去自我中心化必须有两个条件：第一，意识到自我是主体，并把主体与客体区别开来；第二，把自己的观点与他人的观点协调起来，而不是把自己的观点当作绝对真理。"自我中心状态的减少不能用获得了新的组织或有了新的感受来

① 丁海东、杜传坤：《儿童教育的人文解读》，山东教育出版社，2008 年版，第 34 页。
② 廖小平、陈建越：《青年价值观的基本特征》，载《中国青年政治学院学报》，2006 年第 4 期。
③ 同上。

解释，而是因为主体的观点改变了；这时并没有放弃他原来的观点，而只是把它放在许多其他的观点之中。"①即使能在与物理世界的关系中脱离了自我中心状态，但儿童未必能在社会关系中摆脱自我中心状态。因为儿童去自我中心化不仅要依赖自身动作的协调、思维运算能力的发展，而且语言能力、角色扮演技能也需要发展以及需要特定的社会环境。理智上的去自我中心是社会关系去自我中心的必要前提，没有行为和思维中可逆性和互反性逻辑结构的形成，即使掌握了语言技能，即使在平等的互动关系中，儿童也不能扮演他人角色。但前者并非后者的充分前提，对于理智上已经形成可逆性和互反性逻辑结构的儿童来说，还需要在特定的社会条件下，即在能够运用语言符号进行平等互动的条件下，才能学会扮演他人角色，达到相互理解。

第六节　由他律到自律的转变

一、他律与自律的关联分析

从词源上分析，他律（heteronomy）一词最早来源于古希腊文 Heferos（其他的）和 nomos（规律），意思是外在的规律。用于个体思想意识领域，他律是指由外在因素决定自己意志行为的准则，即意识选择与行为是由主体自身之外的、被迫接受或考虑的各种规则所规制。他律主要表现在理性对个体欲望的管控和个体行为的约束力上。与"他律"相对，"自律"（autonomie）一词源自希腊语，由 autos（自己）和 nomcos（规则）二词合成，含义为"法则由自己制定"。"自律"强调思想意识受制于行为主体的理性命令，自己为自己立法，将被动的"必须如此行动"变为"愿意如此行动"，"自己约束自己、自己限制自己"是其最大特点。"自律是主体借助于对自然、生活规律的认识和对道德规范的认同，把被动的服从变为主动，自觉地指导和约束自己。"②自律不是一种制约行为的行为规范，而是一种影响选择的价值向导，它的命令以"应当"为联系词。自律能力可以表述为思想意识上的"三自能力"即自立、自行、自控能力。所谓自立即自我"立法"，也即自我要求，这涉及认识、理

---

① 林菁：《皮亚杰的儿童"自我中心"理论述评》，载《学前教育研究》，2001 年第 1 期。
② 王晓虹：《论道德自律、道德他律、法律他律：精神文明的三种实现形式》，载《求实》，2004 年第 2 期。

想诸方面；所谓自行即自我"行政"，也即自我锻炼、自觉践行，养成行为习惯；所谓自控即自我"司法"，也即自我评价自我调控，与通常所谓"良心"或"内心的道德法庭"相似。

从他律和自律的内涵可知，二者的主要差异在于约束自身意识与行为的力量是外在的还是内在的。"自律"主张依靠自身力量，注重人的价值，强调自主、自治和自我教育，重视发挥人的主体意识、智慧、潜能及创造力。"他律"则主要依靠外部力量使人接受一定的道德观念和履行一定的道德规范，并依据社会舆论、社会奖惩等为动力，促使人在思想上和言行上照章办事。"道德他律有权威性、强制性、约束性、被动性、他教性等特点。"①

提及他律的强制性，现在很多人予以排斥甚至谴责，但在个体的成长中，适当外在力量的帮助、规范、强制是必要的。尤其是对于日渐融入社会的少年儿童而言，他律机制是一种个体成长的社会规范和社会保障。外在的法律法规、伦理道德、风俗礼仪一并构成儿童成长的他律环境，交错相织的他律规范以其约束和导向功能，使儿童不断产生对规范的敬畏感，并以此形成强烈的行为认同与遵从。行为靠纪律约束才有明确方向，儿童才可控制自己的欲念；一旦失去了纪律的约束、任性乱为，往往导致少年儿童我行我素。"我们惟有遵守道德纪律然后能取得自主和自治的能力；惟养成自主和自治的能力而后能自由。"②随着儿童融入社会程度的提高，外在规范不断进入儿童的内心世界，并逐渐转化为内在法则。于是，他律的制约过程便成了儿童对社会规范的认识、接纳、转化过程，是其自觉意识的形成过程。

而一旦进入自律阶段，个体在行为始初会按照自己的内在标准不断筛选各种行为可能性，选取自己认可的符合一定准则的行为方案，同时采取一定的手段去实现既定目标。在自律行为的过程中，行为主体还要不断校正自己的行为方向，坚定不移地按照自己认定的目标努力向前。行为实施结束之后，主体还要认真检点自己的行为效果，评价其价值，总结其得失，确立下一步行动的方向。

当然，他律和自律的界限不是泾渭分明的，而是辩证统一的。"任何真正意义上的道德义务都是他律性和自律性的统一。不存在不包含他律性的、

---

① 孙文清：《论自律精神是我国学校道德教育的首要任务》，载《教育理论与实践》，1999年第5期。

② ［法］爱米尔·涂尔干著，崔载阳译：《道德教育论》，上海民智书局，1930（民国18年）年版，第48页。

单纯自律性的道德义务，也不存在不包含自律性的单纯他律性的道德义务。"①他律是自律的基础，自律是他律的升华，两者不是独立抗衡，而是互相协调互相影响。一方面个体思想行为必须是自律的，因为社会上的各种法律法规只能通过个体自律得到实现；另一方面个体自律又必须以社会的、外部的他律规范为基础和根据。"当我们强调自律的时候，不应该忘记和否定这种自律是以承认他律为前提的，首先是肯定道德价值的根据不在人自身、而在人之外，即在社会和历史发展之中。"②

对于年幼的儿童而言，由于身心发展尚不成熟、缺乏知识和生活经验，导致思想和行为容易越轨。"处于学龄前和小学低年级的儿童，往往没有约束自己的能力，道德评价能力较低，需要靠教师和家长的约束来行动。"③但随着个体身心发展的成熟，自觉性和内控力逐渐提高与增强，各种外在的权威形式逐渐转换为青少年内心的某种觉悟和信念，其思想意识、言行举止逐渐由"他律"转向"自律"。自律是成长的关键，此时遵守法规纪律由于自觉而自由，而不是意志的枷锁。相反，儿童在连续地自觉遵守规则、服从纪律的过程中，会促进其意志品质成长。坚定的意志品质会使儿童习惯于克服那些在达到目的的道路上存在的内外部困难和障碍，而自觉会使儿童为了"需要"克服自己的"不愿意"。

皮亚杰认为，儿童在从他律到自律的道德认知发展中，具有以下特点：从单纯的规则过渡到真正意义的准则，从客观责任过渡到主观责任，从服从的公正到平等和公道的公正，从抵罪性惩罚到报应性惩罚。年幼儿童道德判断属于他律道德，他们的道德判断具有强烈的尊重准则的倾向。在他们眼中，这些准则都是权威人物制定的，是不可改变的，如同自然法则，这是一种"道德实在论"。10岁左右儿童的道德判断进入了自律道德阶段。此时儿童认识到社会准则是共同约定的，并不是绝对的，这是一种道德相对论。皮亚杰认为儿童道德认知由他律水平逐渐发展到自律水平，取决于两个条件：一是认知的成熟，逻辑思维能力的发展，自我中心主义倾向的削弱；二是获得社会经验，在同伴间建立起真正的社会交往和社会合作关系，意识到彼此间的平等地位④。

---

① 叶蓬：《道德义务的他律性和自律性论纲》，载《齐鲁学刊》，1995年第2期。

② 宋希仁：《职业道德的自律和他律》，载《广西大学学报(哲学社会科学版)》，1999年第3期。

③ 韩传信：《论学生自律能力的培养》，载《安徽教育学院学报(社会科学版)》，1996年第3期。

④ 关于此部分的详细论述，请参阅本书"第六章第四节少年儿童的道德"的具体内容。

二、少年儿童自律的养成

德育心理学研究表明，个体德性人格的形成是循序渐进、逐级递升的过程，大体经历无律、他律、自律和自由四个阶段。对于年幼无知的儿童而言，德性人格往往处于无律状态，儿童难以与道德规范发生现实联系，道德规范对于儿童来说是"无知之物"。缺乏道德观念的自主意识导致无论儿童行为是否合乎道德规范，他都不是一个道德主体。进入他律阶段后，受外在权威的引导、规范、强制，儿童逐渐开始有意识地遵守道德规范。儿童意识和行为的自觉性转变，意味着儿童的行为意识开始从他律转向自律。大体而言，儿童在成长过程中由他律到自律需要经历以下三个阶段：

第一阶段：完全他律阶段。此时儿童的他律意识根源于对成人权威的慑服和恐惧，年幼儿童的规则意识通常只是成人命令或规则的简单移入。对于道德指令，儿童只是知其然而不知其所以然。缺乏社会生活的体验，导致儿童对外在命令或规则精神实质的理解难以深入，只是简单机械地从字面意义上遵循这些命令或规则。"他与他所遵守的'道德'之间，始终有一种可以支配他的中介力量在起作用"[①]。之所以这样做是外人告诉他"必须这样做""这样做才好才对"。盲从下的道德规范实质上具有强烈的外在性或疏远性，儿童在道德律令面前是被支配者而不是一个积极的、主动的创造者。

此时，他律的主要内容是对纪律的遵守。理由如下：一方面，未经约束的儿童表现出纯粹的自然任性，他律只有以纪律的形式才能达到挫抑、规范自然任性的目的。尤其是在学校学习生活中，各种形式的纪律规范每天重复地在儿童生活中出现，大大强化了道德指令对儿童的刺激。另一方面，由于儿童并不能够理解他律，他律只好作为强制性的纪律存在。"教育的一个主要环节是纪律，它的涵义就在于破除子女的自我意志，以清除纯粹感性的和本性的东西。"[②]纪律包括作息纪律（每天生活的时间安排规定）、活动纪律（活动场所及其注意事项等）、文明卫生纪律（不骂人、饭前洗手等）。和成人纪律不同，儿童纪律不是靠行政手段来保证执行，而是使儿童产生对师长的敬重感，敬重感又反过来推动儿童接受道德原则。

第二阶段：低级自律阶段。早期儿童他律意识的形成除了对权威者的敬畏以及逃避惩罚外，还受到思维发展水平的影响。随着儿童年龄的增长，其

---

① 唐凯麟、龙兴海：《个体道德论》，中国青年出版社，1993年版，第113页。

② ［德］黑格尔著，范扬、张企泰译：《法哲学原理》，商务印书馆，1961年版，第188页。

智力和社会活动进一步提升。于是，儿童与成人间的单方面尊重就逐渐变为儿童与成人间的平等和互相尊重。但此时自律尚处于比较低级的水平，"这种自律的因素，并不是建立在对于社会、对于他人的深刻理解之上，往往脱胎于刚刚萌醒的、还未来得及全面把握自身与外界关系的自我意识，故只能以纯主观的形式出现。"①低级自律虽然褪去了完全他律的外在性色彩，建立起初步的内在性，"但应该看到，学生在其道德意识建构过程中，情绪性动机、遵从权威和功利性动机占很大比重，效果与动机很难统一，这决定自律的不稳定性。"②

第三阶段：高级自律阶段。从青年后期开始，人的自律意识得到进一步发展，纯粹的主观性被逐渐扬弃，客观性积淀于主体的意识之中，从而达到主观与客观的有机结合。外在的社会要求不再是一种异己力量，而是融合了主体的心理状态，化为信念和符合主体自身需要的原则。主体的自我意识也不再是盲目的、纯主观的东西，而是立足于客观规律和自身与外部关系的理性审视。高级阶段的自律状态形式上是从主体自身出发，但在内容上又与外部要求相吻合。当然，未能充分社会化的个体，也不能形成完整的高级自律意识。高级自律意识的建立，既与个体心理、智力水平的充分发展有关，更要依赖于广泛的社会实践活动。只有通过大量的实践活动，才有可能洞悉人与人之间深刻的社会联系，才有可能将这一社会联系主体化并注入自身的思想意识之中。

三、由他律到自律的道德底蕴

第一，在道德情感上，处于他律阶段的儿童表现为服从和义务感。儿童对父母或成人持有单方面的尊重，"单方面尊重包含着爱和怕两个成份，仅有爱不足以产生义务感，仅有怕也只会产生形式上的屈从。当爱和怕结合起来时，就会产生尊重，但这时的尊重是单方面的。"③随着儿童协作活动及智力的发展，儿童的情感从不能区分自我和自然环境，向着构成群体交往或情绪交流发展，从而通过人与人之间情感的交流能区分自我和别人，产生相互的尊重，形成公正情感。

第二，在道德标准上，他律的道德以父母或成人的意志作为善恶标准。

---

① 吕耀怀：《论道德图式》，载《学习与探索》，1993 年第 6 期。
② 韩传信：《论学生自律能力的培养》，载《安徽教育学院学报（社会科学版）》，1996 年第 3 期。
③ 姚新中：《试论道德的个体发生》，载《宁夏大学学报（人文社会科学版）》，1991 年第 1 期。

在儿童看来"听话的、得到成人认可的"行为就是善的，反之就是恶的。而自律的道德才能逐渐把外在的、强制性的标准发展为内在的、理性的标准。幼童常把规则和标准看作神圣不可侵犯，而年长的儿童则认为规则和标准是民主制订的。只要全体成员同意，也可以修改规则和标准。幼童认为违规自动地跟惩罚联系在一起，常常在做错事自责、恐惧、害怕，甚至期望能避免惩罚。而年长的儿童是道德自律者，他们能意识到法律惩罚需要证据，甚至侥幸认为惩罚可以避免。

第三，在道德人格上，他律的道德是自我中心与缺乏自我意识的混合物。一方面，幼童多按自己的意愿行事，并把自己内在的目的投射到他物或他人身上，认为别人也会这样想这样做。另一方面，幼童又不能把自己和他人区分开来，总是跟他人融为一体。例如6—7岁的儿童在数房间内的人数时，往往不把自己计算在内，因为他把自己同他人视为一体，而"忘"了自己。而自律的道德则摆脱了自我中心状态，把自己与他人区分开来，形成了自我；同时又把自我和他人联系起来，形成了人格。

第四，在道德判断上，受他律支配的儿童判断行为好坏时，仅取决于该行为的效果而不管其动机。例如，意外打破12个茶杯比故意打破1个茶杯还要糟糕。当儿童发展为道德自律者，就不仅考虑行为的效果，还考虑行为的动机。开始把动机和行为效果结合起来判断行为，确定行为者责任。"在向自我道德意识转化的过程中，儿童对道德命令与规范的认识日渐深刻，逐渐学会了从动机与效果的统一中来判断道德规范的善恶性质，并使外在的要求与命令逐渐转化为自己内心的自觉认识和信念，从而有意识地认识自己、支配自己、服从自己。"[1]

第五，在道德评价上，儿童道德评价能力是在社会生活和教育影响下逐步形成的，并与思维发展水平密切相关。一般说来，幼童的道德评价能力较低，没有自己的独立判断标准。对学龄初期的儿童而言，道德评价多是模仿、重复父母老师等成人的评价。比较注意奖励与惩罚，凡是父母、老师和其他成人夸奖的就认为是好的，凡是父母、老师和其他成人指责的就认为是坏的。随着年龄的增长、道德经验的不断丰富，儿童才慢慢形成对事物的独立评价。学龄中期儿童的道德评价开始有了自己的评价标准，并以此为依据独立进行道德评价。儿童道德评价能力发展的一个重要特点是先学会评价他人，后学会评价自己。此外，儿童道德评价能力的高低，同参与道德问题的

---

①　黄月辉：《论道德自律的本质》，载《湖北社会科学》，2005年第10期。

讨论与评价机会的多寡呈正相关。进入青春期的儿童，其道德判断逐渐不受外界干扰，越来越倾向于根据自身形成的价值伦理体系，经过独立思考而进行内心的自主判断。

第六，在道德信念上，儿童多坚信行为准则的正确性并伴有情绪色彩与动力性的道德认识。其特征是儿童把道德知识变成个人行动的原则，坚信它的正确性，无论是自己或看见他人执行这些原则时都会引起种种情绪体验。儿童道德信念的形成和发展经历三个阶段①。一是无道德信念期。10 岁以前的儿童还没有道德信念，例如完成家庭作业并不是由于意识到社会道德规范而自觉地督促自己，而是由于教师的要求，或者对作业本身感兴趣。二是道德信念萌芽期。10—15 岁儿童表现出初步的道德信念，开始具有明显的完成作业和保持良好纪律的道德愿望，但这些道德愿望的自觉性还很差，而且也不坚定。三是道德信念开始确立期。15 岁以后的儿童开始表现出某种自觉的、坚定的道德信念。例如，完成家庭作业，已经不是简单地由于教师的要求，能够自觉意识到争取优良成绩在学习上、成长中的必要性。

道德信念的形成以道德知识为基础，以道德实践为中介。道德知识转化为道德信念的主要条件是通过道德实践使儿童获得道德行为的经验和有情感色彩的体验。儿童领会某些道德知识是比较容易的，但是，要想把道德知识真正变成自己的道德信念，就需要使这些知识被个人的经验与集体的经验所证明，被实践后果所引起的内心体验所丰富。当儿童亲自看到按一定的道德要求行动给集体和个人带来好处，并得到集体舆论的好评与支持时，他们就会在原有道德认识的基础上确信道德要求的正确性，并且产生按道德要求继续行动的决心。

四、道德自律与意志自由的转化

每个人都要承担必要的道德责任，承担道德责任就需要以自由为前提。行为主体的意志自由是道德自律的前提，意志自由内隐着自由选择的能力和权利。罗尔斯指出："自律的行为就是根据我们作为自由平等的理性存在物将会同意的、我们应当这样去理解的原则而做出的行为。"②真正意义上的道德自律总是个体基于明确的理性意识而自觉自愿的选择行为。

在西方伦理学史上，伦理学家们历来强调自由与道德的深刻联系。亚里

---

① 全德：《论品德形成与发展的规律》，载《湛江师范学院学报》，1995 年第 1 期。
② ［美］约翰·罗尔斯著，何怀宏等译：《正义论》，中国社会科学出版社，1988 年版，第 408 页。

士多德指出，道德行为不仅是自愿的，而且是自愿中的选择。他认为，选择"是德性所固有的最大特点，它比行为更能判断一个人的品格。选择显然是自愿的"①。人生中一切真正善或恶的东西都取决于、依赖于我们的自由选择能力。康德第一个以自由意志为前提来论证自律概念，指出自律道德义务需要以实践理性自我立法的自由意志为前提。"自由概念是阐明意志自律性的关键。"②人作为理性存在物其意志应当是自由的，自由是人的一种天赋权利。在康德看来，人只有拥有自由后才涉及运用自由的问题，即涉及实践理性——道德问题。自由是道德法则的根据和来源，没有自由就谈不上道德律令，整个道德理论就失去根据。康德把道德律当成为自由律，自由意志本身是衡量一切道德、义务和善是真或假的内在绝对标准，因为所谓道德不过是自由意志自身的规律性（"自律"）。康德说："因为自由这一理念是为道德法则所揭示的，所以其他理念的可能性则会因自由确实存在的事实而得到证明。"③一个人只有作为纯粹的意志存在物而不是作为一个自然的存在物，他才是自我决定的，"从实践理性的观点看来，每个理性动因都必须设定他的意志是自由的。自由是一切行为和思想的必然前提"④。出于自由意志而自愿自觉地选择道德义务是道德义务自律性的必有之义。没有出于对道德义务的自觉的理性认识，就没有出于内心信念的履行道德义务的意愿和冲动。

　　黑格尔深化了康德对于自律和自由关系的认识，指出："道德学的意义，就是主体由自己自由地建立起善、伦理、公正等规定。"⑤存在主义把自我意识的自由创造看作是价值的唯一源泉和基础。人的真实存在就是绝对自由，人失去了自由就会成为非真实的存在，就会产生道德异化和变成无个性的人。在萨特看来，伦理学的首要任务就是在道德领域拯救人的自由，防止人失去个性。卢梭指出："取消了自己意志的一切自由，也就是取消了自己行为的一切道德性。"⑥如果道德意识远离人的自由意志，取消人的本原自发性和选择权，真正的道德原则便难以为继。否则，人们还只会把所谓道德、德性看作一种天然的、天赋的"性格"，而不是一种自由意志创造的结果。"尽

---

① ［古希腊］亚里士多德著，苗力田译：《尼各马科伦理学》，中国人民大学出版社，2003 年版，第 46 页。

② ［德］康德著，苗力田译：《道德形而上学原理》，上海人民出版社，2012 年版，第 53 页。

③ ［德］康德著，张永奇译：《实践理性批判》，中国社会科学出版社，2009 年版，前言第 2 页。

④ ［德］康德著，苗力田译：《道德形而上学理论》，上海人民出版社，2012 年版，第 98 页。

⑤ ［德］黑格尔著，贺麟、王太庆译：《哲学史讲演录》第 2 卷，商务印书馆，1960 年版，第 42 页。

⑥ ［法］卢梭著，何兆武译：《社会契约论》，商务印书馆，2003 年版，第 12 页。

管自由意志本身还不是一条道德规范，但选择自由作为人特有的权力，却是道德思考的前提。"①一个完善的道德行为首先是行为者在自由状态下自愿自觉选择的结果。只有当人处于自由状态下，才是完全主动的，具有完全的自由选择权。

同时，自律之"律"表明，基于自律之上的自由也不是绝对的自由、无序的自由、消极的自由，自由一定要有自己的限度。"理性赋予我们自由，但也强制我们尊重他人的自由，自由在实际运作时必须与理性结合。在理性的指导下，每个人寻求他自己的自由，不仅不会导致对别人的伤害，而且对别人最为有益。"②自我决定与理性法则构成了道德生活的充分必要条件，自由没有理性之时是一种经验的自由，是消极意义上的自由。一个仅仅由感性冲动所带来的自由，只能算是纯粹动物的任性。动物的任性不仅是由感性的动因所刺激起来，而且是直接被最强烈的冲动所规定。在实践领域，真正自由必须在行动关系中接受意志(作为实践理性)的规定，使自己的准则符合理性规律。实际上，意志自律是一种理性意义上的自由，每个具有意志的有理性存在者都是自由的，并且依从自由观念而行动。理性意志是一种自由因果性，独立于外来原因对它的规定而起作用。反之，一切无理性存在的因果性都是自然必然性，它们的活动都被外来原因所规定。因此，"意志自由就是意志独立于外在作用而自律。这种意义上的自由概念揭示了意志对外在作用的独立性，突出了意志自行立法的积极本质，同时表明了自由并不是无规律，自由本身就是一种因果性和规律性，只不过和自然因果性和规律性不同罢了。"③

道德的自律和自由在本质上是相通的。自由是自律的价值目标，自律是实现自由的手段和方式。"自由是自律的前提，没有自由也就无所谓自律。同时自律也是自由权利得到保障的理性基础，没有自律也不可能有普遍的自由。"④道德自律作为主体的自我立法、自我约束，系主体自己为自己设置必然性。当然，设置必然性的目的不是为了限制自由，而是为了获得更大的自由。这种内在必然性来自外在的客观必然性，是主体在对外在客观必然的认同、接受、遵循的基础上生成的。自由在于根据对自然界的必然性认识来支

---

① 罗金远：《论道德自律》，载《哲学研究》，2006 年第 4 期。
② 同上。
③ 同上。
④ 何建华：《道德自律与意志自由：兼论道德自律的社会基础》，载《浙江社会科学》，2002 年第 4 期。

配自身的行为方式。自我立法并不会限制主体自身的自由，相反会使自由度增大。"道德自律是主体内化外在必然性后确立内在必然性并依此来对自己进行限制，它使主体不再为欲望和冲动所主宰，而是自己主宰自己，自己成为自己的主人，这实际上是最高境界的自由。"①

小结

本章节系统梳理了少年儿童思想意识的发展特性。一方面，个体意识与人类意识具有相同、重叠之处，同时，个体意识在发展过程中具有明显的阶段性。同时，对儿童意识的自觉化、儿童形象思维与抽象思维的辩证统一、少年儿童自律的养成等问题进行了集中论述。

思考与练习

1. 请简要阐述皮亚杰关于儿童思维发展的四阶段理论。

2. 弗洛伊德关于个体心理发展五阶段学说的主要内容是什么？

3. 如何理解少年儿童思想意识的过渡特性？

4. 当前我国少年儿童思想意识的主要特征有哪些？

5. 儿童形象思维的主要特征有哪些？

6. 儿童在成长过程中由他律到自律需要经历几个阶段？

阅读导航（学习拓展）

1. 刘晓东：《儿童精神哲学》，南京师范大学出版社，1999 年版。

2. 刘晓东：《儿童文化和儿童教育》，教育科学出版社，2006 年版。

3. 林崇德：《发展心理学》第 2 版，人民教育出版社，2008 年版。

4.［瑞士］让·皮亚杰著，王宪钿等译：《发生认识论原理》，商务印书馆，1981 年版。

5.［法］列维-布留尔著，丁由译：《原始思维》，商务印书馆，2011 年版。

---

① 苏令银：《道德自律：转型期社会秩序的最高实现形式》，载《现代哲学》，2001 年第 4 期。

第六章 少年儿童思想意识的要素分析

启发与引导

- 平常课堂上老师经常提醒小学生要集中精力、专心听讲，那么少年儿童的注意力有什么特点？注意力在少年儿童的思想意识中占据什么位置？

- 常言道，言为心声。那么，少年儿童的语言有什么特点？少年儿童的用语习惯和自身的心理特点、思想意识又有什么关系？

- 从内容上看，少年儿童的道德是其思想意识的主要组成部分和呈现载体。那么，少年儿童的道德有哪些特点？怎样因势利导来推动少年儿童的思想意识发展？

上一章着重分析了少年儿童思想意识的特性，换言之，就是少年儿童思想意识的呈现状态是什么。本章主要分析少年儿童思想意识的构成要素，即少年儿童的思想意识是通过什么体现出来的、少年儿童的思想意识有哪些载体。笼统而言，少年儿童的思想意识表现在言谈举止之中；具体而言，少年儿童的思想意识体现在知情意之中，通过少年儿童的注意力、语言、道德等方面呈现出来。

第一节 思想意识中知情意的统一

少年儿童的思想意识构成要素因评判标准不同而迥异。以内容指向为依据，思想意识可以导向道德、信仰等领域；以存在层次划分，一般有知、情、意三个层次。尤其是从心理学角度分析，思想意识作为主体自觉的心理过程，一般可分为认识因素、情感因素和意志因素。其中，认识因素构成心理的知识形态，指人类对世界的知识性把握。情感是指人类对客观事物的感受和评价，是认识和意向相综合而诱发的弥漫性反应与体验，如喜怒哀乐、忧惧爱恨。意志指人类追求某种目的和理想时表现出来的自我克制、毅力、信心和顽强不屈等精神状态，是由态度、动机、目的、兴趣等构成的指令性、趋向性信息。

一、知：少年儿童思想意识形成和发展的奠基石

"知"是少年儿童思想意识发生与发展的前提性条件。此处的知可大体分为两个层次来理解，第一层次是静态的知识形态，简称为"知识"；第二层次是动态的认知能力，简称为"认知"。

就第一层次而言，少年儿童思想意识视域中的知识，主要是指少年儿童对一定社会的法律规范、伦理道德、风俗习惯的认识，是对一定社会的思想、政治、道德品质等关系以及处理这种关系的原则、规范的理解和领悟。它是少年儿童对待客观事物的规范和根据，是情感、意志、行为的认识基础。在本书中(本课题中)，此处的知识主要是道德知识，而一般的道德知识又可分为道德观念(感性知识)和道德概念(理性知识)。掌握道德概念是少年儿童对道德知识的主要理解形式，是产生道德评价和形成道德信念的前提。古希腊哲学家苏格拉底提出"美德即知识"的命题，按照这一命题，没有人知道什么是善而不为善的，也没有人知道什么是恶而去做恶的。因此，要引导少年儿童形成美德，唯一的方法就是要有真知。

就第二层次而言，认知更多是一个心理学名词。在心理学中，"认知也称认识过程，是指个体认识客观世界、把握客观事物的性质和规律的心理活动，它包括注意、感知觉、记忆和思维等心理过程"[1]。其中，注意是各种认知活动赖以进行的必要条件，负责从纷繁的世界中选择对我们有意义的信息；感知觉是人类认识互动的起点，是获得信息的主要途径，同时也对信息进行解释；记忆是人类最重要的信息存贮库；思维是人类认识的高级阶段。认知作为人类独特的心理过程，是人的意识的集中表现，也是其他心理活动的基础。

认知是行动的先导。没有正确的认知，就难以形成健康的思想道德情感和良好的思想道德行为。思想道德认知是一个复杂的过程，它要经过感性、理性、实践各个环节和阶段，才能使感知的东西形成概念，内化在德育对象的思想品德结构中。少年儿童良好思想品德的形成离不开思想道德认知，一定的思想品德总是以一定的思想道德认识为必要条件。同时，思想品德认识是情感产生的基础，未被认识的对象没有感情的价值，"知之深方能爱之

---

① 陈庆华：《青少年心理学》，合肥工业大学出版社，2011年版，第53页。

切"。思想品德认识是意志得以发挥的前提，高尚品德首先被自觉地认识到，然后才可能被实践。认识越深刻人的意志越坚定，认识越全面越能规划出实事求是的目的，周密地考虑实现目的的可能性，达到动机与效果的高度统一。

综合第一二层次，无论是知识的获得还是认知的过程，"知"在少年儿童思想意识中的重心是培养少年儿童的逻辑思维能力。逻辑是人的全部意识活动的必要条件。人的各种心理能力(认知意识、道德意识、审美意识)的发挥依赖思维逻辑的帮助，尽管逻辑对其作用的性质和程度并不相同。"人的一切意识成果(对象意识、自我意识、实践意识)的获得都离不开逻辑的作用，虽然它们并不是逻辑本身。"①

一般而言，认识或思维逻辑包含三个基本层面的内容②：一是外在的逻辑思维形式，即概念、判断和推理。内隐的思维活动需借助概念、判断、推理来进行，思维成果也需借助概念、判断和推理来表现。二是内在的逻辑思维结构，即沉积在主体大脑中支配其意识活动的逻辑功能系统，包括思维的逻辑关系(如先后、对应、重叠等)，逻辑的格、逻辑规则、逻辑思维能力。三是把外在思维形式和内在逻辑思维结构联结起来的逻辑思维方法，如分析与综合、归纳与演绎、由抽象到具体等。三个层面中，逻辑思维结构又最为基础、最为根本。"人之所以有一套概念、判断、推理等思维形式，有一套逻辑思维方法，就在于人有一套逻辑思维结构。"③逻辑思维结构是人的一切认识活动的前提。不仅以严密的逻辑推理为特征的认知活动离不开主体的内在逻辑结构，即使缺乏逻辑推理特征的灵感思维、直觉思维，也以内在的逻辑结构为基础。具体而言，逻辑因素在认识中的作用为：第一，逻辑使人的认识和思维具备程序性和确定性。第二，逻辑使人的认识由特殊上升到普遍，由现象深入到本质。第三，逻辑使人把取得的认识形成严密体系和系统的科学理论知识。一切科学理论都要用思想和概念的形式来表述自己的对象，都是遵循一定的逻辑规则，由明确的概念、准确的判断、严密的推理构成的逻辑体系。第四，逻辑使思维超越时空的限制，由已知推论未知，推测未来，使认识和实践活动具有超前性和预见性。

---

① 周文彰：《狡黠的心灵：主体认识图式概论》，中国人民大学出版社，1991年版，第81页。

② 同上书，第81—82页。

③ 同上书，第82页。

二、情：少年儿童思想意识形成和发展的催化剂

"情"在少年儿童思想意识中的基本含义为"感情"或"情感"[①]。二者常通用，但仔细推敲，仍有较大差异。感情，一般是指一种综合人内心各种感觉、思想和行为的心理和生理状态，是对外界刺激所产生的心理反应，以及附带的生理反应。而情感在心理学上一般定义为："情感是对感情性过程的体验和感受。"[②]在此，情感是一种主观体验、主观态度或主观反映，主要包括道德感和价值感两个方面，具体表现为爱情、幸福、仇恨、厌恶、美感等。从哲学视角分析，情感属于主观意识范畴，是主体对客观事物价值关系的主观反映。同时，感情多表示为人与人之间，或者人与物之间的双向反应；而情感是指人内心的感觉或变化。感情是对外界比较强烈刺激时的心理反应；情感是个体整体态度中的一部分，与态度中的内向感受、意向具有协调一致性，是态度在生理上一种较复杂而又稳定的生理评价和体验。在本文研究中，"情"取"情感"之意。

情感的产生离不开客体，因为作为一种特殊的心理和精神现象的情感同其他一切心理和精神现象一样，都是对外界客体的反映，只不过各自反映的形式有所不同。离开了对象和客体，情感就失去了基础和根据。同时，情感也离不开主体，是主体的人对客体的感受和体验才是情感，离开了主体，情感就失去了依托和载体，因为情感总是人的情感。同时，情感的产生又不是无的放矢的，而是依据主体的一定需要，并且只有对能满足主体的一定需要的客体才会产生情感。而主体和客体的需要和满足需要之间的关系是一种价值关系。于是，情感实质上是对主客体之间价值关系的感受和体验。价值是情感的客观基础，而情感又是价值的心理感受和体验形式，情感和价值都表征着主体需要和客体属性之间的关系。价值是客观地表征着主体需要和客体属性之间的关系，而情感是主体对客体是否满足和符合主体自身需要所产生的心理感受和体验，实质上也就是对主体和客体之间的价值关系的心理感受和体验。从价值论的意义上说，如果客体能符合和满足主体的一定需要，主体就会对客体产生肯定和积极性的情感。罗素说："当我们断言这个或那个具有'价值'时，我们是在表达我们自己的感情，而不是在表达一个即使我们

---

① 作为心理学的"情绪"范畴，不为本文的研究重点。

② 孟绍兰：《普通心理学》，北京大学出版社，1994年版，第390页。

个人的感情各不相同但却仍然是可靠的事实。"①

人非草木，孰能无情。马克思说："激情、热情是人强烈追求自己的对象的本质力量。"②富有道德情感的人，才可能体验道德的快乐与幸福。美国思想家宾克莱在论述海德格尔关于情感是把握世界的绝对方式时说："海德格尔主张，我们对世界的知觉，首先是由情感和情绪揭开的，并不是靠概念。"③基尔克戈尔也认为，只有融合于生活的情感体验才是正确理解对象和自我的唯一方式，只有情感体验才能揭示主观性真理。

思想道德中的情感一般是指个体面对社会生活的态度，在道德活动中产生的心理反应，"是人们在处理一定道德关系的长期实践中形成的对他人、对自己、对社会生活和道德行为的主观体验和态度"④。道德情感体现了个体生存状态的深刻性和丰富性，"道德不是一种物质存在，而是一种精神存在，它的内容包括情感。如良心、义务、荣誉、幸福、正义、节操等都是内含着情感的复杂整合。"⑤对少年儿童来说，培养起丰富的道德情感是培育思想道德的关键。正是在这个意义上，皮亚杰强调："一点人性可以比世界上所有规则宝贵得多。"⑥苏霍姆林斯基则更生动地说："道德情感——这是道德信念，原则性、精神力量的血肉和心脏。没有情感的道德就变成了干枯的、苍白的语句，这语句只能培养出伪君子。"⑦

情感具有鲜明的指向性和强烈的制导功能，一经形成便努力将主体的理性思维拉向自己的目标。少年儿童的道德情感是影响其道德认知内化，并外化为道德行为的关键因素。积极、深厚和坚定的情感能带来巨大的鼓舞力量；反之，消极的、浅薄的和易变的情感往往使人消沉颓废，甚至一事无成。"事实证明，外在的道德原则、道德规范和道德知识，如果不被青少年的心灵所感受、情感所认同，将会是一纸空文。也就是说，道德知识如果没有青少年道德情感的润泽，就无法注入其心灵内化为德性，更谈不上外化为

---

① [英]罗素著，徐奕春、林国夫译：《宗教与科学》，商务印书馆，1982 年版，第 123 页。

② [德]马克思著，中央编译局译：《1844 年经济学哲学手稿》，人民出版社，2000 年版，第107 页。

③ [美]L. J. 宾克莱著，马元德等译：《理想的冲突》，商务印书馆，1983 年版，第 215 页。

④ 胡潇：《意识的起源与结构》，中国社会科学出版社，2004 年版，第 371 页。

⑤ 李建华：《道德建设新论》，中共中央党校出版社，1996 年版，第 274 页。

⑥ [瑞士]让·皮亚杰著，傅统先、陆有铨译：《儿童的道德判断》，山东教育出版社，1984 年版，第 228 页。

⑦ 《湖南教育》编辑部编：《苏霍姆林斯基教育思想概述》，湖南教育出版社，1983 年版，第 5 页。

德行。"①具体说来，情感在少年儿童思想品德发展中的作用主要表现在以下几个方面：

(1)情感是认识的动力。情感直接影响认识过程中信息的选择和加工，从思想意识、道德品质认识到其形成必须经过情感的推动。没有情感的推动，任何思想品质仅仅是一种形式，只能作为高悬在主体之外的他律。情感是少年儿童接受外部信息渠道的"阀门"，影响着少年儿童对外部世界的认知和行动。"道德认知能够让少年儿童明察何者为善、何者为恶，正确地进行善恶价值判断，而道德情感则使他们能够将善恶的理论认识转化为或喜或怒、或积极或消极的情绪体验，转化为内在的心灵感受。"②激情状态下的认知往往处于一种亢奋状态，积极推动少年儿童获取对周围世界的认知，加速或持续少年儿童的品德行为；缺乏激情时，认知便处于惰性状态，踏步不前。

(2)情感是行为的动力。情感和主体的需要密切相关，当客观对象能满足主体需要，主体就会对这一客观对象产生肯定性的情感，反之则产生否定性的情感。一般说来，只有在情感上能打动主体的客观对象，主体才有可能把它确定为认识客体。如果不能在情感上打动主体的心，则不能引起主体的积极性情感体验进而有所认识和行动。道德发展理论认为，儿童道德发展的过程就是不断接受外在道德标准并将其转化为内在品质的过程。实现"内化"固然需要许多条件，如意志力、道德判断与选择的能力以及个体的实践经验等，但情感占据特别重要的地位，起到催化作用。

(3)情感有助于行为动机的转化。现代心理学的情绪动机——分化理论认为，人的情感具有自由度和可变性，情感的适应价值就在于它能放大或缩小、加强或减弱生物体需要的信号，使有机体更易于适应变化多端的环境，以适时调整自身活动的目标。另外，情感还具有正负两极性，并且在一定条件下，情感的两极性会发生相互转化。任何行为都有其动机，错误的行为动机往往和不适当的需求有关，禁止和惩罚并不能从根源上消除不良品质，而情感力量往往能推动新需求的形成和加强。对于10—12岁少年儿童的情感体验而言，一般应以自尊感、荣誉感和顺遂体验为中心构建情感教育目标。需要创造条件，使少年儿童获得自尊和荣誉的体验，防止"自卑情绪"出现。

---

① 王东莉：《德育人文关怀与青少年德性养成》，载《当代青年研究》，2007年第10期。

② 同上。

三、意：少年儿童思想意识形成和发展的调控器

意，通常有意识（感觉）、意向（愿望）、意志（志向）等搭配用法，意志是核心所在。由意识到意志是一个层级递进的过程，也是每一位少年儿童茁壮成长的关键。就字意而言，意是心理活动的一种状态，志是对目的方向的坚信、坚持。合二为一，意志的基本含义有二：一是决定达到某种目的而产生的心理状态，与英文 will 相近；二是人有意识、有目的、有计划地调节和支配自己行为、克服困难、实现目的的心理过程，与英文 volition 相近。

在古代汉语中，"意"与"志"虽然分开使用，但往往互训。《说文》中解"意"：志也，从心察言而知，从心从音；《说文新修字义》解"志"：意也，从心之声也。不同之处在于，"意"一般指的是"心意""心思"，是"心"的功能与表现。而"志"含义更为广泛，除含有"意"的意思外，还具有"志向""志行"之意。西方学者一直在"意识"层面上使用"意志"，将"意志"视为理性思维的一种能力。如康德的"意志"就是指一种追求能力，是理性对实践的追求，实践的理性就是意志。现代心理学中"意志"多视为人心理的特殊品质，是控制心理活动过程的心理因素。"从纯心理的观点来看，意志是内在的意识的统觉作用。"①

一般而言，意志具有如下特性：（一）独立性。意志的独立性是指一个人不屈服于周围人们的压力，不随波逐流，而能根据自己的认识与信念，独立地采取决定，执行决定。独立性不同于武断，武断表现为置周围人们的意见于不顾而一意孤行，独立性则与理智地分析、吸收周围人们的合理意见相联系。（二）果断性。果断性表现为有能力及时采取有充分根据的决定，并且在深思熟虑的基础上去实现这些决定。（三）坚定性。坚定性也叫顽强性。它表现为长时间坚信自己决定的合理性，并坚持不懈地为执行决定而努力。具有坚定性的人，能在困难面前不退缩，在压力面前不屈服，在引诱面前不动摇。所谓"富贵不能淫，贫贱不能移，威武不能屈"就是意志坚定性的表现。（四）自制力。自制力指善于掌握和支配自己行动的能力。在做出决定时，自制力表现为能够进行周密的思考，做出合理的决策，不为环境中各诱因所左右；在执行决定时，则表现为克服各种内外的干扰，把决定贯彻执行到底。自制力还表现为对自己情绪状态的调节，例如，在必要时能抑制激情、暴怒、愤慨、失望等。

---

① ［日］西田几多郎著，何倩译：《善的研究》，商务印书馆，1965 年版，第 11 页。

意志是人类在社会生活实践中随着言语和意识的产生而产生的，是社会的产物。新生儿没有意志，但随着言语的掌握、自我意识和主观愿望的萌发，具有意志性质的行动也开始产生。意志活动大致可分为五个阶段：确立价值目标、设计整体规划、制定实施细则、落实具体行为、修正意志动力特性。在此过程中，意志既要考虑客观事物本身的运动状态与变化规律，还要考虑主体的利益需要，尤其要考虑人对于客观事物的反作用能力。从类型上分析，意志主要分为两大类：感性意志与理性意志[①]。感性意志是指人用以承受感性刺激的意志，它反映了人在实践活动中对于感性刺激的克制能力和兴奋能力，如体力劳动需要克服机体在肌肉疼痛、呼吸困难、血管扩张、神经紧张等感性方面的困难与障碍。理性意志是指人用以承受理性刺激的意志，它反映了人在实践活动中对于第二信号系统刺激的克制能力和兴奋能力，如脑力劳动需要克服大脑皮层在接受第二信号系统的刺激时所产生的思维迷惑、精神压力、情绪波动、信仰失落等理性方面的困难与障碍。

作为人类独有的心理活动形式，意志使人具有高度的主动性和创造性，从而在根本上区别于其他低等动物。意志的品质特性集中体现在对个体行为驱动过程中所表现出的动力特性。"人本是一个依照目的而活动的东西；他没有一个目的，他什么事都做不出来。而目的在一开始就是一种表现为意志观念的东西。"[②]从哲学视角分析，意志的本质是人对于自身行为价值关系的一种主观反映。人类意志活动的逻辑过程与一般情感活动的逻辑过程基本相同，其主要区别在于二者所反映的对象不同。一般情感活动所反映的对象是一般事物的价值关系，而意志活动所反映的对象是主体自身行为的价值关系。

意志与动机共同作用于儿童行为的成长。"如果说，动机作为个体行为的一种内部动力，以始发性、指向性、选择性等等的特征表明了它的始动或启动作用，从归因来看是必不可少的行动原因，那么意志则是行为过程的一种制动机制。动机在行为过程中的维持功能、强化功能，无不伴随意志。在儿童行为成长中，如果说动机差异性会导致行为的方向性偏失，那么同等水平的动机，作用于行为的得失成败，则与意志的关系至为密切。"[③]意志总是

---

① 百度百科："意志"词条。

② ［德］路德维希·费尔巴哈著，荣震华、王太庆、刘磊编译：《费尔巴哈哲学著作选集》下卷，三联书店，1963 年版，第 627 页。

③ 侯春在：《儿童心理成长论：成长论视野中的儿童社会化》，南京师范大学出版社，2004 年版，第 321 页。

和行动或行为活动联系在一起。它在没有付诸行动前只是一种意识，一种心理活动。只有与行动、行为相伴才是完全意义上的意志。与行动或行为活动相联系的意志，是需要经过思考的、有目的性的、有克服困难过程的。如果说目的性意味着有意识性，那么克服困难就是一种有意识自制、自我约束以及坚持的行为。儿童意志行为的特殊性在于它的发展性和成长性，而自制力可谓是儿童意志品质的集中体现。促进儿童自制力的成长，纪律教育有着重要意义。"对于儿童来说，可以认为，纪律的行为成长意义不是为了控制或约束儿童的行为，而是教育儿童懂得如何约束和控制自己的行为。因此，自制的意义才体现出来，非自制的纪律尽管也可以约束行为，但很难达到行为成长的目的。"①

皮亚杰认为，意志是个体能量的调节者，是儿童发展到一定阶段所出现的机能之一，同具体运算的思维方式有着密切关系。在具体运算阶段，由于协作和运算思维的获得，儿童在规则实践和规则意识之间取得了较好的协调，逐渐形成了自律的道德。此时，作为推理运算在情感领域内的对等物，意志发挥了调节作用。意志的调节作用"和运算是极其相似的，不同之处在于，意志是一种情感的运转，它只与价值的守恒性和协调性，以及价值领域的可逆性有关，而智慧的运算（运转）却与证实或关系的协调和守恒性有关"②。意志的调节无须外加力量，因为价值不是绝对的。持久的意志磨炼能形成信念，即坚信行为准则的正确性并伴有情绪色彩与动力性的认识。其特征是人们把有关思想道德、意志品质等方面的知识变成个人行动的原则，坚信它的正确性，无论是自己或看见他人执行这些原则时都会引起种种情绪体验。"信念是思想意识、道德行为动机的高级形式，是产生道德行为的强大动力，并使人的道德行为表现出坚定性和一贯性，因而它是品德形成中的关键因素。"③

四、知情意的辩证统一

知（认知）、情（情感）、意（意志）是人类心理活动的三种基本形式。人类认识世界的主观意识过程，通常可以分为三个阶段：一是认知阶段。目的在

---

① 侯春在：《儿童心理成长论：成长论视野中的儿童社会化》，南京师范大学出版社，2004年版，第323页。

② Sarah Frances Campbell. Piaget Sampler：An introduction to Jean Piaget Through His Own words. New York：John Wiley & Sons Inc，1976，p.87.

③ 全德：《论品德形成与发展的规律》，载《湛江师范学院学报》，1995年第1期。

于解决"是什么"的问题，人只有首先了解事物的外在特性（或外部联系）和内在规律（内在本质），才有的放矢的建立起全方位关系。二是评价阶段。目的在于解决"有何用"或"有什么价值"的问题，明白事物与我的需要关系。人只有明了事物"是什么东西"以及"对我有何价值"后，才能知道如何对它采取正确的处理措施。三是意志（或决策）阶段。目的在于解决"怎么办"或"实施什么行为"的问题，明白事物与自身实践的关系。就是针对事物的品质特性以及每一品质特性对于人的价值，进而选择一个最合适的行为，以便能够充分有效地利用事物的价值特性。

人的上述三种基本心理活动（认知、情感与意志）反映了三种基本的关系状态（事实关系、价值关系和行为关系）。人为了生存和发展就必须先感知和了解各种事物的事实关系，之后要掌握这些事物对于人的价值关系，再掌握每个行为的价值关系，进而选择、组织和实施一个最佳的行动方案。第一步由认知活动来完成，第二步由情感活动来完成，第三步由意志活动来完成。"认知一般是以抽象的、精确的、逻辑推理的形式出现，情感一般是以直观的、模糊的、非逻辑的形式出现，意志一般是以潜意识的、随意的、能动的形式出现。从认知到情感，再从情感到意志，是一条基本的、不可分割的人类自控行为的流水线。"①

知、情、意（即认知、情感与意志）的辩证关系在根本上取决于事实关系、价值关系与行为关系之间的相互关系。认识是观念地把握客体，认识的结果表征着客体是什么，而情感则感受和体验着客体，情感表征的是主体对客体的态度和倾向。认识和情感虽然都是反映，但它们反映的对象、反映的方式和反映的结果都不相同。认识是对客体实然的反映，而情感是对客体和主体需要之间价值关系的反映；认识是采取观念的方式反映客体，而情感是采取感受、体会和体验的方式反映客体；认识反映的结果是获得对客体真理性的认识，而情感反映的结果则是产生主体对客体的评价和态度。情感和认识虽然有所不同，但情感必须依赖认识，只有在认识的基础上才会产生情感，同时认识也总是伴随着情感的加剧而深化。

情感是一种特殊的认知，意志又是一种特殊的情感。没有事实关系，价值关系就成了无源之水；没有价值关系，行为关系也成了无源之水，因此认知是情感的源泉，情感是意志的源泉。黑格尔认为，认识与意志是统一的。"精神一般说来就是思维，人之异于动物就因为他有思维。但是我们不能这

---

① 百度百科："意志"词条。

样设想，人一方面是思维，另一方面是意志，他一个口袋装着思维，另一个口袋装着意志，因为这是一种不实在的想法。思维和意志的区别无非就是理论态度和实践态度的区别。它们不是两种官能，意志不过是特殊的思维方式，即把自己转变为定在的那种思维，作为达到定在的冲动的那种思维。"①事实关系以价值关系为导向，价值关系又以行为关系为导向，因此认知以情感为导向，情感以意志为导向。情感最初是从认知中逐渐分离出来的，它又反过来促进认知的发展，意志最初是从情感中逐渐分离出来的，它又反过来促进情感的发展。

当然，知、情、意之间的逻辑关系可以从多种角度进行考察。

1. 从发生与递进的顺序来看，认知在先，情感其次，意志最后。情感从认知进化而来，意志又从情感进化而来。情感作为一种特殊的认知是从一般的认知中分离出来的；意志作为一种特殊的情感，是从一般的情感中分离出来的。"情感构成行为模式的动力状态，而行为模式的结构则相当于认识机能，而且仅仅动力状态不能说明结构，仅仅结构也不能说明动力状态，因为两者中的任何一方如果没有对象就无从发挥它的作用。"②

2. 从功能控制来看，认识制约情感，因为客观现实并不直接产生情感，只有被人们有所认识时才能在人心中激发起情感。"就情感通过给行为目的以目标而指引行为来说，情感对动作供应必要的能量，而认识给动作烙印一种结构。"③情感也影响着认识，没有感情就没有人对于真理的追求。皮亚杰和英海尔德也曾概括地指出："没有一个行为模式（即使是理智的），不含有情感因素作为动机；但是反过来讲，如果没有构成行为模式的认识结构的知觉或理解参与，那就没有情感状态可言……情感与认识两者既不能分割，同时又不能互换。"④同时，意志控制着情感，情感又控制着认知。意志对情感的控制不是对情感的否定和压抑，而是对情感的综合运用和统筹兼顾，使个体不至于在各种情感上顾此失彼或轻重失衡；同样，情感对认知的控制不是对认知的否定和压抑，而是对认知的协调和组织，使认知不至于盲目而忙乱。

---

① ［德］黑格尔著，范扬、张企泰译：《法哲学原理》，商务印书馆，1982 年版，第 12 页。
② ［瑞士］J. 皮亚杰、B. 英海尔德著，吴福元译：《儿童心理学》，商务印书馆，1980 年版，第 86 页。
③ 刘晓东：《儿童精神哲学》，南京师范大学出版社，1999 年版，第 126 页。
④ ［瑞士］J. 皮亚杰、B. 英海尔德著，吴福元译：《儿童心理学》，商务印书馆，1980 年版，第 9 页。

3. 从价值目的性来看，情感使认知具有了目的性，使认知能够按照人的价值需要进行发展；意志又使情感具有了目的性，使情感能够按照人的价值需要进行发展。"如果没有情感的引导，人的认知活动就是漫无边际，人就会遇到什么就认识什么；没有意志的引导，人的情感活动也是盲目的、受本能控制的，人就会见利忘义、见异思迁、低级趣味。"①由于思想意志是个体在履行社会义务过程中所表现出来的克服困难和障碍、做出抉择的力量和坚持精神，因此，意志外化为行为的过程中，离不开强烈情感力量的支撑，意志的抉择是在思想情感支配下进行的。

总之，"知""情""意"并不单独存在，而是紧密联系着的，在"知""情""意"三者之间进行着双向的反馈，形成了三者之间的双向联系，共同促进个体思想意识的生成发展。这种内在的生成过程与永无止息的演进过程，亦即个体思想意识主体性充分体现、完善发展的过程。"知""情""意"熔于个体思想意识之一炉，并共同作用而生成为指导个体思想行为，发展个体品质的思想意识完整的心理机制，促进了个体思想意识的辩证发展。

就现在小学、初中的思想品德教材（《品德与生活》《品德与社会》《思想品德》）而言，在知情意方面的各自特点如下②：

第一，知识层面。

《品德与生活》以生活为基础，不刻意追求完整系统的知识学习。知识层面的目标包括：（1）掌握自己生活需要的基本知识和劳动技能；（2）初步了解生活中的自然、社会常识；（3）了解有关祖国的初步知识。

《品德与社会》在知识层面的目标是：（1）初步了解儿童的基本权利和义务，初步理解个体与群体的互动关系。了解一些社会组织机构和社会规则，初步懂得规则、法律对于社会公共生活的重要意义。（2）初步了解生产、消费活动与人们生活的关系。知道科学技术对人类生存与发展的重要影响。（3）了解一些基本的地理知识，理解人与自然、环境的相互依存关系，简单了解当今人类社会面临的一些共同问题。（4）知道在中国长期形成的民族精神和优良传统。初步了解影响中国发展的重大历史事件和新中国成立与祖国建设的伟大成就。（5）知道世界历史发展的一些重要知识和不同文化背景下人们的生活方式、风俗习惯。知道社会生活中不同群体、民族、国家之间和

---

①　百度百科："意志强度第一定律"。

②　以下内容参见：中华人民共和国教育部制定：《全日制义务教育思想品德课程标准（实验稿）》，北京师范大学出版社，2002年版。

睦相处的重要意义。

《思想品德》课程依据初中学生的身心特点，依据做合格公民这一主线，从个人角度，个人与他人关系角度，个人与集体、国家和社会的角度，提出了符合中学生思想品德发展要求的知识层面目标。具体包括：(1)了解青少年的身心特征和促进身心健康发展的途径，认识个体发展与社会环境的关系；(2)了解我与他人、我与社会、我与自然的道德规范；(3)知道基本的法律知识，了解法律的基本作用和意义；(4)了解我国的基本国情、基本路线、基本国策和世界概况。

第二，情感方面。

小学低年级《品德与生活》课程标准将情感、态度目标分为三个目标因子：(1)"爱亲敬长、爱集体、爱家乡、爱祖国"，这主要是培养学生的爱心，让学生从小产生一种道德情感；(2)"珍爱生命、热爱自然、热爱科学"，这主要是培养学生对生活的热爱态度；(3)"自信、诚实、求上进"，这主要是发展学生积极的自我意识，培养学生向上的生活态度。

小学高年级《品德与社会》课程标准在情感、态度、价值观方面主要包括以下五个方面的目标：(1)珍爱生命，热爱生活。养成自尊自主、乐观向上、热爱劳动、勤俭节约的态度；(2)在生活中养成文明礼貌、诚实守信、友爱宽容、公平公正、热爱集体、团结合作、有责任心的品质；(3)初步形成民主、法制观念和规则意识；(4)热爱祖国，珍视祖国的历史、文化传统，尊重不同国家和人民的文化差异，初步具有开放的国际意识；(5)关爱自然，感激大自然对人类的哺育，初步形成保护生态环境的意识。

初中《思想品德》课程标准在情感、态度、价值观目标方面提出了七点具体目标：(1)热爱生命，自尊自信，乐观向上，意志坚强；(2)亲近自然，爱护环境，勤俭节约，珍惜资源；(3)孝敬父母，尊重他人，乐于助人，诚实守信；(4)热爱劳动，注重实践，热爱科学，勇于创新；(5)尊重规则，尊重权利，尊重法律，追求公正；(6)热爱集体，具有责任感、竞争意识、团结合作和奉献精神；(7)热爱社会主义祖国，热爱和平，具有世界眼光。

第三，意志、能力层面。

《品德与生活》课程重在培养学生的行为与习惯，使儿童从小养成良好的习惯。这些行为习惯包括：(1)初步养成良好的生活、劳动习惯；(2)养成基本的行为习惯，遵守纪律；(3)乐于参与有意义的活动；(4)保护环境，爱惜资源。

《品德与社会》课程包括以下几个方面：(1)能够初步认识自我，控制和调整自己的情绪和行为。初步掌握基本的自护自救的本领。养成良好的生活和行为习惯。(2)能够清楚地表达自己的感受和见解，能够倾听他人的意见，能够与他人平等地交流与合作，学习民主地参与集体生活。(3)学习从不同的角度观察、认识、分析社会事物和现象，尝试合理地、有创意地探究和解决生活中的问题。学习对生活中遇到的道德问题做出正确的判断和选择。(4)学习搜集、整理、分析和运用社会信息，能够运用简单的学习工具探索和说明问题。

《思想品德》课程包括：(1)培养爱护自然、鉴赏自然、保护环境的能力；(2)发展观察、感受、体验、参与社会公共生活的能力，初步培养交往与沟通的能力；(3)初步认识和理解社会生活的复杂性，具有基本的道德判断和辨别是非的能力，能够负责任地做出选择；(4)增强自我调适、自我控制的能力，学会理智地调控自己的情绪；(5)能够逐步掌握和不断提高搜集、处理、运用社会信息的方法和技能，学会独立思考、提出疑问和进行反思；(6)能够理解法律的规定及其意义，理解社会生活中的必要规则，能遵纪守法，增强寻求法律保护的能力。

第二节　少年儿童的注意力

一、注意的内涵及其意向性

注意(attention)是心理活动中对一定对象集中指向的心理状态。注意不是一种独立的心理过程，而是一切心理活动的共同特性，常伴随感知觉、记忆、思维、想象等心理过程一同出现。一方面，注意没有特定的反映内容、不能独立存在。另一方面，注意总是表现在各种心理活动中，它是一切心理活动的开端和起点，并伴随各种心理过程的进行。只有先注意到一定事物，才能进一步去集训、记忆和思考。注意的外化过程一般称作注意力。具体而言，"注意力是指在一定的时空位置和社会建构中的行为主体，对各种内生和外生的、动态和静态的、表征为物质或非物质形态的各种信息，包括思想、舆情、行为、事件的产生与发展的各种社会现象的映射，以及自然界现象的各种变化予以关注、搜寻、获取和做出判断的能力。"[①]注意力是智力的

---

① 黄健荣：《政府决策注意力资源论析》，载《江苏行政学院学报》，2010年第6期。

五个基本因素之一，是记忆力、观察力、想象力、思维力的准备状态，所以常被称为心灵的门户。作为第二生命形态学的专业术语之一，注意力是视觉、听觉、触觉、嗅觉和味觉这五大信息通道对客观事物的关注能力。

从注意产生的生理基础上分析，注意的发生是有机体的一种定向反射，是以定向反射为基本机制的。定向反射是由周围环境的变化引起的，客观事物的出现、消失、增强、减弱及性质上的变化，都会引起定向反射，但若刺激持续作用或多次重复，定向反射则会消失。定向反射发生时，伴随着许多身体反应，如感受器官朝向刺激物、肢体血管收缩而头部血管舒张、手掌皮肤电阻降低、皮层进入兴奋状态，等等。产生注意的最高部位是大脑皮层，当刺激作用时，大脑皮层上有关刺激作用的相应部位便产生优势兴奋中心，这个中心对其周围区域的皮层有一定的抑制作用；一个兴奋点诱导其周围产生抑制，称为负诱导。正是负诱导过程，使人更集中、更清楚地反映引起这一优势兴奋中心的那些刺激。

注意有四个基本特征。一是指向性，又称选择性注意，指心理活动有选择地反映一些现象而忽略其他对象，或者是有选择地加工某些刺激而忽视其他刺激的倾向。它是人的感觉(视觉、听觉、味觉等)和知觉(意识、思维等)同时对一定对象的选择指向。二是集中性，是指心理活动停留在被选择对象上的强度。指向性表现为对同一时间出现的许多刺激的选择；集中性表现为对干扰刺激的抑制。它的产生及其范围和持续时间取决于外部刺激的特点和人的主观因素。三是转移性。注意的转移是指一个人能够主动地、有目的地及时将注意从一个对象调整到另一个对象。注意力转移的速度是思维灵活性的体现，也是快速加工信息形成判断的基本保证。从信息处理机制来看，人脑是一种串行信息处理系统而不是并行信息处理系统，即人脑处理信息的过程是顺序进行的，在一定时间内只能执行一个信息处理过程，而不能同时执行多个信息处理过程。四是有限性。(1)注意力的能量限度：注意力只能分配于有限多的任务，如果分配于过多的任务就会降低活动效率和质量；(2)注意力的空间限度：在有限的范围内只能执行有限的任务；(3)注意力的活力限度：人的主要精力每次只能执行一种主要任务①。基于以上四个基本特征可知注意有如下基本功能：(1)选择功能。注意的基本功能就在于选择重要信息，排除无关刺激。(2)保持功能。注意在指向一定对象后，会保持一定时间的延续，以维持心理活动的持续进行。(3)整合功能。对输入的信

---

① [美]J.R.安德森著，杨清等译：《认知心理学》，吉林教育出版社，1989年版，第34页。

息进行加工与整合。(4)调节与监督功能。保证心理活动的准确性和精确性；同时对产生的错误行为进行及时的调节与矫正。

注意是一种意向活动，尽管它不像认知那样能够反映客观事物的特点和规律，但它和各种认知活动紧密相连，在各种认知活动中起主导作用。由于注意，人们才能集中精力去清晰地感知一定事物、深入地思考一定问题，而不被其他事物所干扰。没有注意，人们的各种智力因素，观察、记忆、想象和思维等意识活动将得不到一定的支持而失去控制。于是，可以说注意力是意识与思想的基础，思想与意识是注意力的聚焦。没有良好的注意力就没有良好的思想意识，良好的思想意识建立在良好的注意力基础上。自我觉知理论认为，当个体将注意力集中在自己身上时，会根据自己内在标准和价值观来评价和比较自己的行为。成功后的自我觉知会使人特别愉快，反之，则会使人沮丧。从产生顺序上看，自然的、低水平的注意要先于意识，尽管集中的注意是在意识出现之后产生的。对意识来说，注意是必要的，就像意识一定要有表象一样；但仅有注意又是不够的，因为注意和意识并不等同。意识与注意发生在不同的水平和等级之中，它们不是一个整体，而是在上升的螺旋中相互影响。低水平的注意是在核心意识之前产生的，产生核心意识的过程需要注意的参与。随之，核心意识的过程导致高水平的注意指向某一个焦点。

论及注意的意向性，还与人类活动的定向性息息相关。人类活动的定向性要求人在活动过程中必须使自己的意志服从活动过程的目标。"但是这种服从不是孤立的行为。除了从事劳动的那些器官紧张之外，在整个劳动时间内还需要有作为注意力表现出来的有目的的意志。"①注意是人的活动的基本特征，是人的有目的活动和定向探索活动的前提，是人的活动达到既定目标的必要条件，注意力决定任务完成的效率和效果。"意识的力量来自于它在个体生命调节的生物学机制与思维的生物学机制之间建立起来的那种有效的联系。这种联系是形成某种个体关注的基础，这种关注渗透于思维加工的各个方面中，集中了所有的问题解决的活动，并启发了随之产生的解决办法。"②

---

① 《马克思恩格斯选集》第 2 卷，人民出版社，1995 年版，第 178 页。
② ［美］安东尼奥·R. 达马西奥著，杨韶刚译：《感受发生的一切：意识产生中的身体和情绪》，教育科学出版社，2007 年版，第 234 页。

二、少年儿童注意力的特点分析

在成长的不同阶段人的注意力呈现出不同特点。就少年儿童的注意力而言，有以下几方面特点：

第一，有意注意逐渐占主导地位。年龄越小，无意注意所占的成分越大。小学低年级学生（三年级以下）无意注意起重要作用，有意注意基本上是被动的。这与他们神经系统活动的内抑制能力尚未发展起来有关。随着年龄的增长，大脑不断成熟，神经系统活动的兴奋与抑制过程逐步协调起来，同时，由于教学提出的要求和教师的训练，学生的有意注意逐步发展起来。四五年级小学生的有意注意基本上占主导地位。在初中阶段，学生的有意注意已占主导地位。"初中生在活动中的目的性、自觉性和计划性比小学高年级学生有了很大的提高，他们的注意力已经比较稳定，能够根据预先提出的目的、任务，随意地、较长时间地控制自己。"①

与此同时，注意的集中性和稳定性逐步提高。低年级学生注意的集中性水平较低，主要表现在两个方面。其一，注意集中性的深度不足。能集中注意于事物的外部现象，而不善于专注事物的本质联系。其二，注意集中的时间较短。实验表明，在一般情况下，7—10岁儿童可以连续集中注意20分钟左右，10—12岁儿童可以集中注意25分钟左右，12岁以上儿童可以集中注意30分钟左右。在课堂教学中，小学高年级学生可以保持注意30—45分钟。在初中阶段，随着自制力的发展，学生已经能较长时间稳定地集中注意某项活动和某个内容，注意保持45分钟已无困难。但他们的情绪仍有冲动的特点，有时也难以控制自己的注意，一些学生还存在分心走神的毛病。到了高中阶段，学生的注意稳定性趋于成熟，增长速度变得逐渐缓慢②。

第二，对具体生动、直观形象事物的注意占优势，对抽象材料的注意在发展。小学生，特别是低年级学生的知识水平和言语水平有限，具体形象思维占重要地位，具体生动的、直观形象的事物容易引起他们的注意。随着学习活动的发展和知识水平的提高，尤其是以语词为基础的第二信号系统和抽象逻辑思维能力的发展，小学生对初级抽象材料的注意也逐步发展起来。注意的广度在不断扩大。注意的广度也称注意的范围，是指一个人在同一时间里清楚觉察到的对象数量，它受个体知识经验的丰富程度和材料组合方式影

---

① 陈庆华：《青少年心理学》，合肥工业大学出版社，2011年版，第57页。
② 姚本先：《心理学》，高等教育出版社，2005年版，第46页。

响。一般而言，小学生在 1/10 秒内只能看到 2—3 个客体，初中生能看 4—5 个客体，初中生的注意广度已经接近于成年人水平，但受本身知识经验和直觉对象特点的影响仍然比较大。高中生已达到成人水平，能看到 4—6 个客体。

第三，注意有明显的情绪色彩。小学生由于大脑与神经系统的内抑制能力尚未充分发展，一个兴奋中心的形成往往波及其他相应器官的活动，面部表情、手足乃至全身都会配合活动，所以注意表现出明显的情绪色彩。受情绪波动影响，少年儿童注意转移的能力在不断提升。注意转移是指个体根据任务要求，主动把注意从一个对象转移到另一个对象上。"注意的转移主要取决于个体原来的注意紧张程度和新对象对他的吸引程度。原来注意的紧张程度越高，注意的转移就越慢、越困难；个体对新对象越感兴趣，越被它吸引，注意的转移也就越易实现。"[1]小学低年级学生注意转移的能力还比较差，还不善于把注意从一件事情迅速转移到另一件事情上。小学中年级以后，注意转移能力逐渐发展起来。

第四，注意的分配能力逐步增强。注意分配是指个体心理活动同时指向不同对象，即通常所说的"一心二用"。注意分配是有条件的，人很难同时完成两项要求注意力高度集中的事情。在同时进行的两项活动中，必须有一项是熟练的或自动化的，这样大部分注意力能集中到较生疏的另一项活动上，从而做到活动的协调进行。小学低年级学生在同一时间的注意只能集中在一个对象上，还不能对注意进行有效分配。随着学习活动和其他活动范围的扩大以及知识技能的发展，小学生逐渐增强了注意分配的能力。中高年级学生在同一时间里可以把注意分配在几个对象上。

三、少年儿童注意力的涣散与如何培养

注意力不集中（又称不专心），是少年儿童中的普遍现象。其表现形式多种多样，例如好动，坐不住；无精打采，心不在焉；想入非非，老走神；粗心，马虎，差错多；拖沓，磨蹭；一心多用，有始无终；学习、做事质量低，效率不高；严重的可能就是 ADD——注意力失调症，或者是感觉统合失调症。

注意力不集中的危害也显而易见：第一，人际关系紧张。（1）与同学朋友难以共享物品或依顺序等待，容易与他人产生冲突或打架，出现暴力倾

---

① 陈庆华：《青少年心理学》，合肥工业大学出版社，2011 年版，第 58 页。

向，难以与同学形成正常的朋友关系；（2）不听从家长或老师的话，经常惹长辈生气；（3）轻易打断别人谈话，不假思索的响应；（4）容易错误理解、轻视或疏忽别人传递讯息的真实含义；（5）很容易被众多新鲜的刺激所吸引，抗诱惑和干扰能力差，难以适应集体和社会生活；（6）人际关系的恶化往往会影响到儿童的情绪健康和人格健康，处理不当甚至导致严重心理问题。

第二，学校纪律难约束。（1）因缺乏自我抑制（冲动）能力，语言和行为有冲动性，各种行为问题会逐渐增加，甚至具有高攻击性；（2）受到压力时无法掌控抑制能力，过动行为更加严重；（3）无法同时记住数个指令，思路呈跳跃式，常出现做错或漏掉等情况；（4）上课时小动作多，易导致课上违规、违纪等情形，有旷课、逃学倾向。

第三，学习成绩差。（1）学习时注意力集中时间比其他儿童短，而且容易分心散漫；（2）给出不切实际的答案，无法描述事情的来龙去脉；（3）无法跟上学习进度，成绩逐渐下滑；（4）作业拖沓，学习时易走神、发呆、被无关事情吸引，导致学习费时、效率低下；（5）即使考试前书念得很熟，考试时却会因分神而记不起来或写错等；（6）办事时容易丢三落四，学习容易半途而废。

第四，自理自立能力差。（1）无法完成有结构性或有目标的活动，如家务、作业等；（2）有时会无故产生愤怒倾向；（3）自我整理、打理能力差，常有脏乱现象；（4）缺乏组织能力，无法做整理、整顿工作；（5）画图、使用剪刀等协调性活动落后；（6）持续睡眠问题（睡眠中时常醒来，不规则的睡眠习惯）。

第五，自信心不足。（1）在过重的学业要求与升学的高压下，注意力不足、多动的学生很容易被定位为问题青少年，同时本人也因无法充分发挥本身能力而失去对学业的兴趣；（2）自信心不够强，常会引起各种问题与行为，最后会感到被孤立。因长期不适应环境与经历挫折，失去自信、感到自卑。

第六，影响思维敏捷性、速度。（1）做作业速度过慢。由于拖拉、注意力不集中，因此学习任务稍微加大，就会觉得时间不够用，而且学习会很被动，常常落在其他同学后面。（2）不愿意动脑筋。思考时间不能持续很久，往往会半途而废。

尤其是处在信息时代，信息量大、易得的现状更容易导致少年儿童处于不停的感知选择中，不停地转换注意力。于是，少年儿童的注意力总是分散而不集中，很难对一个信息做深入的判断和分析，很少有一个连贯有序的思维过程。有的只是不连贯的、跳跃性的、没有逻辑联系的感觉序列，像"意识流"一样。与之相对的是少年儿童处理信息的能力有限，在一定时间内和一定条件下，只能集中精力处理一个或以一个为主的问题。因此，在解决问题、决策过程中，应把少年儿童有限的注意力视为最重要的稀缺资源。必须约束少年儿童的欲望，控制少年儿童的注意力，在一段时间内集中注意力，只做少数几件事，而有意忽视其他问题。在收集注意点时，应从注意点的数量角度来看，应使信息量保持在与少年儿童的处理能力相适应的水平上，对信息的要求应是"够用"和"有效"，而不是"越多越好"；从注意点的质量角度来看，则要对所收集到的信息进行必要的筛选，删除无关信息，以控制少年儿童的注意力。

注意力不集中通常有几方面原因：(1)生理原因——由于儿童大脑发育不完善，神经系统兴奋和抑制过程发展不平衡，故而自制能力差。(2)病理原因——轻微脑组织损害、脑内神经递质代谢异常、有听觉或视觉等障碍，都会导致儿童注意力不集中。(3)环境原因——学习环境混乱、嘈杂、干扰过多也会影响儿童的注意力。(4)家长教育方式——家长可从这几方面自查：①父母教养态度是否一致？②是否太宠爱孩子，使孩子缺少行为规范？③是否为孩子买过多的玩具或书籍？④家庭生活步调是否太快令幼儿不能适应？⑤家里的活动是否太多，无法给孩子提供安静的环境？⑥学习过程中是否积累了不愉快的经验？⑦孩子是否有情绪上的压力？家长是否过多地批评、数落孩子？等等。

对于儿童注意力的训练，可以参考以下几个方法：(1)对偶练习法。一起让儿童识记两种彼此相关的资料，然后让儿童依据一种资料回想相关的另一种资料。(2)按次练习法。让儿童按次序识记一些资料，然后遮住资料并逐个把资料内容显露出来。每显露一个资料，让儿童回想出下面紧接着的内容。(3)刺进练习法。先让儿童识记一些资料，识记完后不立刻让儿童回想，而是接着让儿童做一些其他工作，完成第二阶段的任务后再让儿童回想第一阶段识记过的内容。(4)数字练习法。经过让儿童回忆很多的数字，到达开展回忆能力的意图。(5)频度练习法。重复向少年出示一些资料，其中有一部分资料呈现屡次，让少年记住这些资料呈现的次数。

第三节　少年儿童的语言

语言既是少年儿童思想意识的表达方式也是其影响因素之一。换言之，少年儿童的思想意识多需语言得以表达；同时，一定的语言环境也是影响少年儿童思想意识发展的重要因素。

一、语言与思维的关联

语言有广义和狭义之分。广义的语言包括所有能传递信息的符号系统，如口语、文字、手语、行为语言、工程师所使用的设计图、数学家所使用的数字和符号、音乐家使用的乐谱等。广义的语言是形式和内容的统一，是声像和表象的统一，是语言文字和实物表象与抽象概念的统一。狭义的语言仅指人类日常交流所用的语言和文字。本文中，语言取其狭义。就思维而言，着重强调"思想"活动过程，核心是具有意识的人脑对客观现实的本质属性、内部规律的自觉的、间接的和概括的反映。语言与思维的关系问题涉及多种学科，如哲学、心理学、病理学、生物学、人类学和信息科学等。论及语言和思维的关系，可以从多方面分析，如是语言决定思维还是思维决定语言，语言和思维是同时出现的还是有先有后，或者有各自的产生过程，等等。本文论述的焦点在于语言和思维的可分性与融合性。

经验事实告诉我们，语言和思维是可以分离的。嗷嗷待哺的婴儿没有掌握语言，但喂奶与喂水引发的儿童意识反应并不相同。11 个月的婴儿（此时并不会说话）在添加辅食时，面对一分为二的馒头，他会要个头大的。再如瞎子阿炳本人并不识谱，却创作出名曲《二泉映月》。可以想象，瞎子阿炳在创作的时候，脑海中并不出现任何的语言符号，而是一段段的音乐"意象"。除非否认创作音乐的思维本性，否则就不能得出思维必然依赖语言的结论。即使逻辑性较强的理性思考，也不全然依靠语言。语言符号的表征能力对于认知并不是必要的，因为存在非语言的认知活动。聋哑人也可以通过视觉、触觉和手势语等不完全的语言形式进行思维活动。多数先天性聋哑儿童能根据"A＞B 和 B＞C"，完成推断"A＞C"这样的高水平抽象推理。"这同样证明人的大脑中管思维的部分与管语言的部分并不完全相同，而且很大可能是思维活动要先于语言活动发生。"①更有甚者，语言无法表达或无法清楚表达的思想状况也是存在的，如词不达意、言不尽意。原因之一是表达能力欠缺。之所以存在表达困难，缘自我们的思考并不都是依赖语言而是依赖印象。人的思维活动绝大部分还是一种形象思维，而在形象思维过程中融入少量却十分关键的语言符号。原因之二是经验分享的局限性。语言是对印象的

---

① 陈慧媛：《试论思维与语言的关系》，载《思想战线》，1998 年第 11 期。

标记，而对语言的理解则需还原为印象。但如果对方缺乏对此事物的经验，则无论如何表达，对方的理解都是有限的，无法形成正确的、和演说者基本一致的印象。

全部剥离语言跟思维的联系也是违背常识的。人类的思维与思想，无论是活动过程还是思维结果，都离不开语言支持。从生理学上讲，人类思维是一种高级生理现象，是人脑内一种生化反应的过程，是产生第二信号系统的源泉。所谓第二信号系统，是以语言作为刺激的反应系统，与第一信号系统——以电、声、光等为感官刺激信号作为反应系统相区别。第二信号系统建构过程中，语言符号便成为思维操作的对象，头脑中各种各样的印象（包括在印象基础上的各观念）被标记为语言符号。作为第二信号系统刺激物的语言具有以下特点：第一，语词是一种现实的条件刺激物，正如第一信号系统的直接刺激物一样；第二，语词是人们过去经验的"蓄积器"和联系的"接通器"，即与人过去生活中所发生的一切外来的和内部的刺激相联系着；第三，语词是直接刺激物的"代替物"，它同样能引起与其相应的那种直接刺激物的反映；第四，语词是最广阔、最丰富和最概括的刺激物，它能把第一信号系统的"无数信号"加以抽象与概括；第五，语词使人们离开了现实，但同时使人们更接近了现实。认知心理学认为思维是对符号的操作和假设的应用，是人脑对输入信息的加工与处理，其主要的研究领域包括概念、判断、推理。瑞士著名语言学家索绪尔认为："从心理方面看，思想离开了词的表达，只是一团没有定型的、模糊不清的浑然之物。哲学家和语言学家一致承认，没有符号的帮助，我们就没法清楚地、坚实地区分两个观念……在语言出现之前，一切都是模糊不清的。"①

语言建构起人们之间的相互关系，语言是观念、意识的外化的物质载体，是思想的现实，也是社会历史中最重要的文化创造。语言的客观规范性与特定言说的个体意识活动是同一个语言活动的两个方面。它的功能体现为概括、简化、记载、加工运作等，在人的心理活动中语言是对客观世界各种事物和关系的普遍等价物。与意识相比，语言在客观性、公共性以及知识的可能性、有效性等方面具有不可比拟的优越性。著名哲学家波普提出："物质可以通过生产精神、意志和一个人类精神成果的世界来超越自己。这些产物中第一件就是语言。我猜想，事实上不但语言是这些产物中最初的一个，

---

① ［瑞士］索绪尔著，高名凯译：《普通语言学教程》，商务印书馆，1999 年版，第 157 页。

而且人的大脑和人的精神也是在语言的相互作用中得到发展的。"①按照波普的论述，人类的语言有自我表达、发出信号、描述功能和论证功能。语言是科学发展不可缺少的手段，也是人类意识世界的代理者。塞尔也说过，人类具有"以言行事的行为"和"以言取效的行为"。以言行事的行为是人类交往中的最基本单位。语言的意向性支持和建构发展人的意识活动，特别是高级的意识活动。以言行事、以言说事的行为是人类的基本交流单位，因而语言活动是社会交往最普遍、最内在的行为。正是这种先于个体意识活动的社会历史普遍性与结构性，才使不同个体的自我语言交往活动具有统一基础和理解沟通的前提。语言中的语法规则形式、语词资源及其运用、语境气氛等，也是人类社会交往全部社会行为最核心的活动形式，因此语言的普遍性既密切联系于思维活动，也密切联系于社会制度与意识心态的普遍性。人在语言能力的习得成长中，同时也接受了社会制度规范与文化信念。语言激活社会文化，因为社会本身不能自行进化，只有依靠个体的交往活动，才能构成一种活的生命机体的社会进化系统。

在理性思维活动中，理性意识所运演的内容，就其直接方面而言，就是各种概念、判断、范畴、规律、公式、定律、命题、观念、原理以及各种逻辑手段和理性程序。正是它们的意识运动，构成了生动复杂的思想行为。而这些意识运动的内在要素，又以理性化的语言符号为代码而被编排、变构和解读，以致形成思维活动。由此可知，思想是内部语言运动的内容，语言则是思想活动的形式。语言是生发思想的构件和质料，作为思维的工具或载体，语言滋生和孕育着思维，甚至可以说语言即思维。"思想是客观对象的理性形式，语言是客观对象理性形式的感性表达，或者直接就是客观对象之物理的、有声的感性符号。从一定意义讲，语言和思想都是认识对象的反映形式，差别只在于思想是一种内在的形式，语言则只是一种外在形式，是理性形式的形式，或者是理性意识的符号。"②思想的交流及再生产，则需要发挥语言使理性转变为感性的中介作用。思想的互相碰撞和借鉴、思维活动的共振与完善，是思想发展的重要途径，语言则是使这一途径得以开通的信息工具。语言以感性的物理形式使思想外化为人们可以直接感知的现象。德国哲学家弗雷格说："语言似乎能够开辟一条出路，因为一方面语句是感官可

---

① ［英］卡尔·波普尔著，舒炜光等译：《客观知识：一个进化论的研究》，上海译文出版社，2001年版，第128页。

② 胡潇：《意识的起源与结构》，中国社会科学出版社，2004年版，第108页。

感觉的，另一方面语句表达思想。语言作为思想表达工具，必然接近思想的东西。因此我们可以希望能够将语言变成从可感觉的东西到不可感觉的东西之间的桥梁。"①当人们用语言来表达无论是用言语形式还是用字符形式，都能把人的内部思想活动及其理性观念变成外化的、感性的物理形式，变成可知可认可理解的形式。

　　尤其是在形成概念时，语言是准确揭示概念内涵和外延的最有效工具。思维概念只有借助语言才能进行比较准确的概括和界定，仅靠体验和体会是不够的。体验和体会是直觉性认同，而语言则是对事物内涵和外延的抽象界定。"思维本身要独立化，一定要使自己具有语言的形式，思维只有借助于语言，以符号形式来代替客体事物，才具有本身的特殊性。只有这样，思维活动才可以不直接地依赖于客体事物，而表现为一系列符号（语言、概念、符号）的运行过程。所以语言的产生及其发展，始终是思维独立化以及思维发展的重要标志。"②符号化的语言标示能凝结知识、促进抽象思维发展，因为声音形象可以把各种不同的表象联结起来。

　　借助语言的作用，个体意识与思维能融入情感和意志因素，使概念、判断和推理形成自身的特殊性。"语言的运用及其造成的意义世界，本质上是思维活动和思维内容的世界。语言是有形的思维，思维是无声的言语。语言、思维及其编织的意义世界，对于感官和感性认识的世界，既是被制约着的东西，也是在制约的东西。"③语言使感觉在特殊的意义上被意识，使感觉优先指向内部意义世界所规定、所倾向的客观现象，形成认识活动的中心。同时，也使感官在意义世界的支持下，具有更加敏锐的特殊感知能力，形成与意识中心、与大脑活动的优势部位的顺畅联系，因而形成与意识中的意义世界相一致的亦即为意义世界所包融、所涵化的对外部世界的认知。

　　总之，人们只有借助于语言，才能创造出思维的观念对象，即概念、范畴，并运用概念、范畴进行思维认识活动，进而促使人类的思维成果不断地积累，对事物本质的认识不断地深化。如果没有语言来巩固、存储和传达思维成果，那么人类的文明将难以维系。一般说来，语言的丰富和发达程度表征着个体的思维能力，表征着个体认识世界和改造世界能力的发展程度。

---

① ［德］弗雷格著，王路译：《弗雷格哲学论著选辑》，商务印书馆，1994年版，第290页。

② 陈志良：《思维的建构和反思》，中国人民大学出版社，1989年版，第42页。

③ 胡潇：《思想哲学：理性精神的自我关照》，湖南大学出版社，1999年版，第83页。

二、语言与认知的协同发展

海德格尔有句名言："语言是存在的家。"从人类认知的角度分析，语言是人类认识能力建构起来的意义世界，客观世界以及人类社会只有进入语言才能被理解和认识。语言不仅仅是表达手段，更主要的是认知手段。"每一种语言都包含着一种独特的世界观。正如个别的声音处在事物和人之间，整个语言也处在人与那一从内部和外部向人施加影响的自然之间。人用语音的世界把自己包围起来，以便接受和处理事物的世界。"①语言既有主观属性，又有客观属性。于是，语言就在人的存在中获得了本体性意义，或者说构成了一个语言的世界。

关于语言与认知的关系，卡西尔指出："语言从我们生命伊始，意识初来，就围绕着我们，它与我们的智力发展的每一步紧依为伴。语言犹如我们的思想和感情，知觉和概念得以生存的精神空气。在此之外，我们就不能呼吸。"②在卡西尔看来，语言构成了思维包括感情存在的外部必要条件。举例来说，当人们说到"狗"这个词的时候，成人思维中的印象多为一种忠诚的哺乳动物，而年幼儿童思维中的印象直接与他们家的"大黄""虎子"联系起来。黑格尔也曾说过，同样一句格言，年轻人说出来和老年人说出来含义是不一样的。另外，如果我们扩及不同的语言，甚至是不同的方言，或者同一语言的不同历史时期，即使是同一个词，其所涵盖的实际内容更是大相径庭。因此，从信息发送者角度来看，"词不达意""言不尽意"具有必然性，其根源就在于个人认识与语言的不完全对应。而在接收者那里，情况正好反过来，当他通过语言接收到对方信息时，会以自己的认识为基础进行理解，不同的人理解并不相同。例如当听到"狗"这个词时，张家小孩、成年人、生物分类学家在思维中的对应内容并不一样。

第一，语言的概括性影响人的思维与认知。语言的概括特性和指事功能能把事物的情况、过程、结局凝结为条理性的语言段落或语言板块。"当这些语言板块在内心被记忆接纳并留下深刻印象时，不仅使感性体验转化成了有序结构的语言和思想，而且人类可以不再受具体事象情境的桎梏，而随时从这种语言系统中寻找和提取与思维情境有关的语言资料，作为再认识、再

---

① ［德］威廉·冯·洪堡特著，姚小平译：《论人类语言结构的差异及其对人类精神发展的影响》，商务印书馆，1999年版，第72页。

② ［德］恩斯特·卡西尔著，于晓译：《语言与神话》，三联书店，1988年版，第127页。

加工的思想对象或对象化思想，以便从中引出新的思想。"①这种通过语言而对以往经验、知识、思想等方面的信息所进行的自由提取、随意编码、反复再认和组合加工，既是自我意识的一种体现、一种形式，并大大强化了自我意识能力；又是理性再生产的重要途径，并大大拓展了理性思维的广度和深度，增强了人类的思想力量。"它使以往经验、知识具有再造的能力，使思想获得自我演化、自我发展的动力与条件，使人的意识活动获得了前所未有的精神自由。"②与此同时，语言为思维提供意义和标准。思维的内容和意义是通过语言所蕴含的意义和内容而获取的，人们对语言及其意义的获取和理解为思维积累材料，同时思维方式也受语言所内蕴的逻辑形式的影响。

第二，语言的符号化推动思维活动的逻辑化。思维反映的抽象性、概括性等特征，全然依靠语言的运用而实现。思维活动的符号化还体现在它经过一定的中间转换环节，外化在劳动产品、生存环境和艺术作品之中。人们通过这些内含着意识信息的物质符号，反映和交流思想，编织和解读人类的精神世界。从而，它们使人的内部意识活动成为可观可读的现象，使意识对于世界的观念创造变成了物质现实。

第三，语言把个体与个体之间不同的思维联系起来，使人们能彼此交流思想和感受。语言将表象转变为抽象，使人类大脑思维也随着这一抽象化过程有了丰富声象的记忆，最终形成了以语言为交流条件的群体意识。从此，人类语言意识的本质就不在于个体的贮存性，而主要是群体的共识性和认同性。同时，通过语言，还使人与历史和将来进行交流，前人思维内容和方式通过语言的形式保留下来，个体可以从中获取丰富的滋养。伽达默尔指出："在一个理解过程开始时，语言已经预先规定了文本和理解者双方的视域。"③

第四，语言运用与社会文化融为一体。语言先于个体，负载着历史和现实的各种信息，也表达着各种不同的价值和意义。"每种语言都包含着属于某个人类群体的概念和想象方式的完整体系。"④萨丕尔说："语言是了解'社会现实'的向导……语言强有力地制约着我们对社会问题和社会过程的所有看法。""'现实世界'在很大程度上是由有关群体的语言习惯不知不觉地建立

① 胡潇：《思想哲学：理性精神的自我关照》，湖南大学出版社，1999年版，第112页。
② 同上。
③ 徐友渔：《语言与哲学：当代英美与德法传统比较研究》，三联书店，1996年版，第178页。
④ ［德］威廉·冯·洪堡特著，姚小平译：《论人类语言结构的差异及其对人类精神发展的影响》，商务印书馆，1999年版，第72—73页。

起来的。"①沃尔夫也认为语言体系极大地影响着人们的认识、经验和行动的方式。人们对世界的看法，如时空、物质观念之所以彼此有别，主要是他们使用了不同的语言。沃尔夫进一步提出两个原理，一是语言相对性原理，即人们是按照语言所强加的思维和感知方式认识世界的。二是语言体系的客观必然性原理，即语言体系所强加的思维和感知世界的方式不以个人的意识为转移。语言对"思想"提供了共同的表达方式，一个人接受了一种语言，就获得了按社会共同方式进行认识活动的基础和手段。虽然认识活动、思想过程总是个人的、"私有的"，但其中存在某种超出个人范围的东西。社会性语言的介入往往使人们以一种类似的方式从事认识活动，因此，不同主体对于同一对象的认识过程，极其自然地有相同的或类似的一面。正因如此，语言符号能够感染那些具有类似符号的人们，唤起他们类似的期望、偏好和行为形式。

三、语言的文化建构

语言与思维（认知）的关系是双重的——作为工具的语言和作为文化的语言会导致思维的差异。就前者而言，工具性语言内在于主体之中，是主体借以进行思维活动、表达思维成果、传递思想感情的手段或中介。"语言工具论"主张把语言看作是传情达意的工具、人际沟通的媒介、记录文化的载体、实在事物的反映。就后者而言，文化性语言是外在于主体的，是先于个体而存在的社会环境，是"一种把自己的构造和规律强加于社会各成员的、超乎个人之上的力量"②。后结构主义认为，语言具有建构性，具有完全的本体意义和认识论意义，世间万物正是通过语言的建构才被赋予了特定的意义和身份。后结构主义认为，语言并不仅仅像实证主义、经验主义所说的只是媒介工具，语言具有社会性和政治性。"语言的政治性表现在，语言是人们建构和再造某种主体性和身份的场所，同时把其他的身份和主体性排除。"③语言相对于文化认同来说，并不是客体而是主体，也就是说语言并不是简单地用以表达社会生活方式是什么、社会精神是什么的媒介，而是通过语言的描述与表象，社会文化呈现出来的状态。

---

① 转引自高新民、沈学君：《现代西方心灵哲学》，华中师范大学出版社，2010 年版，第 447 页。

② ［英］L. R. 帕默尔著，李荣等译：《语言学概论》，商务印书馆，1983 年版，第 145 页。

③ 孙吉胜：《话语、身份与对外政策：语言与国际关系的后结构主义》，载《国际政治研究》，2008 年第 3 期。

第一，语言是文化的最重要载体。语言是文化的符号，不同民族的语言反映和记录了不同民族特定的文化风貌。语言如果要超越时空，就需要借助于文字。从现象上看，似乎是文字充当着最重要的载体，但是从语言学的角度看，文字只是记录语言的符号，文字的负载功能靠它与语言的特殊关系而存在。语言是文化本身的基础，人类的一切文化活动都要通过语言来实现。同时，"语言忠实地反映了一个民族的全部历史、文化，忠实地反映了它的各种游戏和娱乐，各种信仰和偏见"①。因此，语言成了一定文化的陈列室和博物馆，成了文化最鲜明、最集中的体现者。正如学者们所说，语言似乎体现着整个文化无所不包的性质，是民族文化一体化的主要因素。

第二，语言文字是文化的传播与传承途径。文化在形成之后需要一定的载体才能传播与传承，而语言（尤其是文字）作为一种社会现象，对文化的传播与传承有着重要作用。透过一个民族的语言可以了解到该民族的风俗习惯、生活方式、思维特点等文化特征。例如英语与汉语中对父母两系的兄弟姐妹的称谓存在着较大差异。英语中仅有 uncle 和 aunt 两个词，而在汉语中，伯、叔、姑、舅、姨秩序井然，不得混一。汉语中复杂化的称谓体系正反映了中国人的宗族观念和宗法文化的特点。

第三，文化背景影响语言表达。人总是生活在一定的社会文化环境之中，因此，人的一切行为不可避免地要受到社会文化模式的制约，言语交际行为也不例外。格拉斯通曾指出过："语言和文化紧密地交织在一起。语言既是整个文化的产物或结果，又是形成并沟通文化其他成分的媒介。我们从小学会的语言不仅为我们提供了交际的体系，更为重要的是，它制约着我们交际的类型和方式。"②不同的语言因其文化背景的不同，在使用上自然也存在着很大的差异。为了适应文化的存在，语言的表达方式也必然变换。

第四，语言是文化价值的调节器。语言是一种文化驱动力量，促使人们趋向善的对象，并克服在弃恶扬善过程中的种种困难和阻力。20 世纪，维特根斯坦、海德格尔等人实现了西方哲学史上"语言学的转向"，把语言上升到本体论高度，将其作为世界存在的依据，虽有夸大其词之嫌，但对于在更为广阔的视野上认识语言的作用具有重要意义。由于语言的颠倒作用，语言的存在超越了个体的存在，某种语言系统成为制约个体思想与行为的客观力量，个体的思想与行为需要借助语言获得意义和价值。尤为重要的是，语言

---

① ［英］L. R. 帕默尔著，李荣等译：《语言学概论》，商务印书馆，1983 年版，第 145 页。

② 转引自张国扬、朱亚夫：《外语教育语言学》，广西教育出版社，1996 年版，第 80 页。

能够把一定的社会规范和价值体系在不知不觉中传输给个体。因为语言不仅是关于周围世界的知识和意义的结晶，人类世代积累并传递着的精神文化，包括行为规范、价值观念、风俗习惯、情感态度都记录、保存在语言中。每个民族都有一套属于自己民族特色的道德用语体系，一个人获得一种语言就意味着接受一套概念和价值观念，先辈积累了数千年而逐步形成的思想成果、文明观念就铭刻在他的脑子里。随着语言由客观文化现象进入个体内在系统，由社会语言转化为个体语言，语言也就把一定民族的心理状态、思维传统、价值观念等从外面注入了个体的内心，内化为他的心理结构。亚里士多德在《政治学》中曾说过："因为哪怕是轻微的丑话也会很快产生秽行。特别是年轻人，绝不能说或者听这类秽语。一个还没有取得参加共餐资格的自由人如果被发现在言语或行为上犯禁，必须施之以责斥和体罚。"①反之，我们也可以这样说：人如果经常善言出口，他便会从善如流。

四、少年儿童的认知发展与语用特性

对于儿童的语用特征，众多学者都以阶段论来概括。除了皮亚杰的四阶段说之外，新皮亚杰理论代表人物罗比·凯斯在《智慧的阶梯》里提出，儿童智慧发展由核心的中心概念结构和相互关联的领域概念结构组成，这一发展线索是：感觉运动阶段（0—2岁）、前维度阶段（2—6岁）、维度化阶段（6—8岁）。周兢在对0—8岁汉语儿童的追踪和横向测查中发现，汉语儿童语言发展可分为四个阶段：（1）前结构阶段（0—2岁）；（2）简单结构阶段（2—4岁）；（3）合成结构阶段（4—6岁）；（4）嵌置结构阶段（6—8岁）。每个阶段内部，汉语儿童语言结构能力又存在着三级规则水平，规则水平的不断提高，意味着儿童逐步获得本阶段语言结构能力，并向下一阶段发展过渡②。实验表明，5岁以前儿童的社会化交谈很少，大部分语言是自我中心的。这是因为儿童在游戏或活动中使用的语言，既有字词，也有姿态、动作和模拟表达的语言。从5—7岁开始，儿童在活动时可以组成一些两人小组；也会有交流，但依然是过渡性的和不规则的。到7—8岁时，儿童表现出想和别人共同活动的欲望，自我中心语言的重要性逐渐消失，儿童之间开始在言语的解释中

---

① ［古希腊］亚里士多德著，颜一、秦典华译：《政治学》，中国人民大学出版社，2003年版，第265页。

② 周兢：《汉语儿童语言发展阶段新说》，载《南京师范大学报（社会科学版）》，1997年第1期。

互相了解①。"言语互动实际上也是认知互动，儿童从中获得对世界的认识；掌握有关时间、空间和因果关系的概念。同时它也是社会性互动，儿童通过它来认识自己与他人的关系。语言发展不是孤立进行的，它是在认知发展和社会性发展的背景下发展起来的"②。

幼儿语言发展与认知发展相互促进、共同发展。一方面，幼儿的认知发展水平决定语言发展水平。当幼儿处在前运算阶段，幼儿只能掌握情境性很强的语言，处在具体运算阶段时才有可能掌握连贯性语言。另一方面，作为一种心理表征符号，语言一旦被儿童所理解和掌握，就能够对认知的发展起推动和加速作用，主要表现为增加认知的速度、广度和强度，使认知过程具有极大的机动性和普遍性。没有这种工具，个体的认知始终会停留在个人心理层面。"语言具有双重意义：它既是一种凝缩的符号，又是一种社会的调节。语言在这种双重意义中便成为思维精密发展不可缺乏的因素。"③

语言是儿童走向新世界的通道。"随着对语言的符号系统有了最初的理解，儿童生活中一个真正的革命就发生了。从这一刻起，他的全部人格的和理智的生活都采取了全新的姿态。粗略地说来，这种变化可以说成是，儿童从一个较为主观的状态走向了一个客观的状态，从单纯的情感态度走向了理论的态度。"④儿童起初对社会秩序、社会规范和价值系统的了解和接受过程，与语言学习过程是同一过程。儿童要成为社会的一员，必须掌握通行的社会语言。语言对于儿童有不以其意志为转移的强制性和规范性，个体无力抗拒和改变既成的语言，只有模仿和学习、掌握并服从它的语词意义、语法规则，并按照同样的方式去实施言语行为，才能为社会所理解。进而才能理解社会，最终成为社会一员。儿童掌握了语言，也就掌握了社会规范和价值系统，从而也就在一定程度上实现了社会化。"于是，儿童语言发展变为在与社会环境相互作用中不断学习和获得语言结构能力的过程。"⑤所谓语言结构能力，一方面包括了对外在事物反映和认识的能力，另一方面包括了对语言规则系统的认识，还包括了将对外界认识与对语言规则系统认识协调整

---

① ［瑞士］让·皮亚杰著，傅统先译：《儿童的语言与思维》，文化教育出版社，1980年版，第59—60页。

② ［英］朱莉娅·贝里曼等著，陈萍、王茜译：《发展心理学与你》，北京大学出版社，2000年版，第123页。

③ ［瑞士］皮亚杰著，傅统译：《儿童心理的发展》，山东教育出版社，1982年版，第124页。

④ ［德］恩斯特·卡西尔著，甘阳译：《人论》，上海译文出版社，1985年版，第168页。

⑤ 周兢：《汉语儿童语言发展阶段新说》，载《南京师范大学学报（社会科学版）》，1997年第1期。

合，形成一定关系结构进行表达的能力。

儿童语言的发展是先天心理认知能力与后天社会经验相互作用的产物。认知学派认为，儿童大脑里存有先天的语言习得机制。在一定发展阶段，儿童语言表现为由存在于大脑中的一套语言机制控制，而不是仅对成人语言的模仿。语言能力不能独立于认知能力而存在，语言能力的获得要以一定的生理成熟和认知发展为基础，并在非语言认知基础上能动地建构起来。认知发展理论既不反对天赋论，也不认为外在环境决定儿童语言能力的形成，它更强调儿童语言发展与儿童在环境中主动经历的事情之间的关系。这些直接经验被"编码"到儿童思维中，从经验转化成词语表征。随着儿童年龄的增加，在由儿童向少年转化的过程中，少年儿童在交际中逐渐不满足标准语言给人际交往所带来的距离感，随之开始创造一些有别于标准语言的新奇词汇，独特的惯用语和句法的综合运用，等等。

在皮亚杰看来，与儿童认知发展相一致，社会化的言语是从自我中心的言语发展而来的。搁置环境影响因素，儿童的社会化言语和言语本身是同时产生的，并且其比率随年龄的增长而增加。3岁到6、7岁是最迅速的发展时期，7、8岁以后社会化言语在儿童的全部言语中已占绝对优势。皮亚杰认为，儿童言语有两种完全不同的社会化过程：一种在成人权威的支配作用下进行，儿童言语表现以疑问和请求为主，并伴随着大量的自我中心言语；另一种在和儿童自身相似的同伴相互作用中进行。由于他们的水平相等，可以进行争辩，这有别于儿童和成人之间的语用方式。"他摇摆于两端之间，一端是个人的或集体的独自，另一端是讨论或真正的思想交流。两种社会化过程相互补充，共同推进儿童言语和智慧社会化。"①当成人的优越性阻止着儿童和成人讨论与合作时，儿童的同伴则为他提供了这种社会活动机会，以促使智慧的社会化。反之，当同伴之间的平等关系阻止着他的提问和疑问时，成人则为他提供回答。

维果茨基提出了对儿童自我中心言语问题与皮亚杰不同的解释：（1）儿童自出生起就是一个社会实体，语言作为儿童与成人进行社会交往的工具，从一开始就具有社会性、具有交际功能。（2）儿童自我中心言语在组织儿童的活动，形成儿童的智慧行为中起着指导和调节的作用，因此它既有交际功能又有调节功能，是儿童特有的思维工具。（3）自我中心言语是形式上的外部言语与功能上的内部言语的结合，是从社会化语言向个人的内部言语过渡

---

① 丁芳、熊哲宏：《智慧的发生：皮亚杰学派心理学》，山东教育出版社，2009年版，第158页。

的必要阶段和中间环节。随着儿童心理的成熟，它沿着上升而不是下降的曲线发展，自我中心言语最终并不是消失了，而是转化为内部言语。维果茨基十分重视研究儿童内部言语的发生，即言语如何转化为内在思维，他认为皮亚杰所说的儿童自我中心言语恰恰为研究内部言语提供了钥匙。"①

就个体的语言能力而言，维果茨基把个人的言语水平发展过程分为四个阶段②：

第一，原始或自然阶段。这一阶段与思维发展中的前言语和言语发展中的前智力相一致。这时，言语的运作是以原始形式出现的，因为它们是在行为的原始水平上逐步形成的。

第二，幼稚的心理（naive psychology）阶段。该阶段类似于幼稚的物理（naive physics）表现，也即儿童对自己的身体和周围的事物有了物理特性的经验，这些经验运用到工具使用方面，儿童首次表现出萌芽中的实际智力。这个阶段在儿童的言语发展中是非常明确的，其具体表现是，儿童在尚未理解语法形式和结构所表示的逻辑运作之前已能正确使用若干言语。例如，儿童在尚未真正懂得原因、条件、时间等关系之前就会用"因为""如果""当……时候""但是"等词语。这表明，儿童未掌握思维的句法就先掌握了言语的句法。

第三，外部符号阶段。随着幼稚的心理经验的不断积累，儿童进入了第三个阶段，其特征是有了外部符号，这是在解决内在问题时用作辅助手段的外部运作。该阶段的具体表现有儿童拨弄自己的手指来数数，采用一定的助记辅助手段或记忆术来帮助记忆，等等。在言语发展过程中，这个阶段的特点是以自我为中心的言语。

第四，内部生长阶段。这时，外部运作向内转化，并在这一过程中经历了深刻的变化。儿童开始用脑子数数，运用"逻辑记忆"，即运用内部的联系和内部的符号。在言语发展过程中，这是内部的、无声的言语阶段。然而，此这一阶段中外部运作和内部运作之间仍有不断的相互作用，一种形式常常很容易地变为另一种形式，接着又变回来。当内部言语用来为外部言语作准备时（例如，在仔细考虑即将要作的讲座时），内部言语在形式上可能接近外部言语，或者甚至完全变得像外部言语。

---

① 李颖：《维果茨基与皮亚杰关于儿童自我中心言语问题的比较研究》，载《南京师范大学学报（社会科学版）》，1999 年第 5 期。

② ［俄］列夫·维果茨基著，李维译：《思维与语言》，北京大学出版社，2010 年版，第 14—15 页。

总体而言，当代少年儿童的用语特征如下：

(1)鲜活性。少年儿童语言具有鲜活性，古今中外的新鲜、搞怪、生僻、夸张的词语易于被少年儿童所掌握，例如韩寒在《三重门》中大量使用生僻字。

(2)不规范。越是鲜活越是新造的词语，越具有不稳定性和随意性，这直接导致少年儿童用语的不规范性。同音替代、符号化、碎片化词语开始大量出现，例如"赶脚"同义于"感觉"，"稀饭"同义于"喜欢"，"造"同义于"知道"，等等。

(3)网络化。网络语言是人们的网络交流工具，它通常以屏幕文字、音频及视频(如语音、视频聊天)等形式进行相互间的传递和沟通。它与现实中的语言传递最大的区别在于交流对象部分信息的缺失，由于网络语言交流的特殊性，使得网络语言特别是青少年的网络语言失范，成为一个十分重要的问题。有些爱玩游戏、动漫的同学之间说话纯粹用的游戏那一套话语，比如"正太""萝莉"等等。

语言文字的发展变化反映出当代少年儿童的文化心态与价值取向。

(1)反映了少年儿童身心发展特点。小学生思想活跃，追求变化，标新立异，选用前卫性、自由性、丰富性的言语词汇似乎给了他们彰显个性、张扬自我的平台。对于新词语的使用要抱有宽容态度，毕竟在努力求新、求变的过程中能够把小学生潜在的创新意识激发出来，有利于培养学生的创新精神、创新能力，以一种新的态度来看待生活，感受生活。

(2)反映了青少年迫切要求得到关注和拥有社会话语权。语言文字是情绪宣泄的载体之一，少年儿童未能在社会中起主体作用，但又想使自己的看法受到成年人的关注，只能在语言上求新求变。部分少年儿童为使自己受到别人的重视，故意表现出另类言语和反调言论，其语言表达与现实社会的规范汉语存在着明显冲突，使得网络交际中存在着不符合现代汉语词汇和语法规范的现象，如"吃饭 ing""复习 ing"等(在汉语词后加上英语的时态形式)。

(3)反映了整个社会价值观的混乱。谣言、谎言满天飞，"假大空"的语言横行于世，折射出整个社会价值观的混乱与迷失。身处其中的少年儿童难免形成浮躁、功利、虚荣、浮夸等坏习气。

第四节 少年儿童的道德

少年儿童思想意识引导的目标是培养未成年人的德性，使他们学会自我认识、自我完善，追求一种有道德的幸福生活。这既是对从"美德即知识"的苏格拉底"精神催产术"、柏拉图"哲学王"到亚里士多德由善引领的德性论伦理谱系的知识传承，更是当代未成年人思想道德建设的主体工程和价值目标。

一、儿童认知与道德意识的交融

从组成部分上讲，道德意识是少年儿童思想意识的核心，道德品质是思想意识的直接价值体现和行为规范。引导少年儿童思想意识的发展，主要是引导少年儿童养成良好的道德品质与价值观念。而少年儿童道德意识的形成与发展又与儿童的认知水平息息相关，"逻辑是思想的道德，正像道德是行动的逻辑。"①

一般而言，道德意识以"善"为追求目标，认知(求"真")不是它的主要职能，但求善并不能脱离求真。苏联学者阿尔汉格尔斯基指出："对道德，要是像对科学那样，把认识职能看成是主要的、决定性的职能，那是不正确的，因为道德的客观使命在于，以它固有的手段调节人们之间的相互关系。但是否认道德规范的认识价值，也同样是不正确的。"②道德意识调节认识过程的核心在于它把道德准则带入认识活动，参与选择认识活动目标，确定认识活动方向。"在道德规范里，积累了各代人的道德经验，它们是文化财富，因而成为间接地认识人类关系世界的渠道。"③在认识活动中，道德意识求善的本质引导个体立足于自身和社会的义务、利害关系，从评价、规范的角度去把握对象，将其区分为有利的和有害的、善的和恶的、应当的和不应当的、正义的和非正义的，从而决定主体对认识对象的行为态度。道德意识以"应该"为尺度去衡量社会现实的同时，也以"应该"为尺度来权衡人自身的行

---

① ［瑞士］让·皮亚杰著，傅统先、陆有铨等译：《儿童道德判断》，山东教育出版社，1984年版，第48页。

② 转引自［苏］科诺瓦洛娃著，杨远、石毓彬译：《道德与认识》，中国社会科学出版社，1983年版，第33页。

③ 同上。

为，它督促个体积极思索自身的活动价值，比较自己的行为同公认的价值体系之间的关系，从而使个人按照一定的目标和方向来择定自己的行为。道德意识对认识活动方向和目标的选择往往伴随着巨大激励作用。一旦主体意识到自己的认识活动具有某种道德价值，是为了道德上崇高的事业，就会在他身上爆发出饱满热情和十足干劲，甚至不惜献身。

认知发展是道德发展的必要条件，儿童认知发展决定着儿童道德发展的水平，"因为道德推理显然也是一种推理，较高的道德推理依赖于较高的逻辑推理。个体的逻辑阶段与其道德阶段是并行不悖的"①。然而，认知发展并不是道德发展的充分条件。人的品德除认识外，还包含着乐意付诸实践的行动意向。道德意识不是单纯的道德知识而是系统集合，一方面是处理客观存在道德关系的原则和规范在人脑中的反映，另一方面是个人从善向好的意愿和行为。作为个人在遵循其所从属的社会道德规范而行动时所呈现的稳定心理特征，道德意识是由道德需要、道德动机、道德情感、道德意志、道德理想、道德信念、良心、义务及道德自我评价等内心活动或状态所构成。

从起源上看，少年儿童的道德意识来源于社会的道德关系。"个体降生时没有任何道德意识，但先于他而存在的社会道德关系和道德准则对于他却犹如一种道德必然性，要求他去适应、服从和遵守。"②这种要求起初是父母、然后是社会通过奖励和惩罚两种手段使儿童的心灵慢慢接受下来，转化为内在的道德意识。就儿童道德的运作机制而言，儿童在社会实践中接触人和事，获得了感性认识，形成了是非、美丑、善恶等方面的道德观念。再通过个体神经中枢的分析综合，透过道德形象抽取本质特征，逐渐形成道德概念等理性认识。"然后通过道德评价，把道德知识转化为道德信念。道德信念形成后又分别反馈到道德评价、道德知识和社会实践，通过社会实践和道德评价进一步坚定道德信念。"③这就是道德认识形成与发展过程的基本规律。

"儿童道德判断的发展是一个有阶段的不断发展的过程，是一个从服从外在权威到服从内在标准或从纪律道德到合作道德的过程，其中儿童的思维或理智的发展是道德发展的必要条件……任何外来影响只有通过儿童的认知

---

① 刘晓东：《儿童精神哲学》，南京师范大学出版社，1999 年版，第 171 页。
② 周文彰：《狡黠的心灵：主体认识图式概论》，中国人民大学出版社，1991 年版，第 56 页。
③ 全德：《论品德形成与发展的规律》，载《湛江师范学院学报》，1995 年第 1 期。

结构的过滤才能发挥作用。"①无论是皮亚杰还是科尔伯格，都强调了个体认知能力对道德观念的影响。科尔伯格认为，每一个道德阶段都需要一定的认知和换位思考能力。达到较高阶段道德发展水平的儿童必然已经达到相应的逻辑发展水平，但达到一定逻辑发展水平的儿童则未必能够达到相应的道德发展水平，毕竟认知发展的一般逻辑只是道德发展的必要前提而非充分前提，因为道德发展还需要满足特定的社会条件。

科尔伯格认为，道德教育绝不是背诵或记忆道德条例，而是促进道德认知水平的发展，即一切德育的中心就是要坚持发展道德认知力。他说，我这种理论"之所以称为认知的，是由于它认识到道德教育同理智教育一样是以激发儿童就道德问题和道德决策进行积极的思考为基础的，它之所以称为发展的，是因为它把道德教育的目标看作是经过各个阶段的道德发展"②。科尔伯格道德认知理论的精髓可归结为：（1）德性发展总是呈现为一定的阶段性；（2）德性发展与认知发展有密切关系，认知发展是德性发展的基础，德性发展不能超越认知发展水平；（3）德性发展的本质动机在于寻求社会接受和自我实现，是在社会激发下原有认知力发展的结果；（4）德性发展在本质上具有普遍性而不受文化限制，即在不同的国家和民族中德性的发展规律具有相似性；（5）德性发展决定于个体对社会文化活动的参与程度，并与儿童认同和承担道德角色的质量有关。

当然，生硬割裂与归纳认知与道德的关系并不符合客观实际，现实中儿童的认知发展和道德意识是融为一体的。道德认识在个体把握对象、认识客观世界的过程中，亦有两种表现形式。一是将客观的道德对象内在化，即把道德对象纳入"人我类同"的结构之中来把握道德价值的合理性、道德发展的必然性，从而形成主体的道德观念与道德信念，乃至道德理想，构成主体的道德人格；二是将客观对象道德化，即基于善与恶、应当与失当等范畴的认识对客观对象进行选择、鉴别、评价，将其纳入自己的价值体系中，以区分对象的价值属性和价值等级。可见，个体把握对象、认识客观世界的过程离不开道德认识的指导，离不开对道德价值的观念性反思。"主体正确的道德认识的形成，事实上也使其道德的习得成为一种带有价值取向的活动。"③

---

① 戚万学：《冲突与整合：20 世纪西方道德教育理论》，山东教育出版社，1995 年版，第11—12 页。

② 冯增俊：《当代西方学校道德教育》，广东教育出版社，1993 年版，第 51 页。

③ 张茂聪、唐爱民：《儿童品德发展与道德教育》，山东人民出版社，2012 年版，第 24 页。

二、自我意识与个体道德行为的协同

学龄前儿童(约 3—6 岁)的社会关系主要是在与成人(父母、幼儿教师)之间的交往过程中形成的。或者说,社会活动的轴心主要是与成人之间的关系,成人(父母、幼师或其他长者)通过示范、教育、告诫来引导其行为。成人的教诲常常伴之以逻辑和理性,但由于儿童的意识水平处于自我中心化状态,无法从逻辑和内涵上自觉把握这些告诫,而不得不把自己的理解建立在对成人和外在权威的认同上。"由于年幼儿童的道德行为是在成人告诫强制下进行的,其道德认识水平只是对成人或权威的绝对服从,其对各种行为活动的道德评价只注重行为的效果,而不能寻究其动机与效果间的关系。"①与此相联儿童也表现出对成人带有盲目性的尊敬和崇拜,把成人授予的规则戒律看成是某种神圣的先验之物。换言之,学龄前儿童的道德意识持有明显的道德实在论特征,即表现为把成人揭示和强加的道德要求和规范看成是神圣不可侵犯的、必须遵从的东西。其道德意识以"他律"为基础,道德行为具有给定的和外在于心灵的性质。须强调的是,儿童所具有的道德实在论倾向恰与其自我中心论状态的活动水平、心理发育水平以及认知方式紧密联系。

随着年龄增长,儿童(约 7—12 岁)社会活动的空间逐步扩大,他们与同伴的关系和活动由于学校生活而得以发展。在学习、游戏等活动中,儿童对行为规范背后的关系及其形成的依据开始关注。在意识活动中,主体意识与客体意识开始分化,自我意识日渐萌发。"儿童的道德意识开始在一种新的实践基础上发育和演进,并从其他诸类的认识活动中相对独立地分化出来。儿童的道德意识的基础开始由他律向自律演进,其重心则由对成人单方面的尊敬和崇拜发展为对儿童之间互相尊重和平等关系的觅寻。同时对成人权威的绝对服从也逐步转变为相对服从,道德意识中非逻辑因素也大大弱化而趋向于逻辑化。"②道德评价原则更多地直接来自于儿童,而不再过多受成人的影响。儿童的道德意识已经开始了解动机和行为效果之间的关系,不再单纯对效果感兴趣,并且已能逐步区分外部成人制约与自我的内部控制及同伴间对等要求之间的关系。

到了青少年期(约 13—18 岁),儿童活动空间和范围更加广阔,人际交往关系更加多元与频繁,认识视野也逐渐宽阔,并日益具有自主决定的特

① 倪愫襄:《道德意识的发生学考察》,载《浙江社会科学》,1998 年第 1 期。
② 同上。

点。特别是随着社会实践活动日益深化，其中道德实践活动也不断强化和扩充，自身所涉及的道德关系也日趋复杂，青少年开始直面客观环境而进行道德思考。开始对各种道德关系和现象具备相对独立和自主审度的能力，对各种外在给予的或传统的道德规范和道德权威萌生质疑，甚至批判性地探究其内在的合理根据和前提。"这表明，在青少年期主体逐步摆脱了自我中心状态，道德由他律转为自律，社会化的自我意识得到强化。从而使在你我关系简单活动中所产生的具有强制性质和绝对性质的道德客观责任感，转变为在你我他更广泛关系中的自主性质和相对性质的社会责任感；使其从原先单纯地由行为效果来判断道德责任大小模式，上升到从动机与效果统一的模式中来把握分析行为责任。"①青少年期是道德意识相对完善时期，其发展水平和发育状态恰恰是前儿童时期道德意识不断演进的结果。

成年时期（18岁以后）是道德意识的成熟发展时期。成年人在长期的道德实践活动中，随着活动水准的不断提高和发展，以及社会交往关系更趋复杂和频繁，其道德认知评价水平也不断完善和升华，形成了相对稳定和以相对自律为特征的道德意识。道德意识中的逻辑性更加严密和完整，自我意识更加突出。道德意识侧重于对道德规范的根据、实质的理解，而不仅仅是对条文内容的盲目执行。这一时期，成人比较注重自己的社会角色和权威意识，履行自己在活动中所选取的道德准则，并随着社会生活和道德活动的变化而修正自身所遵循的道德规范和原则。

综上所述，儿童道德认识发展的核心在于个体对社会交往活动的参与和人际关系的扩展，以及个体对社会道德关系和行为活动的体验。同时，个体在实践活动中不断提高的道德认知、评价结构也起了重要的作用。"一方面认知评价结构自身不断演化，由最初的非逻辑水平演进到比较逻辑化，进而呈现出逻辑的严密化。另一方面个体认知对社会奖惩关系和行为规范实质的理解和把握，则由最初的权威制约发展为自主选择道德规范，促进了道德意识的不断演进和发展。"②

三、儿童道德的整体特点

第一，道德观念的形象性。儿童关于是非、美丑、善恶的概念最初都是非常具体的，儿童只是从行为后果及行为的外部表现去理解道德概念。形象

---

① 倪愫襄：《道德意识的发生学考察》，载《浙江社会科学》，1998年第1期。
② 同上。

性道德情感属于中级水平的道德情感，是通过人的想象发生作用的，具有一定的自觉性。例如，儿童想起了白求恩、罗盛教的形象，就激起了国际主义情感；想起岳飞、文天祥的形象，就唤起了爱国主义情感；想起了雷锋、王杰的形象，就产生了社会主义责任感……这些都是形象性道德情感的具体表现。儿童多按照个人关系去想象是非、美丑、善恶，带有很大成分的具体性；中学生能从道德概念内涵的多方面因素中加以概括，指出道德概念的本质方面，并逐渐倾向于从内心世界方面去理解道德概念。

第二，道德意识的直觉性。成人进行道德思维时，一般要经过道德认知、道德判断和道德推理几个相互联系的环节。会参照已有的社会道德原则和规范，对自身及他人行为的预期后果及引发的社会道德舆论等进行思考和判断，然后做出自我的道德决定。而道德直觉则舍弃了这些中间环节，直接把相关因素综合在一起，依靠主体的内在要求去把握道德对象的整体价值和意义。同时，由于道德直觉省略了思维过程的诸多中介环节，加之情感和意志等非理性因素的强动力作用，主体能够把道德判断和道德抉择压缩到最短时间内而快速完成整个道德思维过程。"道德直觉具有的这种瞬间决定性特点，使道德思维主体能够在一刹那间豁然贯通地把握道德对象，并做出正确的反应和决定。"[1]

对于儿童来说，往往以直觉的方式来认识所处的环境，"儿童在幼年表现出的辨别道德与非道德的直觉能力意味着，经过思考的道德表述好像人的语言中书面形式的语法。对于具备了直觉语法和直觉道德的儿童来说，思考和理解都只是一种智力上的消遣。它无论对语法和道德能力的发展，还是对语言和道德行为的倾向性，都没有什么意义。"[2]在整个小学时期，儿童的认识与行为在品德发展上基本上是协调的。一般是年龄越小的儿童行为比较简单，不善于掩蔽自己的行为，言行越一致。随着年龄的增长，言行不一的偏差也会越大。同时，年龄较小的学生对"权威"比较遵从，他们的道德认识、言行往往直接反映教育者的要求。年龄较大的学生，对"权威"和别人的评价不再"盲从"，再加上他们的行为比较复杂，并且日益学会掩蔽自己的行为，导致言行不一致的分化越来越大。

第三，道德意识的可塑性强。少年儿童道德意识的可塑性是指少年儿童

---

① 黄富峰：《道德直觉与道德信仰的养成》，载《中国教育学刊》，2006 年第 7 期。

② ［美］R. A. 施维德、E. 图列尔、N. C. 玛奇著，陈会昌译：《儿童的道德直觉》，载《心理学动态》，1988 年第 4 期。

继续被培养改造的可能性及上升空间。"人之初，性本善；性相近，习相远。"就道德的具体表现形态而言，在道德概念的形成和道德认识的理解上，少年儿童开始从直观的、具体的、比较肤浅的认识逐步过渡到比较抽象、比较本质的认识。在道德评价上，少年儿童开始从只注意行为的效果，逐步过渡到比较全面地考虑动机和效果的统一。在道德原则的掌握上，少年儿童道德判断从简单依附于社会的、他人的原则，逐步形成受自身道德原则的制约。如对规则的态度由单纯以规则为满足的行为过渡到包含有义务的意识行为，对行为责任的道德判断由客观责任内化为主观责任，公正观念由服从的公正依次过渡到公平的和公道的公正，惩罚由抵罪性惩罚逐步发展到回报性惩罚，等等。

第四，理性化过程和社会化过程并举。少年儿童品德的形成和发展要经历两种过程：一种是理性化的过程，另一种是社会化的过程。前者是形成道德认知、发展道德判断和推理能力的过程，后者则是一个人在社会交往和社会合作中建立"社会我"的过程，并在建立"社会我"的过程中逐渐理解人与人之间的复杂道德关系。儿童与社会的相互作用过程中，随着承担社会角色机会的增多，儿童的道德经验不断结构化，不断同化吸收和调整平衡新的道德经验，从而使儿童的道德结构产生新的质变，飞跃到新的发展水平。儿童的品德就是在一次又一次从不平衡到平衡的质变过程中得到发展的。正如科尔伯格所说："（道德）阶段或心理结构并不取决于机体，虽然基于内在的组织倾向；阶段也非儿童的文化和外部世界的直接反映，尽管要依赖对它的经验知识。阶段是儿童和世界的相互活动的经验之产物，正是这种经验导致儿童自身组织的新结构化，而不是将文化模式强加于儿童。"①

儿童道德社会化是个人接受社会道德规范，并按社会要求行动的过程。从接受社会道德要求，到同化使之成为内心要求，才能逐步完成由道德的他律向自律的转化，真正实现个体道德的发生。儿童道德社会化一般要经历如下三个阶段：

第一阶段，适应与服从。随着儿童接触社会的增多，儿童的道德发展已处于人与人的关系中，接受社会道德的影响，在环境和周围人际关系的熏陶下开始道德社会化。这个阶段的重要特征是适应和服从，即接受成人的教导，遵守基本的道德规范。本能的冲动受到外界权威的鼓励和禁止而被修

---

① 转引自郭本禹：《柯尔伯格道德发展的心理学思想述评》，载《南京师范大学学报（社会科学版）》，1998 年第 3 期。

正，从而逐渐将行为纳入社会要求的体系之中。

第二阶段，选择与徘徊。随着年龄的增大，儿童活动的方式日益增多、视野日益开阔，儿童开始全面把握社会的道德要求，并以此控制自己的行为。但由于世界观还没有定型，道德观仍处在生成和变化时期，所以面对社会上多种价值取向，往往会感到迷惑、徘徊，在认识和选择时犹豫彷徨，从而使道德社会化呈现出曲折上升的状况。

第三阶段，内化与蜕变。在第三个阶段，个体实现了社会道德的内化，开始以自己的标准来判断、评价和行动。但由于社会道德总是处于不断的变化之中，加之个人人生阅历的变化、社会经验的增加、社会角色的改变，都会使原有内化的道德观念进行新的蜕变与升华。

道德社会化是他律向自律转化的外因，它必须通过个体的内部机制发挥作用。在儿童没有发展起相应的内化机制前，权威的强制只能产生没有自我的他律，形成客观的责任观念。而内化机制是通过儿童的活动形成的，"活动把原来强制的、约束性的环境变成了合作的场合，把原来仅仅服从、依赖的对象转换成了平等的伙伴，把神圣的、不可改变的规则改变成可根据共同的需要加以修正的契约"①。这些对儿童的道德心理发展起着巨大的影响，使儿童由自我中心发展到相互依赖并意识到这种相互依赖的关系，养成了尊重别人的习惯而不是出于恐惧而听命于成人。

在儿童生活的道德实践中，道德生活的经验不断经过自我反思而转化为道德自我的内容，形成儿童的道德抱负、道德理想，形成个性化的道德品质，每个人其实都以这种方式构筑道德自我。个人现实的道德行动和自我的生成过程，最终导致个人的道德化，即将自身形成一个有德性的自我。道德自我是一种道德记忆和道德向往、道德情感和道德经验交织而成的复合体，它使得每个人具有自己的德性特征，可以形成道德上的自我辨认、自我认同、自我形成。"道德自我就是一个人的精神实体，就是他的整体的精神格，而不仅仅是他的道德责任和道德判断能力。道德的核心是在自我指向中看管自我、守望自我，在这一基础上为他人的福利守望。"②没有道德自我，一个人不可能形成人生终身坚持的道德理想，就没有对自己成为什么样的人的理解，也就是没有形成整体的道德人格。没有形成整体道德人格者生活中可能会在一定程度上遵守道德规则，但其道德行为并不是出自道德自我的道德动

---

① 姚新中：《试论道德的个体发生》，载《宁夏大学学报（社会科学版）》，1991年第1期。
② 金生鈜：《规训与教化》，教育科学出版社，2004年版，第316页。

机。"一个有德性的人在整体的人格上是通过追求美德而成长的人，或者说具有道德自我的人，他在整体的精神上是道德的，道德教育意味着培育个人的优秀和卓越的道德自我，使道德自我成为他的人格核心。"①

四、儿童道德的发展规律

(一)皮亚杰的儿童道德发展阶段论

皮亚杰根据儿童对规则的理解和使用、对过失和说谎的认识和对公正认识的考察研究，把儿童道德认知发展划分为四个阶段：第一阶段是前道德阶段(出生—3岁)；第二阶段是他律道德阶段或道德实在论阶段(3—7岁)；第三阶段是自律或合作道德阶段(7—12岁)；第四阶段是公正阶段(11—12岁以后)。各个阶段的具体内容如下：

第一阶段，前道德阶段(出生—3岁)。皮亚杰认为这一年龄时期的儿童正处于前运算思维时期，对问题的考虑以自我为中心。不顾规则，按照自己的想象去对待规则。行动易冲动，感情泛化，行为直接受行动的结果所支配，道德认知不守恒。此时儿童并不真正理解规则的含义，分不清公正、义务和服从。例如，同样的行动规则，若出自父母就愿意遵守，若出自同伴就不遵守。他们的行为既不是道德的，也不是非道德的。

第二阶段，他律道德阶段或道德实在论阶段(3—7岁)。这是比较低级的道德思维阶段，具有以下几个特点：(1)单方面地尊重权威，有一种遵守成人标准和服从成人规则的义务感。把人们规定的规则看作是固定的、不可变更的，服从权威就是"好"，不听话就是"坏"。(2)从行为的物质后果来判断一种行为的好坏，而不是根据主观动机来判断。例如，认为打碎的杯子数量多的行为比打碎杯子数量少的行为更坏，而不考虑有意还是无意打碎杯子。(3)看待行为有绝对化倾向。在评定行为是非时总抱有极端态度，或者完全正确或者完全错误。皮亚杰与英海尔德在谈到这个时期的儿童特点时说："道德的实在论引向客观的责任感。因为，对一个动作的评价应依据这个动作是否符合法律的程度，而不应依据儿童是否怀有恶意去违反这规律，也不应依据儿童的意图是否善良，但却无意地触犯了这法律。"②(4)赞成来

---

① 金生鈜：《规训与教化》，教育科学出版社，2004年版，第315页。
② ［瑞士］J.皮亚杰、B.英海尔德著，吴福元译：《儿童心理学》，商务印书馆，1980年版，第95页。

历的惩罚，并认为受惩罚的行为本身就是坏的。把道德法则与自然规律相混淆，认为不端的行为会受到自然力量的惩罚。道德实在论认为惩罚就是一种报应，目的是使过失者遭遇跟他所犯的过失相一致，而不是把惩罚看作是改变儿童行为的一种手段。

第三阶段，自律或合作道德阶段(7—12岁)。皮亚杰认为儿童大约在7—12岁期间进入道德主观论阶段，这个阶段的道德具有以下几个特点：(1)儿童已认识到规则是由人们根据相互之间的协作而创造的，因而它是可以依照人们的愿望加以改变的。规则不再被当作存在于自身之外强加的东西。(2)判断行为时不只是考虑行为的后果，还考虑行为的动机。由于考虑到行为的动机，因而在惩罚时能注意照顾弱者或年幼者。(3)与权威和同伴处于相互尊重的关系，儿童能较高地评价自己的观点和能力，并能较现实地判断他人。(4)能把自己置于别人的地位，判断不再绝对化，看到可能存在的几种观点。(5)提出的惩罚较温和，带有补偿性。惩罚更为直接地针对所犯的错误，而且把错误看作是对过失者的一种教训。

第四阶段，公正阶段(11—12岁以后)。这个阶段，儿童的道德观念开始倾向于公正。皮亚杰认为，当可逆的道德观念从利他主义角度去考虑时就产生了公正观念。公正观念不是一种判断是或非的单纯性规则关系，而是一种出于关心与同情的真正道德关系。也就是说，儿童不再刻板地按固定的规则去判断，在依据规则判断时隐含考虑到同伴的一些具体情况，从关心和同情出发去判断。皮亚杰认为公正观念是一种高级的平等关系，这种道德观念已经能够从内部对儿童的道德判断起着决定性的作用。

皮亚杰认为儿童道德发展的阶段顺序是固定不变的，儿童的道德认识是从他律道德向自律道德转化的过程。他律道德阶段的儿童是根据外在的道德法则进行判断，他们只注意行动的外部结果，不考虑行为的动机，他们的是非标准取决于是否服从他人的命令或规定。这是一种受自身之外的价值标准所支配的道德判断。后期儿童的道德判断已能从客观动机出发，用平等或不平等、公道或不公道等新的标准来判断是非，这是一种为儿童自身已具有的主观的价值所支配的道德判断，属于自律水平的道德。皮亚杰认为只有达到了这个水平，儿童才算有了真正的道德。

皮亚杰的道德认知发展论对思想政治教育、思想意识引导的启示有①：第一，个人品德发展过程并不是其固有本性的自然展现过程，也不是外部道

---

① 莫雷：《教育心理学》，教育科学出版社，2007年版，第235页。

德灌输和奖惩直接内化的结果，而是在与人交往和合作过程中，通过积极的思维，对其道德经验进行建构的结果。第二，道德发展是一个渐进的过程，不可能一蹴而就，这与儿童逻辑思维能力的发展、社会经验的获取有关。故应从认知和社会关系两个方面促进儿童道德发展。第三，由于儿童道德发展是从他律走向自律，故在低龄儿童的道德教育中，可以先让他们遵守既定的行为规范，表现适当的行为；随着认知的发展成熟，逐步引导其加深对道德含义的认识。第四，成人权威的强制性的教育不利于儿童由他律道德向自律道德的转化；相反，自我管理、同伴合作、同伴间冲突问题的解决，以及成人同儿童沟通中的非权威态度，有利于发挥儿童的自主性，减少对权威的依赖，发展相互尊重的平等关系。第五，鼓励学生参加道德问题的讨论，倾听他人意见，有利于他们摆脱自我中心主义思考，打破原有认知平衡，导致其认知重组。第六，处于他律道德向自律道德发展阶段的儿童，其惩罚观念也正处于从赎罪性惩罚向报应性惩罚过渡的过程中。故在对其错误行为进行惩罚时，应注意实施报应性的惩罚，例如对于毁坏他人东西的学生，应让其赔偿；对于打骂同伴的学生，可以暂时中断同伴与其来往。

(二)科尔伯格的道德发展理论

科尔伯格认为个体的道德发展即学习明辨是非与善恶及实践道德规范的过程。科尔伯格透过询问儿童一些关于道德的两难问题，进而测量出其道德的发展程度。在科尔伯格看来，"道德教育犹如理智教育一样，是以刺激儿童就道德问题和道德决策从事积极的思维为基础的；它之所以是发展的，是因为它认识到，道德教育的目的就是促进各个阶段的发展。"[①]同理，儿童思想意识的成长既不是简单接受道德概念和行为规则，也不是澄清相对的价值观念，而应以发展作为道德教育的目的，即促进个体的道德认知能力和道德判断能力。"道德教育的目的是促进儿童自己的道德判断和能力的'自然'发展，让他用自己的道德判断控制他的行为。这种规定道德教育目的的吸引人之处在于，促进发展而非教授固定的准则，它帮助儿童在他已有的发展趋势上迈出下一步，而不是以一种额外的模式强加于儿童。"[②]科尔伯格将道德品质分成是非观念、权利观念、责任观念、赏罚观念、道德意图、行为后果等

---

① 转引自郭本禹：《道德认知发展与道德教育：科尔伯格的理论与实践》，福建教育出版社，1999 年版，第 183 页。

② 同上。

不同类别，并以此划分出了儿童道德判断发展的三种水平、六个阶段，并认为这三种水平、六个阶段是按照不变的顺序由低到高逐步发展的。

其具体内容如下：

水平一：前习俗道德水平。大约是学前期至小学低、中年级。此时儿童道德受外部控制，已能辨识有关是非好坏的社会准则和道德要求。但此时儿童是从行动的物质后果或是能否引起快乐（如奖励、惩罚、博取欢心等）的角度，或是从提出这些要求的人们的权威方面去理解这些要求的。换言之，儿童接受权威人物的规则，并且通过行为的结果来判断行为。导致惩罚的行为被认为是坏的，导致奖赏的那些人被认为是好的。此水平又分为两个阶段。

阶段1：以服从与惩罚为取向。处于这个水平上的儿童认为规则是由权威制订的，必须无条件服从。行动的物质后果决定行动的好坏，行动后果所涉及的人的意义或价值则无关紧要。受赞扬的行为就是好的，受惩罚的行为就是坏的。

阶段2：工具性的相对主义的定向阶段。儿童不再把规则看成是绝对的、固定不变的东西。他们已认识到任何问题都是多方面的，"要看你怎样看待它"。正当的行动就是满足自己需要的行动，偶尔也包括满足别人需要的行动。人际关系被看作犹如交易场中的关系。他们相互之间也有公正、对等和公平的因素，但往往是从物质的、实用的途径去对待。所谓对等，实际上就是"你对我好，我也就对你好"，谈不上什么忠诚、感恩或公平合理。儿童一心想自己的需要，但体会到别人也有正当的需要，从而他有时愿意为满足各个方面的需要以平等的方式去做出"妥协"。

水平二：习俗道德水平。大约自小学高年级开始。这一水平上的儿童已能理解维护自己的家庭、集体或国家期望的重要性，而不理会那些直接的和表面的后果。儿童的态度不只是遵从个人的期望和社会的要求，而是忠于这种要求，积极地维护和支持这种要求，并为它辩护。对与这种要求有关的个人和集体也一视同仁。此水平又分为两个阶段。

阶段3：以"好孩子"为取向，或者人际合作的道德观。好的行为就是帮助别人、使别人愉快、受他人赞许的行为。儿童希望保持人与人之间良好的、和谐的关系。希望被人看作好人，要求自己不辜负重要人物如父母、朋友、教师的期望，保持相互的尊重、信任。

阶段4：以维持社会秩序为取向。儿童注意的中心是维护社会秩序，认为每个人都应当承担社会义务。此时的正确行为是尽到个人职责、尊重权威、维护普遍的社会秩序，否则就会感到内疚。儿童认识到社会秩序依赖个人乐于去"尽本分"和尊重适当建立的权威。

水平三：后习俗道德水平。大约自青年末期接近人格成熟时开始。后习俗道德水平的青少年不再对社会规则和法律毫无疑问地支持而行动，开始以能应用于所有情形和社会的抽象原则和价值观来解释道德。青少年力求对正当而合适的道德价值和道德原则做出自己的解释，而不管当局或权威人士如何支持这些原则，也不管自己与这些集体的关系。此水平也分为两个阶段。

阶段5：社会契约的、墨守成法的定向阶段。与阶段4的儿童比较呆板地信奉个人要严格维护法律与权威相比，本阶段儿童看待法律比较灵活。认为法律是为了使人们能和睦相处，如果法律不符合人们的需要，可以通过共同协商和民主程序加以改变。在法定范围以外，双方应尽诸如自由协议和口头默契等约束因素的义务。一般说来，这一阶段带有功利意义。正当行为被看作是与个人的一般权利有关的行为，被看作是曾为全社会所认可、其标准经严格检验过的行为。

阶段6：普遍伦理原则的定向阶段。个人有了某种抽象的、超越法律的普遍原则的较确定概念，这些原则包括对全人类的正义和个人的尊重。

科尔伯格认为道德发展阶段具有4个基本特征，即结构的差异性、不变的顺序性、结构的整体性和层次的整合性。阶段划分只是大致性描述，并不是所有的人都在同样的年龄达到同样的发展水平，事实上很多成人仍在前习俗水平上进行思考，许多人也永远无法达到道德判断的最高水平。尽管许多研究支持科尔伯格的理论，它仍然面对一些挑战，其中最重要的涉及科尔伯格的道德成熟概念以及以儿童的道德判断为特点的阶段适宜性。按照科尔伯格的观点，道德成熟要到后习俗水平时才能达到。如果人们必须达到阶段5和阶段6才被认为是真正的道德成熟，那么很多人一辈子也不会及格。

虽然儿童的理智发展是其道德发展的必要条件，但理智发展本身并不直接导致道德发展。道德发展还需要社会性质的刺激，它们来源于个体之间的相互作用、道德决策和个体之间的直接道德争论。科尔伯格称之为"角色承担机会"。角色承担又称社会认知，它指个体在他们相互作用过程中想到他人的态度，意识到他人的思想和情感，设身处地从他人角度看待问题。道德所反映的是个体之间或个体与社会之间的一种特殊关系，个体的角色承担发展为其道德发展提供了必要条件。"如果道德发展在根本上是一个重构角色承担方式的过程，那么促进道德发展的基本的社会输入可以被称为'角色承担机会'。角色承担的第一个必要条件是参与到某群体或机构。在某种程度上，这种参与是一个在群体中互动和沟通多少的数量问题，因为沟通以角色承担为先决条件。"①

科尔伯格认为，个体道德发展的动力既不是来自他的先天成熟，也不是来自他的后天学习，而是来自个体与社会的相互作用。在这种相互作用过程中，随着个体承担社会角色机会的增多，个体的道德经验不断结构化，不断同化吸收和调整平衡新的道德经验，从而使个体的道德结构产生新的质变，飞跃到新的发展水平。个体的品德就是在一次又一次从不平衡到平衡的质变过程中得到发展的。正如科尔伯格所说："（道德）阶段或心理结构并不取决于机体，虽然基于内在的组织倾向；阶段也非儿童的文化和外部世界的直接反映，尽管要依赖对它的经验知识。阶段是儿童和世界的相互活动的经验之产物，正是这种经验导致儿童自身组织的新结构化，而不是将文化模式强加于儿童。"②

小结

研究少年儿童思想意识需要深入剖析其思想意识的呈现载体，才能做到目标明确、有的放矢。当然，少年儿童思想意识的构成要素是多元的，处于研究的便利，本文仅截取其中一些方面。而本章中集中介绍的四个方面——知情意、注意力、语言、道德，在少年儿童思想意识的发展中可谓是互为因果的关系。少年儿童思想意识的教育需要借助于以上四方面的支持，同时，少年儿童思想意识的发展也会反哺于这些方面的进步。

思考与练习

1. 结合本章内容，谈谈知、情、意在少年儿童思想意识的发展中有哪些功能？

2. 少年儿童的注意力有哪些特点？

3. 如何理解语言与认知是协同发展的？

4. 儿童道德的整体特点是什么？

5. 简述科尔伯格关于儿童道德判断发展的三种水平、六个阶段的主要内容。

---

① ［美］科尔伯格著，郭本禹等译：《道德发展心理学：道德阶段的本质与确证》，华东师范大学出版社，2004年版，第76页。

② 转引自郭本禹：《道德认知发展与道德教育：科尔伯格的理论与实践》，福建教育出版社，1999年版，第97页。

阅读导航（学习拓展）

1. 陈庆华：《青少年心理学》，合肥工业大学出版社，2011年版。

2. 金生鈜：《规训与教化》，教育科学出版社，2004年版。

3. 戚万学：《冲突与整合：20世纪西方道德教育理论》，山东教育出版社，1995年版。

4. ［俄］列夫·维果茨基著，李维译：《思维与语言》，北京大学出版社，2010年版。

5. ［瑞士］让·皮亚杰著，傅统先、陆有铨等译：《儿童道德判断》，山东教育出版社，1984年版。

第七章 少年儿童思想意识教育的价值

启发与引导

- 人是目的性动物，对少年儿童进行思想意识教育的目的是什么？这一活动的最大受益者又是谁呢？

- "价值"的一般内涵是客体的属性满足主体的需求，那么在对少年儿童进行思想意识教育时，主客体的具体指向是什么？主客体的界限是不是泾渭分明的？

- 对任何一位少年儿童来说，在成长的过程中都要协调"自我价值"与"社会价值"的关系问题，那么在思想意识教育中应该如何引导？

- 马克思曾说过："'思想'一旦离开'利益'，就一定会使自己出丑。"那么，在少年儿童思想意识教育中，应该追求功利性价值还是非功利性价值？或者说是及时效果论，还是长期效果论？

　　价值论是社会科学的基础理论，价值关系是一切社会关系的核心内容。人的一切行为、思想、情感和意志都以一定的利益或价值为原动力。在人们的实际生活工作中，总是在不断地权衡某项工作是否有价值，是否有意义，是否有效用，是否合算，等等，这些正是价值论的考量范畴。同理，对少年儿童进行思想意识教育也要考虑价值问题，且能否意识到这一价值的本义、大小，直接决定了教育活动的强弱、优劣、久远。本章中主要探讨少年儿童思想意识教育的价值问题，内容分为三节，第一节为一般意义上的思想意识教育的价值概述，第二节和第三节分别是个别意义上的少年儿童思想意识教育的个体价值与社会功能。

第一节　思想意识教育价值概述

一、思想意识教育价值的内涵

价值是一种关系范畴，是主体在实践活动中建立起来的、以主体尺度为标准的一种主客观关系。价值意识是人的需要同满足需要的对象之间的关系意识，价值关系并不是任意两个事物之间的关系，而是人与对象之间的一种特殊关系。在价值关系当中，价值主体是人，只有人才有价值的问题，动物不存在价值问题。动物只有对主体的人存在有没有价值的问题，而不存在他物对它的价值问题，也不存在人对它的价值问题。没有人，就不会有价值问题，也就不会有价值主体的存在。价值关系能否成立关键在于客体的存在及其性质是否与主体的本性、目的、需求、愿望等相一致、相适应、相接近。马克思说："价值的概念是从人们对待满足他们需要的外界物的关系中产生的。"①在人与外界事物发生关系时，只要外界事物满足了人的某种需要，就表现出其价值。客体没有功能属性，或者说客体的功能属性不具有满足主体需要或不能成为主体需要的对象，就不会成为价值客体。

遵循此理路，在本研究中，"思想意识教育价值"的客体是"思想意识"，主体是"少年儿童"及其裙带对象。换言之，一级价值是思想意识对少年儿童的价值，二级价值是具有良好道德品质、高度自我意识的少年儿童对他人、社会的价值。而"少年儿童思想意识教育"是教育者根据社会和少年儿童的需要，遵循意识、品德形成的规律，采用言教、身教等手段，在与少年儿童自觉参与的互动中，通过内化、外化等手段来发展少年儿童的思想、政治、法制和道德等方面素质的系统活动过程。贯穿这一过程的是思想意识教育的存在及其性质与少年儿童的需要、愿望等相一致，表现为思想意识教育活动对少年儿童和社会产生了某种功能、作用、意义和影响。

实际上，"价值始点包括逻辑价值始点和历史价值始点，前者回答的是思想政治教育价值在逻辑上是从哪里发源的；后者回答的是思想政治教育价值在历史和现实中是从哪里发源的。"②就前者而言，思想意识的价值在于思

---

① 《马克思恩格斯全集》第19卷，人民出版社，1963年版，第406页。
② 张耀灿等：《思想政治教育学前沿》，人民出版社，2006年版，第102页。

想意识作为对主体需要的满足，于是主体需要就成为思想意识的逻辑价值始点。思想意识价值客体能满足思想意识价值主体的需要，是思想意识引导具有价值的必要条件；思想意识价值主客体发生关系，是思想意识引导具有价值的充分条件。然而，按康德的道德教育理论分析，"需要"作为一种幸福的诱惑或祸害的威胁，固然能为人的心灵提供强大动力，但因容易导致伪善而难以造就真正的道德性。"个人发展和进步的需要与利益对思想政治品德的培育只具有'预科'性质，不具有源始性的价值资源意义。"①少年儿童思想意识教育的基本目标是少年儿童思想品德、价值观念、行为操守的培养，因此寻找思想政治教育的价值始点就是寻找人的思想政治品德的价值动力。"为了把一个未受过教育的或粗野的心灵带到道德—善的轨道上来，虽然确实需要一些预备性的指导，或以他个人的利益诱导他，或以损失来威吓他，一当这些机械工作、这种襁褓产生了某种效果之后，纯粹道德的动机就必须完全导入心灵。"②因此，思想意识的价值始点必须具备两个关键要素，主观上要培育一种对思想观念、意志品格、道德法则的"敬重感"，客观上要培养人遵循和履行道德法则的"职责感"。而历史价值始点就存在于个体的社会生活中，日常生活不仅是个体身体成长的重要场域，也是其思想品德形成、发展与完善的诞生地。个体对思想政治品德的"敬重感"从日常生活中产生，"职责心"又在日常生活中践行，因此，思想意识引导应将少年儿童的日常生活作为历史价值始点，重视日常生活的价值建构。

关于思想意识教育的内容指向，是指围绕教育教学内容而展开的教育主客体共同参与的思想意识引导活动本身，及其由此而引发思想意识价值主体所产生的形成性结果，如政治观、道德观、人生观、世界观等。在此，思想意识价值客体包含三个基本要素：一是教学内容，它包含着能满足思想意识价值主体需要的诸多要素。二是思想意识教育活动。思想意识引导的实践活动是思想意识价值主客体发生关系的桥梁与纽带，是思想意识价值生成的载体。三是在思想意识教育在主客体身上显示出的成效和结果，如政治观、道德观、人生观、世界观。与此同时，思想意识价值还应该是思想意识教育成果的价值，是思想意识教育者的固有属性在与被教育者发生关系时所产生的属性，表现为思想意识教育主体通过说服、影响或"德性化人"的活动将思想意识教育的少年儿童从自然状态中提升出来，实现少年儿童的社会化。

---

① 张耀灿等：《思想政治教育学前沿》，人民出版社，2006年版，第102页。
② ［德］康德著，韩水法译：《实践理性批判》，商务印书馆，1999年版，第166页。

二、思想意识教育价值的特点

第一，思想意识教育的价值具有效用性。思想意识教育价值的体现，取决于思想意识价值客体对思想意识教育主体所产生的效用和意义。人类行为的价值成分都与"目的""手段"紧密相连。我们需求某种东西，要么是由于它自身的价值客观存在，要么是把它看作服务于最终需求物的手段。少年儿童思想意识教育的特点在于它不仅能满足少年儿童的生存和发展需要，而且能通过提升少年儿童的精神素质来满足社会发展的需要。"人类的一切思想政治教育活动，都是为了发现自身价值、创造自身价值、实现自身价值和享用自身价值。"[1]从本质上说，思想意识教育活动的目的性内在地要求思想意识教育活动具备有效性，只有有效的思想意识引导才能保障思想意识教育的目的实现。毋庸置疑，人类活动的一切特性中首要的是有效性，即达到预期目的。"活动的有效性即活动的合目的性，是人的活动使自己的目的由可能性向现实性转化的特性。"[2]

第二，思想意识教育的价值具有过程性。思想意识教育的价值客体满足主体需要的实现，需要一个过程，不可一蹴而就。一般而言，思想意识教育须经历提高认识、陶冶情操、锻炼意志、坚定信念等环节，最后才能自觉地指导少年儿童的行为。思想意识教育的教师要遵循品德形成的规律，采用言教、身教等手段，在与少年儿童自觉参与的互动中，通过内化、外化等方式，发展少年儿童的思想、政治、法制和道德方面的素质，确保目的价值的实现。思想意识教育价值的过程性还体现在思想意识教育目标具有阶段性，"终极价值的体现必然具有时间的滞后性，终极价值目标的设定却必须具有超前性；思想意识引导近期价值目标的确定应具有现实性，终极价值目标必须具有理想性。"[3]

"人们开展社会实践活动都有一定的功效追求，即希望达到一定的目的，实现预期的目标，满足特定的需要，德育活动也不例外，关键在于追求什么样的实效。不同的实践领域应该有不同的实效标准，经济实效、教育实效、德育实效有各自的特殊性，不能一概而论，更不能用经济实效标准来代替教

---

①　项久雨：《思想政治教育价值论》，中国社会科学出版社，2010 年版，第 35 页。

②　郭湛：《人活动的效率》，人民出版社，1990 年版，第 23 页。

③　朱怡：《试论思想道德教育的价值内涵与特性》，载《理论与改革》，2004 年第 4 期。

育实效和德育实效。"①要求"立竿见影"、追求"眼前实惠"不符合德育实际，德育效果可分为三个阶段②。第一个阶段是初级效果，即通过一个具体的德育活动，使少年儿童掌握某种道德知识，或产生某种道德情感，或促进某种道德行为。第二个阶段是次级效果，即少年儿童品德的形成。这是一个漫长而复杂的过程，既可能在学校引导过程之中实现，也可能在学校引导过程结束之后才能实现，还可能贯穿学生的一生。第三个阶段是终极效果，即有良好品德的少年儿童推动了社会的发展和进步。显然，这个阶段更加漫长而复杂，不可能在学校引导过程中实现，它属于学校德育效果的延续性表现。学校德育的具体效果固然要看某一时刻学生道德知识的多少、道德情感的表现、道德行为的变化，更重要的是要看其对学生的品德形成最终产生了何种影响，要看培养出来的学生对社会发展产生了何种影响。

第三，思想意识教育的价值具有实践性。"人们实际上首先是占有外界物作为满足自己本身需要的资料，如此等等；然后人们也在语言上把它们叫做它们在实际经验中对人们来说已经是这样的东西，即满足自己需要的资料，使人们得到'满足'的物……这就是指物被'赋予价值'。"③思想意识教育的价值既是价值主体的精神化，又是价值客体的人化。通过思想意识教育成果的享用和思想意识教育活动的实践，思想意识教育的价值客体实现人化，成为思想意识教育价值主体的精神。在思想道德活动领域，少年儿童实际上首先是在生活中享用全人类精神文明的成果，或通过参与道德活动使自身的需要得到满足，愿望目的得到实现。然后少年儿童因在实践经验中感受到了道德价值，并感受到了思想意识教育可以带来道德价值实现的可能。在思想意识教育的实践中，为了实现思想意识教育的价值，价值主客体各自克服自己的片面性，互相联系，互相补充，通过价值主体精神化、价值客体人化的互动，二者实现同一。

第四，思想意识教育的价值具有层次性。在本书的第四章第三节中，论及意识的产生时，提出了"需要"范畴，需要具有多层次性，故而思想意识被运用到不同层次上，便产生了不同的价值导向。(1)生存价值，是指通过思想意识教育，帮助少年儿童了解掌握生存本领和手段的重要性，激发少年儿童培养有益于其生存的德性品质，提高综合素质，使少年儿童享有平等的权

---

① 杜时忠：《当前学校德育的三大认识误区及其超越》，载《教育研究》，2009年第8期。

② 同上。

③ 《马克思恩格斯全集》第19卷，人民出版社，1963年版，第406页。

利，让少年儿童的生存权得到基本保障。（2）发展价值，是指思想意识教育可以帮助少年儿童最大限度开发自己的潜能，由生物人成长为社会人，使社会的道德规范内化于儿童的人格个性之中，促进少年儿童的品德发展、智能发展、人格培养。（3）享用价值，是指思想意识教育在满足少年儿童的各种需要时所带来的精神愉悦和心灵慰藉，以及在此过程中自然、社会和人类间的和谐美中所领略到的高尚生活情趣。思想意识教育价值的享用性不是任何人随意赋予它的，而是思想意识教育过程的逻辑必然。"在这三种层面的思想意识引导价值中，生存价值是基础和前提，发展价值反映了思想意识引导本质的内涵，而享用价值则把人们追求的思想意识引导的终极目标与人发展的终极目标有机地统一起来，它是思想意识引导价值最高层次的体现。"[1]

第二节　少年儿童思想意识教育的个体价值

论及思想意识教育的个体价值，主要是指思想意识教育对于少年儿童的价值，尤其是指良好的自我意识、端正的思想品德对于少年儿童成长的意义。本文拟打算从两方面阐释此问题，一是从意识层面论述思想意识教育的个体价值，尤其是自我意识对于少年儿童的成长价值，二是从德育方面论述良好思想品德对于儿童的成长价值。

一、儿童自我意识的演进

自我概念（self-concept）是少年儿童个体关于自己的能力、外表和社会接受性等方面的态度、情感和知识的自我知觉，即个体把自己当成如同其他事物一样的客观物体所做出的知觉和评价。个体的自我概念主要有 3 种功能[2]：（1）保持个体内在的一致性，即自我概念为个体的存在提供了自我认同感和连续性，并引导其行为按照有利于保持一致性的方式行动。（2）决定个体对经验的解释，即个体按照与自我概念相一致的方式解释自己与他人的行为。（3）决定个体的期望，即个体在自我概念的基础上建立自己的期望和后继行为。

儿童意识自觉的标志还体现在自我意识的萌发与跨越，随着年龄与阅历

---

①　朱怡：《试论思想道德教育的价值内涵与特性》，载《理论与改革》，2004 年第 4 期。

②　张文新：《儿童社会性发展》，北京师范大学出版社，1999 年版，第 382 页。

的增长，儿童自我意识聚焦的内容呈现为以下次序更迭：生理的自我意识→社会的自我意识→心理的自我意识。本文在第四章第五节中，曾介绍过生理自我、社会自我、心理自我的基本差异。现再深入剖析各自的主要特征如下：

第一，生理的自我意识。美国心理学家 G. 奥尔伯特认为，自我意识的最始初形态是生理自我意识。生理的自我意识又称物质性自我意识，是自我意识的最原始形态，集中体现为儿童对自己身体的认识。此时自我意识以身体需要为基础，个人表现出来的行为以自我为中心，以自己的观点、想法解释外界现象，认为外部世界是为我而存在的。初生的婴儿不能把自我的身躯与外部世界区别开来，此时个体与外界浑而不分，婴儿把自己的手、脚和周围的玩具视为同样性质的东西加以摆弄。皮亚杰认为，处于前运算思维阶段的儿童，他的思维活动会因为在守恒任务中不能同时考虑两个因素，导致在社会性思维中不能审视与他人的各方面关系。此时的儿童还不能同时考虑两个不同意识主体的不同意识，只能从意识到的自我出发，去表现他对外部世界的"意识"。

随着感知运动水平的发展，在活动（尤其是游戏）中婴儿逐渐产生了永久的客体意识。"婴儿就从原始的主客体混沌不分的'自身中心'状态中，通过内外化双重建构，在头脑中有了主客体的最初区分。"[1]而从"自身中心"状态中摆脱出来，不再以自身为宇宙中心，儿童乃至整个人类智力实现了"哥白尼式革命"[2]。儿童智力发展中的"哥白尼式革命"，表明儿童已将自己与外界对立起来，即把自己的躯体与外界区别开来。主客体的分化带来了自我意识的产生，而这时自我意识的主要内容就是生理的自我。

第二，社会的自我意识。社会的自我意识是个体对自己被他人或集体所关注的反映，对自己社会地位的认识，即个体对自己社会角色的意识。"自我中心化"的打破，儿童开始了个性社会化时期。这个阶段大约从三岁开始到青春期以前的十三四岁。此时儿童受外界（家庭的父母、学校的老师与同学及自己所崇拜的人）影响最深刻的时期，也称"客观化时期"。这一阶段个体通过各种活动逐渐对自己的社会地位有了认识，形成各种未来生活理想，产生了自我实现的愿望和需要，并努力使自己的行为得到社会、他人的赞许和尊重。

---

① 韩璞：《论自我意识》，载《江汉论坛》，1989 年第 8 期。
② ［瑞士］皮亚杰著，王宪钿等译：《发生认识论原理》，商务印书馆，1981 年版，第 24 页。

随着少年儿童人际交往的增多，"成人意识"逐渐增强，更加关注自己在他人心目中的形象，注重自己的外表，如长相、体形、仪表、穿着打扮等。除了关注自身的外表形象外，开始更加注重自身的"内在形象"，为人处世变得小心谨慎。注重自身能力、品质、学习成绩，越来越关心他人对自己的评价，在集体场合喜欢表现自己，对老师的批评和表扬愈发敏感，潜意识里存在着无法摆脱的"面子情结"。

在这一阶段，儿童通过各种角色活动逐渐对自己的社会地位予以认识，并形成自己的各种未来生活的理想，如想成为医生、科学家、工程师、诗人等等。"但此时自我意识还比较肤浅，对自己的内心状态就很少意识到。他们一方面要努力表现自己，并得到他人的认同，但另一方面却无法对自己做出客观的评价，不能正确处理自己与他人之间的关系，一方面尽量抬高自己，一方面尽量贬低他人。"[1]总体而言，这个阶段少年儿童掌握了一定的道德原则和规范，形成了一定的是非标准和道德标准，一般也能按照道德要求去行动。但并没有使社会的道德原则规范变成个人内心的准则，其道德行为在很大程度上还是出于希望得到社会与他人的赞许而并不能自觉地按社会道德来要求自己。

儿童初期的社会化主要来自于家庭教育，集中体现为得到一些好坏、善恶的价值评价标准。继而是学校教育，在学校里儿童不再像在家中一样是别人关注的中心，同学之间的平等关系和老师的态度，使他们意识到自己在学校中的地位。作为班级的一员，每位少年儿童都须与别人一样履行班级义务。在劳动活动、体育竞赛中，每位少年儿童又要承担一定的集体责任。在这一过程中，教师的表扬与批评客观上使学生获得成就动机，形成一定的是非标准和道德标准，产生自我实现的愿望和需要。在这种需要和欲望的推动下，少年儿童努力使自己的行为得到社会赞许和同伴尊重，使自己的行为表现出合乎社会要求，让自己成为合格的社会自我。

第三，心理的自我意识。自我意识成熟的标志是产生了心理的自我意识。它是在青春期到成年这一时期完成的。此时个体的生理、情绪、思维能力都发生了质的变化，能通过自我意识去认识外部世界、评价外界事物，并逐渐形成自我理想和价值体系。少年儿童开始把自身作为思考对象，对自己的心理活动和行为进行长时间的思考、审视和评价，并力求按照社会化标准来要求自己、激励自己。个体能自觉地按照社会道德要求修正自己的认识和

---

① 陈庆华：《少年儿童心理学》，合肥工业大学出版社，2011 年版，第 112 页。

观念，调节、控制自己的心理和行为。

进入青春期后，少年儿童的生理发育迅速成熟，认知能力急剧发展，儿童的自我意识逐渐从认识外界转向探索自己的内心世界。一方面自己是观察者，另一方面自己又是被观察者，于是早年统一的自我便分成了主体的我和客体的我。前者是认识的主体，后者是认识的对象，二者存在着一种"有距离"的联系。正是这种"有距离"的联系，使得主体自我以"一定的准则"为参照系不断对客体自我进行探索，进行自我认识和自我评价，并向客体的自我不断发出信息，"帮助"和指导客体的我，以达到自我的和谐统一。青春期的少年儿童开始把自身作为思考的对象，对自己的心理活动和行为进行长时间的审视和评价，并力求按照社会化标准来要求自己、激励自己。自我意识从分化走向统一正是自我教育的过程，而且自我意识的强弱也影响自我教育的广度和深度。自我意识越强，少年儿童自我教育的自觉性就越高，自我教育能力也越强。相反，自我意识弱的人自我教育水平偏低，且常处于被动地、消极地接受他人教育的处境。

自我意识分化后，不仅产生了主体的我（即观察者的我）和客体的我（即被观察者的我），而且还产生了理想的我和现实的我。所谓现实自我是指个人认为自己已具有的道德发展水平和特点，理想自我是指个人希望达到的道德发展水平和特点。少年儿童受到自身认识水平和社会条件的限制，对自己的认识不可能十分准确，理想自我和现实自我总是发生矛盾，一个人"感受和认识到他内在道德矛盾，即道德已经达到的水平和应有水平之间的某种'差别'和'脱节'，就会引起他的不安，使他产生提高道德的愿望"①，这种愿望推动个体去否定、改进和提高现实自我，或者降低放弃原有的理想自我，提出新的目标模式，促使现实自我与理想自我趋于一致。这时，个体的生理、情绪、思维能力都发生了质的变化，能通过自我意识去认识外部世界，评价外界事物，并逐渐形成自我理想和价值体系的统一体。随着少年儿童心理自我意识的增强及辩证思维的发展，主观化的个体自我评价逐渐开始全面、客观、辩证地看待自己、分析自己。而这必然会影响到个体对有意义的价值观和社会角色的思考，使青少年具有较高的独立评价、决断以及承担责任的能力。随着年龄的增长、社会生活经验的丰富和自我探索的深入，青少年逐渐获得一种熟悉自己、信任自己的感觉。当然，青少年期还没有建立起稳定的自我评价的客观指标，在自我认知上容易大起大落，以偏概全，时

---

① ［苏］哈尔拉莫夫著，丁酉成译：《教育学教程》，教育科学出版社，1983年版，第354页。

而自卑，时而自负；在自我体验上，容易走极端；在自我设计上，总是摇摆不定……这些都需积极防范。

个体的自我意识与他人意识是不可分割的。"个人只有知道了他人才能知道自己，也只有知道了自己才能知道他人。换言之，自我与他人是同时被发现的，也正是在自我与他人之间的相互作用过程中被发现的。"①从这种相互作用中，个人最终推演出自我与他人的特征。对自我的推演与对他人的推演是相互统一的，因为它们共同起源于个人所经历的社会相互作用——模仿与投射，正是这两种过程保证了自我认识与对他人认识之间的共同之处。通过模仿，自我能吸收个人在他人身上看到的特点；通过投射，一个人赋予他人在自己身上观察和感受到的特征（特别是思想情绪等内在的、看不见的特征）。换言之，个体的自我意识产生于对他人的模仿，而个体对他人的意识产生于对自身的模仿。

当然，自我认识与认识他人之间仍然有着明显的差别。"人看待问题的出发点明显地影响着对社会情境的因果解释。知觉定向对自我与他人之间这种恒定的差异，完全可能导致知觉结果的不同。此外，人们在接受有关自我的评价反馈与有关他人的评价反馈时，有着极大的情感上的差异，个人对自我同一性与有关他人的同一性有不同的'情感投入'，因而完全可能导致对有关自己和他人的个人信息做出不同的认知加工。"②

二、意识的个体性功能

本文在第四章第五节里面论述对象意识与自我意识的辩证关系时，曾提及自我意识的部分功能。从心理学角度分析，巴尔斯认为，意识是一种高级功能性的生物调节装置，即它是一种获取信息、传播信息和交换信息并施加整体调节和控制的装置。同时，意识也是一种门径，是进入、唤醒各个无意识处理器的通道，巴尔斯具体描述了信息的整合和全局控制在一个复杂大脑中的运行机制。具体而言，巴尔斯认为意识的运作机制与功能主要体现为以下9点③：（1）界定和语境设置功能。通过使全局输入信息与它的语境相联系，意识系统可以界定输入信息和消除歧义。有意识的全局信息也可以引起语境，然后该语境会限制后来的意识经验。（2）适应性和学习功能。意识经

---

① 周宗奎：《儿童社会化》，湖北少年儿童出版社，1995年版，第293页。
② 同上书，第294页。
③ ［美］伯纳德·J.巴尔斯著，安晖译：《意识的认知理论》，科学出版社，2014年版，第268页。

验有助于表征和适应新的和重要的事件。(3)编辑、标示和调试功能。无意识处理器可以监控任何意识内容，编辑该意识内容，并可以在它被有意识地标示为错误时试图改变它。(4)组建和控制功能。意识目标可以组建子目标和运动系统以组织和执行心灵与身体的行为。(5)优先化和存取控制功能。注意机制会有意识和无意识地控制将要变得有意识的事物。通过使某些重要的意识内容与深层级目标相连，我们可以提高它进入的优先权，使它更频繁地变得有意识并增加成功适应它的机会。(6)标识决定或执行功能。当自动系统不能按常规处理一些选择点时，使它变得有意识有助于组建无意识知识源从而得出适当决定。在犹豫不决的例子中，我们可以使某个目标变得有意识，从而广泛征集支持或反对它的有意识和无意识"选票"。(7)类比形成功能。无意识系统可以将它们的内容与某个全局信息(有意识的)进行局部匹配。表征新信息时，当没有与输入信息相近的模型可用时，这个功能就显得尤其重要。(8)元认知和自我监控功能。通过有意识的意象和内部言语，可以考虑和控制自己有意识和无意识的功能。(9)自我编程和自我维持功能。

从进化的角度来说，意识产生的最大功能在于它增加了个体的生存机遇，使人们把有目的的意志行为建立在对现实性的最佳解释和最佳决策基础上，使人们把握感觉、知觉信息的意义以服务于具体时间、空间上的生存目的。具体而言，意识的个体性功能集中体现在以下几点：

第一，意识的作用在于个体的注意聚焦，能限制个体注意、减少纷乱干扰。意识具有自我意向性，作为认识的主体必然受到自我意识意向性的支配，对主客体之间关系的信息做出过滤性的反映选择。如主体对与自身需求相矛盾或不相容的信息常加以排斥和控制，而对某些与主体自身需求相一致或相容的信息则加以吸收和容纳。

主体在自我意识意向性作用下，通过反映选择和进一步评价确定认识对象和认识途径，便产生了对认识对象的注意，形成了认识取向。"较深层级的语境可以被视为'自我系统'，当面对变化的内部和外部条件时，它会最大限度地保持稳质性。在维持稳质性方面，意识经验为自我系统提供信息。通过'重放'期望的目标，它能组建提供解决方案的处理器，因此系统本身会被重新编程。"①从而使认识目标得以明确，认识活动的准确性得到增强。意识"使人们依据知觉组织的规律，把连续不断的经验划分为客体(空间模式)和事件(时间模式)。并使人们在经验的背景上，有选择地分析客体和事件，对

---

① 〔美〕伯纳德·J.巴尔斯著，安晖译：《意识的认知理论》，科学出版社，2014年版，第268页。

客观现实进行主动的稳定的认识。"①意识通过对主体自身需要的反映，能够引导主体以特定的方式加工、处理这些信息，并使主体根据这种信息加工处理的结果对实践活动进行调节和控制，以达到有效改造外部世界的目的。

第二，意识的作用在于辨别。"意识的整个本质就是辨别，区分自我和非我，主体和客体，肯定和否定，等等。事物分离成对立的双方完全是由于意识的区分作用，只有意识才能认识到适当的东西，并使之与不适当的和无价值的东西区别开来。"②认识主体借助于意识的这种分辨功能，通过主体的思维模式、情感等理性和非理性因素的作用，一方面排除来自主体自身或客体的与认识对象无关或相反的信息，另一方面又促进和加速对认识活动有用信息的吸收、加工和整合。这种阻止和促进作用使认识活动得到控制，排除了认识活动中的错误因素，提高了认识活动的独立性和批判性。

第三，意识是个体认识的调节器。认识过程中主体能根据一定的要求及时地调节认识活动、修正认识手段，必要时重新调整或改变认识对象，使认识对象的定向与手段的选择保持动态平衡，以确保主体的内外反应遵循着有效程序，不断趋近预定的认识目标。"意识能把生命调节的这个内部场所和表象如加工过程联结起来，能使生命调节系统位于诸如脑干和下丘脑这类脑区的深处——对代表有机体内外部的事情和事件的表象加工活动产生影响。在复杂的环境中生存，对生命调节进行有效的管理，依赖于采取正确的行动；反过来，通过在心灵中和最适宜的计划活动中对表象进行有目的的预演和操纵，又可以使行动得到改善。意识使这个过程的这两个根本不相同的方面——内部生命调节和表象的产生——联结起来了。"③意识能使人们在经验背景上，有选择地分析客体和事件，对客观现实进行主动的稳定认识。使人们依据知觉组织规律，把连续不断的经验划分为客体（空间模式）和事件（时间模式）。"尤其是自我意识作为自觉、自由和反思的意识，不仅会自觉地反思主体所获得的认识，而且能反思认识和实践的一致性问题。"④自我意识能够主动地调动原有知识，使之与实践所获得的有关客体的信息相比较，判断

---

① 孟绍兰：《普通心理学》，北京大学出版社，1994年版，第154页。

② 尹立：《意识、个体无意识与集体无意识：分析心理学心灵结构简述》，载《社会科学研究》，2002年第2期。

③ ［美］安东尼奥·R.达马西奥著，杨韶刚译：《感受发生的一切：意识产生中的身体和情绪》，教育科学出版社，2007年版，第19～20页。

④ 吕爱兰：《自我意识：人类意识的一种独特形式》，载《武汉大学学报（人文科学版）》，2003年第5期。

认识是否与外部世界相符合及其符合的程度。

当然，意识的消极作用也不能回避，尤其是自我意识一旦建立起来，往往会形成一定的自我封闭性。"这是由于自我意识受到认识主体的思维定式及情感、意志等一些心理体验的限制，对相当一部分外来信息不敏感，并进行本能的抗拒和排斥，从而演变成自我保守的机制，变得自我封闭起来。"① 这就强化了认识过程中主体与客体的矛盾，破坏了二者的统一，阻碍了认识向前发展。如果自我意识通过主体的自我发展机制，能使自我从矛盾困境中解脱出来，导致自我意识的更新，则能够促进认识的发展。但如果自我意识拒绝自我更新，表现为负反应性，则将阻碍认识发展。

三、自我意识的建构过程

自我意识的建构过程主要是主体对自身反映的不断深化过程，这个建构过程可分为四个阶段。第一阶段：自我感知。自我感知是主体认识和把握自己的第一步，一般是通过感觉器官直接获得。此时的反映还较为粗浅，主要包括自我感觉、自我印象、自我形象三个层次。自我感觉是主体对自身的感觉、感受和体验，它是主体对自身个别属性的反映；自我印象是主体对自身及其与外部环境关系的较为整体的粗浅反映；自我形象则带有更完整的特点，具有更深入的经验内容。

第二阶段：自我分析。自我分析是主体对自身的反省意识，是主体对自身的一种能动反映。主体通过自我反省、自我内省等心理手段以及比较、判定、鉴别等逻辑方法来分析自身优缺点的主次、活动行为的得失，从而使自我意识更加深入。"主体在进行自我感知活动后，如果不进行自我分析，自我意识就只能处在感性阶段，而不能上升到理性阶段。因此，自我分析是自我意识建构过程中的重要阶段，是自我评价的必要前提。"② 换言之，主体只有对自身进行思考、分析，获得了关于较为客观的自我认识，才能根据一定的理想和规范来评价自己。

第三阶段：自我评价。自我评价是主体对自身状况、目的动机、行为效果、能力水平等的自我判断，表现为自我审度、自我估量、自我检查等。它是主体在自我感知、自我分析的基础上对自身的一种能动反映，是根据一定

---

① 何颖：《论主体的自我意识》，载《江淮论坛》，1989 年第 5 期。

② 吕爱兰：《自我意识：人类意识的一种独特形式》，载《武汉大学学报（人文科学版）》，2003 年第 5 期。

的理想和规范来进行的。自我评价是自我意识中的自我监督机能，主体通过自我评价而不断保持对自身的认识。"自我评价可能会出现两种情况：客观的自我评价能使主体因正确地反映自身的长处而激发起新的力量和热情，因及时地发现自己的不足而调整自己的行为；不正确的自我评价则使主体陷入更严重的盲目性。"[①]

第四阶段：自我意识的核校。自我意识经过自我感知、自我分析、自我评价三个阶段后，其建构过程并未完成，主体还必须对其进行核校，即检验与调整。自我意识的核校是通过实践来完成的。这一方面是因为实践的需要，主体只有对自身的需要、能力、本质力量等有所认识，才能按照自身的内在尺度去支配和占有外物，按"人类的本性"更合理地控制外部世界；另一方面，自我意识也只有在实践中才能得到检验，得到修正、补充和发展。达到预定目标的自我意识将强化主体对自身的认识和评价，未达到预定目标的自我意识就会促使主体对自身的需要、能力、手段等进行全面的反省，从而修正、补充和发展主体的自我意识，使自我意识更加完善。

四、思想品德教育对于儿童的成长价值

少年儿童思想品德教育的价值，具体而言是思想品德教育对于少年儿童的价值。此处思想品德是一广义概念，如世界观、人生观、价值观、道德观、政治观，等等。思想品德教育对于儿童成长的价值是多面的，可使少年儿童不断改变自身的品德知识结构，丰富道德情感体验，坚定道德意志，彰显出人的主体性和创造性。思想品德教育对少年儿童的个体价值主要体现在如下四个方面：

第一，政治导向作用。政治导向功能是思想政治教育政治性、理想性、说教性的集中体现，是思想政治教育的基本功能。所谓政治导向，就是运用启发、动员、教育、监督、批评等方式，把少年儿童的思想和行为引导到执政党的方针路线上来，引导到符合社会发展要求的方向上来。就我国的实际而言，思想政治教育能够为少年儿童树立社会主义理想信念提供宏大的政治视野、深沉的时代情怀。思想政治教育的导向功能要建立在对受教育者充分信任的基础上，重在启发自觉性。"思想政治教育可以提高受教育者主动接受和内化道德知识和道德规范的自觉性，这是因为受教育者要能自觉地接受

---

① 吕爱兰：《自我意识：人类意识的一种独特形式》，载《武汉大学学报（人文科学版）》，2003年第5期。

和内化道德知识和道德规范，首先必须使受教育者正确理解和认同道德知识和道德规范，而道德认识可以使受教育者增强理解力和认同感，充分发挥其在道德教育活动中的主体性的作用，从而提高道德教育的效果。"①

第二，精神激励作用。少年儿童学习、活动的自主性、能动性和创造性是需要激励的，思想政治教育能在其中发挥需要激励、成就激励、目标激励等作用。成功的思想政治教育都与合理发掘、选择和利用社会精神资源相关联，亦即有效的思想政治教育与有效的精神激励显著相关。思想政治教育的直接对象是少年儿童的思想观念和精神状态，主要是将经选择的精神资源通过一定的方式转化为少年儿童的精神动力，提升少年儿童的精神状态。"在思想政治工作领域，激励功能表现为在外部环境与人的内心追求意愿的双重作用下，使其积极的思想行为得到肯定和扶持，历史主动性和社会创造性得到强化和发扬，在正确的实践中完成人格与个性从'既有'向'应有'的升华与转化。"②思想道德教育能够引导少年儿童认识自己作为物质世界的改造者和社会历史创造者的主体地位和主体价值，认识自己的历史使命和社会责任，唤起少年儿童的主体意识。

第三，培育个体德性。人的德性就是人在与外部自然、他人、社会以及自我发生关系时的态度表现，是一种使人成为善良，并获得其优秀成果的品质。德性是人与动物相区别的内在规定性，是人作为人的最本质的特征，正如冯契先生所说："人性就是由天性发展为德性。"③德性标志着一个人在任何情境中都能表现出来的尊严、价值和品质，显示了人类道德自律的主体地位，表明人具有履行道德义务和承担道德责任的能力。德性养成是少年儿童德育的核心所在，少年儿童思想道德建设的目标就是使他们学会自我认识、自我完善，追求一种有道德的幸福生活。思想政治教育的教化过程能够促使少年儿童逐渐获得对人情、理义普遍尺度的恰当感觉，进而使心灵得以涵容和化通。"德育人文关怀的指向是培养和塑造具有德性的人，或者说是具有德性人格的人。"④思想政治教育对于少年儿童德性的培育，核心是指涉少年儿童个体心灵的转变，使其心灵受到来自教育者富于道德规范和价值理念的引导与塑造，"使人心与所教之事相融相洽，由此使心灵得以转变并被充实

① 廖小平：《论道德认识的功能》，载《求索》，2001 年第 6 期。

② 陈红桂：《论人的社会化及其对思想政治教育的意义》，载《理论与改革》，2003 年第 4 期。

③ 冯契：《智慧的探索》，华东师范大学出版社，1994 年版，第 79 页。

④ 王东莉：《德育人文关怀与青少年德性养成》，载《当代青年研究》，2007 年第 10 期。

提升，即个体能认识到善（好）的价值的优越性，把它整合为自己的本质，从而达到'从心所欲不逾矩'的'化'境"①。

第四，塑造个体人格。人格是指人的性格、气质、能力等特征的总和，也指个人的道德品质和人能够作为权利、义务主体的资格。少年儿童的健全人格表现为人格结构中知、情、意、行诸方面都达到了均衡的高水平建构。思想政治教育在塑造少年儿童健全人格过程中，主要依据少年儿童的意识与活动相关联的规律，一方面通过教育措施使少年儿童不断明确自己的奋斗方向，确立相应的认知、态度、情感，产生相应的行为；另一方面，又通过组织大量的、富有成效的实践活动去巩固少年儿童的认知、态度、情感、行为等。坚持两者的统一，是思想政治教育与一般知识传授教育相区别的重要特点。传导社会价值准则、行为规范和社会实践活动相结合，才能使少年儿童养成社会所需要的思想品德、心理素质、品德能力等。换言之，思想政治教育通过一系列的教育措施促进少年儿童的知行转化。"这里所谓的知行转化，是指思想政治教育过程中教育者先把外在社会要求（价值准则、理论观点、行为规范等）转化为受教育者的内在的个人意识，而后再由受教育者将个人意识、思想动机转化为外在行为和行为习惯。"②

不可否认，思想意识引导的价值是多元的，但从根本意义上分析，"道德教育所扮演的角色绝不是让人们去遵守某种社会秩序、道德规范，使社会的发展得以按部就班地进行。它却是要促使人们去找回那个已经失落的世界、失落的自己，使人们重新拥有这个世界、拥有他自己。"③思想意识引导的终极意义、归宿价值在于提高少年儿童精神生活的内涵与层次，使得人性得到充分弘扬。

第三节　少年儿童思想意识教育的社会价值

少年儿童思想意识教育的社会性功能，主要内涵是指社会、学校、家庭对少年儿童的思想意识加以教育而形成的社会效益。这一概念也有两方面理解，一是思想意识教育对于少年儿童群体的作用，二是接受正确思想意识教

---

① 王东莉：《德育人文关怀与青少年德性养成》，载《当代青年研究》，2007 年第 10 期。

② 项久雨：《思想政治教育价值论》，中国社会科学出版社，2010 年版，第 135 页。

③ 鲁洁：《德育社会学》，福建教育出版社，1998 年版，第 32 页。

育后的少年儿童对于社会的反应，或者说给社会带来的正能量。

就第一方面而言，少年儿童思想意识教育的社会性功效中，思想意识教育的功效近似于意识形态的社会功效。关于意识形态的功能，人们已形成比较接近的认识，通常认为意识形态具有团结和动员作用、组织作用、表达作用、操纵作用、交流作用等。也有国内学者认为意识形态具有社会整合作用、为政治统治提供合法性依据、节约社会的交易费用等功能。说法尽管有所不同，但意识形态具有一系列社会功能的事实是任何人都不能忽视的。

就第二方面而言，成长为具有良好思想意识的少年儿童是全社会的希望所在，是思想意识引导、思想政治教育的目标所在。具体而言，可细分为保证功能、凝聚功能、调节功能、转化功能等。下文将就第二方面展开详细论述。

一、保证功能

保证功能是思想政治教育服从和服务于社会发展规律的体现，是思想政治教育的重要功能。思想政治教育的保证功能主要是通过以下几个方面来实现的[①]：其一是政治共识性。政治共识就是要结合社会发展和人们发展的目标取向和根本利益，通过教育、讨论，在政治方向、政治原则上认同，达成共识，消除政治上的分歧与偏向。其二是思想一致性。思想一致性是联系思想实际和工作实际，在思想动机、思想方法上取得一致，克服思想认识上的片面性和偏执性。其三是行动统一性。行动统一性就是在政治共识、思想统一的前提下，明确行为规范，防止行为越轨和行为异常。总之，政治共识性、思想一致性、行动统一性，就是从政治思想上、行动上，坚持正确方向，维护政治秩序，为社会发展、人的发展创设良好的政治思想条件。

社会主义精神文明建设中，塑造儿童的根本任务是培育有理想、有道德、有文化、有纪律的社会主义新人，提高整个中华民族的思想道德素质和科学文化素质。完成这一根本任务，离不开科学合情合理合法的思想政治教育。离开了强有力的思想政治教育，不可能培育出"四有"新人。《中共中央关于进一步加强和改进学校德育工作的若干意见》中，把思想政治教育的要求概括为：坚持社会主义意识形态的主导地位，用马克思列宁主义、毛泽东思想和邓小平同志建设有中国特色社会主义理论武装青少年学生，进行爱国主义、集体主义、社会主义思想教育，以及革命传统和中华民族优良道德传

---

① 张耀灿、郑永廷、吴潜涛等：《现代思想政治教育学》，人民出版社，2006年版，第130页。

统的教育，从小培养成爱祖国、爱人民、爱劳动、爱科学、爱社会主义的情感，文明的行为习惯，良好的道德品质和遵纪守法意识，逐步树立科学的世界观、人生观、价值观和社会主义理想信念。

随着改革开放的不断推进及社会主义市场经济的建立，人们的竞争意识、个体利益意识、个体价值意识、自我选择意识、自我造就意识以及效率意识、民主意识、独创意识增强。但同时，由于市场经济的趋利性、自发性，一些人面对异质的、不确定的多样化的生活世界，感到迷惘困惑，找不到自己的精神家园，价值取向、目标选择不明，是非、善恶、美丑界限混淆，拜金主义、享乐主义、极端个人主义等各种各样的消极价值观有所滋长，见利忘义、损公肥私，不讲信用、欺骗欺诈，以权谋私、腐化堕落，物质主义、工具价值等不良习气得以凸现，而这些都对少年儿童的成长带来极大不良影响，甚至是危害。

针对少年儿童政治热情容易高涨也容易消失的特点，要特别注意引导少年儿童强化政治热情，防止一遇挫折便灰心丧气，从而产生政治冷漠的倾向。即使在高涨的政治热情中，往往并不都是经过充分思考和理智判断，而是多伴有盲从和迷信。部分少年儿童常常被一些表面的政治现象所感化，凭借自己的满腔热情去呐喊、去鼓动、去撞击。但是，一旦发现社会现实与自己的设想相背离，政治参与渠道受阻，他们便随之改变自己的政治主张，动摇政治信念，甚至消失政治热情，远离政治事务，产生政治消极情绪和政治冷漠心理，妨碍政治参与和政治作用的发挥。

二、凝聚功能

凝聚，是把一些本来分散的、孤立的东西通过某种富有吸引力和黏合作用的物质有意识地聚合到一起，以形成一股强大的、具有同一作用方向的力量（或物质）。精神凝聚力是人类改造客观物质世界的实践活动发展到一定阶段而出现的一种思想整合现象。尤其是一些精神因素，如对某物、某人产生的崇拜，对某种学说、观念、理论形成的信仰，对某种文化、传统习俗给予的认同等，得以凝聚、强化时，就能使一定范围的民众由某种精神因素而集合、聚集在一起，为同一目标而奋斗。

思想政治教育对于少年儿童的精神凝聚作用，基本可化解为四个阶段：首先是认识选择阶段。思想政治教育能够帮助少年儿童在众多选择中明辨是非、分清方向、抓住重点。其次是群体认同阶段。通过课堂教学、仪式体验、现场观摩等形式，思想政治教育能把社会的主流价值观念变为少年儿童群体成员的认同。认同过程是一个比较复杂的心理调整和思想整合过程，而一旦群体认同得以建立，个人就会自觉或不自觉地融入群体之中。再次是群体精神化阶段。群体精神化是指把原有的或客观存在的与本群体并不相干或没有直接联系的精神，改造和创新为一个属于自己群体的精神。通过思想政治教育的灌输与引导，少年儿童的思想意识状态会彰显自己的群体特性、时代特性。最后是凝聚对象的内化阶段。凝聚作用发挥的关键取决于凝聚对象对精神凝聚力之源的内化程度。内化的程度越高，表明对凝聚源的认识和理解越深，所产生的信仰和虔诚程度越高，进而被凝聚源所凝聚而形成的向心力越强。

中国当下正处于改革转型期，价值多元化是这个时期最鲜明的特征，不同的价值选择都获得了一定被尊重的道德空间。多元的价值一方面扩展了国人的选择自由，很多人都可按照自己的想法生活而无须背负较大的思想压力；另一方面也在价值折中和多元妥协中模糊了一些基本的道德判断。许多主流价值被遮蔽和消解，绝对价值被相对主义所颠覆，基本的是非、善恶、美丑界限被杂乱无章的多元价值所蒙蔽。这就更需要在思想政治教育中扬清激浊、凝聚共识。

少年儿童生活在社会之中，社会中所形成的关于社会价值观念的共识，形成了一种弥漫于社会的氛围。少年儿童所进行的意识活动离不开生活于其中的社会意识，这就使得少年儿童的认同及其深化，作为意识活动，不能离开集体意识。弥漫于社会氛围中的关于社会价值观念的共识，作为集体意识所形成的非强制的强制力量，对少年儿童的认同或认同深化会发生巨大影响。一方面，这种集体意识会与少年儿童的价值观念发生共鸣。共识源于众多少年儿童认同之间的相互作用，于是生活于此种氛围中少年儿童的价值观念就会在某种情势的刺激下，与弥漫于其中的集体意识因情感上的契合而发生共鸣，由于"振幅叠加"，少年儿童价值观念中原先存在的某种"集体无意识原型"就会被激活、少年儿童价值观念就会发生"振荡"。这种"振荡"往往会破坏少年儿童价值观念原先结构的稳定性，从而在沟通物我之间的联系中"缩短、消弭心理距离"，于是就会促进少年儿童对共识的认同。另一方面，少年儿童在共识中形成归宿感。人是社会性动物，避免孤立状态是人的一种生存方式，从精神形态的价值世界角度来理解，就是少年儿童必须在自我认同中"让社会成为自我的一部分"和"让少年儿童成为某社团的一员"，否则就会发生认同危机。少年儿童为了克服自我认同危机，就必然要努力从作为共识的集体意识中来寻找"安身立命之根"，从而在集体意识中形成归宿感。

三、调节功能

思想意识教育的调节功能是指通过民主的、说服教育的、相互沟通的方式，进行少年儿童的情绪调控、心理调适和人际关系调整，从而达到提高少年儿童的思想觉悟、建立新型人际关系的目的。对少年儿童加以思想意识教育旨在使不同价值取向和目标需求的个体能按一定的社会规则结合在一起，并在多元的价值取向中找到共同的需要和价值目标。不仅如此，思想政治教育还通过价值理念的培育与教育，塑造共同精神理念与文化，为少年儿童在社会中"如何行为"提供价值信念上的共识。少年儿童思想的变化有两种可能性，一个是向正确的、积极的、进步的方面变化，一个是向错误的、消极的、落后的方面变化。思想政治工作必须及时地对少年儿童思想意识的变化加以调节，使前一种变化合理地加速进行，对后一种变化实行抑制，尽可能使其危害减低到最低程度。

具体地说，思想政治教育调节的途径主要有如下三种：

第一，心理调适。从心理学的角度来说，人是自然、社会和心理三者活动的统一体，人的任何一种活动都伴随有心理现象。少年儿童的很多思想问题都和心理因素紧密相连。这就要求在思想政治教育时，要善于运用心理调适的方法来更好地解决少年儿童的思想问题，帮助少年儿童积极进取，开拓向上。思想调节的方式、方法可概括为八种：(1)谈心、讨论法；(2)和风细雨法；(3)沉默缓冲法；(4)旁敲侧击法；(5)自我消失法；(6)管理中调法；(7)激励微调法；(8)情真意切感人法。

第二，情绪调控。人们在现实生活中遇到矛盾和困难，就会产生情绪变化，甚至出现不满、怨恨和愤慨。这种郁结情绪如果得不到缓解、消除，就可能造成矛盾激化，给社会带来危害。对此，思想政治教育可以通过钝化矛盾、稳定情绪，疏通思想、宣泄情绪，创造条件、转移情绪，重定目标、升华情绪等方法，使少年儿童的情绪得到调适。思想调节需要遵循人的心理行为的发展变化规律，深入对思想调节的心理机制进行分析、研究和认识，有效地开展思想调节，保持心理平衡，抑制大的情绪波动。思想调节具有以下的特点：一是预感性；二是心理性；三是系统性；四是团结性；五是双向性；六是开放性。

第三，人际关系调整。在现实的学习生活中，由于少年儿童在实践经验、知识水平、认识能力、个性特点等方面存在的差异，人与人之间的关系在很多时候必然存在矛盾乃至冲突。思想政治教育作为凝聚少年儿童精神的重要途径，就必须发挥好其调节功能，正确处理多种矛盾，引导少年儿童互相沟通，互帮、互学、互补，缓解人际冲突。着力建立团结、互助、友爱、平等的人际关系，保持少年儿童之间、少年儿童与家人、少年儿童与社会之间的心理平衡。尤其是儿童入学以后，社会关系发生了重要变化，与老师和同学共处的时间变长。师生关系及同伴关系的质量既影响到儿童对学习的兴趣，对班级、学校的归属感，也影响到学生情绪、情感的发展。少年儿童时期恰逢个体自我概念形成的关键时期，儿童学业成败、社会能力、来自老师及同伴的社会支持对其形成自信或自卑的个性品质有很大影响。

四、转化功能

思想转化是指在思想政治教育中，教育者利用外在力量转变教育对象的思想状态。"所谓改变其内部状况，也就是让受教育者思想中的正确成分由矛盾的次要方面上升为主要方面，让行为的先进成分占据矛盾的主要方面。"①对少年儿童而言，思想政治教育需要通过必要的途径与方式，将一定的思想理论观点转化为少年儿童的个体意识或行为动机，并在激励个体积极性、主动性、创造性的基础上形成集体力，从而产生良好的行为效益。在转化过程中，教育者通过多种方式和途径，积极帮助少年儿童转变思想认识、强化精神动力、塑造美好心灵、提升思想境界，最终达到思想转化的目标。思想转化离不开少年儿童自身思想的内部斗争和转化。因此，教育者应该积极帮助和引导少年儿童正确地开展思想斗争，自觉地进行思想改造，使错误思想转变为正确思想，从而不断提高少年儿童的思想觉悟。

从心理学的角度来看，人的认识改变或飞跃有三个层次。一是认知的转化，即对教育对象注入新的知识，以影响或改变其原有的知识结构，使教育对象在理性层面上对事物有一个正确的、全面的认识，从而使教育对象实现预期目标。二是态度的转化。态度的转化有两种情况，一种情况是以新的态度代替旧的态度，这是态度方向上的转化，称为态度的质变方式。另一种情况是改变原有态度的强度而方向不变，又称态度的量变方式。态度具有相对稳定性，改变它需要一个较长的过程。一般说来，态度的改变需经历"服从—认同—内化"三个密切联系的阶段。态度转变的终极目的是使少年儿童尊重客观规律，从实际出发，使自己的思想与客观必然性相符合。三是行为的转化。

---

① 张文华、加毛太：《强化理论与学生良性行为的塑造》，载《青海民族大学学报（社会科学版）》，2013年第2期。

一般而言，人的行为转化可分为解冻期、消融期、冻结期三个阶段。当个体产生必须改变的动机时，原来的行为习惯开始解冻。于是个体便抛开原有行为习惯而接受新的行为方式，进入行为的消融期。在行为改变的消融期间，人们所期望的新的行为因素会愈来愈多，而旧的行为方式则越来越少，新的行为就逐渐成为主要的行为方式，这时，就完成了消融期并进入冻结期。于是，少年儿童新的行为方式固定成一个行为模式，并更加持久、巩固。

总之，转化是一种耐心细致的工作，不能操之过急，更不能强行转化。而只能通过多种转化手段的综合运用，使少年儿童思想深处发生从量变到质变的过程。此外，少年儿童自身思想行为的转化不是一蹴而就而是曲折前进，在前进中也会有反复。有时，转化的过程是一个漫长而痛苦的过程，只有持之以恒，不怕反复，多做教育工作，才能发挥转化的功能。

小结

本章从价值论的角度简要探讨了少年儿童思想意识教育的价值问题，力争解决"为什么要对少年儿童进行思想意识教育"这一核心问题。本着由一般到个别的分析理路，文章首先阐释了一般意义上思想意识教育的价值，随之探讨了对少年儿童这一特殊群体进行思想意识教育的价值。尤其是对后者而言，积极的思想意识教育会带来两方面的效用，一是对于儿童的健康成长有利，二是对于社会的良性发展有利。通过本章的分析，进一步明确了对少年儿童进行思想意识教育的功效、目的、意义，有利于提升对少年儿童进行思想意识教育的积极性。

思考与练习

1. 思想意识教育价值的特点有哪些？
2. 意识的个体性功能集中体现在哪些方面？
3. 少年儿童思想意识教育的社会功能是什么？
4. 思想政治教育调节的途径主要有哪几种？

阅读导航（学习拓展）

1. 李德顺：《价值论》，中国人民大学出版社，2013年版。
2. 张文新：《儿童社会性发展》，北京师范大学出版社，1999年版。
3. 项久雨：《思想政治教育价值论》，中国社会科学出版社，2010年版。
4. 陈庆华：《少年儿童心理学》，合肥工业大学出版社，2011年版。

第八章　少年儿童思想意识的发展引导

启发与引导

• 在少年儿童思想意识教育中，教育的最终导向是什么？是把少年儿童培养成政治人，还是社会人？

• 在少年儿童思想意识的教育引导中，存在着儿童个体的个性与社会文化的共性之间的矛盾，应该如何处理这一矛盾？

• 古代有"孟母三迁"的故事，那么在少年儿童思想意识的养成过程中，环境因素扮演了什么样的角色？我们应该营造一种什么样的环境氛围？

• 少年儿童思想意识教育从教育学、心理学的角度分析，侧重于儿童自我意识、思维方式的养成。而从政治学视角分析，如何协调思想意识教育与意识形态教育的关系？

少年儿童思想意识的教育是少年儿童组织与思想意识教育这一学科设置的核心任务、主要目的。一旦涉及教育问题，必须要回答教什么、怎么教、为什么教、教的结果等核心问题。同时，教育问题不是孤立的，既具有历史继承性，又具有社会关联性。做好少年儿童的思想意识教育也要放到社会大环境中去分析、去建构。本章内容就是对上述基本问题的展开与回答。

第一节　少年儿童思想意识的社会化建构

一、少年儿童的社会化发展

由"智育中心"转移到"个性全面发展"是当今儿童教育的发展潮流，贯彻其中的少年儿童思想意识引导则要推动少年儿童的社会化。任何一个社会对人的社会化要求集中体现在以下三点：一是生存生活技能的训练，它使人在生活中掌握生存生活和发展技能，为人类合理改造自然、发展自我创造物质基础；二是社会规范体系的学习和遵循，它使人在交往中遵守社会规范，便于人们的合作和发展；三是社会价值体系的导向，它使人掌握社会主导的价值体系，进而使人们的行为向社会主导的价值体系方向发展。就社会化的三方面要求来说，前一个职能是由社会和学校的智育教育来实现的，思想政治教育实现后两个职能。意大利近代学者马志尼在《论人的责任》中说："教育是为了提高道德修养，而教授则是为了提高智力。前者培养人们了解自己的责任，后者使人能够尽其责任。没有教授，教育往往起不了作用；没有教育，教授就会成为一根没有支点的杠杆。"①

少年儿童发展与成长过程中的社会化概念，一直是个有争议的问题。源于人类学的社会化概念，如今已普遍应用于社会学和心理学，但不同学科在使用同一概念的时候会体现出学科自身的侧重点，侧重点不同解释也就有所不同。"人类学中的社会化概念侧重的是人类文化传承以及人类生存中的文化适应，而社会学中的社会化则侧重个体的社会角色学习与认同，心理学中的社会化由于不同的心理发展观而又有诸多不同侧重点。"②对于儿童社会化的内涵，众多学者进行了深入探索。涂尔干认为，社会化过程就是在社会成员中形成"足够的同质性"，在儿童的内心初步确立为集体生活所必需的"相似性"，即形成社会生活所必需的共同价值观和信念③。发展心理学家缪森指出，社会化是儿童学习他们的文化或社会中的标准、价值和所期望的行为过程，包括社会性情绪、对父母亲人的依恋、气质、道德感和道德标准、自我意识、性别角色、亲善行为、对自我和攻击性的控制、同伴关系等。《中国大百科全书·社会学卷》中指出，社会化指的是"自然人成长为社会人的过程。从一定的意义上讲，刚出生的婴儿是同其他动物无多大差别的生物人或自然人。社会通过各种教育形式，使自然人逐渐学习社会知识、技能和规范，从而形成自觉遵守与维护社会秩序的价值观念和行为方式，取得社会人的资格"④。我国学者马和民认为，个体社会化是社会化主客体在相互作用中将社会所需要的知识技能、价值观、行为规范等内化，形成一定的行为方式和个性特征，以适应和改造社会，并发展自身的过程⑤。不同学科、国内

---

①　[意]马志尼著，吕志士译：《论人的责任》，商务印书馆，1995年版，第116页。

②　侯春在：《儿童心理成长论：成长论视野中的儿童社会化》，南京师范大学出版社，2004年版，第61页。

③　转引自马和民、高旭平：《教育社会学研究》，上海教育出版社，1998年版，第226页。

④　《中国大百科全书·社会学卷》，中国大百科全书出版社，1991年版，第303页。

⑤　马和民、高旭平：《教育社会学研究》，上海教育出版社，1998年版，第280页。

外专家学者的观点各有侧重、各有特色，但都蕴含了儿童社会化的核心——儿童融入社会的过程，即儿童在特定的社会与文化环境中，经过同他人交往，接受社会文化熏陶，学习掌握社会行为规范和价值观念，同时把自己融入社会环境和社会群体中，形成适应于该社会文化环境的人格、社会心理和相应行为表现的过程。"社会化的目的就是使个体更好地与社会相协调，使人具有社会性，社会化的实质就是个体不断学会扮演各种社会角色以适应社会生活的过程。"①综上所述，儿童社会化是指是儿童在其生物特性的基础上，在特定文化和社会环境中，通过社会教化和个体内化习得价值观念、风俗习惯和行为规范以及掌握相应的社会行为技能以适应社会生活的过程。社会化是儿童和社会文化之间互相起作用的沟通过程，也是文化认同的过程。通过社会化，个体获得在社会中进行正常活动所必需的品质、价值、信念以及社会所赞许的生活方式。

人生在世，需要适应并融入社会，"人即使不像亚里士多德所说的那样，天生是政治动物，无论如何也天生是社会动物。"②现代社会学认为，人的社会化不仅包括从"生物人"向"社会人"的转变，而且还包括个人与社会之间发生的教化、内化以及社会调适的全部内容。社会化是一个贯穿人生始终的长期过程，是将个人与社会联系起来的必要环节，也是社会得以世代延续和发展的基础。从个人角度来说，社会化是个人得以适应社会参与社会生活、在社会环境中独立生存的必要前提，是个人适应社会变迁所必经的途径；从社会角度来说，社会化是人类运行及人类文化不断延续和发展的前提条件。一般而言，个人的社会化主要分为三个时期。（1）幼儿时期。幼儿通过父母的言传身教，行为模仿，学会了基本的游戏规则，了解了初步的社会规范，建立了简单的行为模式。（2）少年和青年时期。通过家庭和学校教育，学习社会规范，认识所处的社会地位和角色，接受职业培训等。（3）成年及以后。人的社会化学习主要表现为对新的行为方式和思想观念的接受和抵制。

儿童的社会化主要分为两个层次任务：一方面是个人接受社会经验的影响，内化社会的行为准则，掌握社会生活知识技能；另一方面是个人积极参与社会生活，介入社会环境，参加社会关系系统，再现社会经验。"个体既是社会化的客体对象，同时又是社会化的主体，因为在个体作为社会化的客体对象的情况下，个体实际上既接受着社会对他的同化，但同时又必然与其

---

① 陈世联：《儿童社会化解读》，载《重庆师范大学学报（哲学社会科学版）》，2006年第3期。
② 《马克思恩格斯全集》第23卷，人民出版社，1972年版，第363页。

他的社会化客体之间相互作用，影响着其他个体的社会化。进一步说，个体的社会化过程，是社会转化个体的过程，也是个体能动地把社会影响内化的过程，即社会影响个体，个体能动地接受社会影响，并且使这种影响内部化。"①皮亚杰认为："社会化就是一个结构化的过程，个体对社会化所做出的贡献正如他从社会化所得到的同样多，从那时便产生了'运算'和'协同运算'的相互依赖和共同性。"②儿童正是在这个过程中丰富自己的社会经验，形成个性，不但成为社会作用的客体，而且成为具有社会作用的主体。"心理学认为社会化就是个体社会性和个性发展的过程，社会化不仅要形成人的社会特性，更重要的是形成人的个性，即个体从一个生物人，经过社会化的过程而不断成为一个有个性的社会人。"③个体的成长与发展是一系列社会化的过程，是一个不断学习社会角色和道德规范的过程。作为个体的人，不经过社会化就无法成为一个社会人；而且错过了年龄关键期，一个人往往很难或是不能成为一个正常的社会人，像印度的"狼孩"、中国的"猪孩"。

少年儿童社会化的任务集中表现在以下六个方面。（1）追求独立自主。由于成人感的产生而谋求获得独立，即从他们的父母及其他成人那里获得独立。（2）形成明确的自我意识。逐步发展自我概念，能发挥行为自我调节与定向的作用，使自己的行为不但受外部社会力量的引导，而且受自我的引导和调控，即儿童能够"倾听自己内部的声音"。（3）适应性成熟。适应那些由于性成熟带来的身心的、特别是社会化的系列变化。（4）认同性别角色。获得真正的性别特征——男子气（或男性气质）和女子气（或女性特征）。（5）社会化的成熟。学习成人，适应成人社会并形成社会适应能力。（6）定型性格的形成。由稳定的内外行动逐渐转化为内心制约行为，稳固的态度和行为方式已经定型，性格改变逐渐变得困难。

深入分析，社会化概念体现三个特点：第一，社会强制性。社会文化环境对人的影响，是通过各种直接和间接的方式进行的。个体出生后便置身于复杂的社会环境之中，社会总是以各种各样的方式和途径影响、作用于个体的身心发展。第二，主观能动性。随着年龄的增长和心理机能的进一步发展，个体的社会化越来越多地表现出个体的主观能动性，即对社会文化的认

---

①　侯春在：《儿童心理成长论：成长论视野中的儿童社会化》，南京师范大学出版社，2004年版，第62页。

②　［瑞士］让·皮亚杰著，吴福元译：《儿童心理学》，商务印书馆，1980年版，第117页。

③　陈世联：《儿童社会化解读》，载《重庆师范大学学报（哲学社会科学版）》，2006年第3期。

识、选择和掌握具有更多的自觉性、目的性和积极性。一方面表现为个体自身的人格特质等因素影响、引导着个体的社会化，个体不仅有选择地将社会文化内化，并且将内化了的社会文化又创造性地外化。另一方面表现为个体之间的相互作用，即个体既被社会化，同时也影响着其他个体的社会化。第三，毕生持续性。个体自身因素与社会环境因素的交互作用，不断地推动着个体的社会化。社会化没有固定不变的模式，它必须随着社会的发展而发展。因此，社会化是一个不间断的终生进行的过程。

少年儿童社会化的典型特征在于其过渡性。一方面是个体生理上的过渡期，个体生理上逐步趋于成熟，开始出现青春期性特征；另一方面，是个体心理发展的过渡期，个体自我意识得以发展，开始思考"我是谁""我将向何处去"等重大的人生问题。当然，少年儿童的社会化不是从完全不懂生活技能和行为规范的无知状态学起的，而是处于从一种社会化形态向另一种更高层次社会化过渡的转折阶段。儿童社会化通常被看作是依赖性和服从性的、感情主导的、直觉判断是非的类型，而成人社会化则被看作是主动性和创造性的、理智主导的、理智判断是非的类型。少年儿童的社会化，正是从儿童社会化向成人社会化的过渡，这是人生的重要转折阶段。实践证明，在人的社会化过程中，少年儿童时期的社会化有着基础性的地位，是其他社会化阶段的奠基石。良好的少年儿童社会化有助于少年儿童形成良好的行为规范，有助于少年儿童心理的健康发展，有助于少年儿童社会发展机能的养成。

同时，少年儿童的个体社会化充满复杂性。个体社会化过程是多种可能的，它既可能是显性有形的，也可能是隐性无形的；既可能是自觉而有意进行的，也可能是不自觉而无意中发生的；既可能是直面直接进行的，也可能是负载于书信或媒体间接发生的。而作为被社会"化"的个体，少年儿童既可能是积极主动地被社会所"化"，也可能是消极被动的。进一步说，个体社会化过程面对的是大社会，因此必然既充溢着真善美也杂染着假恶丑。对此，就个体的健康成长而言，社会化既可能有益，并且伴有人类文明形式；也可能有害，会伴以野蛮粗俗乃至病态的形式。一些与健康社会意志相悖的社会化影响，既可能在明显觉察的冲突或强制状态下发生，也可能于潜移默化中自然而然地发生。

从社会化的方式上看，我国儿童期的社会化具有一切由成人包揽、抚养重于教育、关心重于训练等特点。儿童期的这种大包大揽的社会化方式，在许多家庭中被一直延续到孩子进入青少年期还没有任何改变。于是，缺乏对少年儿童主体作用的发挥，必然造成少年儿童从小养成依赖性强、缺乏自主性的毛病，更难以形成强烈的自我意识，不能具备较强的自我判断和自我决策能力。在社会生活中，稍遇挫折心理上就产生波动，甚至在行为上做出激烈或反常举动，从而对社会造成危害。因此，一定要改变大包大揽的做法，给少年儿童以更多的自主权，更多地发挥他们的主体作用。在教育与训练并举的基础上有计划、有目的地培养少年儿童的独立思考、独立判断和独立选择的能力，使少年儿童走上社会后就能初步具备适应社会的自理自立能力。

二、少年儿童个性化与共性化的矛盾张力

少年儿童在社会化过程中面临的矛盾关系是多重的，如一方面是外在力量的牵制，另一方面是主观意志的渴望而形成的主动与被动的矛盾；一方面是儿童世界的不断褪色，另一方面是成人世界不断侵蚀而形成的儿童化与成人化的矛盾；一方面是学校知识学习，另一方面是社会生活实践而形成的理论与实践的矛盾；一方面是不断成长的未竟可能，另一方面是理想追求的既定预设而形成的过程与结果的矛盾……众多矛盾中，个性化与共性化之间的矛盾可谓是少年儿童社会化矛盾的集中体现。

所谓社会化发展的共性，主要体现为由地域、种族、习俗、传统等形成的国民性，也即同一地域、国家、民族中的个体，在其社会化发展中会形成一些共同的心理倾向性，具体如作为文化传统中的思维方式、价值观、审美情趣、宗教信仰等内容，都会执着地体现于一个群体中的个体社会化过程之中，成为共性。而所谓社会化发展的个性，是指个体社会化发展中的与众不同的个别性，即使在同一社会环境中，个体由于遗传、性别、年龄、智力、性格、体质等不同于他人的个别性，也会影响其社会化过程与内容，产生不同的交互作用和不同发展结果。个性作为一个人决定其思维和行为方式的内部动力系统，是个人的社会共同性和自身独特性的有机统一体，它决定着一个人如何看待世界和如何体验世界，决定着一个人如何看待自己和如何体验自己，也决定着一个人对于外部世界和自己采取怎样的行为方式。

少年儿童社会化的目标是将少年儿童培养成为适合社会的人，社会化的过程就是把少年儿童由自然人逐渐转化为社会人的过程。儿童社会化就是使儿童接受现行社会规范，使个人的行为规范、思想观念等符合社会要求，与社会达成一致，逐步成为合格的社会成员。"个体的社会化过程，实际上就是个体置身于复杂的社会环境中，与之不断地发生着相互作用的成长过程，

这是个人完全依赖环境才得以生存的过程，因而社会制约性是必然的。"①少年儿童生存于社会并为社会所"化"的过程，不能不受社会制约。社会规范、制度、规则等均是制约性载体，社会以各种途径和方法影响着少年儿童的发展。发展中逐渐形成的个体行为模式，实际上往往就是各种客观因素不断对少年儿童进行塑造的结果。如果从少年儿童早期发展与成长的阶段来辨析，有关社会制约性的特征会更清楚，因为在早期，少年儿童更多被动性地接受着社会影响，较少体现出有意的选择性。

　　社会化的目的是产生社会顺从，社会各成员依规范而行，心安理得，毫不觉得勉强，反而觉得习以为常。当然，过分"社会化"结果便是儿童精神之人文性的丧失、童年精神之独特性的丧失。"我们每一个人都会发现，我们现代的儿童不是懂事懂得太晚了，而是懂事懂得太早了；他们幼年、童年和少年的心灵状态不是被破坏得太晚了，而是被破坏得太早了。他们过早地被置入一个由几千年的文化发展造成了的复杂的文化的社会，成人的社会，成年人的文化从他们出生那一天起就骚扰着他们幼小的心灵。只要一个儿童没有仅仅属于自己的世界，仅仅属于自己的心灵感知方式，它就没有任何抵御被成人文化过早异化的能力，他或者毫无分辨能力地接受所有成年人的教导，造成创造力的过早枯萎和生命活力的过早消失，或者产生逆反心理，盲目地拒绝任何成年人的教导。"②

　　少年儿童的社会化不是去造就千人一面的社会成员，不是将少年儿童从小就训练成为一模一样的人，制造标准件式的人。"社会化了的人是精神健康的人，不仅获得了能够适应外界环境的各种行为方式，有统一的道德规范、行为准则，还能积极主动地支配环境。这种社会化包括着个人内心实现的、对社会价值观的认同。因此社会化不是把人模式化的过程，而是个性化的过程。"③社会化是要在个人与社会的交互作用中培养有独特个性的人，即发展起个体的自我概念，并使个体获得个性。由于每个人都具有自己独特的活动、经验和不同的先天条件，因此，每一个儿童都以自身的认知结构和经验系统去接受社会化，都以自己特有的风格、速率和程度进行社会化。"我们不能认为儿童的社会化就是把个体溶化到社会中去的一种分解运动，如同

　　① 侯春在：《儿童心理成长论：成长论视野中的儿童社会化》，南京师范大学出版社，2004年版，第63页。
　　② 转引自杨宁：《幼态持续、发展的原发性和早期教育》，载《西北师范大学学报（社科版）》，2002年第4期。
　　③ 李逢超：《儿童社会化双重内涵分析》，载《河南大学学报（社会科学版）》，2008年第4期。

一勺糖溶化到水里去一样。社会化并不消灭个性。事实上，每一个儿童都在以自己特有的风格、速率和程度进行社会化，并形成自己的特性——个性化。"①

儿童社会化要求培养有个性的人，这是因为：（1）社会对其成员的要求既要有社会性又要有独特性。若没有对所属社会要求的接受认可，共同遵守公认的行为规范、道德准则，那么个体存在和社会维系都不可能。然而，只是接受社会既存的价值观念，那仅是对社会规定的一种复制，只能维持其延续而不能推动其发展。个性并非社会环境的消极产物，而是个体与环境相互作用的结果。因此，人不仅接受社会文化，还会创造新的社会文化并推动社会的发展。（2）个性的发展也是个体发展的内在需要。在社会化进程中，儿童一方面认识到社会要求，另一方面在与社会的互动中认识自我、发展自我意识。由于遗传因素、后天环境及教育的作用，儿童表现出不同的兴趣、特长，他们在社会化过程中期望天赋、潜能的最充分发展和发挥，而天赋、兴趣、需要构成了一个人的个性特征。儿童通过社会化，在适应环境和与同伴交往中，逐步克服自我中心、唯我独尊的倾向，形成了正确的自我意识。这又反过来成为其顺利实现社会化的重要条件。自我意识的发展使社会化的内容终于在其内心充分展开并被充分吸收，儿童就有希望成功地实现社会化。（3）发展儿童的个性可以促进其社会化。社会化的目的之一是使儿童适应社会生活。良好的个性特征，如宽恕、诚实、善良、自信、开朗、无私等，有助于儿童适应集体生活，建立和谐的人际关系，创造愉快的生活、学习环境，这些无疑会为他们适应未来社会奠定良好基础。而且社会化不能仅依靠家庭、学校等的训练，那就可能只是形式的接受而非真正的内化，一旦失去外力的约束，就可能背离社会规范。因此要获得好的社会化效果，必须以发挥儿童的个性与积极性为前提。

长期以来，人们的观念中似乎总存在着这样一个误区，即将社会性与个性相对立，认为强调社会性则会妨碍个性形成，限制个体的充分发展；而强调个性则会损害社会性，破坏社会的协调一致。其实，这种认识是完全错误的。社会性与个性二者看似相反，实际上是密切联系、相辅相成的。在个体的成长过程中，形成社会性和发展个性是两个并行不悖的取向，两者实际上是同时、在同一过程中进行的。社会化绝不意味着抹杀人的个性发展，而个性化的结果也绝非排斥、否定共性。没有无个性的社会成员，因为这个社会

①　王振宇等：《儿童社会化与教育》，人民教育出版社，1992年版，第6页。

所需的行为规范、价值观念都存在于具体的个人身上，并通过个人以独特的方式表现出来。"个别差异是一种客观存在，作为社会关系的个别存在形式的人，由于遗传素质及环境的差异，身心都有与众不同的独特性，人们总是依照自身所具有的可能性及外部条件进行社会化。"①

社会化是一个双向活动，一方面由于个体对社会环境的依赖，必须接受社会教化；另一方面，作为独立的个体，他又必定会对完整的社会意识和社会存在进行积极的并带有特殊色彩的思考和再现。儿童顺利融入社会就必须接受某些行为标准，这些标准在不同的社会各有差异，但大致是把儿童引向亲社会方向而制止其反社会行为。儿童既是需要社会化的对象，也是社会化的主体。一方面，儿童是社会中的儿童，他依附于社会关系网络之中，受社会的制约和影响；另一方面，儿童又是积极能动的主体，参与并影响着自身的社会化，也影响其社会环境。

社会化的过程需要相当长的时间，新一代社会成员不会按部就班地重复上一代的社会行为标准。尽管成人可以采用多种影响方式，社会标准和价值观的传递仍然是一个十分缓慢和不确定的过程。每一代人对于社会标准都有自己的理解方式，儿童并没有成为上一代人的简单复制，"儿童并不是社会灌输的被动接受者，儿童的行为并不是他所接受的社会经验的简单总和。相反，儿童自己是一种主动积极的动因，他们能激发和创造一些影响自身发展的社会性经验。"②他们对来自成人的社会影响以自己的方式进行加工，不仅参与决定自己的社会关系的性质，而且将自己的特征反映到所从事的交往之中。成人往往花费相当多的时间和精力向儿童传递这些标准，并且感到自己对儿童理解和适应标准的水平负有直接责任。儿童是否接受或同意成人的指教，实际上在很大程度上取决于儿童自己。为此，必须将儿童当"人"看，必须承认儿童具有成人一样的独立人格，而不是成人的附庸。必须将儿童当"儿童"看，承认并尊重童年时期的独立价值，而不能仅仅将他看作成人的预备。儿童在成长阶段，应当为其提供与其身心发展相适应的生活，儿童个人权利、尊严应当受到社会保护。③

---

① 李逢超：《儿童社会化双重内涵分析》，载《河南大学学报（社会科学版）》，2008年第4期。

② 周宗奎：《论儿童社会化研究的发展及其趋势》，载《华中师范大学学报（人文社会科学版）》，1996年第5期。

③ 卜卫：《媒介与儿童教育》，新世界出版社，2002年版，第102—103页。

三、少年儿童思想意识的建设环节

少年儿童思想意识的成长是一个相互关联的有机整体，但也可划分为若干阶段。根据工作任务和性质的不同，少年儿童思想意识建设大致可分为五个环节①：实态分析、目标设置、策略制定、调控执行和总结评估。

实态分析指客观准确地掌握少年儿童思想意识的实际状况。需要分析少年儿童思想意识处于的阶段，自发阶段或自觉阶段或自由阶段，或其中某一过渡阶段，从而了解其思想道德水平——依从水平或认同水平或信奉水平，或其中某一过渡水平，进而了解少年儿童思想道德在社会中处于的层次——普通层次或中间层次或先进层次。还需要现实的思想意识自我内部分析，包括思想意识认知、思想意识能力和思想意识行为。思想意识认知主要包括世界观、人生观、价值观、道德观和政治观，思想意识能力主要包括思想道德认识能力、情感能力、意志能力和行为能力，思想意识行为主要包括爱国主义行为、集体主义行为、社会主义行为、社会公德行为和家庭美德行为。

实态分析完成后进入目标设置环节。少年儿童思想意识引导的目标是个体希望达到的状态和水平——理想思想道德自我。"现实的'自我'和理想的'自我'不相符合，这是自我意识发展的完全正常和自然的结果，是进行有目的的自我教育的必要前提。"②少年儿童思想意识建设目标表现为观念形态，但它必须以现实的思想道德自我与先进思想道德的发展状况和要求为依据。在此过程中，设置目标需要注意全面性，包括思想道德认识目标、能力目标和行为目标要协调一致。注意目标的层次分解，把目标分解为若干等级层次，由低到高排列成一个有序的连续体。还要注意现实性，目标既需要反映时代精神和时代特征，又要具有可行性和操作性。

少年儿童要根据现实思想意识的条件使目标进一步具体化，也就是制定策略。从建设内容看，可分为提升认识策略、发展能力策略和完善行为策略；从建设方式看，可分为顺应式策略、改善式策略和创造式策略；从思想意识建设与外部关系处理看，可分为处理与思想道德引导关系的策略和处理与环境影响关系的策略等。

经过以上环节，自我思想道德建设理性设计初步形成，但还需调控执行。这是因为，其一，自我思想道德建设理性设计的目的在于更好地指导自

---

① 杜凯：《论自我思想道德建设的过程》，载《求实》，2007年第7期。
② ［苏］N.C.科恩著，史民德译：《青年心理学》，广西人民出版社，1983年版，第100页。

我思想道德建设的开展；其二，理性设计付诸实施能使其正确性及其正确程度受到检验。调控执行中，个体要善于自我调控和自我强化。自我调控，是个体对自己的执行活动进行自觉监察、控制和调节。当然，个体的自我调控是动态发展的，经历着从被动依赖到自觉能动，从单维到多维，从有意识到自动化的过程。"个体自我调控，既命令了自己，又激励了自己，但如果浅尝辄止往往功亏一篑，还需要自我强化使之巩固下来，使自我思想道德建设更为顺利。"①

总结评估是自我思想意识发展的必备环节，是行为自律的重要机制。只有经过评价，才能认识行为的道德与否，才能把握行为调节的方向和角度。总结评估包括过程评估和效果评估。过程评估包括自我思想意识发展的每一个环节是否充分展开，每一个环节是否充成了既有任务。过程评估也是对前面几个环节的理性审视，如实态分析是否客观准确、目标设置是否科学合理、策略制定是否恰如其分、调控执行是否落实到位等。效果评估则涉及判定思想意识发展对儿童生存和发展的意义和价值，核心在于掌握作为价值客体的思想道德教育与主体需要现实地或可能地具有什么样的关系以及应该呈现出什么样的关系。从内容上看，效果评估包括：思想意识认知升华程度，思想意识能力发展程度，思想意识行为完善程度，思想意识水平提升程度等。当然，自我思想意识的发展效果具有潜在性，故要选择科学方法尽可能准确评估。只有在实践与理想、自我与他人、个人与社会的对比联系中，才可能求得有益于身心修养和思想道德进步的价值尺度，建立起一个比较正确的评价标准和参照坐标。

第二节　少年儿童思想意识引导的原则规律

少年儿童思想意识引导面对的是个体的、鲜活的人，人的思想、意识可能是最捉摸不定的。"朝三暮四""口是心非""三心二意""心猿意马"等成语就形象地表达了人类思想意识的反复无常和隐蔽不定等特点。但万变不离其宗，当前加强少年儿童思想意识的引导工作，必须遵循一些基本的原则和规律。

---

① 杜凯：《论自我思想道德建设的过程》，载《求实》，2007年第7期。

一、熟悉教育对象

一般而言，教育活动需要遵循两个基本规律：一是教育必须适应社会发展并为社会发展服务；二是教育必须适应被教育者的身心发展并为其发展服务。少年儿童思想意识引导也必须遵循这两条规律，前者侧重于少年儿童思想意识引导中的社会性，后者则侧重于少年儿童的实际情况及儿童之间的差异性。发挥思想意识教育的导向作用，前提必须洞悉引导对象的思想实际，明确对象的思想特点如何、思想倾向如何、思想障碍在哪里，进而知道"导什么"和"如何导"。相对于教育引导者而言，少年儿童的思想道德基础及其身心发展规律作为对社会存在、社会关系、成长环境的反映是客观的，是不以引导主体的意志为转移的。因此，只有了解少年儿童、按照少年儿童的思想认识发展规律及其特点开展思想意识引导工作，才能够真正发挥出思想意识引导的应有作用。

慣例中，我们常把少年儿童与成年人相比较而存在，未成年人的称谓可谓褒贬共存。贬义是少年儿童的力量不够强大，有依赖性；褒义就意味着少年儿童有无尽的生长可能性。"我们往往把未成熟状态只是当作缺乏，把生长当作填补未成熟的人和成熟的人之间的空缺的东西，这种倾向是由于用比较的观点看待儿童期，而不是用内在的观点看待儿童期。我们所以仅仅把儿童期当作匮乏，是因为我们用成年期作为一个固定的标准来衡量儿童期。这样就把注意力集中在儿童现在所没有的、其他成人以前所不会有的东西上。这种比较的观点，要是为了某种目的也是够合法的，但是，如果我们把这种观点看作不可变更的道理，那就产生一个问题，就是我们是否傲慢武断。如果儿童能清晰地和忠实地表达自己的意见，他们所说的话将与此不同。我们有非常可靠的成人凭据，使我们相信，在某种道德的和理智的方面，成人必须变成幼小儿童才对。"[①]

"我们有时谈起儿童，想到儿童，似乎他们只是从身体方面讲偶然处于社会环境之中；似乎社会力量完全存在于抚养他们的成人之中，儿童乃是受抚养的人。如果说儿童自己本来具有非常的力量，引起别人的合作注意，便有人想，这不过是转弯抹角地说成人非常注意儿童的需要罢了。但是，观察表明，儿童赋有头等社交能力。儿童具有灵活的和敏感的能力，对他们周围

---

① ［美］约翰·杜威著，王承绪译：《民主主义与教育》，人民教育出版社，1990年版，第50页。

的人的态度和行为，都同情地产生感应，很少成年人能把这种能力保持下来。"①儿童对自然界事物的不注意（由于无力控制它们）相应地强化了他们对成人行为的兴趣和注意，这两方面是相伴随的。儿童生来的机制和冲动都有助于敏捷的社会反应。

就 10—14 岁的少年儿童而言，思想意识发展表现为如下特征：一是自主性与依存性的统一。随着年龄和阅历的增长，少年儿童的自主意识增强，个体可以根据自己的兴趣、爱好、特长以及发展需要，选择生活方式等。但是，少年儿童的社会适应能力还未建立，尤其是在生活上还需要父母老师的帮助。二是受动性与能动性的统一。少年儿童在接受思想意识引导过程中必然要受到周围环境的影响和制约，潜移默化地受到道德教育氛围的感染，具有受动性的一面。另一方面，还具有能动性，能够自主地、自觉地选择接受外来信息，并根据自己原有的知识和经验加以理解。三是差异性与共同性的统一。由于受学习动机、兴趣、价值观等的影响和支配以及原有的知识经验、情感意志等因素的制约，少年儿童在接受思想意识引导中，个体的思想行为必然带有鲜明的个性色彩，对同一问题具有不同的看法和态度。但处于相同的道德教育环境下，进行相似的道德教育实践，教育对象的思想和行为会呈现出某些共同特征。

根据少年儿童的上述特点，在思想道德教育中，首先要考虑到儿童是一个独立的社会存在，具有自身的合理需要，如自由、尊严、平等、民主等。必须尊重他们的合理需要，并尽可能创造条件满足他们的需要。"即使是一些低层次的或不合理的需要，应该通过思想道德教育给予切实而又合情的引导，不能行政命令式地强制、压抑他们，束缚个性发展需要。"②其次，要考虑儿童的内心认同和接受问题。力争给予他们丰富多彩的个性，高尚完美的人格，并在其中获得全面、和谐、自由的发展。尽管如此，儿童并非总是按照成人的愿望来成长。对于成人的指导，他们有时不能理解，有时加以反抗，甚至对已经接受的标准，常常也不能执行。再次，要考虑到不同儿童之间存在个性化问题。注意不同性格秉性、成长环境、人生经历等对儿童成长带来的不同影响，并能在思想意识引导中做到对症下药、有的放矢。最后，少年儿童思想意识具有多维性，儿童的具体体验是可变化的，可选择的。主

① ［美］约翰·杜威著，王承绪译：《民主主义与教育》，人民教育出版社，1990 年版，第 51 页。
② 潘玉腾：《现代思想道德教育要发展人的主体性》，载《福建师范大学学报（哲社版）》，2002年第 1 期。

体的实际精神体验，往往只是反映了他们多方面的思想意识关系中最切近，最直接的部分，在这种体验的背后，还潜藏着无限多的深层的可能性①。特别是现代社会知识更新加快，加之少年儿童个人心理的逐步成熟、社会阅历增加，这就告诫我们在进行思想意识引导之时要立足于少年儿童思想意识可变且多变这样一个事实来设计与实施。要充分考虑各种因素对少年儿童思想意识的诱惑与诱导，进而根据变化的思想调整引导策略，实施动态式教育。

以初中《思想品德》课程为例，课程理念突出了学生的主体地位②。

其一，初中学生逐步扩展的生活是本课程建构的基础。同小学生相比，初中生生活的范围逐步扩大，在实际生活中遇到的问题增多，需要处理的各种关系也日益增多。因此，初中思想品德课要想培养学生良好的思想道德素质，必须贴近初中学生的生活世界。只有切实帮助他们解决生活中遇到的问题，引导他们学会生活、学会学习、学会交往，保持心理健康、学会做人，思想品德课才能成为实实在在的"有用"的课程。

其二，帮助学生学习做负责任的公民、过积极健康的生活是课程的核心追求。初中生一般是13—15岁的孩子，自我意识和独立性逐步增强，此时正是他们道德品质、思想意识形成的关键时期。同时，初中学生正处于青春期的开始阶段，已开启了人生的过渡阶段。因此，需要引领学生感悟人生意义，逐步形成正确的世界观、人生观、价值观和基本的善恶、是非观念，学做负责任的公民，过积极健康的生活。

其三，坚持正确价值观念的引导与启发学生独立思考、积极实践相统一是本课程遵循的基本原则。思想品德的形成和发展，最终需要通过学生的生活，通过学生在生活中的体验、感悟，通过学生的自主实践活动等来完成。新课程标准要求本课程将正确的价值引导蕴含在鲜活的生活主题之中，注重课内外相结合，鼓励学生在实践的矛盾冲突中积极探究和体验，通过道德践行促进思想品德的形成与发展。

二、凝聚教育内容

重视意识、心理、思想、价值观的要素挖掘，使品德教育与心理教育结合起来，是强化少年儿童思想意识引导的必由之路。

---

① 李德顺：《价值论》，中国人民大学出版社，1987年版，第151页。
② 中华人民共和国教育部制定：《全日制义务教育思想品德课程标准（实验稿）》，北京师范大学出版社，2002年版。

第一，重视心理素质培养，使品德教育与心理教育结合。心理品质和思想品德既有区别又密切联系。任何教育引导都需建立在一定心理基础上进行，健康的心理、良好的心理品质是顺利进行思想品德教育的前提。《中小学德育大纲》要求对儿童进行良好的意志、品格的教育，"教育学生要诚实、正直、谦虚、宽厚、有同情心、活泼、开朗、勇敢、坚强、有毅力、不怕困难、不任性、惜时守信、认真负责、自尊自爱、积极进取。"以往对培养儿童的优良心理品质、提高儿童的心理素质重视不够，没有看到心理教育的重要性。甚至把心理问题当作思想问题、道德问题来处理，或者把心理教育和道德教育完全混为一谈。其实心理教育有其独特任务，包括情感、意志、兴趣、能力、性格等方面优良品质的培养，充分发展儿童的各种心理潜能，同时防止心理疾病，促进心理健康。"把培养思想道德品质和培养思想品德的认知、情感、意志等道德心理品质结合起来，把说理教育和心理疏导结合起来，把道德行为习惯养成和心理训练结合起来。"①

第二，强化核心价值观教育。针对当前青少年价值观混乱、伦理道德教育缺失的社会现实问题，急需要塑造少年儿童的核心价值观，而社会主义核心价值观教育则是首要选择。社会主义核心价值观既有人类所共享的、具有普遍意义的美德，也凸显了中国特色社会主义文化，既有国家社会发展的价值理念，也有个人成长发展的世界观引导。形成具有普遍性的道德价值取向、培育青少年共同遵守的核心价值观是少年儿童思想意识引导的根本目标。

习近平总书记在 2014 年"五四讲话"中指出："青年的价值取向决定了未来整个社会的价值取向。青年处在价值观形成和确定的时期，抓好这一时期的价值观养成十分重要。"他用"人生的扣子从一开始就要扣好"来形象地比喻价值观的培养是一个基础性工程。社会主义核心价值观教育必须"从娃娃抓起，从学校抓起"，这是党中央的明确要求，也是强基固本的最基础工程。习近平总书记指出："任何一个思想观念，要在全社会树立起来并发挥作用，就要从少年儿童抓起"；"要把在孩子们中间培育和践行社会主义核心价值观作为最基础的工程抓紧抓好。"

一是从少年儿童认知规律出发，突出形象化教育，积极探索少年儿童喜闻乐见的活动载体和形式。将核心价值观"24 字"的 12 个概念转化为贴近孩子生活的童谣、故事、朗诵、歌曲、书法、绘画、动漫、游戏、校园剧等。

---

① 鲁洁、王逢贤：《德育新论》，江苏教育出版社，2000 年版，第 417 页。

二是营造育人环境，注重文化的熏陶，积极创造核心价值观教育的校园氛围。如在校园里张贴 24 字宣传语；利用各种宣传阵地，开辟各种专栏；布置大队室和中队角；利用开学典礼、升旗仪式等形式传播社会主义核心价值观。三是把核心价值观要求与"红领巾相约中国梦"主题教育活动及《少先队活动课指导纲要》提出的 15 个活动建议的内容有机结合。四是在核心价值观教育中，注入中华优秀传统文化的基因。五是要认真贯彻落实团中央、教育部、全国少工委下发的关于《在中小学队员中广泛培育和践行社会主义核心价值观活动通知》。①基层学校少先队要深入开展"核心价值观记心中"主题活动；②深入挖掘少先队集体和实践中的"最美少年"典型，举行"最美少年"评选活动，宣传推广他们的事迹。

第三，重视品德能力培养，把品德规范教育和品德能力培养结合起来。品德能力是顺利完成一定社会政治与道德活动的本领，旨在培养少年儿童的思想政治辨析能力、道德评价能力和自我教育能力。"在传授有关思想道德观点和知识的同时，发展学生运用这些思想道德观念去分析、评价问题的能力；在提供道德行为榜样的同时，提供道德评价的榜样；在运用思想品德课、班会、队会、周会、晨会等进行思想道德教育时，要组织讨论、辩论，进行道德判断能力的训练。"①以少年儿童为本位的思想意识引导就是要让少年儿童在了解基本的道德知识和价值规范的基础上，让他们学会判断、学会思考、学会选择，进而发展他们独立的思想，促成他们积极的行动。《品德与生活》《品德与社会》《思想品德》等课程标准的研制，基本理念就是"回归生活、能力养成"。

第四，重视思想践行，实现理论教育与品德践行相结合。思想践行是把学到的思想、道德观念与准则贯彻到实际行动中去。20 世纪初，杜威就曾指出，"使儿童认识到他的社会遗产的唯一方法是使他去实践。"②因为，"除了教育者的努力同儿童不依赖教育者而自己主动进行的一些活动联系以外，教育便变成外来的压力。这样的教育固然可能产生一些表面的效果，但实在不能称它为教育"③。20 世纪中叶以来的各种思想道德教育理论几乎都步了杜威的后尘，像柯尔伯格的"新苏格拉底法""公正团体法"，价值澄清学派的"自由选择"，贝克的"反省方法""问题中心法"等，都主张以个体的参与和自

---

① 鲁洁、王逢贤：《德育新论》，江苏教育出版社，2000 年版，第 419 页。

② 赵祥麟、王承绪：《杜威教育论著选》，华东师范大学出版社，1981 年版，第 7 页。

③ 同上书，第 2 页。

主活动来促进思想道德发展。"道德教育只有通过给个人做出道德决定的具体经验和道德推理技能的实践才能促进人的发展。"①违背学生意志，强迫其接受和服从一种道德价值的做法，在教育上造成的结果往往是学生的逆反或叛逆，或者使"许多儿童变成成人的样子，假装相信某些信条"②。

三、优化教育方法

现代道德教育理论在方法上的探究可谓五彩缤纷，例如讨论法、价值澄清法、价值分析法、对话法、角色扮演法、反省法等都曾风行一时并在不同范围和程度上显示其成效。就我国而言，学校的德育课程主要分为三种类型：专门德育课程、活动德育课程和隐性德育课程。正所谓"殊途同归"，无论选用哪种方法，都要适应新时期少年儿童心理、思想状况的发展状况。

第一，突出少年儿童的主体性。从广义上讲，教育活动需要处理的矛盾之一就是教育者与被教育者之间主动与被动、主体与客体之间的矛盾。同理，引导少年儿童思想意识健康、良性发展，前提就是摆正少年儿童的位置，尊重少年儿童的主体性。根据主体间性理论，教育者与受教育者是平等的活动主体，二者之间是民主和平等的主体间性关系。而在现实生活中，年幼儿童和父母、成人的关系是劣势地位和优势地位的关系，随之产生了幼儿对父母和成人、劣势者对优势者的单方面尊敬。从主体间性理论出发，教育者与受教育者双方都不应把对方看作是被动的接受对象，而应视为讨论共同话题的双方，是真实的完整的人在交谈和探讨。这种平等对话就是主体间的相互理解，包含反思性与互动性的因素，主体共同从事着意义、精神方面的重新建构并达成相互间的积极影响和理解。教育者不会抱怨受教育者身上有太多的品德缺陷，而受教育者也不会埋怨与教育者之间有不可逾越的代沟。教育者与受教育者相互影响，不仅教育者对受教育者具有道德影响，受教育者也影响着教育者。"教育者与受教育者之间虽然有不同的'视界'（即一个人从某个立足点出发所能看到的一切）和'前理解'，但这不仅不是理解的障碍，反而是不断产生新理解、新真理的意义源泉，意义发现的无穷过程就是通过它实现的。"③当教育者的视界与受教育者的视界相遇、交融时，就形成了新的理解。在理解和对话中，教育者主体和受教育者主体的"视界"融合，思想

---

① 转引自鲁洁、王逢贤：《德育新论》，江苏教育出版社，2000年版，第618页。

② 同上。

③ 张耀灿、郑永廷、吴潜涛等：《现代思想政治教育学》，人民出版社，2006年版，第289页。

与思想碰撞、心与心交流，相互激励和促进，求得共同发展。

苏霍姆林斯基说过："我敢拿脑袋担保，如果学生不愿意把自己的欢乐和痛苦告诉教师，不愿与教师开诚布公，那么，谈论任何教育都终归是可笑的，任何教育都是不可能有的。"①但我们的思想道德建设往往是在教师、家长和社会的要求下，从上而下、自外而内的单向度地组织或发起，儿童只是在被动的"灌输"中接受意识形态教育，无形之中已变成思想道德的容器和思想道德建设的旁观者。尊重少年童年的主体性需要尊重儿童权利，承认童年有自己的独特价值，而不要把童年仅当作成人的准备期或过渡期。正如杜威所告诫的，不要以为儿童的成长就是向着成人的标准成长，儿童有儿童的方式与标准。少年儿童思想道德、意志品质来自于少年儿童的自我建构，正是儿童自己而不是他者才是其思想意识、道德品质发展的主人。思想意识正是少年儿童在自己的生活过程之中，在所处的各种社会关系之中，通过活动与交往，通过学习、模仿和反思，自我建构起来的。新时期的少年儿童有着非常强的独立思考意识，对于前人的实践和结论，不是简单的接受，而是习惯于通过自己的亲身体验，在事实面前接受真理，或在事实面前说清问题。

近些年来，巴西教育思想家弗莱雷的对话教育思想，尤其是他所提出的对话六要件——平等、爱、谦虚、信任、希望、批判性思维②，引起了日益广泛的关注，走向对话成为尊重被教育者主体性的一种重要体现。实际上，真正的对话必须具备三个要件：第一，对话双方地位平等；第二，对话依赖特定的背景或情况；第三，通过对话而生成新的意义与价值。在学校德育中实现对话，同样有三个要件：第一，师生双方地位平等，相互尊重，既不是教师中心，也不是学生中心。第二，必须创造德育对话的条件，如共同的话题或特定的活动情景。第三，通过对话，师生都生成了新的态度或价值。对话之中，教师也可以是学生，学生也可以是教师；对话之后，教师成为新的教师，学生也成为新的学生。

第二，突出思想意识引导场域的生活性。生活性原则是指少年儿童思想意识教育应当回归生活，重视少年儿童生活环境的作用，为少年儿童创造一个良好的思想道德成长环境。学习是基于真实世界的真实体验，少年儿童的思想意识也源于真实体验。"道德教育的实效，是在体验中发生的，只有诱

---

① ［苏］B. A. 苏霍姆林斯基著，周蕖等译：《给教师的一百条建议》，天津人民出版社，1981年版，第211页。

② 王向华：《对话教育论纲》，教育科学出版社，2009年版，第102—104页。

发和唤醒了受教育者的道德体验的道德教育，才能对其生存实践和生命健康成长发挥实际的促进作用，它也才是有效的因而也是有真正价值的道德教育，也才能成为具有合理性和合法性的存在。"①生活特别是正在发生的现实生活，成为人们的道德观念、道德思想的最可靠源泉。没有生活，就没有思想道德的存在，也没有思想意识引导的依存场所。思想意识引导的进行是为了少年儿童更好的生活，而不是对其进行不必要的干预。以往德育缺陷之一就是从规范出发，以规范去要求、剪裁学生，脱离了学生的真实生活，从而造成远离生活的局面。只接受课堂中灌输的道德准则而不去分析和选择，在遇到具体的场景时却难以按照规则要求去做，这往往成了制约思想道德建设发展的瓶颈障碍。"儿童品德的形成源于他们对生活的体验、认识和感悟，只有源于儿童实际生活的教育活动才能引发他们内心的而非表面的道德情感、真实而非虚假的道德体验和道德认识。因此，良好品德的形成必须在儿童的生活过程之中，而非在生活之外进行。"②

"从本体论上讲，生活价值高于道德价值。生活高于道德，不仅是因为可以设想一个无道德的生活世界，却无法设想一个无生活的道德世界；而且是因为生活或生命在逻辑上的在先性或独立自存性。"③实际上，意识形态、思想理论、道德品质等并没有独立存在的价值，其整个存在和本质都是由生活所规定的。从这个意义上讲，无论是思想品德教育，还是思想意识引导，都是为了少年儿童的生活而存在的。"人们学习道德，接受道德教育，并不是为了道德，也不是为了通过考试，而是为了生活本身。"④唯有如此，思想意识引导才能依循生活的逻辑，体现出整体性、实践性、生成性等特征。只有植根于生活世界，少年儿童的思想意识引导才能具有深厚的基础和强大的生命力，德育的科学化与人性化才能获得真正的统一。

例如，小学低年级《品德与生活》课程就突出了"生活"理念⑤。

其一，道德存在于儿童的生活中。《品德与生活》课程强调，道德寓于儿童生活的方方面面，没有与生活分离的"纯道德的生活"。儿童品德的形成源

---

① 刘惊铎：《道德体验论》，人民教育出版社，2002 年版，第 4 页。

② 中华人民共和国教育部制定：《小学品德与生活课程标准》(2011 年版)。

③ 王啸、鲁洁：《德育理论：走向科学化和人性化的整合》，载《中国教育学刊》，1999 年第 3 期。

④ 杜时忠：《生活德育论的贡献与局限》，载《教育研究与实验》，2012 年第 3 期。

⑤ 中华人民共和国教育部制定：《全日制义务教育品德与生活课程标准(实验稿)》，北京师范大学出版社，2002 年版。

于他们对生活的体验、认识和感悟，只有源于儿童实际生活的教育活动才能引发他们内心的而非表面的道德情感、真实的而非虚假的道德体验和道德认知。

其二，引导儿童热爱生活、学习做人是课程的核心。根据低年级学生的特点，《品德与生活》课程通过深入浅出的道德的、良学的、生活的启蒙教育，为儿童形成积极的生活态度和实际的生存能力打下良好的基础，为他们在价值多元的社会中形成健全的人格和正确的价值观、人生观打下基础。

其三，珍视童年生活的价值，尊重儿童的权利。童年是一个蕴藏着巨大发展潜力的生命阶段，童年生活具有不同于成人生活的需要和特点，它不仅仅是未来生活的准备或教育的手段，其本身就蕴藏着丰富的发展内涵与价值。因此，《品德与生活》课程强调学校生活是童年生活的重要组成部分，强调参与并享受愉快、自信、有尊严的学校生活是每个儿童的权利。

其四，在与儿童生活世界的联系中建构课程的意义。《品德与生活》强调儿童是在真实的生活世界中感受、体验、领悟并得到各方面发展的。因此，要重视课程与儿童生活世界的联系，让课程变得真正有意义，这将有利于他们构建真正属于自己的知识和能力，形成内化的道德品质。

第三，突出教育教学内容与方法的多样性。少年儿童思想意识引导的多样性有两方面的基本含义：一是内容方面，二是方法方面。就内容方面而言，突出多样性一是承认多样，即认可多种不同思想、观点、价值、学说的"合法性"；二是倡导主流，即在多种思想观点、价值取向并存的状态中，有一种主流观点或主旋律来引导；三是确保底线，即存在一种最低限度的思想道德或法律规范，成为行为的底线；四是多元融合。多样性之间要求同存异，取长补短，为我所用，否则就会迷失自己，丧失方向。这四者缺一不可。

依据内容方面的多元化精神，首先，学校的思想品德课、思想政治教育课应该承认多种不同思想观点和价值取向的同时存在。在一个多元开放的社会中，思想自由是比思想统一更值得优先追求的价值目标。其次，必须坚持主旋律。社会主义、爱国主义和集体主义这一主旋律不能丢，同时要深入学习实践社会主义核心价值观。最后，少年儿童的思想意识、言行举止应该有一个最基本的底线要求，这就是软性的社会公德和硬性的法律规范。以上三点是少年儿童思想意识引导健康发展的必由之路，且三者缺一不可。如果缺少第一点，思想意识引导就会沦为思想专制；如果缺少第二点，少年儿童的思想道德将无核心无主旨，无法结成社会共同体；如果缺少第三点，就会走向道德相对主义，走向"怎么都行"的思想道德虚无主义。

方法方面的多样性必须因材施教，灵活运用不同的思想政治教育方法。时下惯用的方法有如下几种：(1)澄清法，即由教师或学生选择思想道德专题，专题所涉及的各个主体(教师、专家、家长等)与学生一起思考、讨论，引导学生做出评判，并分析比较他人的观点，选择、阐明自己的观点。(2)道德发展阶段法，即教学中通过两难故事法，使少年儿童得出自己的假设见解，再进行检验推理考察这一见解，不求得出一致的结论，旨在活跃学生思想。(3)讨论法，即针对一些道德现象，鼓励少年儿童发表不同的道德观点，通过讨论来强化对问题的认知意识冲突，提高道德观念。(4)公正团体法，即在少年儿童的团体中形成民主风气，教师在团体中推行亲社会的标准，组织成员在关怀、责任、义务等方面提出要求，建立团体道德风气，增强少年儿童对团体的认同感和责任感。(5)班级规则法，即让少年儿童参与制定学校的规则和纪律，帮助他们了解规则的本质、道德判断标准和公民的权利、义务，提高对不良现象的反应能力和自律能力。

实际上，思想意识无处不在，没有一成不变的方法。就小学德育的载体而言，大体有八种分类[①]：环境载体、关系载体、课堂载体、学科载体、德育课载体、活动载体、管理载体、教师载体。少年儿童活泼好动、爱玩爱热闹是他们的特点，针对他们的思想道德教育不能搞成单调、枯燥无味地说教。生动活泼的游戏、喜闻乐见的文化娱乐活动是少年儿童乐于参与，并能激发起他们参与热情的教育方式。作为教育者应积极开展各项文艺体育、读书座谈、调查观摩等活动，重视广播影视网络对少年儿童思想的影响力和渗透力，将思想道德教育内容寓于其中，使少年儿童在潜移默化中接受教育。

四、明确教育目标

首先，必须坚持少年儿童的需要与思想政治教育规律的统一。思想品德教育目标具有主观性，正确合理的目的要以对客观事物发展规律的正确认识为前提。思想意识引导要使每个少年儿童正确认识、定位和看待自己，使每个少年儿童成为"一个人"，成为"他自己"。对处于初涉青春期的少年来说，自我意识的发展处于内化和分化的高度自我关注阶段，是"理想我"和"道德我"构建的关键时期，思想道德对他们来说，不仅仅是一种规则、一种要求、一种限制，更应该体现一种个体和谐发展的要素，是一个人自我实现的需

---

① 刘慧：《小学德育实践》，高等教育出版社，2012年版，第19—20页。

要。少年儿童只有真正认识了自己，明确了未来的自我，产生了道德需要，才会产生道德学习与上进的动力，否则也只能是一种任务性的学习，"理想我"和"道德我"的定位将大打折扣。

其次，必须坚持统一性与多样性的整合统一。少年儿童思想意识引导的共同目标是培养"四有"新人，同时，思想意识引导的目标又有多样性。其一，目标具有层次性。比如，小学、中学、大学，每个阶段甚至每个学年、学期都有各自的目标（如表 8-1 所示）。其二，从横向看，目标又是多种类的。可以说有多少思想道德价值的种类就有多少目标，如政治性目标、思想性目标、道德性目标，等等。

表 8-1　小学、中学、大学的思想道德教育目标比较列表

学段	对象的人生课题	思想意识认知水平	思想教育的侧重点	思想教育目标	总目标
小学阶段	社会一员（成员）	朦胧	最基本的道德规范	使学生形成"社会"概念，了解并遵守道德规范，养成道德行为习惯。	对学生进行系统的社会主义思想道德教育，引导学生不断加强社会主义的思想道德修养，为培养社会主义建设者和接班人奠定思想道德基础。
中学阶段	社会公民（成人）	具备一定的感性道德实践体验	公民意识和社会公德养成	使学生树立公民道德意识，选择正确的行为方式，不断加强道德修养。	
大学阶段	社会工作者（成才）	在道德实践和理论方面，具备了一定的修养	守法意识和职业道德规范。	使学生初步了解常见的法律法规，比较系统地掌握社会主义道德理论，初步形成科学的人生观、价值观、道德观。	

最后，坚持意识与能力相统一。一是增强少年儿童的自我意识。自我意识的强弱，在某种程度上决定少年儿童对自身发展的自知、自控、自主程度，从而决定着少年儿童的思想发展水平。二是尊重少年儿童的主体地位。尊重少年儿童在整个思想道德教育过程中的主体地位和主动性的发挥，给他们以平等自由参与的机会，让他们能充分自我认识、自我管理、自我服务、自我激励和自我完善，从而学会对自我负责，对他人负责，对社会负责，以此达到思想道德教育的目的。三是发展主体能力。"主体能力是主体能动地驾驭外部世界对其品德才能实际发展的推动作用，从而使自身主体性得以不

断发展的能力。"①现代思想道德教育尤其不要迷信权威和安于现状，必须要增强思维的灵活性和深刻性。引导少年儿童能从错综复杂的环境中接受积极影响，在浩如烟海的信息中获取有用信息。在激烈的竞争环境中，为避免少年儿童出现心理失衡与心理障碍，要养成保持心态正常的自我心理调适能力。四是塑造人的主体人格。主体人格是人作为主体所具有的人的尊严、价值和品格的总和，或者说是道德修养的综合性的概括。在现代思想道德教育中，弘扬人的人格尊严与弘扬人的主体性有着共同的追求，"教育是以完善人格为目标的，只有人格，才是统一人的各种素质和能力的本质价值。即教育的目的不仅在于适应国家和社会的要求，开发人的能力，而且还在于培养作为形成国家和社会主体的人本身。"②

五、夯实教育过程

少年儿童思想意识引导过程是少年儿童接受一定思想品德为目标，引导者与少年儿童共同参与双向互动的教育活动过程。就历史沿革而言，儿童德育过程论的代表首推康德。康德曾认为，儿童接受德育的过程是：(1)"管束"——抑制人天生的野性；(2)"教化"——让儿童学会礼貌和智慧；(3)"陶冶"——让儿童明辨是非，走向道德自律③。苏联学者曾经将儿童思想意识的形成划分为五个基本阶段：(1)刺激(外部作用)。(2)动机(内部动力)。(3)行为纲领和行为形式的选择。(4)动机为行为和行为变成习惯。(5)习惯的行为形式变为个性。以上两种模式更多认为外部作用是形成过程或教育过程的出发点。换言之，引导过程仍然被视为"教师—学生"之间影响和被影响的接受关系。现代引导过程模式以拉思斯等人的价值澄清理论模式最为典型。价值澄清理论认为，价值接受过程实际上就是从选择、评价，再到行动的过程。这一过程分为以下七个分过程：(1)自由地选择；(2)从各种可供选择的项目中进行选择；(3)在仔细考虑后果之后进行选择；(4)赞同与珍视；(5)确认；(6)依据选择行动；(7)重复(该类行动)。与传统德育模式相比，价值澄清过程的特色在于道德价值的学习者始终是活动的主角。

对于引导过程而言，有三点需要注意：(1)引导过程是一种心理与道德

① 潘玉腾：《现代思想道德教育要发展人的主体性》，载《福建师范大学学报(哲学社会科学版)》，2002年第1期。
② 瞿葆奎、钟启泉：《教育学文集·日本教育改革》，人民教育出版社，1991年版，第249页。
③ 转引自袁桂林：《当代西方道德教育理论》，福建教育出版社，1994年版，第7—8页。

的互动过程，是引导者组织、启发、引导与少年儿童的认识、体验、践行相结合的"文化—心理"互动过程，是思想品德教育活动的展开、运行、延续、发展的流程。（2）引导过程是有目的的活动过程。旨在通过教育，少年儿童在思想品德规范、思想品德心理发展、思想品德能力（包括道德判断能力、道德情感能力、道德践行能力，特别是道德的判断、选择、创新能力）方面所要达既定规格要求。（3）引导过程是引导者与少年儿童共同参与的过程。现代德育理论重视引导者和少年儿童的共同参与，重视引导者的教育活动与少年儿童的自我教育相结合，引导者的组织、启发、引导与少年儿童能动的认识、体验和践行结合，使引导者与少年儿童相互教育与自我教育，教学相长，品德共进。

无论是传统的引导过程模式还是现代的引导过程模式，少年儿童思想意识的塑造过程集中体现为内化与外化之间的基本矛盾。

就内化而言，内化是外部事物向个体的内部精神（思想意识）转化的过程，多指精神性的社会价值观、社会道德观转化为个体行为习惯。内化即对象的心理化，实践行为的意识化，实体的主体化，也是心理的对象化①。西方很多教育家、心理学家如皮亚杰、班杜拉、维果斯基、凯尔曼等，都对内化问题进行过多方面的探讨。其中，美国社会心理学家凯尔曼的内化三阶段论颇具代表性。第一，服从。人们为了获得物质与精神的报酬或避免惩罚而采取的表面性顺从行为。服从行为不是自己真心愿意的行为，而是外在压力造成的，因而在认识与情感上与他人并不一致。第二，同化。人们不是被迫而是自愿接受他人或集体的观点、意见，使自己的态度与他人和集体关于思想政治的要求相一致。第三，内化。行为主体真正从内心深处相信并接受他人与集体的观点，将这些观点纳入自己的价值体系，成为自己态度体系中的一个有机组成部分②。

思想意识引导的内化阶段是指引导者把符合一定的社会要求的品德规范传授给少年儿童，少年儿童在一定的环境下，以自己的认识水平为基础，把接受到的思想品德要求不断转化为自身思想品德的过程。"随着儿童年龄的增长，知识与经验的增多，心理发展水平的提高，源于外在强化的儿童社会化运动形式逐步为内在强化的形式所取代，而个体对社会的认识以及经验等内在因素，则开始以决定性的功能影响自身的行为，在这种情况下，'成长'

---

① 张澍军、王立仁：《论德育过程的内化机制》，载《社会科学战线》，2003年第2期。
② 时蓉华：《社会心理学》，上海人民出版社，1986年版，第144-145页。

的意义也更加突出。"①个体不仅真正地相信、接受和遵守社会的思想政治、道德要求，而且自愿将这些要求作为自己的价值准则与行为依据。内化过程是少年儿童思想品德形成的必经过程，没有内化，个体就无法正确认识、理解和掌握社会要求的思想品德规范，无法形成正确的思想品德意识，更不可能践行这些思想品德规范。通常，如观察学习、认知加工、角色扮演、主观认同、自我评价等被认为是个体内化的基本形式。

当然，内化是少年儿童自觉的有意识的接受行为，并不只是单纯的被动接受教育者所教授的教育内容。对于思想道德信息接收过程而言，它还是一种静态信息。因而少年儿童能否真正接受和认同这些信息，还取决于自我需要，取决于这些信息是否有利于自我生存和发展。在内化的过程中，少年儿童还将进行权衡利弊的审视和评价，并依需求程度和轻重缓急做出梳理整合、取舍认同。但即使通过理解环节认为是正确、合理的思想道德信息，缺乏接受主体的需求认可和价值认同也会被搁置。相反，有时明知某种思想道德信息不正确，但接受主体却有需求认可，也可能进入思想道德接受过程。接受主体所接受的思想道德信息经过内化过程而与自己既有的思想意识进行重新整合，从而产生新的思想观念、道德品质。

就外化而言，主要是指少年儿童在引导者的帮助下，把自身在内化阶段既已形成的思想品德自觉地转化为自己的行为操守，并逐渐养成一定的行为习惯。现代教育科学研究已经证明，政治、道德知识的形成基本属于智育范畴，而由知到行的转化才属于德育范畴的问题。引导过程的各种具体环节无不受知行转化的规律制约。实际上，引导过程的固化机制与"由知到行"是一种相互作用关系。一种观念或信念反复躬行践履才能达到固化效果，反过来说，固化了的观念或信念才能持久地在实践中实现出来。

总之，在思想政治教育过程中，内化和外化是辩证统一的。一方面，两者相互联系。内化是外化的前提和基础，没有内化，也就没有外化；外化是内化的目的和归宿，没有外化，内化也就失去存在的意义。另一方面，两者又相互渗透。内化中有外化，认识离不开实践，少年儿童新的思想品德认识、品德情感、品德信念和品德意志形成和巩固的过程，也就是少年儿童践行新的思想品德规范的过程；外化中也有内化，行为实践受认识、情感的指导和支配，少年儿童的思想品德行为表现是其思想品德认识、情感、信念和

---

① 侯春在：《儿童心理成长论：成长论视野中的儿童社会化》，南京师范大学出版社，2004 年版，第 81 页。

意志综合作用的结果。

当然，现实的思想意识塑造并不是内化与外化这么简单，因为思想意识的引导与塑造过程是"长效"过程，而不是"即时"过程。思想政治教育是塑造人类灵魂的工作，其直接成果首先表现为一种精神性价值，而精神性的东西是存在人们头脑内部的观念形态的东西，不易被人们的感官所觉察。正因如此，思想政治教育的价值具有内隐性。所以，在引导少年儿童思想意识逐渐成熟的过程中，既要从少年儿童各种外显的言行中把握其内在思想的变化发展，又要着眼于长远认识和观察，不能因为一时一事的差异表现，就否定思想政治教育价值的存在。

第三节　少年儿童思想意识引导的环境分析

少年儿童思想意识的获得、意义的生成，既不是单纯凭借"外部对心灵进行塑造"的"外铄说"的结果，也不是片面强调个体理性自觉的"内发说"所致，而是在一定社会文化背景下，通过与周围环境相互作用并积极内化的结果。孔子有言曰："里仁为美，择不处仁，焉得知？"[1]恩格斯也明确指出环境对人类思想的影响："人们自觉地或不自觉地，归根到底总是从他们阶级地位所依据的实际关系中——在他们进行生产和交换的经济关系中，获得自己的伦理观念。"[2]

一、生活环境与少年儿童思想意识的互动

少年儿童的思想意识不是在真空中进行的，而是处在丰富多彩的联系之中，多种相关因素之间相互联系、相互作用，构成一个统一的整体，"当我们深思熟虑地考察自然界或人类历史或我们自己的精神活动的时候，首先呈现在我们眼前的，是一幅由种种联系和相互作用无穷无尽交织起来的画面。"[3]

一般而言，环境是指主体活动赖以进行的自然、社会和文化条件的总和，一般分为自然环境、社会环境和精神环境。自然环境是人类生存的基

---

① 《论语·里仁》。

② 《马克思恩格斯全集》第3卷，人民出版社1966年版，第433页。

③ 《马克思恩格斯选集》第3卷，人民出版社1995年版，第359页。

础；社会环境是人类生存和发展所依赖的经济条件、政治制度、文化状况，是社会发展变化的一切因素和条件的总和；精神环境是心理状态的综合。按照社会环境的影响范围来看，社会环境可分为大环境、软环境与小环境。大环境又称宏观环境，是影响大多数人的思想道德意识和行为的社会环境。"大环境不仅影响社会的全体成员，也影响着社会成员中的特殊人群，它主要包括一个民族国家的社会生产方式（即一定的生产力和生产关系）、科学文化水平、社会政治法律、思想意识形态、社会风俗习惯和历史文化传统，以及与其他民族国家在经济、政治、文化、军事上的交往程度等等。"①软环境是指影响一定群体思想行为的文化环境，包括对人的思想产生影响的社会舆论和大众传媒等诸多因素。小环境又称微观环境，一般指与人的活动直接相关的环境因素，比如人际交往圈、家庭、幼儿园、学校、工作单位、居住区域等。从社会环境的作用方式来看，三个不同的社会环境对少年儿童作用力的大小、深度和广度是不相同的，影响最大的是小环境，包括家庭、学校、社区等。大环境作为间接环境，一般是通过影响软环境或小环境进而对少年儿童产生影响。而随着网络媒体的迅速发展，软环境对少年儿童的作用具有日益增强、潜移默化的趋势。

德国心理学家库尔特·勒温认为，科学心理学必须把个体与环境两者的状态描述为一体，才能确切解释个体活动。为此，提出了"心理生活空间"的概念来表示个体在某一时刻行为的全部事实。这一时刻行为是由较稳定的一般生活情境与易于变化的特定的此刻情境所决定的，它们合并成为心理情境。"所谓心理情境，能够被理解为或是一般的生活情境，或是较为特定的此刻情境。"②而进入心理空间，对个体心理发生影响的不是客观事实，而是能够对个体发展影响的具体事实，称其为"准事实"。"准事实"分为三类，即准物理事实、准社会事实、准概念事实，这三种事实一并构成个体的心理环境。"准物理的、准社会的及准概念的事实之间没有严格的区别，我们所要讨论的实为一个统一的心理生活空间，而这个空间之内的三种事实，仅可视为大致可以区别的三类。"③因此，直接环境既是物质的，又是心理的；既是过去的，又是现在的，它是主体在解决问题时所有可利用资源的总和。有的

---

① 孟东方、朱勋春、黄意武：《社会环境与未成年人思想道德建设研究论纲》，载《重庆社会科学》，2008 年第 2 期。

② ［德］库尔特·勒温著，高觉敷译：《拓扑心理学原理》，商务印书馆，2003 年版，第 24 页。

③ 同上书，第 29 页。

学者提出了道德场的概念，认为"道德场是这样一种特定构成关系，其中包括传统习俗、社会舆论、伦理准则、法律规范、宗教戒律、典章制度等等因素，这些因素之间及各因素内部之间存在着正负两种驱力，它们彼此冲突，又相互补充，形成一种动态平衡关系系统"①。也有的学者提出了社会思维场的概念："人是社会的细胞，他们都是会思维，有意识的能动的主体，他们在社会共同生活中，必然在思维上发生相互作用，人们思维相互作用的结果，形成了一种'场'，我们可以把它叫做'社会思维场'。所谓社会思维场是指全社会各层次主体的思维相互作用而形成的总体关系系统。"②延此理路，也可以把少年儿童思想意识的直接环境称作道德思维场，它是少年儿童在社会风俗习惯和社会风气风尚中所提取的政治思想、伦理道德因素与个体需要的激发下，相互联系、相互激荡而形成的一种"动力场"，正是这个"动力场"促使思想意识的展开和进行，进而使主体形成正确的行为选择。

二、家庭环境与少年儿童思想意识的互动

少年儿童是少年儿童成长的首属群体(初级群体)，在家庭环境中少年儿童接触的是亲密的、面对面的、有人数限定的交往与合作。家庭是儿童社会化的最重要场所，不仅个体早期社会化是在家庭中完成的，而且后来的继续社会化大多也是在家庭中完成的。父母通过言传、意会和身教的方式，对子女主要以期望的形式传递信息，这种信息主要包括三个方面：(1)日常生活知识与技能，包括饮食起居，待人接物等内容；(2)人生态度与行为评价的形成，包括生活志趣，互动准则等内容；(3)职业评价与职业知识技能培养，包括职业选择，劳动活动等内容。

少年儿童在家庭环境(初级群体)里扮演多种角色，参加各种活动，表现其全部个性，美国社会学家 C. H. 库利称其为"人性的养育所"。家庭环境(首属群体)不存在正式的社会控制手段，而依赖于风俗、习惯、伦理、道德等非强制性的因素来维持群体控制。子女是父母生命的延伸，父母对子女抱有特殊期望，在对子女进行教育的进程中具有高度的责任心和浓厚情感。即使家庭出现矛盾、代沟，解决冲突的策略是相互调节而不是法律。唯有在家庭成员间建立起有效的道德自我调节机制，用家庭道德规范调节、约束家庭成员的行为，以相互的节制或让步使矛盾消弭于萌芽与初起之时，才能使大

---

① 曾钊新：《德性的心灵奥秘——道德心理学引论》，辽宁人民出版社，1992 年版，第 254 页。
② 曾杰、张树相：《社会思维学》，人民出版社，1996 年版，第 168 页。

事化小，小事化了。耳濡目染中，少年儿童的思想品质就能得以提升。

在家庭环境中父母能够提供生活上的特殊照顾或帮助，能够提供情感支持和自我表达的机会来帮助子女实现情感欲望，但父母、长辈与少年儿童的亲密感情、对其需要的过分满足也会造成少年儿童对家庭环境的过分依赖。尤其是现代社会，交流途径的增多（尤其是手机、网络）导致父母向子女提供成就需要的同时，却难以保证子女感情需要的满足。学业压力的增大，又使少年儿童更需要有力的感情寄托。一旦家庭关系中出现冷漠、疏远，就会影响父母与子女之间的情感交流，互助关系变得松懈，从而带来了一系列社会问题，如盗窃、吸毒、自杀、单亲家庭的增多等都是首属社会衰弱的表现。价值观念的多元化发展，人们功利性行为的增多，也为首属社会群体的形成和维持增加了难度。

从家庭教育的特点看，它融于日常生活之中，教育与生活在时间、空间、活动上往往是统一的，更容易被孩子所接受。家庭既是子女社会化的执行机构，又是其社会化的微观环境。在少年儿童的思想意识养成中，直接、经常和亲密的家庭接触，家长和子女间对彼此的了解都较为细致和深刻。同时，与专门的学校德育相比较，家庭影响具有较显著的隐蔽性和间接性，家庭影响中的德育自觉成分随社会发展和教育意识的提高而增加。由于家庭人际关系建立在血缘伦理基础之上，所以家庭环境又是人伦文化的传递和创造基地。学校德育比较系统、规范，大多理论性强，而家庭环境中孩子是处在处理人际关系的第一现场，具有具体、生动、现实性强的特征。作为成长的摇篮，家庭教育对未成年人的性格、心理、学识、为人处事都有深刻影响。良好、和谐、稳定的家庭环境能使少年儿童形成健全人格、良好自信。

一般而言，以父母教育为核心的家庭教育可分为四种类型：（1）权威型父母（友善、公正、坚定）。权威型的父母所营造的家庭氛围是温暖且坚定的，这种家庭为青少年的行为确定了指导原则和标准，这些原则和标准与青少年的发展需要和能力通常一致，并且能够得到贯彻。同时，这些原则和标准是灵活的，父母和青少年之间可以就这些原则和标准在一种充满关怀、亲密而且公正的氛围中进行阐释、探讨和执行。对于孩子的行为，虽然父母可能拥有最终的决定权，但是对于某一件事情的最终决定一般是在经过协商和探讨之后得出的，孩子会参与这种协商和探讨。实践证明，权威型父母与青少年的交流方式非常有利于其情感自主性的发展，有助于青少年行为自主的发展。

（2）专制型父母（过分粗教）。在专制型家庭中，规则是被严格执行的，而且父母很少给予孩子相关的解释。因此，当青少年的情感自主性开始发展时，专制型父母往往会把孩子表现出的越来越明显的情感独立性看作是反抗父母权威或对父母的不尊重，甚至会用武断的手段拒绝孩子对情感自主性的进一步要求。"专制型父母的教养行为实际上在有意或无意间剥夺了孩子自己做决定、自己为自己的行为承担责任的实践机会，从而将孩子在儿童期对父母的依赖继续延伸了下去，在很大程度上阻碍了他们自主性的发展。"①

（3）放纵型父母（过分宽容）和冷漠型父母（疏远到完全不顾的程度）。前者给予孩子充分的自由，把自己看作是孩子的资源，对孩子的行为没有任何要求，听之任之。后者很少把时间和精力放到孩子身上，生活总是围绕父母的需要和兴趣，忽视孩子的生活，因此也不会给孩子提任何要求。

由于放纵型和冷漠型两类家庭的孩子从小没有学会在生活中遵守规则，因此在进入青少年期甚至在成年之后，就会在学习如何遵守规则方面遇到困难。同时，由于父母对孩子疏于指导，孩子必然会倾向于和同伴交往，比较容易受到同伴影响，遇到问题时更依赖于同伴的意见或情感支持。当孩子的同伴比较年幼且经验不足，或者自身就是问题少年时，孩子就比较容易出现问题。

通过以上四种类型家庭教育的对比可知，权威型家庭是少年儿童理想的成长环境，父母采用这种方式教养的儿童，其合作性和独立性发展都较好，而后三者都需要适当调整。实际上，家庭作为儿童社会化的责任主体，主要由家长即父母承担，父母是家庭行政的"最高首脑"，也是家庭道德与社会道德有效接轨的总设计师和组织策划者。因此，父母在儿童社会化过程中，承担着主体责任。这种责任包括以下三大方面：

第一，营造一个健康、民主和谐的家庭人文环境。家庭环境由家庭人文环境、家庭行为环境和家庭物质环境三方面组成。而家庭人文环境对孩子的成长起着奠基性作用。家庭人文环境是以血缘关系为纽带，以协调家庭成员之间的关系、邻里关系以及培养和塑造家庭成员品德为目的的家风、家规、家教、家貌之总和，彰显着家庭成员的道德观念、理想信念、价值取向、审美情趣等。例如创造温暖和睦、民主平等的家庭气氛，有利于家庭成员平等互动，有助于少年儿童的自主意识和责任心的养成；树立健康向上的生活态度，有利于培养少年儿童勇敢、进取、积极向上的人生态度；开展丰富多彩的家庭活动，既有利于少年儿童的身心健康，减轻其学习上的压力，又有利

---

① 司继伟：《青少年心理学》，中国轻工业出版社，2010年版，第174页。

于发展孩子多方面的兴趣和能力；尊重家庭成员的人格和个性，有利于建立交互主体性关系，实现心灵的有效沟通。加之10—14岁的少年儿童逆反心理很强，更应该有一个相对宽松的生活环境。即使孩子犯了错误，父母应该在尊重子女人格的基础上进行说服教育，平等地与子女对话、沟通。

第二，父母以身作则，提高自身素质，为孩子树立榜样。家庭是一个人成长的摇篮，父母是保育者，是生活的第一个指导者，是走向社会的最初引导者。少年儿童从小生活在家庭之中，心理上和生活上对父母有强烈的依赖感和信任感，易于接受父母的教育与训练。儿童同父母朝夕相处，对父母的言谈举止，长期耳濡目染，加之儿童可塑性极强，通过潜移默化的作用，就自然而然地受到影响，为此父母必须在家庭中起好示范作用，欲想子女成人成才，就务必端正自己的品行，提高修养。

传统的道德教育大多是从家庭生活开始，"端蒙养、重家教"，父母是孩子的第一任德育教师。言教者讼，身教者从。一方面，家长要通过继续学习提高自身的文化素质和文明修养；另一方面，要严于律己，始终保持良好形象，从日常生活入手，身先士卒，做到言行一致、举止文明、勤劳奉献、宽以待人，从而潜移默化地影响孩子良好品德和行为的形成。家庭伦理教育的最终目的在于道德人格的培养和树立，父母必须坚持道德价值的一贯性，坚持健康的、进步的道德价值观念立场。

第三，与时俱进，更新教育观念和教育方式。家长要抓住子女良好品德和行为习惯的养成期，对他们进行正确的引导和适当的管理，不能任其自由发展，更不能过分溺爱。时代在前进，社会在发展，家长要自觉更新教育观念。首先，要有现代化的教育观念。不可一味追求子女在智商上的高度发展而忽视其他方面的教育和引导。其次，要改变教育方式。注重培养孩子自立、创造等方面的能力和精神，培养他们的责任心。改变"有求必应"的服务方式，不能事事包办，要分清"教"与"给"。再次，改变由家长灌输知识给孩子的纵向传递模式。家长应当与孩子不断进行平等、逆向互动，了解孩子的心理，也让孩子了解家长的想法。社会变迁要求家长学会扮演不同角色，适应"多元角色"趋向，既是法定的父母角色，又是孩子的教师角色，伙伴或朋友角色。

父辈与子女之间尤其要注意保持心灵上的沟通。少年儿童毕竟还不是成人，而是处于成人与儿童之间的半大人状态，既不像幼儿般无忧无虑，也未如成人般平稳沉静。少年儿童的内心世界变化多端、充满矛盾，既有个体内部生理、心理发展不平衡的矛盾，又有个体内部与外部环境的矛盾。独立意向并不意味着已具备独立能力，少年儿童很希望得到成人的理解、指导和帮助，但当他们把心里话向父母倾吐时，如果得不到理解则可能从此把心灵之门关上，内心却忍受着孤独和失望。相反，如果长辈对他们的独立意向和行为能坦然接受，并辅以循循善诱，他们就会信赖长辈。少年儿童所需要的是父母的指导、尊重，而不是命令、训斥。父母要善于利用少年儿童反抗与服从、自我与依赖的矛盾心理，因势利导，敞开心扉，与其保持心灵的沟通。

三、学校环境与少年儿童思想意识的互动

对应于库利提出的"首属群体"概念，一些研究者提出了"次属群体"概念，特指区别于首属群体、按照一定规范建立、有一定目标和明确社会结构的群体。次属群体通常有显著不同于首属群体的较大规模，其运转也首先依赖于社会角色关系，群体成员有明确分工。人们在次属群体中的社会角色，起着沟通个人与社会的桥梁作用。个人在次属群体中的正式社会身份，常常是个人社会同一性的核心构成部分，并由此对其自我同一性发挥着重要影响。

少年儿童所融入的学校环境即属于其成长的次属群体之一。现代学校不仅是一个有目的、有计划、有组织地向少年儿童系统传授科学知识和生活技能的制度化机构，更是一个包容了人际交往、角色定位、制度规范等社会现象，传授社会规范、价值观念，养成社会情感态度、实践社会交往技能的少年儿童社会化的重要场所。它通过引导学生（少年儿童）服从教育制度的安排、传播社会主流的文化目标、价值标准和人类知识遗产，培养学生思考、分析和解决问题的能力等来推动学生逐渐成为合格的社会成员。

校园环境可简单分为三部分，第一是围绕教学而建设的器物环境，第二是学校倡导和积淀而成的校风、校训等制度文化环境，第三是学生要融入其中的人际关系环境。就前二者而言，学校物质文化通过励志、审美、暗示等功能作用的发挥实践着教育目标，对儿童身心的健康发展、社会认知和情感的培养以及创造力、主体性的养成等，都会产生直接或间接的影响。学校精神文化是一种学校在较长时间内形成的、影响所有成员的价值取向和行为方式的定式。如在学校中，师生关系、领导关系、学风、交往语言、思维逻辑、价值态度等经过时间的积淀都有可能形成某种传统，进而对儿童产生潜移默化的影响。学校规章作为学校师生员工共同的行为准则，也是教师教育学生、促进儿童遵从社会规范的一种有效工具。由于学生对学校规章的遵从都需要经过"服从—同化—内化"的心理过程，从"纯制度文化"（他律文化）

向"素质文化"(自律文化)转变，因此其社会功能不仅表现为一种文化约束，而且在于通过学校成员对这些规章制度的认可与遵循，来形成他们一致的观念意识和行为规范。在此，"学校环境的职责，在于尽力排除现存环境中的丑陋现象，以免影响儿童的心理习惯。学校要建立一个净化的活动环境。选择的目的不仅是简化环境，而且要清除不良的东西。"①学校有责任从环境中排除社会中的不良因素，从而尽其所能抵制它们在通常社会环境中的影响。学校选择其中最优秀的东西，全部自己使用，努力强化它们的力量。同时，学校环境的职责在于平衡社会环境中的各种成分，保证使每个人有机会避免他所在社会群体的限制，并和更广阔的环境建立充满生气的联系。

就第三方面而言，中小学生在学校主要的人际交往对象是同学和老师。就同学之间的交往而言，同学之间年龄层次相仿，地位、兴趣、爱好、价值观等大体相同或相近。同辈群体作为普遍存在的人际环境，有较高的心理认同感和内聚力。成员间的关系基本上是平等的，相互交流的内容十分广泛，也有自己的亚文化。同学之间交往频繁，同辈群体对少年儿童的价值观、思想和行为发展的影响甚至会超过父母、老师和社会大环境的影响。同辈群体能促进少年儿童彼此间的相互理解与支持、关心与尊重，能满足未成年人情感交流、归属的需要。在交往过程中往往以同龄人、同层次的人为参照标准，通过他人对自己的评价和态度，可以对自己的能力、水平、个性等有更全面、深刻的认识，更清楚地了解自己的长处和不足，从而明确自己的追求目标和发展空间。

师生关系则是一种特殊的社会关系和人际关系，是教师和学生为实现教育目标，以各自独特的身份和地位通过教与学的直接交流活动而形成的多质性、多层次的关系体系。教育关系是师生关系中最基本的表现形式，也是师生关系的核心。一般而言，教师在教育活动中占据主导地位，道德教育的社会学派代表人物涂尔干认为"教育应主要是一种权威的活动"②，教师则是这一权威活动的具体执行者，是社会强制儿童的代表者。

近现代教育观越来越倾向于，教师不是教育过程的权威，而是学生的合作者。在教育活动中，教师是促进者、组织者和研究者，而学生一般是参与者、学习者，同时又是学习的主人和自我教育的主体。师生关系具有一定客观必然性，并不随教师和学生的主观态度而转移，并且在教师和学生的积极

---

① ［美］约翰·杜威著，王承绪译：《民主主义与教育》，人民教育出版社，1990年版，第26页。
② 张人杰：《国外教育社会学基本文选》，华东师范大学出版社，1989年版，第21页。

活动中得以表现。教育关系的维系首先取决于教师的教育水平，也受制于教师的专业知识、教育技能和人格力量等。师生之间不仅有正式的教育关系，还有因情感的交往和交流而形成的心理关系。心理关系是师生为完成共同的教学任务而产生的心理交往和情感交流，这种关系能把师生双方联结在一定的情感氛围和体验中，实现情感信息的传递和交流。同时，在教育教学活动中，教师与学生构成一个特殊的道德共同体，各自承担一定的伦理责任，履行一定的伦理义务。学生的道德观念有很大部分是从教师那里直接获得的，教师会潜移默化地对学生施以道德影响。

新型师生关系中教师和学生在人格上是平等的、在交互师生关系活动中是民主的、在相处的氛围上是和谐的。建立在学生自主活动基础上的思想道德教育并不意味着教师作用的削弱，它的核心是师生心理相容，心灵的互相接纳，形成师生间真挚的情感关系。一方面，学生在与教师相互尊重、合作、信任中全面发展自己，获得成就感与生命价值的体验，获得人际关系的积极实践，逐步完成自由个性和健康人格；另一方面，教师通过教育教学活动，让每个学生都能感受到自主的尊严，感受到心灵成长的愉悦。

在传统教育中，教师只是知识的传播者、代言人。教师横亘在知识与学生之间，学生习得知识必须通过教师这个中介来输送与传递。于是，才有了"要给学生一杯水，教师需有一桶水"，教师讲授的永远是正确的、标准的。于是，教师更多的被贴上"数学""语文""英语"等学科标签。但是，教师最真实的一面却难以显现，也许教师苦口婆心解释的道理连自己都不一定相信，也许数十年如一日的标准答案让自己也心存质疑，师生之间的所有交往都发生在"知识"的传送带上。

然而在信息飞速发展的时代，知识正在以几何级速度增长，获取知识的通道变得平等而开放，教师不再拥有知识霸权地位。当教师与学生第一次以相同的"学习者"身份出现时，教师必然需要回归真实本性。于是，就有了一个有情感、有态度、不一定完美的教师与一群同样有情感、有态度、不一定完美的学生之间的学习交往，教师将自己置身学习之中，把学生"代入"共同学习的状态，教师可以有情感表达，可以有态度立场，可以去质疑追问，更可以坦言自己的未知，甚至求教于"先知学生"，也只有这样"最本真"的教师才会打动学生、感染学生、发现学生。

现实的教学实践中教师为学生创造和睦、宽松的环境，学生才会信任教师，才会向教师敞开心扉，才会乐于向教师说出真情实感，才会把教师当作朋友。古人云："亲其师则信其道。"首先，教师要敬业爱岗，立志终生植根于教育行业，专心治学治教，躬耕教坛，无私奉献。其次，树立牢固的法制观念，学法讲法，以法执教，依照《教育法》《教师法》《未成年人保护法》的有关要求，履行自身的职责和义务。最后，把"教书育人"与"教书育己"统一起来，从细小事情抓起，形成习惯，以身立教，为人师表，遵循理解、尊重原则，以自己高尚的人格形象给学生感染和启迪。正所谓："学高为师，德高为范。桃李不言，下自成蹊。"

具体到少年儿童思想意识的教学实践中，学校是对少年儿童开展思想品德教育的主要场所和重要平台。因为学校可以采用科学的方法，通过受过专门训练的从事思想政治教育的教师对中小学生进行有目的、有计划、有组织的品德培养。如现行的教育体系中，教育部根据儿童发展的生理和心理特点，为不同层次的学校科学规划不同年龄段的思想道德教育内容。从小学1—2年级起，开设《品德与生活》，3—6年级开设《品德与社会》，重在品德启蒙教育和行为养成教育，引领小学生逐步认识自我、认识社会；初中开设《思想品德》，重在进行良好品德教育、健康人格教育和公民意识教育，引导学生初步认识个人和他人，个人和集体、国家、社会的关系；高中开设《思想政治》，重在加强对中国特色社会主义理论体系讲述和世界观、人生观、价值观教育；高等学校开设《马克思主义基本原理》《毛泽东思想和中国特色社会主义理论体系概论》《中国近现代史纲要》和《思想道德修养与法律基础》等课程，深入进行社会主义核心价值体系教育，形成由浅入深、循环上升、有机统一的大中小学德育课程体系。

除此之外，还要注重隐性课程的挖掘和传授。鲁洁认为，"隐蔽课程是指教育者为了实现教育目标，有组织、有计划地在学校范围内以不明确的、间接的、内隐的方式，通过受教育者无意识的非特定心理反应，主要使受教育者获得情意方面经验的那些内容和要素"[1]。从隐性课程的原旨和要义来看，隐性德育课程与隐性课程的含义基本是相通的。按照其存在的范围，隐性德育课程分为两大领域：一是课堂中的隐性德育课程，包括课堂物质环境，如座位排列、设备、光线、色彩、装饰、卫生等；课堂精神氛围，如隐喻的教学内容、教学组织、教学方式、班风、师生关系、学生团体、非言语交流、课堂气氛、奖惩方式等。二是校园中的隐性课程，包括校园物质环境，如设备、建筑、绿化、卫生等；校园精神环境，如教师团体、学生团体、师生关系、校园文化活动、校风校纪、校训以及各种仪式、学校组织方

---

① 鲁洁：《德育社会学》，福建教育出版社，1998年版，第284页。

式和领导方式等。

四、社会环境与少年儿童思想意识的互动

社会环境是家庭，学校环境的延伸、补充和拓展，因其思想政治教育资源丰富、感染力强，从而带来极大的覆盖面、辐射力和渗透性。少年儿童既在学校接受教育，又是社会的一员，社会上的各种信息必然以各种形式时刻影响着少年儿童的思想意识。有人说："社会大气候不改变，学校再教育也没用"；"学校讲十句，社会上一个事实就使我们白讲了。"这种说法有点绝对，但不无道理。

社会环境主要为少年儿童的思想意识发展提供社会经验和检验场域，而且随着儿童年龄的增长这种影响力与日俱增。儿童高级心理机能的形成和发展受社会文化历史发展规律的制约，而不受生物学规律支配。维果茨基曾提出两个基本假设：一是高级心理机能的中介性。高级心理机能的实质就是主体以语言符号作为中介性的"心理工具"，通过语言符号的运用达到组织自己心理活动的效果。语言符号的运用指向内部心理过程，并使心理过程转化为文化过程，是文化改造着心理机能的活动。二是高级心理机能的发展是外部活动不断内化的结果。内在的心理过程起源于外部精神之间的活动，首先是儿童运用语言符号进行外部的个体之间的心理沟通，然后才转化为在头脑中默默进行的内部活动形式。于是，社会生活环境在儿童高级心理机能的发展上至少有三个重要贡献：一是为儿童提供历史上形成的现存的语言符号系统，因为语言是社会联系和文化活动最重要的工具。二是通过语言符号系统为儿童提供人类社会历史经验，儿童只有吸收人类种系历史发展的文化成果，心理机能的性质才能得到根本改造，也才有资格介入人类社会历史的创造进程中。三是为儿童提供现成的可以与之进行精神交往的群体，而群体的活动要达到协调，必须在意识水平上使每个群体成员都必须尊重事实，遵守逻辑规则。

社会环境对少年儿童的思想道德培养既有显性约束力，又具有隐性感染力。社会环境深刻变化，少年儿童思想意识教育与引导面临严峻挑战。(1)社会结构和社会组织形式的变革导致少年儿童思想道德建设的生长点明显增多，但引导少年儿童在多元中树立主导、在多样中谋共识增加了难度。利益格局和利益关系的调整为少年儿童思想道德建设带来了巨大活力，但利益需求日益多样化、利益关系日益复杂化，都为进一步统一思想、兼顾少年儿童各方面利益增加了难度。(2)全方位、宽领域、多层次的对外开放格局

为少年儿童思想道德建设借鉴人类有益文明成果提供了更加有利的条件，但西方不良意识形态不断进行渗透，为进一步引导少年儿童坚定理想信念、弘扬民族精神增加了难度。(3)社会主义市场经济深入发展，经济体制深刻变革，为加强少年儿童思想道德建设提供了坚实物质基础和丰富教育资源。同时市场经济发展过程中出现的消极因素诱发了一些少年儿童思想混乱和价值扭曲。(4)科学技术快速发展，特别是互联网、手机等新型传媒工具迅猛兴起，为少年儿童获取信息、学习交流和文化娱乐开辟了新途径。但是，一些腐朽落后的文化和有害信息也趁机向少年儿童传播，为进一步提高少年儿童思想道德建设的针对性和实效性增加了难度。

应对严重挑战，我们需要从如下环节入手：

第一，直面市场经济的社会环境，帮助少年儿童树立正确的价值观。市场经济容易使人们不择手段地追逐金钱，反映在社会交往上出现了诚信缺失，反映在国民经济秩序上出现了腐败横行。在当前思想品德教育中，培养市场所需要的具有道德意义的种种品质固然重要，但教育的着眼点应该放在培养当代社会所需要的社会主义、集体主义和爱国主义的道德品质和人格上。

第二，引导少年儿童关心时事政治，坚定人生成长方向。社会政治环境对少年儿童的影响表现在：一是社会政治环境规定少年儿童的政治发展方向。少年儿童要健康地发展和成长，只能在认识、适应社会政治要求的基础上才能顺势成才。二是社会政治环境决定着少年儿童的培养目标。教育具有阶级性，培养人才的目标也有阶级性，党和国家一直重视对少年儿童培养的政治标准。三是良好的政治环境为少年儿童发展提供思想上、政治上的保证。少年儿童在社会政治生活中不仅是接受教育的对象，而且还是推动社会政治变革的重要力量。少年儿童的政治面貌、政治倾向和政治参与程度，对社会政治环境建设具有推动作用。

第三，注重社会文化环境的熏陶作用。文化环境是指影响人的思想行为的文化发展的水平与状况，它包括国家的意识形态、民族的文化传统、社会的道德面貌、舆论导向、社会风气以及教育科技文化事业的发展水平等。当前，在众多的文化环境中，要着重注意网络环境与少年儿童思想道德建设的互动。网络文化作为信息化的标志，以其交互性、虚拟性、即时性的特征，加上少年儿童追求时尚的特点，形成对少年儿童的强大吸引力。面对网络世界，少年儿童可以根据自己的兴趣去获取各方面的信息。只要拥有一台联网电脑(手机)，少年儿童便既可方便地获取大量信息，又可与外界自由地进行思想交流，从而极大地激发他们的求知欲和想象力，最大限度地调动他们获取思想信息的主动性、自主性与参与性。现在的未成年人讲究个性自由，喜欢表现自我，喜欢选择自由的交流方式，网络平台使未成年人在论坛里可随意贴出自己的感受，在博客里可以自由表达自己的观点。少年儿童既可以通过网络共享思想政治教育资源，又可在网上自由地向教育者咨询思想问题，与其他主体开展思想交流和讨论。

第四节 少年儿童思想意识引导的内容导向

一、少年儿童自我意识的不断完善

引导少年儿童思想意识的养成，需要帮助少年儿童完善自我意识。具体环节如下：

第一，帮助少年儿童正确认识自我。人贵有自知之明，正确认识自己才能对自己的能力、性格等做出恰当而客观的评价。既能看到自己的长处，也能看到自己的不足；不会因为只看到优势而盲目地沾沾自喜，也不会因为只看到不足而悲观地自惭形秽。认识了自己才知道现实的自我，从而更清楚地认识过去、把握将来，制定出更加切合自身实际的生活目标和理想。要想实现自我认识，一般有两个途径，首先，通过观察自己的行为效果来认识自己。人的主观特征会通过在实践中的活动表现出来，并产生相应的行为效果，所以可以通过对行为效果的观察与评价来判断自身的情况，从而达到对自我的正确认知。其次，通过与他人的比较中认识自己。通过观察自己的行为效果来认识自己，一定程度上会受到主观因素的干扰。自我认识的根据无非是将自己与他人比、与他人对自己的态度比、与自己行为的结果比。这三个渠道都必须畅通，否则只凭个别信息作为自我判断的依据必然失误。再次是要进行有效的社会比较，即对各渠道的各类信息也要综合处理，比如与别人比较就不可以只和比自己强或比自己差得太远的人比，否则亦会出现认识中的主观性。同时还要引导少年儿童形成自我剖析和反省的习惯，要有勇于肯定和勇于否定自己的气概。当然，认识自我方法是很多的，还可以进行心理测验，可以进行自我鉴定，可以与朋友同学谈心、写日记、举行各种适合青少年特点的团队活动和班级活动等。

第二，让每个少年儿童都"接纳"自己。俗话说："金无足赤，人无完人。"接纳自我就是要接受自己的一切，不仅接纳好的、成功的，也接纳不好的、失败的。其实接纳自我的一切不仅是自信的表现，更是完善自我的起点。一方面要悦纳自己的生理特征，比如性别、体型、身高、容貌。少年儿童会经历一个"体相危机"的心理阶段，对自己的外貌、体型等方面特别在意。这就需要引导少年儿童逐渐接纳自己的生理特征，并把注意力转移到对自身修养的塑造上。另一方面要悦纳自己的心理特征，比如能力、气质、性格、兴趣等方面，懂得内向者与外向者各有短长。对自己的能力有准确定位，不仅知道自己的弱点、缺点和局限，而且还知道自己的优点、长处和发展潜质。对自己持肯定态度且怀有信心，有良好的自我形象，自尊、自爱、自信，对自己的未来抱有切合实际的希望。

第三，帮助少年儿童实行自我管理。首先确立正确的理想自我。确定合理的自我期望值，过低不利于前进和发展，过高易导致挫折。正确的理想自我是在自我认识、自我肯定的基础上，按社会需要和个人特点确立的。同时，通过自我教育来实现理想自我与现实自我的和谐统一，促进自我意识的健康发展。既追求个人价值、注重自我价值的实现，又要在为他人和社会服务、为国家和民族作贡献的过程中实现自我价值。引导少年儿童掌握自我调节的方法，如宣泄、补偿、疏导、升华、积极的自我暗示等等，以此来调节由挫折引发的不良情绪。尤其是面对各种生活、学习压力时，更要通过自我调节来保持心理平衡。

二、注重少年儿童思维方式的养成

思维方式是人们认识主客观世界的深层心理结构，是体现一定思维方法和一定思维内容的思维模式。思维方式包括价值标准、思维视野、思维方法、思想观念等因素[1]。思维方式在看待世界、处理问题、做出判断和抉择中具有综合作用，甚至可以说它就是人们处世态度和处世方法的综合。思维方式是观念地存在着的相对稳定的解决问题的思路，一经在主体的思维结构中固定下来，就成了控制思维活动的意识性机制。"它以先行的模式规定着思维对象的选择、思维主题的确定和思维成果的存在样式，并以一定的方式组织主体的思维活动，以一定的层次和序列运用思维的原料和材料。"[2]人们

① 朱长超：《思维：地球上最美丽的花朵》，重庆出版社，1989年版，第141—150页。
② 阮爱莺：《中国传统思维方式对创新精神的影响》，载《中共福建省委党校学报》，2001年第2期。

认识上的正确与错误，以及认识的深度、广度、灵活性、辩证性等，都与思维方式有着极为密切的关系。思维方式不同看待事物的角度、方式和方法也不尽相同，正确的、科学的思维方式促进人们的认识和实践活动的发展，错误的、僵化的思维方式阻碍人们的认识和实践活动的发展。思维方式作为少年儿童处世态度和处世方法的钥匙，它所涉及的已经不是单纯的个体心理问题，一个有心理障碍的人，可能存在思维方式的"不合情理"；思维方式不科学，也可能导致某些心理障碍；个体的思维方式问题和心理问题，也不能排除其价值观念存在着偏差。

少年儿童思想意识引导必然包含思维方式教育，思维方式教育早就受到国内外教育界和其他各界人士的重视。美国教育家杜威曾经指出："那些懂得什么是较好的思维方式，并且知道为什么这些思维方式比较好的人，只要他愿意的话，他就可以改变他个人的思维方式，从而使思维变得更有成效；这就是说，按照这种思维方式，他们就能把事情搞得好些，而按照其他的心理活动方式去办事，就不能取得同样好的效果。"①我国一些学者早在 20 世纪 80 年代就指出："实践证明，一个人的知识再多，但是如果他的思维方式是不科学的，那么他的知识也就很难发挥应有的效用。这里，对人们进行科学思维方式的培育，是很重要的。在学校，应当在传授知识的同时，特别注意培养学生的科学思维方式。"②少年儿童思维方式发展的诸多特点中，过渡性是其最根本的特点，即从具体形象思维逐步向抽象逻辑思维过渡，概括能力、比较能力、分类能力均有较大发展，开始出现比较稳定的抽象逻辑思维能力。其中，就思维方式的价值导向而言，少年儿童开始思考向"新的社会角色过渡"的问题。"向新的社会角色过渡"不仅受个体差异的影响，而且综合了家庭、学校、同伴关系的影响，综合了少年儿童人际地位、政治地位、经济地位、法律地位的等诸多可变因素。

就认知事物的思维方式来说，少年儿童"个体的思维从具体运算过渡到形式运算，标志着智慧发展到了一个较为成熟的阶段，在此之后的发展仅是经验和知识的增加，思维方式不再有质的变化。青少年正处于形式运算阶段，他们对于自然世界、自我、人际关系和社会本质的思维方式的变化源于形式运算认知结构的建立。"③这说明少年儿童时期是进行思维方式教育的黄

---

① ［美］杜威著，姜文闵译：《我们怎样思维》，人民教育出版社，1991 年版，第 1 页。
② 田运：《思维科学引论》，北京工业学院出版社，1985 年版，第 126 页。
③ 张文新：《青少年发展心理学》，山东人民出版社，2002 年版，第 11 页。

金阶段，同时少年儿童身居"受教育者"的主体地位，因而给学校教育最大限度地发挥作用提供了有利条件。由于少年儿童思维方式的变化源于形式运算认知结构的建立，因此，应在各门课程的教学中有意识地进行思维方式的"点化"。就少年儿童"受教育者"的主体地位来讲，其心理和思维的发展必须通过学校教育来实现。具体而言，思维方式教育的内容应包括以下几个方面：

第一，价值标准。价值标准对思维方式有着显著影响，持有不同价值标准的人会有不同的道德判断和价值判断，从而对事物做出不同评价与选择。"换句话说，价值标准引导着人去趋利避害，在价值标准确定的前提下，由于思维关注的是与价值标准相一致的方面，因而其对事物做出的决断以及采取的行动也会与此相符。"[1]这种选择的重复进行能使少年儿童的思维方式逐渐定型，并在以后的选择中反复地、习惯性地被采用。价值标准与思维方式的关系，启示我们在进行思维方式教育时，要启发和培养少年儿童以有利于国家、人民、集体以及个人的发展作为基本的价值取向，培养他们用正确的思维去判断和权衡事物的利害关系和价值大小，进而做出正确决断的良好习惯。

第二，思维视野。思维视野是思维赖以进行的时间、空间背景。思维的时空背景不同，思维方式也就不同。没有历史性和未来性眼光，思维的聚焦点就容易局限在眼前或暂时的功利上，甚至做出错误判断。思维空间背景狭小就难以看到博大深远、丰富多彩的世界，考虑问题就容易单向度地固定在某一"点"上。少年儿童的社会阅历和知识存量正处在逐步经历和不断增加的过程中，与成年人相比思维视野有局限性，在认识事物和处理各种关系时缺少多维度的和从长计议的思维方式。"通过思维方式教育，教会青少年历史地、完整地看待问题，不但要认清事物的现状，还要了解它的过去，看到它的未来发展趋势，看到它与其他事物之间的联系，善于从过去、现在、未来的因果关系中，从不同事物的相互联系中把握世界，从不同维度认识事物、解决问题。"[2]

第三，观念因素。持有什么样的观念，就会有什么样的思维方式；反过来，一定的思维方式又会产生与之相应的观念。观念不是与生俱来的，而是

---

[1] 田建安、孟建伟：《思维方式教育：青少年心理健康教育的基础》，载《中国青年政治学院学报》，2007 年第 5 期。

[2] 同上。

环境影响和教育的结果。对少年儿童来说，接受某一观念和改变某一观念都会比成年人要容易。观念的改变会带来思维方式的改变，因此，对错误观念的抵制和清除、灌输和树立正确的观念，应该是思维方式教育的重要任务。"在日常教育实践中，可以通过列举和比较正确与错误、先进与落后的观念所造成的思维方式上的优劣势及其带来的必然结果，引导青少年把观念更新与思维方式更新结合起来，在理性思维的基础上树立正确的观念，用正确的观念指导思维，从而形成和保持健康的心理状态。"①

第四，思维方法。思维方法不等于思维方式，二者的区别主要在于："思维方法是比较一般的东西，思维方式是比较具体的东西。某一个人认识某一个对象的某个思路，就已经是一个思维方式；许多人对许多对象认识过程不断重复使用的某种思路，才是一种思维方法。"②简言之，思维方法是思维为解决问题而采取的比较固定的、通用的手段，而思维方式则是"人们进行思维的具体模式，这种模式体现着一定的思维方法和一定的思维内容"③。或者说，思维方式的个体差异要大于思维方法，并且思维方式要以一定的思维方法为基础；思维方法的通用性要强于思维方式，并且对思维方式产生影响。"从青少年认知特性及心理发展特性的角度考虑，进行思维方法的教育应该处理好普及与提高的关系，需要分层次进行。"④思维方法教育的内容由高到低主要应包括⑤：辩证的思维方法（如矛盾统一、发展变化、相互联系）、系统的思维方法（如整体性、结构性、动态性）、立体的思维方法（线性集中与平面扩散的综合统一），以及一般的逻辑方法（如限制与概括、定义与划分、探求因果联系等）和逻辑规律（同一律、不矛盾律、排中律和充足理由律）。

此外，思维方式教育与人生观、价值观、道德观教育有某些交叉之处，也表明思维方式教育内涵的丰富性和综合性。因此，在进行思维方式教育时，如果单做心理意义上的思维矫正，或者单从思维科学的角度出发去寻找对策，显然都与科学的教育方法有相当距离。正确的做法应该是以思维方式

---

①　田建安、孟建伟：《思维方式教育：青少年心理健康教育的基础》，载《中国青年政治学院学报》，2007 年第 5 期。

②　田运：《思维科学引论》，北京工业学院出版社，1985 年版，第 130 页。

③　同上书，第 129 页。

④　田建安、孟建伟：《思维方式教育：青少年心理健康教育的基础》，载《中国青年政治学院学报》，2007 年第 5 期。

⑤　同上。

教育为纽带，实现思维方式教育与心理健康教育、价值观教育、道德观教育的多向度整合。

从教育思维上分析，少年儿童思想意识的引导要打破"预成性"思维，因为在预成性思维中，"一切都是已完成的，都有一个本质，这个本质决定着对象的'是其所是'"①。与之相反，要用生成性思维来对待少年儿童思想意识的成长，"作为认识论，生成主要是指用生成的观点（即创生、变化的观点）来看待事物；作为本体论，生成则是指世界本质上就是一种过程性存在。作为一种思维方式，生成性思维认为事物及其本质和规律是在其发展过程中生成的而不是预先存在的。其核心是用创生、变化、发展的观点去看待事物及其发展。"②

三、思想意识引导与意识形态的呼应

"意识形态"是一个多维概念，克里福德·格尔茨曾概括了意识形态在理论上的尴尬处境："对现代认识史而言，略具讽刺意味的是'意识形态'这一术语本身已完全被概念化了。"③麦克莱伦补充道："意识形态是整个社会科学中最难以理解的概念……对其定义本身（及其应用）就充满了激烈的争论。"④从情感的倾向性上来看，"意识形态"主要有三种含义：中性的、贬义的和褒义的。每个群体都有用于指导其成员在现实世界中思考和行动的意识形态，用它进行描述时，意识形态是一个中性的概念，它不对现实作误导性的描述，而只是反映社会群体通过它们在社会结构中所处的地位了解到的客观现实。把意识形态作为贬义词处理时认为它曲解了社会行为者同现实世界的关系，令人产生错觉，从而掩盖了统治体系所产生的矛盾。而把意识形态作为褒义词对待时，认为它是为实现某一集体目标而采取行动的"驱动力"。在此，一个群体的意识形态对群体有益而无害。

虽然关于意识形态的上述三种含义有着共同的主题，但最能引起人们对有关意识支配问题关注的却是意识形态概念的贬义用法。人们似乎公认这一

---

① 邹广文、崔唯航：《从现成到生成：论哲学思维方式的现代转换》，载《清华大学学报（哲学社会科学版）》，2003 年第 2 期。

② 罗祖兵：《从"预成"到"生成"：教学思维方式的必然选择》，载《课程·教材·教法》，2008第 2 期。

③ ［美］丹尼斯·K. 姆贝著，陈德民等译：《组织中的传播和权力：话语、意识形态和统治》，中国社会科学出版社，2000 年版，第 80 页。

④ 同上。

常用术语充满了贬义色彩，当我们说某人信奉某种意识形态时，通常的含义是他持有一系列带有偏见的想法。当我们说某人"意识形态"观念很强时，通常的含义是此人非常情绪化，而不是进行理性的、平衡的、建设性的辩论。当我们说某国家强化意识形态工作时，意识形态表达的是维护和支持处于统治地位群体的利益，压制处于从属地位群体的利益。在这一意义上，意识形态使居支配地位意义的形成具体化，使其成为自然的、合理的事物秩序。但贬义不代表否定，吉登斯便认为意识形态是统治结构合法化的工具，是行使权力保障和掩饰局部利益的媒介。换言之，意识形态提供了一个有利于某些群体的意义环境，同时掩盖了这一意义系统的统治本质。这种意识形态的意义结构是通过含义体系产生和复制的，在多数组织中含义体系表现为故事、笑话、礼仪、备忘录、会议等形式。所有这些组织实践都是再现或重组组织中的意识形态、意义体系的符号形式。

　　不管对意识形态持有何种态度（肯定、否定或漠视），都不能抹杀意识形态的社会功能。意识形态不仅向人们提供用于指导世界观的信仰体系，还能掩盖或转化存在于行为者体验的社会现实和不同的社会群体互相竞争的既得利益之间的矛盾，由此而形成社会现实中的集体意识。意识形态并不是虚假意识，因为主体赖以生存的意识形态条件来自于存在的客观条件（生产方式），而不是来自个人。因此，只要所有的实践活动都发生在意识形态工具的范围之内，主观性（意识）在很大程度上是通过意识形态构成的。所有的意识形态都具有将具体的个人构成主体的功能，都通过对主体的分类对具体个人能否作为具体的主体提出赞成或质询。"意识形态的功能是提出主体的社会现实的边界条件。它不是单纯地导致错误认识和无知，而是使主体介入持续的包容与排斥的过程。对是什么、什么是好的、什么是可能的等问题下定义。"①因此，对于一个国家、一个民族、一个政党而言，对本国本民族的少年儿童进行意识形态教育，也成了必由之路。

　　意识形态是政党的政治信仰和政治观点的表达方式，是一定阶级、阶层和利益集团的思想体系，是它们对现存世界及其秩序的"整体性"反映与判断。任何政党的产生和存在都有自己的意识形态前提，从逻辑上说，先有意识形态和意识形态认同才可能有政党。如果一个政党没有自己的一整套思想、理论、主张和政策，它就会失去存在的基础和理由。对于任何一个负有

---

　　①　［美］丹尼斯·K.姆贝著，陈德民等译：《组织中的传播和权力：话语、意识形态和统治》，中国社会科学出版社，2000年版，第89页。

远大使命的执政党而言，它的首要任务便是建构意识形态，因为意识形态具备价值引导和教育的功能。任何政党的执政过程，实际上是教育群众、组织群众、带领群众的"双向互动"过程。意识形态工作能够从思想意识上把握群众参与政治的欲望，把党的思想理论转化为群众的创造性实践，并通过执政党成员的示范行动化为社会的主流行为规范。通过价值引导和教育，有效的意识形态工作可以使群众的意志专注于党确定的奋斗目标，可以使群众为共同利益而奋斗的行动保持连续性，可以使群众在为共同理想而奋斗的过程中坚定信仰和信念。尤其是随着现代社会民主化程度的不断提高，社会控制的强制力发挥作用的空间正在逐步缩小，公众自我选择的空间进一步扩大，各国执政党已纷纷把主流意识形态的建设放上重要的位置。

少年儿童思想意识引导的核心指向是价值观教育。价值观是一种对事物有明确取向的评价和判断，具有相对稳定性和阶段持久性。价值观是一种观念体系，人们的行为正是在价值观的指向和激励下，不断适应和创新的。人不是天生就有明确价值观，而是经过后天的环境熏陶、教育和社会实践逐渐形成的。价值观不是一成不变的，而是随社会发展变化而不断演变着。"一般说来当儿童的思维能力和自我意识发展不够的时候，他的所谓的价值观都是模仿或者被强加的，是成年人或者权威者的价值观的简单的反映。"①儿童随着年龄的增长，自我意识高度分化，能够认识自己的需要，能够认识自己的能力和个性特点，能够认识自己与社会之间的关系，进而能逐步根据自己的需要和自身的能力与社会地位来调节、确定自己的需要，评估能够实现的需要，从而确立自己的价值观。

由儿童到少年的转变过程中，价值观也有一个渐进性的过程。由于不同年代的少年儿童所处的社会背景不同，在其价值观的演变中扮演的角色是不同的，因此价值观的基本特征也是有差异的。当代少年儿童的价值观在其渐进性演变中，主要呈现以下基本特征②：（1）在不断成熟的进程中总是伴随着幼稚性。（2）在框架构建中承受着向心力与离心力的综合作用。向心是正向的教育在起作用，使少年儿童的价值观在正常的轨道上运转，这符合国家的要求，努力实现社会预期。离心是形形色色的负面影响在起作用，使少年儿童的价值观偏离正常轨道。（3）在渐进性价值认知的同时不乏跳跃性价值

---

① 陈理宣：《未成年人价值观形成的基本规律及教育措施》，载《内江师范学院学报》，2010年第5期。

② 叶松庆：《当代未成年人价值观的基本特征与发展趋向》，载《青年探索》，2008年第1期。

认知。（4）在传统成分与现代意识的交织中艰难演化。一方面对传统观念的摈弃，一方面对新生事物的悦纳。（5）在追慕时尚中难以彻底摆脱意识落伍。少年儿童总是快步紧跟时代的步伐，追寻时尚语境。行为上的前卫，促使时尚的生成，同时理想化的成分增多，意识上落伍的概率增大。（6）在集聚意识趋强的表象下存有离散情绪的张扬。（7）在自尊、自信与自卑的旋涡中蹒跚前行。（8）在精神喜新中夹杂着心理阻滞惯性。喜新标志着少年儿童接受新事物的主动性和积极性，是其价值取向的一种亲和方式。比如对一些新奇鲜活事物和自然形成的价值理念，少年儿童的好奇心总是很强烈的，而且接受得快。阻滞是少年儿童价值取向对外排斥的一种表达，它是一种心理惯性。比如对一些来自成人世界，表达成人意志的事物，做出消极的无可奈何的选择，甚至出现阳奉阴违的表现。

青少年期是价值观形成并逐步稳定的关键时期，形成什么样的价值观，意味着他们将采取什么样的思维方式去评判、选择事物，特别是选择自己的人生道路，选择处理社会关系的方式和正确评价自我的方式。意识形态不通过单一的概念起作用；它们在一系列推论链环上，以成簇的方式，在语义场中、在推论的形成中发挥作用。个体进入一个意识形态场中，随意挑出处于任何结节的表述或概念，就会激发起整整一串含义的联想。目前对少年儿童进行价值观引导主要可分为两个层面。一是国家层面，侧重于对少年儿童进行意识形态教育，着重对少年儿童进行马列主义、毛泽东思想、邓小平理论的教育；进行共产主义的理想信念和社会主义核心价值观教育；进行权利义务、组织纪律、爱国主义、国际主义和共产主义等方面的教育。在教育引导过程中多以社会主义、集体主义、爱国主义教育、社会责任感教育、艰苦创业精神教育为核心；以走中国特色社会主义道路的思想和信念教育为宗旨，以培养有理想、有道德、有文化、有纪律的社会主义现代化建设事业的接班人和建设者为基本内容。

少年儿童理应认识到自己的时代特点和历史使命，加强爱国主义、集体主义、社会主义学习；反对历史虚无主义，增强学生对民族文化的认同；面对科学技术迅猛发展和知识经济的到来，努力学习科学文化知识以适应激烈的国际竞争；树立建设有中国特色社会主义的共同理想和正确的世界观；把个人成才同国家前途、社会需要结合起来，形成爱党爱国、关心集体、尊敬师长、勤奋好学、团结互助、遵纪守法的风气；发扬互相关心、助人为乐的精神，深入社会，深入基层，深入群众，了解我国基本国情，了解基层实际情况，了解群众生活疾苦；增强社会责任意识，勇于迎接机遇和挑战，实现祖国繁荣、民族复兴的使命和自身人生价值。

另一方面，个人层面侧重于对少年儿童进行思想品德教育，即针对少年儿童的心理特点、思想倾向和行为习惯等方面的特点，通过各种思想教育来解决少年儿童的世界观、人生观、价值观和远大理想问题。《公民道德建设实施纲要》倡导的"爱国守法、明礼诚信、团结友善、勤俭自强、敬业奉献"的 20 字"基本道德规范"，是对全体公民的基本要求，当然也是未成年人的基本道德行为规范。加强社会公德教育，掌握和实行社会公共生活准则，维护公共财物，遵守公共秩序，爱护公共环境，参与公益事业，敢于见义勇为，勇于同不道德的社会现象和行为作斗争；通过道德教育和道德修养，使少年儿童树立起社会主义的道德观念，解决行为规范和行为准则等问题。培养道德意识，明确是非观念，真正懂得什么是对的、什么是错的，什么是可以做的、什么是不应该做的，什么是必须提倡的、什么是坚决反对的。

小结

少年儿童思想意识的教育引导是一个复杂问题、系统工程。国内部分学者对此进行了详尽论述，例如檀传宝的《少年儿童组织与思想意识教育基本理论》、陆士桢的《少年儿童组织与思想意识教育活动方法》。本章内容仅从提纲挈领的角度进行了一定分析，其中，少年儿童思想意识的社会化建构指明了教育的结果指向，教育的基本原则指明了方式方法，教育的环境分析指明了外在环境，教育的内容导向指明了要解决的核心任务。

思考与练习

1. 少年儿童个性化与共性化的矛盾张力是什么？

2. 简述少年儿童思想意识教育的基本原则有哪些？

3. 少年儿童思想意识教育中，主要受到哪些环境因素影响？各自的特点是什么？

4. 学校层面的思想意识教育如何与国家层面的意识形态建设相得益彰？

阅读导航(学习拓展)

1. 鲁洁、王逢贤：《德育新论》，江苏教育出版社，2000 年版。

2. 侯春在：《儿童心理成长论：成长论视野中的儿童社会化》，南京师范大学出版社，2004 年版。

3. 张耀灿、郑永廷、吴潜涛等：《现代思想政治教育学》，人民出版社，2006 年版。

参考文献

中文专著部分：

[1]熊十力．明心篇[M]．北京：龙门联合书局，1959.

[2]北京大学哲学系外国哲学史教研室．西方哲学原著选读(上下卷)[M]．北京：商务印书馆，1981.

[3]俊薰．意识之舞[M]．上海：上海三联书店，2005.

[4]高新民，沈学君．现代西方心灵哲学[M]．武汉：华中师范大学出版社，2010.

[5]李萍．人类认识结构与文化[M]．武汉：武汉出版社，1991.

[6]司马贺．人类的认知：思维的信息加工理论[M]．北京：科学出版社，1986.

[7]左任侠，李其维．皮亚杰发生认识论文选[M]．上海：华东师范大学出版社，1991.

[8]李恒威．意识：从自我到自我感觉[M]．杭州：浙江大学出版社，2011.

[9]李恒威．"生活世界"复杂性及其认知动力模式[M]．北京：中国社会科学出版社，2007.

[10]杨适．哲学的童年[M]．北京：中国社会科学出版社，1987.

[11]陈志良．思维的建构和反思[M]．北京：中国人民大学出版社，1989.

[12]周文彰．狡黠的心灵：主体认识图式概论[M]．北京：中国人民大学出版社，1991.

[13]胡潇．意识的起源与结构[M]．北京：中国社会科学出版社，2004.

[14]胡潇．思想哲学：理性精神的自我关照[M]．长沙：湖南大学出版社，1999.

[15]孙正聿．超越意识[M]．长春：吉林教育出版社，2001.

[16]陆杰荣．哲学境界[M]．长春：吉林教育出版社，1998.

[17]金向阳．你是你自己吗？意识模式转型与人的成长研究[M]．杭州：浙江大学出版社，2013.

[18]郭湛．人活动的效率[M]．北京：人民出版社，1990.

[19]陈新夏．认识·主体·人[M]．北京：中国社会科学出版社，2007.

[20]陈新夏．唯物史观与人的发展理论[M]．南京：江苏人民出版社，2013.

[21]陈新夏．可持续发展与人的发展[M]．北京：人民出版社，2009.

[22]杨生平．踪迹与替补[M]．北京：中国社会科学出版社，2007.

[23]徐友渔．语言与哲学：当代英美与德法传统比较研究[M]．北京：三联书店，1996.

[24]鲁洁，王逢贤．德育新论[M]．南京：江苏教育出版社，2000.

[25]张茂聪，唐爱民．儿童品德发展与道德教育[M]．济南：山东人民出版社，2012.

[26]张耀灿等．思想政治教育学前沿[M]．北京：人民出版社，2006.

[27]张耀灿，郑永廷，吴潜涛等．现代思想政治教育学[M]．北京：人民出版社，2006.

[28]项久雨．思想政治教育价值论[M]．北京：中国社会科学出版社，2010.

[29]黄富峰．德育思维论[M]．北京：人民出版社，2006.

[30]唐凯麟，龙兴海．个体道德论[M]．北京：中国青年出版社，1993.

[31]乐国安，韩振华．认知心理学[M]．天津：南开大学出版社，2011.

[32]王向华．对话教育论纲[M]．北京：教育科学出版社，2009.

[33]瞿葆奎，钟启泉．教育学文集·日本教育改革[M]．北京：人民教育出版社，1991.

[34]袁桂林．当代西方道德教育理论[M]．福州：福建教育出版社，1994.

[35]胡守芬．德育原理[M]．北京：北京师范大学出版社，1989.

[36]曾钊新．德性的心灵奥秘——道德心理学引论[M]．沈阳：辽宁人民出版社，1992.

[37]孟绍兰．普通心理学[M]．北京：北京大学出版社，1994.

[38]李建华．道德建设新论[M]．北京：中共中央党校出版社，1996.

[39]刘慧．小学德育实践[M]．北京：高等教育出版社，2012.

[40]王振宇，等．儿童社会化与教育[M]．北京：人民教育出版社，1992.

[41]戚万学．冲突与整合——20世纪西方道德教育理论[M]．济南：山东教育出版社，1995.

[42]冯增俊．当代西方学校道德教育[M]．广州：广东教育出版社，1993.

[43]姚本先．心理学[M]．北京：高等教育出版社，2005.

[44]朱智贤．儿童心理学[M]．北京：人民教育出版社，1993.

[45]冯维．小学心理学[M]．重庆：西南师范大学出版社，2013.

[46]张明．小学生心理学[M]．长春：东北师范大学出版社，2002.

[47]章志光．社会心理学[M]．北京：人民教育出版社，2008.

[48]刘晓东．儿童文化和儿童教育[M]．北京：教育科学出版社，2006.

[49]刘晓东．儿童精神哲学[M]．南京：南京师范大学出版社，1999.

[50]沈琪芳，应玲素．儿童诗性逻辑与中国儿童文化建设[M]．杭州：浙江大学出版社，2009.

[51]丁海东，杜传坤．儿童教育的人文解读[M]．济南：山东教育出版社，2008.

[52]司继伟．青少年心理学[M]．北京：中国轻工业出版社，2010.

[53]林崇德．发展心理学(第2版)[M]．北京：人民教育出版社，2008.

[54]侯春在．儿童心理成长论：成长论视野中的儿童社会化[M]．南京：南京师范大学出版社，2004.

[55]陈威．小学儿童心理学[M]．北京：中国人民大学出版社，2009.

[56]赵祥麟，王承绪编译．杜威教育论著选[M]．上海：华东师范大学出版社，1981.

[57]陈庆华．青少年心理学[M]．合肥：合肥工业大学出版社，2011.

[58]金生鈜．规训与教化[M]．北京：教育科学出版社，2004.

[59]张文新. 儿童社会性发展[M]. 北京：北京师范大学出版社，1999.

[60]周宗奎. 儿童社会化[M]. 武汉：湖北少年儿童出版社，1995.

[61]冯契. 智慧的探索[M]. 上海：华东师范大学出版社，1994.

[62]马和民，高旭平. 教育社会学研究[M]. 上海：上海教育出版社，1998.

[63]王振宇，等. 儿童社会化与教育[M]. 北京：人民教育出版社，1992.

[64]卜卫. 媒介与儿童教育[M]. 北京：新世界出版社，2002.

[65]时蓉华. 社会心理学[M]. 上海：上海人民出版社，1986.

[66]曾杰，张树相. 社会思维学[M]. 北京：人民出版社，1996.

[67]朱长超. 思维：地球上最美丽的花朵[M]. 重庆：重庆出版社，1989.

[68]张文新. 青少年发展心理学[M]. 济南：山东人民出版社，2002.

[69]莫雷. 教育心理学[M]. 北京：教育科学出版社，2007.

[70]童世骏. 意识形态新论[M]. 上海：上海人民出版社，2006.

[71]彭聃龄. 普通心理学[M]. 北京：北京师范大学出版社，2004.

[72]邵志芳，高旭辰. 社会认知[M]. 上海：上海人民出版社，2009.

[73]俞国良，辛自强. 社会性发展心理学[M]. 合肥：安徽教育出版社，2004.

[74]杜时忠，卢旭. 多元化背景下的德育课程建设[M]. 南京：江苏教育出版社，2009.

[75]陈世联. 文化与儿童社会化[M]. 北京：中国社会科学出版社，2008.

[76]赵勇. 社会主义意识形态功能研究[M]. 上海：上海人民出版社，2012.

[77]车文博. 意识与无意识[M]. 沈阳：辽宁人民出版社，1987.

[78]胡敏中. 非理性创造认识论解读[M]. 北京：北京师范大学出版社，1998.

[79]孟绍兰. 普通心理学[M]. 北京：北京大学出版社，1994.

[80]潘菽. 意识：心理学的研究[M]. 北京：商务印书馆，1998.

[81]白立娟. 改造主观世界研究[M]. 北京：光明日报出版社，2013.

[82]丁芳，熊哲宏. 智慧的发生：皮亚杰学派心理学[M]. 济南：山东教育出版社，2009.

[83]田鹏颖，赵美艳. 思想政治教育哲学[M]. 北京：光明日报出版社，2010.

[84]石向实. 认识论与心理学[M]. 北京：东方出版社，2006.

[85]霍涌泉. 意识心理学[M]. 上海：上海教育出版社，2006.

[86]王立仁. 德育价值论[M]. 北京：中国社会科学出版社，2004.

[87]朱智贤，林崇德. 朱志贤全集(第5卷)：思维发展心理学[M]. 北京：北京师范大学出版社，2002.

[88]维之. 精神与自我现代化：精神哲学新体系[M]. 北京：社会科学文献出版社，2004.

外文中译专著部分

[1][古希腊]亚里士多德.尼各马科伦理学[M].苗力田译.北京:中国人民大学出版社,2003.

[2][德]康德.道德形而上学原理[M].苗力田译.上海:上海人民出版社,2012.

[3][德]康德.任何一种能够作为科学而出现的未来形而上学导论[M].庞景仁译.北京:商务印书馆,1997.

[4][德]黑格尔.精神现象学(上卷)[M].贺麟,王玖兴译.北京:商务印书馆,1987.

[5][德]黑格尔.精神哲学[M].杨祖陶译.北京:人民出版社,2006.

[6][德]黑格尔.法哲学原理[M].范扬,张企泰译.北京:商务印书馆,1979.

[7][德]黑格尔.哲学史讲演录(第4卷)[M].贺麟,王太庆译.北京:商务印书馆,1978.

[8][德]黑格尔.小逻辑[M].贺麟译.北京:商务印书馆,1987.

[9][美]约翰·罗尔斯.正义论[M].何怀宏等译.北京:中国社会科学出版社,1988.

[10][德]马克思.1844年经济学哲学手稿[M].中央编译局译.北京:人民出版社,2000.

[11][苏]列宁.哲学笔记[M].中央编译局译.北京:人民出版社,1998.

[12][法]卢梭.社会契约论[M].何兆武译.北京:商务印书馆,2003.

[13][美]约翰·杜威.民主主义与教育[M].王承绪译.北京:人民教育出版社,1990.

[14][美]约翰·杜威.哲学的改造[M].许崇清译.北京:商务印书馆,1958.

[15][美]约翰·杜威.我们怎样思维[M].姜文闵译.北京:人民教育出版社,1991.

[16][德]胡塞尔.逻辑研究(第2卷)[M].倪梁康译.上海:上海译文出版社,1998.

[17][德]N.佩塞施基安.积极心理治疗[M].白锡堃译.北京:社会科学文献出版社,1998.

[18][美]大卫·雷·格里芬.后现代精神[M].王成兵译.北京:中央翻译出版社,1997.

[19][法]伊·普里戈金,伊·斯唐热.从混沌到有序[M].曾庆宏,沈小峰译.上海:上海译文出版社,1987.

[20][英]休谟.人性论(上册)[M].关文运译.北京:商务印书馆,1997.

[21][英]洛克.人类理解论(下册)[M].关文运译.北京:商务印书馆,1983.

[22][德]恩斯特·卡西尔.人论[M].甘阳译.上海:上海译文出版社,1985.

[23][德]恩斯特·卡西尔.人文科学的逻辑[M].关之尹译.上海:上海译文出版社,2004.

[24][美]杜·舒尔茨.现代心理学史[M].杨立能,沈德灿译.北京:人民教育出版社,1981.

[25][瑞士]让·皮亚杰.教育科学和儿童心理学[M].傅统先译.北京：文化教育出版社，1981.

[26][瑞士]让·皮亚杰.发生认识论原理[M].王宪钿等译.北京：商务印书馆，1981.

[27][瑞士]J.皮亚杰，B.英海尔德.儿童心理学[M].吴福元译.北京：商务印书馆，1980.

[28][瑞士]让·皮亚杰.儿童的心理发展[M].傅统先译.济南：山东教育出版社，1982.

[29][瑞士]让·皮亚杰.儿童道德判断[M].傅统先，陆有铨等译.济南：山东教育出版社，1984.

[30][意]G.维柯.新科学[M].朱光潜译.北京：商务印书馆，1989.

[31][加]埃文·汤普森.生命中的心智：生物学、现象学和心智科学[M].李恒威等译.杭州：浙江大学出版社，2013.

[32][美]乔治·H.米德.心灵、自我与社会[M].赵月瑟译.上海：上海译文出版社，2005.

[33][苏]阿·尼·列昂捷夫.活动 意识 个性[M].李沂等译.上海：上海译文出版社，1980.

[34][苏]伊·谢·科恩.自我论：个人与个人自我意识[M].佟静韩等译.北京：三联书店，1986.

[35][法]列维-布留尔.原始思维[M].丁由译.北京：商务印书馆，2011.

[36][美]查普林，克拉威克.心理学的体系和理论（下册）[M].林方译.北京：商务印书馆，1984.

[37][美]霍尔特.新实在论[M].伍仁益译.北京：商务印书馆，1980.

[38][德]马克斯·舍勒.人在宇宙中的地位[M].李伯杰译.贵阳：贵州人民出版社，1989.

[39][德]雅斯贝尔斯.现时代的人[M].周晓亮，宋祖良译.北京：社会科学文献出版社，1992.

[40][英]彼得·罗素.从科学到神：一位物理学家的意识探秘之旅[M].舒恩译.深圳：深圳报业集团出版社，2012.

[41][美]D.P.约翰逊.社会学理论[M].南开大学社会学系译.北京：国际文化出版公司，1988.

[42][意]玛丽亚·蒙台梭利.童年的秘密[M].马荣根译.北京：人民教育出版社，2004.

[43][瑞士]荣格.怎样完善你的个性[M].刘光彩译.北京：中国国际广播出版社，1989.

[44][美]霍尔.青年期的心理和教育[M].李浩吾译.世界书局，1929.

[45][法]亨利·柏格森．创造进化论[M]．肖聿译．北京：华夏出版社，2000.

[46][英]朱莉娅·贝里曼等．发展心理学与你[M]．陈萍，王茜译．北京大学出版社，2000.

[47][美]赫根汉．人格心理学[M]．何瑾，冯增俊译．海口：海南民出版社，1986.

[48][法]雅克·马利坦．艺术与诗中的创造性直觉[M]．刘有元等译．北京：三联书店，1991.

[49][美]杜威等．学校与生活：明日之学校[M]．赵祥麟等译．北京：人民教育出版社，1994.

[50][美]麦·莱德尔．现代美学文论选[M]．孙越生等译．北京：文化艺术出版社，1988.

[51][罗]F.马赫列尔．青年问题和青年学[M]．陆象淦译．北京：社会科学文献出版社，1986.

[52][奥]弗洛伊德．摩西与一神教[M]．李展开译．北京：三联书店1989.

[53][美]L.J.宾克莱．理想的冲突[M]．马元德等译．北京：商务印书馆，1983.

[54][日]西田几多郎．善的研究[M]．何倩译．北京：商务印书馆，1965.

[55][美]J.R.安德森．认知心理学[M]．张述祖统校．长春：吉林教育出版社，1989.

[56][美]安东尼奥·R.达马西奥．感受发生的一切：意识产生中的身体和情绪[M]．杨韶刚译．北京：教育科学出版社，2007.

[57][瑞士]索绪尔．普通语言学教程[M]．高名凯译．北京：商务印书馆，1999.

[58][德]威廉·冯·洪堡特．论人类语言结构的差异及其对人类精神发展的影响[M]．姚小平译．北京：商务印书馆，1999.

[59][英]L.R.帕默尔．语言学概论[M]．李荣等译．北京：商务印书馆，1983.

[60][苏]科诺瓦洛娃．道德与认识[M]．杨远，石毓彬译．北京：中国社会科学出版社，1983.

[61][苏]哈尔拉莫夫．教育学教程[M]．丁西成译．北京：教育科学出版社，1983.

[62][美]伯纳德·J.巴尔斯．意识的认知理论[M]．安晖译．北京：科学出版社，2014.

[63][苏]N.C.科恩．青年心理学[M]．史民德译．南宁：广西人民出版社，1983.

[64][苏]B.A.苏霍姆林斯基．给教师的一百条建议[M]．周蕖等译．天津：天津人民出版社，1981.

[65][德]库尔特，勒温．拓扑心理学原理[M]．竺培梁译．杭州：浙江教育出版社，1997.

[66][法]涂尔干．社会学研究方法论[M]．胡伟译．北京：华夏出版社，1988.

[67][美]丹尼斯·K.姆贝．组织中的传播和权力：话语、意识形态和统治[M]．陈德民等译．北京：中国社会科学出版社，2000.

[68]马克思恩格斯选集(第1—4卷)[M]．北京：人民出版社，1995.

[69] [英]约翰·B. 汤普森. 意识形态与现代文化[M]. 高铦等译. 南京：译林出版社，2005.

[70] [美]A. 班杜拉. 思想和行动的社会基础：社会认知论[M]. 林颖等译. 上海：华东师范大学出版社，2001.

[71] [俄]列夫·维果茨基. 思维与语言[M]. 李维译. 北京：北京大学出版社，2010.

[72] [美]乔纳森·布朗. 自我[M]. 陈浩莺等译. 北京：人民邮电出版社，2004.

中文期刊论文部分

[1] 张尧官. 人类意识发生发展的系统分析[J]. 哲学研究，1982(02).

[2] 朱智贤. 儿童思维的发生与发展[J]. 北京师范大学学报(社会科学版)，1986(01).

[3] 韩民青. 人类意识发展论(续)[J]. 社会科学辑刊，1988(01).

[4] 何颖. 论主体的自我意识[J]. 江淮论坛，1989(05).

[5] 韩璞. 论自我意识[J]. 江汉论坛，1989(08).

[6] 姚新中. 试论道德的个体发生[J]. 宁夏大学学报(人文社会科学版)，1991(01).

[7] 邴正. 人类自我意识的历史演变[J]. 求是学刊，1992(01).

[8] 维之，阳屯. 我国近十年自我意识研究概况[J]. 哲学动态，1992(11).

[9] 李小平. 潜意识思维的内部规律与调控初探[J]. 湖北大学学报(哲学社会科学版)，1994(04).

[10] 聂锦芳. 论主体的自我意识[J]. 晋阳学刊，1994(01).

[11] 胡潇. 意识新论[J]. 求索，1995(06).

[12] 全德. 论品德形成与发展的规律[J]. 湛江师范学院学报，1995(01).

[13] 叶蓬. 道德义务的他律性和自律性论纲[J]. 齐鲁学刊，1995(02).

[14] 韩传信. 论学生自律能力的培养[J]. 安徽教育学院学报(社会科学版)，1996(03).

[15] 周宗奎. 论儿童社会化研究的发展及其趋势[J]. 华中师范大学学报(人文社会科学版)，1996(05).

[16] 赵继伦，宋禾. 关于形象思维的逻辑构想[J]. 社会科学辑刊，1996(06).

[17] 赵凤平. "意识的内容是客观的"辨析[J]. 松辽学刊(社科版)，1996(01).

[18] 奇娜. 对新时期青年学生思想道德教育的构想[J]. 经济·社会，1997(06).

[19] 黄世江. 论人类意识的辩证属性[J]. 青海师范大学学报(社科版)，1997(01).

[20] 周兢. 汉语儿童语言发展阶段新说[J]. 南京师范大学学报(社会科学版)，1997(01).

[21] 倪愫襄. 道德意识的发生学考察[J]. 浙江社会科学，1998(01).

[22] 陈慧媛. 试论思维与语言的关系[J]. 思想战线，1998(11).

[23] 郭本禹. 柯尔伯格道德发展的心理学思想述评[J]. 南京师范大学学报(社会科学版)，1998(03).

[24]贺善侃．形象思维·抽象思维·科学认识[J]．复旦大学学报(社会科学版)，1998(04)．

[25]龚奎洪．幼童自我中心化思维探略[J]．浙江师范大学学报(社会科学版)，1998(03)．

[26]孙文清．论自律精神是我国学校道德教育的首要任务[J]．教育理论与实践，1999(05)．

[27]宋希仁．职业道德的自律和他律[J]．广西大学学报(哲学社会科学版)，1999(03)．

[28]王啸，鲁洁．德育理论：走向科学化和人性化的整合[J]．中国教育学刊，1999(03)．

[29]边霞．论儿童文化的基本特征[J]．学前教育研究，2000(01)．

[30]廖小平．论道德认识的功能[J]．求索，2001(06)．

[31]尹立．意识、个体无意识与集体无意识：分析心理学心灵结构简述[J]．社会科学研究，2002(02)．

[32]田运．思维是什么[J]．北京理工大学学报(社会科学版)，2000(02)．

[33]朱小蔓．育德是教育的灵魂　动情是德育的关键[J]．教育研究，2000(04)．

[34]鲁洁．人对人的理解：道德教育的基础——道德教育当代转型的思考[J]．教育研究，2000(07)．

[35]戚万学．道德教育的实践目的论[J]．山东师范大学学报(人文社会科学版)，2001(01)．

[36]林菁．皮亚杰的儿童"自我中心"理论述评[J]．学前教育研究，2001(01)．

[37]苏令银．道德自律：转型期社会秩序的最高实现形式[J]．现代哲学，2001(04)．

[38]阮爱莺．中国传统思维方式对创新精神的影响[J]．中共福建省委党校学报，2001(02)．

[39]潘玉腾．现代思想道德教育要发展人的主体性[J]．福建师范大学学报(哲学社会科学版)，2002(01)．

[40]何建华．道德自律与意志自由：兼论道德自律的社会基础[J]．浙江社会科学，2002(04)．

[41]杨宁．幼态持续、发展的原发性和早期教育[J]．西北师范大学学报(社科版)，2002(04)．

[42]利元梁．论精神系统和精神文明建设[J]．中国社会科学，2002(04)．

[43]杨耕，陈志良．对象意识与自我意识及其客观性：一个再思考[J]．学习与探索，2002(01)．

[44]张澍军，王立仁．论德育过程的内化机制[J]．社会科学战线，2003(02)．

[45]邹广文，崔唯航．从现成到生成：论哲学思维方式的现代转换[J]．清华大学学报(哲学社会科学版)，2003(02)．

[46]陈红桂．论人的社会化及其对思想政治教育的意义[J]．理论与改革，2003(04)．

[47]吕爱兰．自我意识：人类意识的一种独特形式[J]．武汉大学学报(人文科学版)，2003(05)．

[48]王晓虹．论道德自律、道德他律、法律他律：精神文明的三种实现形式[J]．求实，2004(02)．

[49]朱怡．试论思想道德教育的价值内涵与特性[J]．理论与改革，2004(04)．

[50]戚万学，唐汉卫．后现代视野中的道德教育[J]．教育研究，2004(07)．

[51]齐鹏．人的感性解放与精神发展[J]．哲学研究，2004(04)．

［52］黄月辉．论道德自律的本质［J］．湖北社会科学，2005(10)．

［53］袁诗弟．需要的价值论分析与需要价值论批判［J］．天府新论，2006(02)．

［54］丁海东．论儿童精神的自我中心主义［J］．福建师范大学学报（哲学社会科学版），
　　　2006(07)．

［55］廖小平，陈建越．青年价值观的基本特征［J］．中国青年政治学院学报，2006(04)．

［56］车丽萍，黄希庭．青年大学生自信的理论建构研究［J］．心理科学，2006(03)．

［57］罗金远．论道德自律［J］．哲学研究，2006(04)．

［58］黄富峰．道德直觉与道德信仰的养成［J］．中国教育学刊，2006(07)．

［59］陈世联．儿童社会化解读［J］．重庆师范大学学报（哲学社会科学版），2006(03)．

［60］杜凯．论自我思想道德建设的过程［J］．求实，2007(07)．

［61］王海明．论自省［J］．上海师范大学学报（哲学社会科学版），2007(05)．

［62］田建安，孟建伟．思维方式教育：青少年心理健康教育的基础［J］．中国青年政治学
　　　院学报，2007(05)．

［63］王东莉．德育人文关怀与青少年德性养成［J］．当代青年研究，2007(10)．

［64］孙吉胜．话语、身份与对外政策：语言与国际关系的后结构主义［J］．国际政治研
　　　究，2008(03)．

［65］陆士桢．未成年人思想道德建设的反思和改革［J］．当代青年研究，2008(11)．

［66］罗祖兵．从"预成"到"生成"：教学思维方式的必然选择［J］．课程·教材·教法，
　　　2008(02)．

［67］叶松庆．当代未成年人价值观的基本特征与发展趋向［J］．青年探索，2008(01)．

［68］孟东方，朱勋春，黄意武．社会环境与未成年人思想道德建设研究论纲［J］．重庆社
　　　会科学，2008(02)．

［69］李逢超．儿童社会化双重内涵分析［J］．河南大学学报（社会科学版），2008(04)．

［70］李兰芬．论未成年人的生活德性［J］．道德与文明，2008(05)．

［71］莫伟民．意识是"我能"：梅洛—庞蒂的"我能"现象学探究［J］．复旦大学学报（社会
　　　科学版），2008(06)．

［72］刘晞平，俞世伟．青少年道德意识的新变化及德育对策调试［J］．当代青年研究，
　　　2009(06)．

［73］杜时忠．当前学校德育的三大认识误区及其超越［J］．教育研究，2009(08)．

［74］王琰．少年儿童从他律到自律的道德思维特征探析［J］．教育理论与实践，2010(07)．

［75］陈理宣．未成年人价值观形成的基本规律及教育措施［J］．内江师范学院学报，2010(05)．

［76］黄健荣．政府决策注意力资源论析［J］．江苏行政学院学报，2010(06)．

［77］李恒威．意识、觉知与反思［J］．哲学研究，2011(04)．

［78］李恒威．意识的形而上学与两视一元论［J］．浙江大学学报（人文社会科学版），2012(04)．

［79］苗雪红．儿童精神成长研究：意义、取向与多学科视野［J］．华东师范大学学报（教

育科学版），2012(01).

[80]杜时忠．生活德育论的贡献与局限[J]．教育研究与实验，2012(03).

[81]张文华，加毛太．强化理论与学生良性行为的塑造[J]．青海民族大学学报(社会科学版)，2013(02).

后　记

本文是在我的博士后出站报告基础上修改而成的。选择本课题作为研究对象实为"自找苦吃"，因为无论就心理学而言还是就思想政治教育而言，都具有同样的"不可为"。对于心理学而言，"历史地看，心理学家从来没有成功地论述过意识问题，也没有成功地回避这个问题"①。心理学中两个重要的元理论——内省主义和行为主义，在进退维谷中均告失败。尽管认知心理学也跃跃欲试，但结果并不令人满意。"19世纪的心理学家如冯特和詹姆斯相信，意识是心理学的基本构成问题，但他们却几乎对此没有什么研究。弗洛伊德和心理动力学传统对无意识动机做了很多研究，却认为意识经验是理所当然的。在20世纪前半叶，行为主义者多不赞成对意识进行认真的研究，甚至最近几年，认知心理学家还愚蠢地回避这一问题。"②现代意识研究认为，意识领域仍是人类认识的未解之谜。"意识既可以作为一种单独的状态，也可以被看作是各个分离状态的集合体。意识状态和无意识状态是相对应的。我们还可以感知到一些不是那么极端的状态，如觉醒、惊奇、愤怒等。与无意识不同，这些状态激起内部感觉，人不需要审视自己的行为就能从内部感受到这些感觉。"③

对于思想政治教育而言，世界上最困难的事情是把一个人的思想装入另一个人的大脑。研究少年儿童的思想意识是手段，引导少年儿童思想意识的良性发展才是目的。贯穿这一过程需要解决主体与客体的矛盾，一方面，"我"作为研究的出发点、主体，需要深入了解研究的对象、客体；另一方面，少年儿童作为成长的主体，也需要外在客体的约束引导。当然，本文在写作过程中力求客观、辩证、综合地论证儿童的思想，力求淡化政治色彩、意识形态色彩、思想政治教育的说教色彩，力求儿童意识的"真"。但是学术研究的价值无涉实在困难，求真是为了更好地求善，旨在谋求儿童思想观念的纯洁、道德品质的纯净。

---

① ［美］伯纳德·J. 巴尔斯著，安晖译：《意识的认知理论》，科学出版社，2014年版，前言第1页。

② 同上。

③ 乐国安、韩振华：《认知心理学》，南开大学出版社，2011年版，第73页。

于是，在各种不确定、不确证的事实和理论面前，本书的材料、观点更多的是一种汇总与梳理，原创性、新颖性不足。或者说本书的写作是在"说明"，而不是在"证明"；更多是在"推演"，而不是在"实证"。本文更多想从本体论角度对少年儿童的思想、意识状况予以阐释，而对于具体的引导途径和方法实乃相形见绌。

本文的写作过程，恰逢幼子壮壮出生，本人一边写作一边观察他的成长，尤其是心理意识的发展状况。把壮壮的行为举止与本书中的观点、前人的结论相对照，愈加发现有些理论、规律、真知、卓见更多具有方向性的启蒙价值，而不是方法性的工具价值。换言之，理论描述的情景在大方向大趋势上是毋庸置疑的，但具体到个别行为、个别实践中，就会有捉襟见肘之时。例如，12个月的壮壮学会了摆手"再见"，他不但在大人开门外出时摆手，只要大人开始穿外套拎包就开始摆手"再见"。这本身就是一种推理判断，若用皮亚杰幼儿感知运动阶段的理论来解释，12个月的幼儿推理判断能力还尚未发育完全。

论文最终得以形成，首先要感谢我的恩师——陈新夏教授的倾心指导！陈老师虽然担负繁重的行政、教学、研究工作，但仍在百忙之中对我的学习、生活和工作都给予无微不至的帮助与关怀，陈老师的严谨、博学与高尚人格让我终身受益。直至本书的出版发行，也得到陈老师的大力支持，在此一并表示深深的谢意！

同时，在两年的博士后流动站学习与论文写作中，还得到了政法学院杨生平教授、程广云教授、夏年喜教授、范燕宁教授、李怀涛教授等老师的无私帮助，他们的学识与智慧使我受益匪浅！

同时感谢马克思主义学院、初等教育学院的领导同事，感谢王智秋教授、刘慧教授、郜舒竹教授对本课题的支持与指导。入职首师大后有幸参与北京市小学的一线教育活动，这也奠定了做好本选题的基础。感谢初教院肖俐旭、武文颖、曹听雨、田宏玮、甘露、程晶晶、崔露涵、王雯雯、侯捷菲、张雪等同学，他们为书稿的校对与排版付出了大量精力。感谢首都师范大学出版社杨林玉编辑，她的热情与细心使本书得以顺利出版。

感谢我的家人，他们对我朴实而无私的爱永远是我进步的动力和源泉！

众人拾柴火焰高。所有的努力与感谢都想倾注于小学教育事业之中，秉承"爱心童心，乐学乐教"的初教精神，薪火相传，生生不息。

李宏伟

2018年12月20日